《思想＊多島海》シリーズ　19

中世的修羅と死生の弁証法

〈事件の現象学〉中世篇

前　野　佳　彦

法政大学出版局

今井四郎、木曾殿、只主従二騎にな(ツ)ての給《たま》ひけるは、「日来《ごろ》はなにともおぼえぬ鎧《よろひ》が、けふはおもう《(重)》な(ツ)たるぞや。」今井四郎申けるは、「御身も未《いまだ》つかれさせ給はず、御馬もよはり候はず。……兼平一人候とも、余の武者千騎とおぼしめせ。矢七八候へば、しばらくふせき矢仕らん。あれに見え候、粟津の松原と申。あの松の中で御自害候へ」

（『平家物語』「木曾最期」）

「あなた様に名誉や生命をも捧げるとお誓い申し上げたことは否みはいたしませぬ、気高いお妃様。しかし魂までも犠牲にするとは誓いませんでした。……」

（『ニーベルンゲンの歌』相良守峯訳）

臣は本《もと》布衣《ほい》にして、躬《みずか》ら南陽に耕し、苟《いやしく》も性命を乱世に全うして、聞達《ぶんたつ》を諸侯に求めず。先帝は臣の卑鄙《ひひ》なるを以てせず、猥《みだり》に自ら枉屈《わうくつ》し、三たび臣を草廬の中に顧み、臣に諮《はか》るに当世の事を以てす。是に由りて感激し、遂に先帝に許すに驅馳《くち》を以てす。……（諸葛孔明「出師の表」）

凡例

一、欧文文献からの引用は、原則としてすべてまず原文を検討し、続いて定訳が存在するものについては定訳をも参照しつつ訳出し、文体の統一は著者の責任で行なった。

二、日本を含め東洋関係の古典の引用に際しては、使用したテクストを基本的に踏襲しているが、漢字の使用に関しては新字体を基本とし、それが存在しないものについてのみ旧字体をそのまま使用するという方針で統一した。さらに一部のテクストに関しては、旧仮名遣いを新仮名遣いに改めたものもあるが、その場合は注にその旨を記すようにした。

目次

序　中世的修羅と生活所作の儀礼化

中世は、祝祭と儀礼の時代である。この二つの文化現象は、本来は内的に連関しているが、特に中世の場合、その外化の様式、そしてその様式が実現すべき社会的 - 世界観的定位の内実は対照的であった。中世的祝祭の本質は、定位コスモロジーの呈示による都市的生活そのものの象徴化、世界内での意味づけである。中世において生成するコスモロジーの原動力は、世界宗教的な組織を持つ超越的聖性の自己展開であるから、そこに積分されていく生活もまたおのずから聖性の光を浴びることになる。こうして中世的都市祝祭においては生活者と説法者の協働による生活の聖化が現成したのだった（『形而上の中世都市』第七章参照）。この此岸性と彼岸性の協働という契機に、中世において、そして中世においてのみ、生活そのものの意味内実が生活人の意識にのぼり、主題化される根拠も存在した。生活の日常性は、通常の都市空間では潜勢化した意味性においてかえってその安定的な散歩 - 定位の媒体となるが、中世においては逆にそれが公的な光を浴びた祝祭場において異化され、通常は潜勢化しているその意味内実が露呈する。この露呈によって都市住民の生活もまた非日常化＝聖化され、定位範疇化されつつ集団の社会的記憶へと刻印された。

中世的祝祭のこの生活異化機能に対して、中世的儀礼は逆に非日常的偶有性（つまり事件の基体）を日常所作的に定型化する機能を有していた。それは往来という中世固有の観念化した（形而上化した）都市的界隈において生起する共同定位現象であるという意味では、古代都市的共同性の淵源にあった界隈－衢的座標系における祝祭－儀礼的定位のマクロ系譜上にある（『散歩の文化学２』第四章図７、８参照）。しかし本来一元的であった祝祭と儀礼は、中世的往来においては二元的な定位範疇を形成する。中世的祝祭は散歩的日常性と融合し、しかしその日常性を異化し聖化する機能を果たす。逆に中世的儀礼は遊歩的非日常性と融合し、しかしその本来の事件的非日常性を中性化し、日常化するのである。つまり中世的都市祝祭が古代制度的な階級的分節を脱・階級的に揚棄しつつも、やはり都市のハレの場を構成するのに対して、本来は同様にハレの非日常性を構成するはずの、そしてそれによって祝祭の儀典的モジュールを提供するはずの儀礼は、中世においては逆にケの場、つまり日常性の場での定位現象となる。

この定位機能の大転換は、何よりもその記号的媒体（身体言語的語彙およびシンタクス）が、異化された非日常的な神話的－シャーマニズム的記号体であることを止めて、まったく逆側の日常的身体所作を内実とするようになったことに起因するものである。それは禅家が定式化した意味での〈家常茶飯〉の場における身体言語的定位定型を構成し、その所作定型の穏やかな日常性のアウラは（日常的所作だが儀礼化されているために定位意識上のアウラが現象する）非日常的事件を、日常的情念へと変容させる。こうして儀礼の日常化機能と、祝祭の非日常化機能が、中世においては生活領域と事件領域の本来の弁別を交錯させ、その定位機能を置換していることに気づかされる。この非日常性と日常性の特殊なねじれこそ、中世的定位の基本現象である此岸と彼岸の隣接、およびそこからただちに生成する〈**死生の弁証法**〉の定位的根拠である。そしてそのねじれはまた、制度的媒介による集団性、安定性を喪失したそのつどの実存の定位情念を内実とする。その意味でそれは、制度解体状況における長期の移行期であった中世的状況を基底とする実存の実相に他ならない。制度的安定が通常は隠蔽する日常性の意味内実が、その弛緩‐解体によって露呈する反面、通常は特異現象であるはずの事件領域が制度的検断の抑止から解放され恒常的に露呈する結果、その非日常性を失って日常化し、一つの社会習俗の基底となる。こうしてヒトにとっての最大の事件である死もまた生へと連結され、死生は一つの弁証法的関係に入る。その連結の媒介項こそが、生活所作を内実とする中世的儀礼に他ならない。

マクロ系譜的に見るならば、中世的生活所作儀礼の独特に親密な共同性を準備したのは、古典古代末期の〈秘　祭《ミュステーリオン》〉であった（エレウシスの秘祭を典型とする――ブルケルト、ローデの主著を参照のこと）[1]。秘祭に照応するものを足下の東洋的伝統において求めるならば、密教における師資相承儀礼がまず思い浮かぶが、両者の内実はかなり異なることもたしかである。特に秘祭の場合はより広範な社会基盤を持つことが特徴的であり、その面ではむしろ魏晋南北朝時代の秘教的社会習俗である隠士、高士の清談の親密性、閉鎖性を挙げるべきかもしれない。しかしいずれにせよ、秘祭、密教儀礼、清談はいまだに古代末期的な儀礼文化現象であり、真に民衆的で全階級に開かれていた中世的儀礼にそのまま連続するものではない。それらは私的な、非‐制度的な小共同体の定位焦点を儀礼‐祝祭的に構成するという意味では、すでに中世的儀礼共同体を先取りするものではあっても、その定位内実は秘密の祝祭場における非日常的な事件であって、その目的はハレの〈昼の都市〉における制度的分断を治癒することに向けられていた。この治癒を必要不可欠としたのは、古代末期特有の制度的疲弊、デカダンスが生む社会的葛藤の顕在化だった。いわば〈昼の都市〉の葛藤が〈夜の都市〉における秘祭的集団定位に反照されているのである。儀礼シンタクスもまた秘祭範疇のそれは、オーソドックスに古代的な社会秩序を写像するものだった。秘祭において登場する神は王《バシレウス》であり、王妃《バシレイア》である。清談において確認されるものは〈九品〉の人物器量であり、それがそのまま南北朝における貴族社会の秩序へと連続していったのだった。[2] 同様の制度的階層秩序は、密教儀礼の中核に置かれた曼荼羅そのものの幾何学的秩序に明確に写像されている（『形而上の中世都市』第二章参照）。

それに対して中世的所作儀礼のシンタクス構造を本質規定するものは自己身体の日常性であり、年中行事に膨大に蓄積された古代的制度人の非日常的－儀典的身体言語とはほとんど、あるいはまったく無関係な領域にみずからの記号組織を形成していく。つまりそれはいかなる意味でも、ハレの制度的秩序を身体所作に写像する古代的記号系の延長上にはない。それはむしろ、月並化した年中行事的荘重性のちょうど逆側、つまり生活－所作の日常性の側にある。そのありふれた所作の一つ一つが、〈**生活の儀礼**〉（『散歩の文化学1』第五章参照）的な日常的定位のための記号系へと自己組織化されていくのである。この中世固有の生活所作の儀礼化は、本来的に事件構成的な偶有性へと顔を向けており、事件固有の本質的な非日常性を即座に日常化するという独特の定位機能を果たすことに注目しなければならない。この事件のいわば中性化、その実存的偶有性の撥無《はつむ》は、禅家の所作儀礼、つまりその〈棒〉、〈喝〉、〈払子〉の身体言語シンタクスに典型的に見られる機能である。そのケの儀礼性、例えば次のような有名な禅問答の、そのあまりに日常的な生活所作性に注目すること。

問う、「わたしは学人であり修行中であります。**本来の自己**というものはどのようなものか御教示頂けますでしょうか。」師は言われた、「**朝飯は済んだかね。**」答えて言った、「済みました。」師は言われた、「**自分の鉢を洗っておきなさい。**」

（『趙州録』[3]、太字強調は筆者）

生活の所作に本来の自己を見ることは禅家の定位コスモロジーの理念、特にその〈廓然無聖《かくねんむしょう》〉（世界はただがらんと広いだけで、どこにも聖なるものなど存在しない）の大同的理念と本質連関している。この所作の家常茶飯性を意味的に異化して際立たせることが、まさに祖師禅の師家たちの「作家《さっけ》」（趙州従諗もその代表者の一人）としての工夫だが、それをわれわれは近世の月並的悟達の定型と重合させてあまりに絶対化するがゆえに、中世的現実の中での平明な定位性というものをかえって実感できないことが多い（中世的開悟の絶対化が近代的心性の一つの趨勢であったことは、本書第四章第一節で詳述）。祖師禅的生活儀礼の異化機能は、当然ながら、近世的俗世における絶対の追求とは無縁である。むしろそれは古代的な儀礼のそのハレなる所作の荘重さ、例えば年中行事における貴顕の所作の月並性や、密教的加持祈禱のバロック化した大仰な道具立てに対してのものであることを確認すべきである。彼ら中世人の生活所作儀礼が内在させる本質的な前衛性もまた、まず古代的儀礼－儀典のデカダンスとの対比において際立つ。この平明かつ日常的な前衛性において、唐宋の禅家は汲めども尽きせぬ儀礼化の天才たちであった。所作は日常的定型のものもあれば、自由奔放な即興性を示すこともある。例えば咳払い。

問う、「言句を離れて、お願いですから師匠、一言を言って下さい。」**師は咳払いされた。**

（同前[4]、太字強調は筆者）

所作が了解できた、と思った刹那、二の矢が飛んでくる。

問う、「第一句とはどのようなものなのですか。」師は咳払いをされた。言った、「ああ、つまりそれなのですね。」師は言われた、「やれやれ、**わしは咳払いもできんわい。**」（同前[5]、太字強調は筆者）

生活所作であるからこそ、儀礼は即興的な発想に従って無限に変容可能となる。これが禅家の融通無碍な生活態度に相即した公案エクリチュールの自由自在な展開を生んだのだった。こうした生活－所作－儀礼はしかし、禅家固有のものというよりは、広く中世的経験世界のあらゆる場面で出会う、普遍的な定位現象であることに注意しなければならない。例えば西洋封建制の最重要の儀礼は、〈**オマージュ**〉と呼ばれた所作だが、それは臣従を誓う主君の両手に自分の両手をゆだね、その後接吻を交わす、というまったく日常的、ケ的な所作儀礼であった。しかしM・ブロックに拠れば（『封建社会』[6]）、オマージュ儀礼によって構築された信頼関係は封建的社会関係の核心部を形成し、その意味で真に西洋中世社会を象徴する儀礼行為なのである。照応する普遍的儀礼を日本中世に求めるとすれば、合戦儀礼の中核におかれた〈名乗〉がそれに当たるだろうが、それもまた即物的な実名表示という面ではまったく日常的な所作儀礼であった。しかしその実名の言挙げは、まさに非日常性の極みとしての合戦的修羅を導入する機能を担っていた。〈名乗〉儀礼を形式面で抽象化すれば、その系譜的淵源には（言語系譜上での淵源には）〈物の怪の名乗＝所あらわし〉があるのだが、その定位的内実はまったく変容しているのである。物の怪の名乗は、ケ的でありながら非日常的な〈夜の都市〉の集団的情念を露呈させ、その意味でそれはおどろおどろしい怨念の闇の領域から到来する一つの事件であった（『事件の現象学1』第三章参照）。対して中世的合戦における名乗は、合戦という非日常的なハレの場での告知であるにもかかわらず、その実体はむしろ合戦以降の現実において（論功行賞の場において）実名を認識させるための即物的－日常的所作であった。この落差もまた、古代的儀礼から中世的儀礼への定位内実の変容を示唆する一例である。古代的秘祭の持つ〈夜の都市〉での集団的定位という基本的な性格は、中世的儀礼のケ的本質においてもたしかに維持されている。しかし秘祭や加持祈禱、密教的師資相承儀礼に特徴的であった非日常的な荘重さ、おどろおどろしさはもはや中世的儀礼からは脱落し、逆側の穏やかな日常性が顕在化する。それはある意味で、即物的に日常化した明るい儀礼なのである。

非日常的荘重さが日常的所作儀礼に機能転換する過程は、エクリチュール原理にも反照して、古代末期から中世初期にかけてのジャンル－文体的大転換へと帰結した。古典古代末期のいわゆる〈**高尚体**〉(**der hohe Stil**) が中世的リアリズムへ変容する過程がそれである。アウエルバッハの『ミメーシス』中で特に高度の文体分析の対象となったのが、この古代末期の修辞文体だった。それは古代的デカダンスの中でバロック的に誇大な装飾過多の非日常的文体へと自己増殖していく。タキトゥスやサルスティウスに始まる、この修辞ジャンルを中心として発達した美文－マニエリスムは、古代末期の歴史家アンミアヌス・マルケリウス（紀元後三三〇頃－三九五頃）に至って、同一ジャンル内に美文と写実文を内包する特異に二元的な文体へと進展する。自己を取り巻く同時代的日常性の文体的把握そのものが、空虚に荘重な美文と、偏執的に現実にこだわるディテール・リアリズムへときわめて興味深い形で分裂するのである。その写実文は日常的所作の描写を主体としていたことも注目に値する。[7] いわば**自己身体の周辺部**

のみが、美文的空虚とは別の現実的な時空間を構成し始めるのである。これは視覚芸術の方面にも平行現象が存在する二元化である。つまり古代末期における遠近法の発展は、象徴的－アレゴリー的な造型原理の只中に侵入してくる異質の原理なのだが、それは身体や建築の個々の空間構成の原理として顕在化したものの、全体を統一する近代的遠近法の発見には至らなかったのである（この方面から古典古代末期の時空間《クロノトポス》を図像と言語資料の両面から総体的に分析してみる価値は十分にありそうだが、今ここでの課題ではないので、後日の研究テーマのクリップを付けるのみに留めたい）。しかし古代末期の修辞文に侵入する異質なリアリズム、すなわち自己身体をめぐるリアリズム空間は一つのデカダンス現象であって、構成的な原理とはなりえていない。リアリズム空間をモザイク状に構成するその身体所作は、いまだ儀礼化を経ない裸形の偶然的行為であり、これが美文的修辞の大仰に儀礼化された空虚に月並な公共的時空を私的に寸断していくのである。中世的リアリズム文体はまさにこの所作的リアリズムから出発したのだが、やがてそのモザイク性を克服して自律的な経験時空の構造化に成功したのだった。アウエルバッハは初期中世史の最重要史料である『フランク人の歴史』の作者トゥールのグレゴリウスの文体を、中世的リアリズムの濫觴として挙げる。修辞を寸断した所作はいまだ儀礼化はしていないのだが、すでにその趨勢は蠢動している。例えば次のような事件エクリチュール。

シカリウスはクラムネシンドゥスの身内を殺した後、彼と非常に親しくなった。二人は互いに愛情を感じ、**一緒に食事をし、一つのベッドを分け合った**。ある夕暮れ方、クラムネシンドゥスはたっぷりした夕食を準備してシカリウスを招いた。彼が来ると二人は食卓を共にした。シカリウスは葡萄酒で酔っぱらい、クラムネシンドゥスに向かって数々の自慢話をした挙句、こう言ったそうである。「兄弟、お前の身内を俺は殺したわけだが、それでお前に恩義を施したことになる。なぜならお前は身内として賠償金をたっぷり貰ったわけだから、家には金銀がどっさりあるだろう。俺がお前にこの恩を売らなければ、お前はいまだに貧乏暮らしだったわけだ。」クラムネシンドゥスはシカリウスの言葉を聞いて心中苦々しく思った。そして「身内が殺された復讐をせねば、俺は男とは言えない、まるでなよなよした女だ」と思った。そこで**すぐ明かりを消すと、刀身でシカリウスの頭を打ち割った。シカリウスは末期のかすかな叫び声をあげ、倒れて死んだ。**彼について来た従者たちは逃げた。……

（トゥールのグレゴリウス『フランク人の歴史』——アウエルバッハ『ミメーシス』(8)中のラテン語引用より訳出、傍線および太字強調は筆者）

太字で強調した部分が所作を中心とする現実把握の自己組織化を示す文体である。対して傍線部は社会習俗的な観念が外的な言表および内的な決断に反照されている部分で、このエートス的な表出も古代から中世への偏差を如実に示している。〈高尚体〉の「高尚」な部分、すなわち重苦しい空虚な修辞に覆われた古代社会的通念がまったく消滅し、それをこの簡潔な慣習法的習俗が代替している。一読して、このきびきびとした即物的なアクション描写が、日本古代末期のリアリズム・アクション文体、特に『今昔物語集』の合戦写実文にきわめて似通った印象を生むことに気づかされるだろう。それもまた『和漢朗詠集』的な古代的修辞美文と、『平家』から始まる中世軍記物語の儀礼的合戦美文のちょうど中間に位置する**生活－所作－写実文**であり（『今昔』は所作リアリズムの宝庫でもある）、それは右のグレゴリウスの示す事件エクリチュールが、古代末期の〈高尚体〉美文と、やがて騎士文学で完成される宮廷文化的〈高尚体〉美文の中間の谷間に位置することにも照応している。

しかしここにも、すでに修羅的情念、中世固有の葛藤はある。つまり儀礼化寸前にまで熟した生活所作の内実は、中世的怨憎会苦＝血讐的仇敵の双数的出会いである。二人の友情と殺戮の真の動機は、血讐の代償として当時すでに習俗化していた親族に対する賠償金であり、その習俗が安定している限りはそれを食卓の冗談にすることも可能であることを理解せねば、殺人者シカリウスの内心の葛藤の内実はわからない。したがって血讐習俗から中世的仇討が分岐してくる原点の一つがここに記録されていると見てまちがいない。親族間血讐が賠償金によって均衡化されている限り、こうした個人的面子の問題は通常隠蔽されている。この名誉の葛藤の顕在化こそが、中世的〈個〉の覚醒の過程でもある（仇討の情念型については第三章で検討する）。闘諍《とうじょう》的修羅へと外化する内的葛藤のエクリチュール化もまた『今昔』で始まり、軍記物語に継承されていく修羅的文体の特性であった。その意味で、上の一見素朴に見える文体には、すでに中世的エクリチュール全般を浸潤した内的決断の実存性が胎動していると見てよい。つまり「グレゴリウスの経験の地平は非常に狭く、広大で首尾一貫した全体を見ようとしても、ほんの小さな見通ししか持たない」[9]というアウエルバッハの評価は、事柄の半面しか見ていない（それ自体狭い）もののように思える。全体への見通しの喪失という指摘が、古代の修辞家が持ち合わせていたような、制度的日常が保証する紋切型の世界観に対する信頼という意味ならば、それは中世初期を生きたグレゴリウスがもはや持ちえない安定性であり、それはそれで正しい。しかし上の殺人事件の習俗的背景は、血讐と賠償の妥当性という中世人にとって焦眉の現実問題（検断権の問題）であり、その現実に即して観察すれば、彼らの「経験の地平」はすでに十分に構造化され、古代的リアリズムに見られたような自己身体周辺のみのモザイク状の断片的視界ではなく、一つの統一的な遠近法を確立しつつあった。ただその構造化の基軸は、むろん古代制度的なものではなく、新たに生成しつつある中世的社会慣習である。

　こうして経験の内実においてすでに始まっていた制度崩壊状況下の修羅が、文体をも、つまりエクリチュールという内的儀礼をも浸潤していく過程として、中世的所作儀礼の展開を通観することが可能である。例えば上の即物的な殺人事件の文体原理は、次のような儀礼化された修羅場のそれとも確実に共鳴している。

> 薩摩守《さつまのかみ》……熊野そだち大ぢからのはやわざにておはしければ、やがて刀をぬき、六野太《ろくやた》を**馬の上で二刀、おちつく所で一刀、三刀までぞつ《突》かれたる。……と(ッ)ておさへて、頸をかゝんとし給ふところに、**六野太が童《わらは》をくればせに馳来(ッ)て、**打刀《うちがたな》をぬき、薩摩守の右のかいなを、ひぢのもとよりふつときりおとす。**今はかうとやおも《思》はれけん、「しばしの《退》け、十念となへん」とて、六野太をつかうで**弓だけばかりな《投》げのけられたり。**其後西にむかひ、高声に十念となへ、「光明《かうみやう》遍照《へんぜう》十方《じつはう》世《せ》界《かい》、念仏衆生摂取不捨《ねんぶつしゆじやうせつしゆふしや》」との給もはてねば、**六野太うしろよりよ(ッ)[10]て薩摩守の頸をうつ。**
>
> （『平家物語』「忠度最期」、傍線および太字強調は筆者）

太字で強調した偶有的な身体所作は、その帰結部分に至って（修羅の終わりに至って）、念仏十念の定型的儀礼所作へと連続する（傍線強調部）。さらにその儀礼所作に内的な儀礼である和歌的詠嘆が融合する。雑兵に討たれた平家きっての〈剛の者〉薩摩守忠度《ただのり》の箙《えびら》には一首の和歌が結び文にしてあり、「旅宿花」という標題がつけられていた。

行くれて木の下かげをやどとせば花やこよひのあるじならまし

（同前[11]、太字強調は筆者）

右の歌は心象化された歩行、すなわち偶有的身体所作を内実としている。これは地の文の修羅エクリチュールにおける偶有的所作と共振していることに注意しよう。下の句の〈花のもとの宿り〉は花鳥エクリチュール上の定型トポスであるから、念仏往生のやはり定型的儀礼に照応していることがわかる。修羅における偶有性と定型性（その意味での必然性）という二元性が、和歌的詠嘆における二元性へと収斂するところに、古代から中世への境界域に生きた〈平家の公達〉＝雅な剛の者の心性における分裂と統一を認めることができるだろう。

忠度の和歌の師は藤原俊成である。俊成は平家滅亡直後の勅撰和歌集『千載和歌集』に弟子忠度の和歌を一首、「読人知らず」として入歌させた。それは古都の無常と花鳥の恒常を対比させた典型的に中世的な花鳥詠嘆である。

さゞ浪や志賀のみやこはあれにしを**むかしながらの**山ざくらかな

（『千載和歌集』[12]、太字強調は筆者）

師俊成がこの歌に幽玄を感じたことは確実に思える。それは「むかしながらの」の一首が拓く独特に時間的な、そして自己身体に近接した恒常性の経験、その奥行きと同義だった。そこでは花鳥の恒常はもはや都の年中行事的月並の拘束を解かれて、山中のさくらとの偶有的な出会いに変容している。恒常性は自己身体の近隣で、偶有性の反復として実感される。そこに俊成は「優なる」響きを聞き取ったのに違いない。そしてこの「幽玄」的時空間の共有において、師と弟子はたしかに中世的実存花鳥の場を一つの〈鎮魂〉儀礼として共有したのであった。

幽玄的定型と朗詠的定型の落差、それが中世的高尚体と古代的高尚体の差異でもある。『和漢朗詠集』の美文、魏晋南北朝期の四六駢儷文は、古代末期の修辞的荘重体として、やはり修辞的に荘重であった西洋古典古代末期の美文と同一の制度的儀礼性を示す。しかしその美文のくるむ経験の内実は定向的に変容し、脱制度化しつつ、古代的制度崩壊期に常態化していく中世的修羅の情念的内実を包摂していった。その包摂の媒介をなしたもの、それが〈生活の儀礼〉、すなわち現実の生活の中で定型化されていった十念称名の所作、あるいは内的な彷徨としての〈旅宿〉をめぐる心象所作である。それはたしかに新たな儀礼－美文の成立をも意味していた。しかしその儀礼場は、あまりに現実的な闘諍－修羅の只中にある。日常的かつ即物的な名乗は、合戦的闘諍の開始と終結を告げ、後には修羅の結果としての血まみれの肉体が横たわり、血糊のべっとりついた刀の脇には、命果てた剛の者の首が転がっている。そしてその箙に結ばれた雅に孤独超脱の和歌的詠嘆。この強烈なコントラストの定位的意味内実を問わねばならない。

その死生の現実態は、「観賞と観察」（小林秀雄）の対象であるはずはない。またそれは、ホイジンガの意味での素朴かつ野蛮な中世的心性を告知するものでもない。そうした近代人特有の審美的偏見を一度すべて捨て去って、われわれの温室育ちの感性をほとんど破壊する、その日常性と非日常性の並置、儀礼と修羅の並存の実相を凝視しなければならない。

系譜的観察を続けるならば、中世において日常化し、ケの領域における修羅闘諍的事件の業苦をなんらかの形で鎮魂した（その鎮魂の内実が本書のテーマであるが）数々の生活－所作－儀礼は、近世に至って、再び非日常化する。それは秘密結社[13]、すなわち（西洋においては特に）オカルト的なそれ、あるいは民衆信仰的な（特に中国近世において）それの閉鎖的な儀礼様式へと変容していった。日本近世ではエリート的な集団も民衆も自律的な秘密結社を目立った形では展開していないが、その分、有職故実の復古的運動にはっきりとこの閉鎖的な儀礼性の組織化を認めることができる（武家有職、和歌有職を代表とする）。この閉じた儀礼系の自己組織化という現象は、西洋ではフィレンツェのネオプラトニズム・サークルの秘教化、秘儀化をもって嚆矢とするが（ヴィント『ルネサンスの異教秘儀』[14]）、通例その母胎は中世期の魔術や呪術をめぐるアウトサイダー的オカルティズムにあったとされている（イエイツ『ジョルダーノ・ブルーノとヘルメス教の伝統』[15]）。しかし定位現象としての儀礼をマクロに追跡するならば、近世的オカルティズムの淵源は中世の片隅で疎外されていたマイナーかつエクセントリックな呪術儀礼ではなく、むしろ逆側の汎中世的生活儀礼、例えばその代表としてのオマージュ儀礼のようなものの変容形態として了解されるべきである。つまり、こうした日常的－開放的儀礼から非日常的－閉鎖的儀礼への変容は洋の東西を問わずに現象し、そこにまた中世的定位の近世的なそれへのマクロの変容というものも確認できるからである。その最大の特徴は、

(1) **儀礼における日常性の終焉、**

(2) **儀礼において実現される定位内実が、無階級的な双数性であることをやめて、新たな階級的秩序を志向する、**

という二つの契機である。

もちろんオマージュもまた、その社会的機能は封建的秩序の外化儀礼であり、やはり階層的主従関係を儀礼的に外化し固定した。したがって、その面では近世的儀礼と共通する契機を内包している。しかしその儀礼ｰシンタクスは、本来的にあらゆる階層に開かれた生活ｰ所作ｰ儀礼であった。所作が日常的である分、それを特定の階級集団が占有することは不可能であるばかりか、その所作を媒介として、むしろオマージュ的信頼の情念そのものがあらゆる社会関係に浸透していくことが確認されるのである。

したがってここには、ある種の矛盾が潜在している。儀礼の意味内実とそのシンタクス・モジュールの間に介在する分離、あるいは乖離。こうした矛盾の情念的内実に迫らねばならない。そのためには通念としての封建的主従秩序の基底にある、制度解体状況下での双数的主従情念の生成過程を、所作儀礼を基軸として再検討してみることが不可欠となる（第一章でテーマ化する）。

中世固有の事件ｰ定位現象の一つの基軸が**主従情念の生成**であるとすれば、もう一つの基軸は**散歩ｰ生活的定位と遊歩ｰ事件的定位の独特のねじれ現象**である。つまり中世においては散歩人と遊歩人は古代や近世におけるような定型化した役割分担を示すことはなく、むしろその定位機能は奇妙に交錯している。この点を少し総括しておこう。

中世的生活は、古代都市解体期における共同生活の模索をその中核としていた（『形而上の中世都市』

第二部参照）。そしてその意味づけのコンテクストは形而上化された都市世界、すなわち祝祭－場においてそのつど内化される観念的な都市界隈としての往来が与えた（同書）。対して中世的事件とは、制度解体期における新－制度への蠢動をめぐる闘諍－事件であり、端的に言えばその実体は合戦修羅であった。単純な所有の獲得と維持がいかに多くの闘諍と流血を必要としたか、それは中世史のあらゆるディテールがわれわれに語りかけてくる定常項である。その意味で、中世的修羅の実体、内実はまったく単純な裸形の生活への欲求そのものだった。略奪を行なう山賊騎士も、それに怯える街道の商人も、眼前に見ているものは衣・食・住の具体相にすぎない。しかしそれが、無限の修羅の連鎖を生む真の業因でもあった。生活の具体相を安定化する制度的保証があらゆる場面で弛緩し、解体に向かっていたからである。したがって新たな制度を確立することそのものも、修羅場の連鎖を延々と生み続けざるをえなかった。やがてこの修羅－連鎖から、一つの大きな欲求、社会的なコンセンサスが生じてくる。それは道理と鎮魂への欲求だった。道理とは、生活保全の最低枠を確保するための相互理解の理念であり、多くは慣習法的な契約関係（御恩－奉公を代表とする）の形態をとる。しかしそれは、近世的、近代的な意味での契約関係ではない。集団内ですでに確立された社会規範（例えば商慣習）を背景にしたものではなく、著しく一対一的な、つまり双数的な関係だったからである。それは一つの情念的紐帯であり、この主従関係を表示する「頼む」という言葉が如実に告げる、双数的な信頼関係、対峙関係である。それは男女関係、個人的信仰の志向するある特定の神との保護信頼関係を包摂する観念だった。そしてこの観点からは、オマージュ儀礼が実現する家士制もまた、その原初的形態においては双方向的、双数的契約関係であって、日本中世の社会規範である道理へと翻訳可能である(16)。そしてこの主従関係における双数性は、彼ら二人が闘い、倒れた後の古戦場で〈諸国一見僧〉がしばし夢見るその鎮魂においても貫徹されていた。鎮魂を理念化した夢幻能において、どうして一人のワキが一人のシテに正対しなければならないのか、それもまた中世的修羅そのものの内実である主従情念から了解されねばならない。

つまり鎮魂の双数性、その根拠は修羅闘諍自体の双数性であった。

それは原初的な〈怨憎会苦《えんぞうかいく》〉の姿を示している。

どうして憎み合う者たちが、たまたま戦場で出会い、一対一に対峙するのか。どうしてこの騎士が、たまたま欲しいものを山積みした商人にこの街道で出会い、彼を殺すのか。どうしてこの武士が、たまたまこの郎党と組み合うのか。こうした修羅闘諍における双数性の根源を止観するとき、中世的儀礼の内実もまたその定位志向の裡側から解明されるはずである。そうした問題意識を持って、中世的修羅―止観―鎮魂というマクロ定位現象をめぐる、三つの定位範疇の内的情念構造を順次検討してみることにしよう。それは中世的社会の現実態に相応した以下の社会範疇である。

⑴ **主従関係** これは中世固有の社会関係である。それは**合戦の情念型**の形成基盤となる（第一章、第二章）。

⑵ **親族関係** これは古代から継承されてきたものであるが、中世における親族関係は外的な拡大擬制親族と内的なモザイク的核家族への分裂を本質としていた。これが中世固有の修羅としての**仇討の情念型**へと反照する。仇討は、古代的血讐の集団性を個人的な双数関係へと収斂させるという意味において、固有の中世的現象である（第三章）。

⑶ **師弟関係** これは上の二つの修羅と本質連関した止観―鎮魂のための社会関係であり、それは師

弟の〈**面授**〉〈**師資相承**〉を基軸として、弟子の**開悟体験**へと結実する。その開悟は、中世的定位コスモロジーの基体となるという意味で、中世的経験世界の真の「神秘」であり、真の〈花〉である（第四章、第五章）。

これら三つの中世固有の社会範疇が、その習俗エートス的な内実においても密接に連関していることは言うまでもない。したがってわれわれは順次、三つの定位現象を経巡るのではなく、同一の中世的共同体のその三つの位相を分析の方便としてひとまず弁別するのだということを念頭においておきたい。

三つの社会範疇は、それぞれに固有の事件範疇を生む。すなわち、

(1)′ 主従関係は**合戦という修羅場－事件**において試され、

(2)′ 親族関係は**血讐－仇討という修羅－事件**を生み、

(3)′ 師弟関係は**開悟の場においてそれらの修羅－事件を止観し鎮魂する**。

これら三つの事件範疇もまた相互に連関しつつ、中世的定位の内実を自律化していく。その自律的自己組織化の媒体が中世固有の儀礼現象としての生活所作－儀礼なのであった。

以上の青写真に沿って、それぞれの社会関係における情念型の分析－記述を具体的に進めてみるわけだが、われわれの課題は、ここでも〈事件の現象学〉の基本的な視座を守りつつマクロ系譜的な視界を開くことである。つまり中世的経験の総体が対象となるとはいえ、その経験内実自体の解明ではなく、むしろ古代都市の遊歩人が中世的遊歩人へと変容しつつ、合戦、血讐－仇討の修羅場から開悟へと経巡る、その定位彷徨をこそ追跡したいのである。その対自－遊歩の道行の果てに、中世的修羅の鎮魂への視界が開けるところまで到達できれば、われわれの課題もひとまず達成されたと言ってよいだろう。

第一章　主従情念の生成

一　主従情念の普遍的契機

『オデュッセイアー』／『史記』／『日本書紀』

中世期の社会関係の基軸となる主従関係は、封建制固有のものだとされることが多い。この常識的な観点からは、日本中世の家人、郎党も、また西洋中世の〈家士《ヴァサル》〉も、擬似的な親族関係を基盤とする封建的社会関係の典型だとされる（M・ブロック、石母田正などもこの通説を踏襲している）。封建制が親族制度内の上下秩序を擬制するという観点そのものは正しいだろう。親族制度と狭義の社会制度の境界は古代よりも中世の方が一般的にはるかに曖昧であり、さまざまな習合形態も観察される。その原点に制度的秩序と親族的秩序の擬制関係を置くことは、たしかに封建的主従関係の本質を考える上できわめて重要な契機であると思える。しかし、ではそうした擬制は封建制固有のものと言えるのだろうか。例えば平安中期には貴顕の家庭で制度化していた乳母《めのと》、および乳母子《めのとご》と主君をめぐる強い心情的な絆は、やはり擬似親族（拡大親族）的な主従関係を実体としている。やや時代が下ると、同様の習俗は武士上層部に拡大した痕跡があり、特に武士の乳母子は『平家物語』の時期には主従情念の範例を呈示している

（本章第三節参照）。したがって、この古代から中世にかけて連続的に観察される主従的社会習俗の存在は、封建制的擬制のさらに根底に、より一般的な主従情念の基底というものが潜在していることを告知しているように思われる。つまりその基底的主従関係は、例えば明確な封建制を持たなかった中国中世の主従関係＝君臣関係にもはっきりと発現しているようにみえる。この現象は通例の中世＝封建制という等置によっては説明されえない。

中世的主従関係を封建的主従関係のステレオタイプからひとまず解き放ち、具体的な事象に即して通観した場合に浮かび上がってくる共通の契機がたしかに存在する。それは主従関係こそが、崩壊した古代的制度を中世的に再生、再編した主体的な要因であるという基本的な事実である。その意味での普遍的に中世的な主従情念（もし仮にこうした一般化が許されるとして）は、既成の制度的な秩序、権威とは別の範疇の習俗的－情念的なエネルギーを発見する必要があった。制度はすでに崩壊しているか、いまだ生成中であって、そこからは強い秩序の社会倫理は生じない。むしろ一対一で向き合う主君と臣下の心情的な結束こそが主体的な行動の真の基盤であった。中世的君臣関係はしたがって、古代的な君臣関係とも近世的なそれともまったく別範疇の強い心情的エネルギーを発揮する。主従はこの心情的結束の主体性において**登用－仕官の双数的情念**を実念化し、社会習俗化する。これも再び普遍的に中世的な社会関係の構築であって、狭義の封建制には拘束されていない。中国中世の君臣関係が典型的にこの心情的結束の主体性を示しているからである（これからその具体相を通観する）。つまりここに見られるのは、制度崩壊－制度生成期に固有の、そしてそれゆえあらゆる中世に普遍的に発現する定位現象であり、それは制度そのものの死生を制度－非・制度の二元的相克へと反照している。中世的主従はまさに制度的名目と非・制度的内実の、つまり制度的登用と在野名流的公共性との動態的な弁証法の只中で、双数的－心情的関係を構築していく。仕官を希望する在野の高士、豪族、任侠の士は、すでに在野の人士による人物批評によって器量を量られ格付けされている[1]。この格付けはしかし中世初期（魏晋期）にあっては、いまだ流動的なものであって、個別の行為によって下降も上昇もありえた（『世説新語』にこの名流社会のダイナミズムは活写されている）。〈英雄〉、すなわち生成しつつある新たな制度の化身は、自己の功業のためには何よりも人材を必要とした。その人材を主従情念の絆によって組織するためには、本来的には在野の、つまり脱・制度的勢力である「名流」社会の協働を不可欠としたのだった。トップ・ダウンの制度意志とボトム・アップの在野からの活動意欲とが、活発な弁証法的二元性を現象させることになる。この主体性（制度主体の側にも在野勢力の側にも存在する主体性）こそが、中世固有の主従関係を生んでいく原動力であり、その本質は親族的、あるいは擬似親族的であるよりは、むしろ実念化した双数的関係であり、ほとんど日本上古の相聞的双数関係を想起させるエロス的倍音を帯びる。共同経験の構築、すなわち強い心情的紐帯の確立には、君臣的主従が登用の前後に一対一の対峙という双数的履歴を持つことが不可欠だった。その典型例として劉備玄徳と諸葛孔明の「三顧の礼」伝説を挙げることができる。それは制度的虚飾を離れた隠遁の山林で、二つの個が無媒介的に対峙する実存的な出会いであり、その後の君臣関係を〈出師の表〉の意味で実念化していく、その情念的な前提となるものだった（『形而上の中世都市』「結び」参照）。つまり中世的登用とは、主君の側にとっても、臣下あるいは家人／家士の側にとっても、一つの〈事件〉であった。したがってその出会いは、都市的遊歩に本来的に備わる本質的に実存的な偶有性を呈示している。それは定位系譜の範疇上、運命／因縁／天命の範疇での、偶然性の内面化を志向する。

どうして「三顧の礼」の示す範例的主従情念の形成が中国古代においても、中国近世（宋から清へと至る）においても君臣関係の現実態とはなりえなかったのかと問うてみれば、中世的〈登用〉情念のその基底をなすアド・ホック性＝非日常的偶有性そのものが、そもそも古代や近世には存在せず（あるいは潜勢化し）、中世においてのみ社会的な現実態として恒常的に顕在化していたという基本的な事実に気づかされる。古代や近世の君臣は、山林で裸形の個として実存的に対峙することをしない。その必要がそもそも存在しないからである。主従の秩序はあらかじめ制度的日常に包摂されていて、そこでは誰もが「からくつた人形」として「糸を付てもなきに、行《ある》ひたり、飛《とん》だり、はねたり、物迄も云は上手の細工也」ということになる（『葉隠』[2]）。彼ら近世的君臣は、すでに確立された集権制度的日常、その形式的‐能記的な安定に暮らし、その安住の現実に倦んでいる。古代的身分制においても、科挙以降の近世的官僚社会においても、その登用は君臣の履歴を前後に分かつものではなく、もはやいかなる双数的関係をも生成する力を失った制度の自動的、自走的日常の延長にすぎない。これは日本近世の君臣関係、西洋近世（絶対主義的王制下での）君臣関係の基調でもあった（サン・シモン公のメモワールが活写する、ルイ王朝の制度的日常の閉塞状況はその典型である――エリアス参照[3]）。在野の自律的公共性が失われると同時に、登用‐仕官の弁証法的主体性も沈黙する。それに対して日本中世においても、西洋中世においても、その主従関係の中核には〈事件〉としての出会い、制度再編のための制度参加という草創期特有の主体的自由の発現が見られたのだった。

では、そうした双数化し実念化する実存的主従関係は、中世的状況の不安定性に本質規定されたものであったという意味において、やはり中世固有のものなのだろうか。

この問いに答えるには、この偶有的事件性を生む、状況的背景の固有性、普遍性を客観化しなければならない。この背景はしかし、われわれにとってまったく新しい概念化の努力を要するものというよりは、むしろ馴染みの下部構造－上部構造の総体的死生そのものである。中世的主従の出会いの偶有性の根拠は、古代的制度の崩壊と、中世的制度の生成の同時進行の現実、すなわち中世的状況の本質である制度の死生に他ならない。

すると、さらなる問いがわれわれの視野に入ってくる。

制度の死生が中世的主従関係の基底であるのならば、主従情念という定位現象はさらに中世を超えた普遍的な社会関係としての範疇性をも内在させていると言えるのではないか。なぜなら、制度の死生というものは、マクロ状況としては中世期固有のものではあっても、ミクロにはあらゆる制度転形期に見られる普遍的な状況範疇でもあるからである。制度の転生が死にゆく旧制度と誕生する新制度という、二つの異質な制度の死生を同時進行的に時軸上に展開する以上、そこでは社会関係そのものの生命、その実存的紐帯の生成という現象が、主体の心象をよぎる仕組みになっている。したがって中世的主従情念の固有性を問う前に、そのさらなる普遍人間的な定位的根拠というものを視界に捉えておかねばならない。

ヒトはどうして主従関係に入り、そこに何を求めるのか。この最も一般的な問いから、われわれの主従的修羅――それが中世的合戦において外化する過程――の考察を始めることにしよう。

主従関係を普遍的定位範疇であると観ることが、現代人であるわれわれになぜか憚られるとすれば、その忌避の背景には現代的‐近代的な視野狭窄というものが確実に介在するように思える。まずこの通念を対自化しつつ退け、視野の補正を行なっておこう。

主従関係は「前近代的」であり、それ自体として悪である、という「歴史の終わり」（フクヤマ）に生きる「終末人《デア・レッツテ・メンシュ》」（ニーチェ）特有の視野狭窄、この思い込みの前提は、前近代＝封建制＝封建的主従関係、という粗雑に一元的な「われわれの現代ではない状況」の単純化である。人間はどうしてかこうした単純化をもって自己の生きる状況を讃美する、という本能を持っているらしいのだが、中世はまた、そうした単純化の対象となりやすいある種の必然性を伴っているように思える。中世的情念は一見してあまりに自律的であり、つまりは「われわれのこの現代」からは非常に遠い社会の産物であり、その固有性のさらなる基底には実際は普遍人間的な要因が隠されていることが、通常は見えにくくなっているからである。したがってその普遍性を再発見するためには、丹念な〈還元〉（系譜的還元）という記号学的手法が要請されることになる。

まずそもそも「前近代」の制度的基軸が、西洋でも、中国でも、そして日本においても、階級的上下関係を本質とするいわゆる「封建的」秩序に整序されたのは、近世的集権以降であることに注意しなければならない。例えば近代人である西洋市民が「前近代」として表象したのは、自己の「現代」が成立する直前の絶対王制下の身分秩序であり、この対比においてこそ「市民の無垢《ビュルガーリッヘ・ウンシュルト》」（シラー）という集団的自己意識が、まさに近代的主体性として形成されていくことになるのである。ベートーヴェンが献呈を予定した第三交響曲〈英雄《エロイカ》〉の表紙をなぜ破り捨てねばならなかったのか。それは近代の〈英雄〉ナポレオンの中に、前近代的「皇帝」の封建性を発見したからだった。この封建性とは市民的自由を抑圧してきた近世的旧制度《アンシャン・レジーム》の身分秩序であって、本来の中世的社会秩序は彼らの「前近代」＝近世に対する近親憎悪的アンビバレンツの彼方にあった。たしかに市民と封建諸侯の間に存在する基本的な階級対立の構図は、中世都市、例えばすでに発達した市民社会を有していた中世トスカーナの諸都市においてもその社会対立は（ここでも近親憎悪的アンビバレンツを伴って）如実に認めることができる。しかし中世期の市民社会と封建諸侯の二律背反は、同一の中世的現実の共有によって媒介され緩和されていた。つまり近代的対立、急進的市民ベートーヴェンとナポレオン的反動の対立にあっては、両者を媒介すべき「われわれの状況」の欠如こそが、まさに「前近代」という一元的に否定的な他者表象を生む真の根拠である。これはまた、どうして近代が「革命の時代」なのか、というマクロ現象の一つの定位的根拠でもある（近代における最大の事件は〈革命〉と〈大戦〉に収斂する。いずれも媒介項を喪失した他者表象が中核にある。対して中世期の合戦、仇討、開悟という三つの代表的な事件範疇は、こうした根源的な他者性を知らない——この差異性の真の根拠はしかし、〈事件の現象学〉近代篇の中心的テーマとなるはずであるから、今は遠くの旅程が望見されたことに満足するのみに留めておこう）。中世的市民にとっての封建諸侯の横暴は日常的な流通の否定項であると共に、その奢侈、合戦の見栄えのための武具、装束はすでに彼らの重要な商品マーケットの基盤でもあった。つまり彼らは、その対立、憎悪においてかえって堅く結び合わされる、という社会関係構成の契機をたしかに有していた。対して近代市民にとっての封建的反動は、単純に「前近代」のいわば「根源悪」への表象に一元化されている。したがって、ナポレオンが「市民」ベートーヴェンの心象において体現するのは、本来の中世的主権者ではなく、近世的絶対主義の中に残存し、そして制度的に完成された〈集権的封建性〉である。封建制が分散的地方秩序である限り、それが集権制を実現するということ自体、ある意味での自己矛盾なのだが、この自己矛盾は制度的自己塑性の必然でもあり、またこの矛盾こそが近代市民社会を生む真の動因でもあった（それは西洋近代を離れて、普遍的な近代の存在を告知している——これもまた本シリーズ近代篇の中心テーマとなる視座である）。

前近代を一種の根源悪と見なす近代的一元化は、西洋近代の市民社会のみに見られる視野狭窄ではない。それは例えば、中国近代を推進した人々の価値体系においても観察される伝統意識の屈折である。その最大の事例は、魯迅における「故事《クーシ》」すなわち自集団の伝統認識の中核にある、儒教的前近代と「食人」的陋習の等置だろう（『狂人日記』の心象世界）。彼が中国の伝統を振り返る場合、前近代的封建性とは、清朝末期の停滞した社会現実（彼にとっての前近代の原風景）を、一元的にその原点である（と彼が確信する）古代へ向けて延長したものだった。中世の固有性は魏晋関係の評論（「魏晋の風度、および文章と酒、薬の関係」『而已集』所収）で鋭く認識されてはいるものの、それを「前近代」＝根源悪という一元的価値体系の中に位置づける作業を行なわないままに終わっている。魯迅における前近代は、清朝的集権を支えた科挙制度およびそのイデオロギーとしての儒学的陋習として記憶され一元化されている。その道徳的なニュアンスを濃厚に伴う一元化という契機に注目すれば、それはやはりシラーやベートーヴェンが旧社会《アンシャン・レジーム》の貴顕に感じた「諸悪の化身」的な一元化と同様の近代的心性を示していることがわかるのである。

同様の単純化、一元化が日本近代においてもその伝統意識の基調であったこと、そしてその「前近代」に対して日本浪曼派や北一輝らの「近代の超克」論が、アンビバレントなイデオロギー対立と復帰を見せたことは、戦前の近代的定位彷徨の基本的な風光である。否、この基調は、戦後の伝統主義者、例えばその大衆的成功者としての亀井勝一郎の横に、逆側の高踏主義の代表者三島由紀夫を並べてみるだけで一目瞭然となる。大衆的教養主義（亀井）も高踏的古典主義（三島）も、その伝統意識の前近代的一元化は共有していたからである。その意味で伝統主義者でもあり、なおかつ前衛芸術家としても自己主張した三島の定位彷徨が、われわれの擬似近代経験という地平において、奇妙に時代の心性と共振していた事実を見逃すわけにはいかない。エクセントリックな「楯の会」は、まさにそうした集団表象上での一元的な「伝統の美」をめぐる茶番でありながら、同時に本質的な集団的定位の彷徨を反照していたように思える（その意味でそれは戦後日本の定位本質、その根源的なデラシネ性を一瞬照らし出す事件として、われわれの社会的記憶に刻印された）。つまり三島の意識における前近代の描像もまた、魯迅の諸悪の根源的な一元化とたしかに価値的には対極的な諸善の根源的な美化を行なうものの、その一元性において、自己の伝統を一気に（中世の固有性を飛び越えつつ、あるいは「絶対」化しつつ――この契機は本書第四章第一節で再び三島の中世観に光をあてる形で観察する）「わが上古」まで遡行する。そこにおいて決定的に欠如しているのは、前近代の範疇的な構成要素、つまり近世、中世、古代というマクロの時代範疇に対する、その定位の差異性に対する基本的な感覚である。彼らの伝統表象においては、中世と古代の本質的な差異性すら、〈等しい陋習〉あるいは〈等しい美〉へと一元化されてしまうのである。したがって小林秀雄ら、戦前から戦後を生きた審美的伝統主義者にとっての中世とは、死者たちの「美しい」世界でしかなかった。その実存の社会的内実は当初から彼らの視界には登場しようがない仕組みになっている。

したがって、この視野狭窄的一元化を近代的定位の系として記憶する一方で、前近代本来の定位の多元性を再構築しなければならない。中世に関して言えば、封建制を基軸として本来の中世と近世を一元化することは避けねばならない。その制度的集権の質が中世と近世では範疇的な差異性を見せるからである。つまり近世と中世が別範疇の定位世界を構成するその究極の根拠は、人間普遍的な経験の（外的経験の）基軸、制度の範疇的差異性である。抽象化すれば同一の封建制が連続しているように見えても、例えば守護・地頭制のそれと（鎌倉幕府のそれと）戦国大名の一円支配が確立された後のそれとは（応仁の乱以降のそれとは）、制度的支配の質がまったく異なっている。この制度の現実態のマクロの差異を、同じ制度の系譜上にあるからといって粗雑に一元化するならば、伝統内部の多元性、組織性を平準化し無内容化してしまうのである。

近世は集権制度が完成された後の静態的安定期であり、対して中世は制度の集権的強度が恒常的に弛緩した動態的移行期である。この静態性と動態性の対照性は、例えば社会生活にとって欠かせない刑制機構（「検断権」として当時観念されていた自治的法治機構）が中世には地方分権的－拡散的な慣習法的実体性を示したのに対し、近世においては中央集権的－形式主義的（その意味で成文法的）な一元的階級社会へと変容していることに如実に顕われている。近世は「平天下」の後の太平の世である。中世は「平天下」に至る過程の只中にある乱世である。そこにおいては旧制度の崩壊と新制度の生成が同時に進行し、社会関係は常にこの崩壊と生成の、つまり死生の弁証法の只中にあった。都市という制度の最大の外的指標にも、この安定的－静態的集権の太平と動態的－生成的分権の乱世との根本的差異性は当然反照されざるをえない。したがって都市経験を基軸に定位系譜を通観しようとするわれわれ歩行人《ホモ・アンブランス》＝記号人《ホモ・シグナンス》の基本的な視座もまた、この差異性から出発せざるをえないのである。近世と中世とは明確に別範疇の定位状況を呈示している。それは異なった時代範疇としてひとまず別個に探求されねばならない。なぜならば、近世もまた一つの普遍的な時代範疇であり、それは西洋でも、中国でも、そして日本においても、中世的制度の過渡性、脆弱性、二元性（死生の二元性）の克服から始まるからである。西洋的近世を、中世社会の本質である無階級的アナキーの絶対主義的克服として捉えるならば、その最初期の例はトスカーナ諸都市、その代表としてのフィレンツェの市民社会の自壊、そして〈トスカーナ大公国〉という地方的絶対主義の生成過程に如実に認めることができる。同様の近世的集権過程の画期は、中国では唐末、五代のアナキーを税制と軍制の強力な集権によって克服した宋朝に認めることができるし、わが日本の近世はもちろん「戦国」時代が関ヶ原へと収斂する過程で、その集権制度的基盤を充実させていったのだった。

したがって、近代から見る〈前近代〉の描像は、すべてこの近世的集権の現実、近代人の記憶に生々しく残っている絶対主義的身分秩序とその停滞、デカダンスに本質規定されたものであって、シラーやベートーヴェンにとっての〈前近代〉が、ドイツの地方諸侯や、あるいはより範例的なルイ王朝下の〈旧体制《アンシャン・レジーム》〉以前の、その集権が完成する以前の本来の中世的封建社会へと遡行することはなかったように、魯迅や漱石にとっての、あるいは亀井や三島にとっての〈前近代〉もまた、宋朝以降の、関ヶ原以降の集権的封建制に本質的に規定されていた。だからこそ、上下秩序を「老人支配」（三島由紀夫〈革命哲学としての陽明学〉）と等置する感性自体が、やはり（いささか皮肉なことに）彼らの意味での前近代的なものであった、と言わざるをえないのである。中世期の支配は多元的で多様であり、その本質を一つの概念で括ること自体が難しいが、いずれにせよそれは「老人支配」の逆側にあった（支配者の年齢の若さは中世期の普遍的指標の一つである）。老人が安定した長期の支配体制を構築できること自体、静態的集権が確立された最大の徴表であり、それは近世の現実であって中世のそれではないからである。

では、こうして近世的集権を系譜的に還元した上で、われわれの対自の視界に甦るべき中世固有の社会関係、すなわち中世固有の主従関係の本質はどこにあるのか。それはやはり外的な身分秩序を指標とした「階級支配」なのだろうか。

この問題を検討するためには、還元の手法を離れて、もう一つ別の予備作業が必要になる。還元の基軸である定位経験の系譜性そのものをしばらく括弧に括って、個々の経験そのものから普遍性を実験的に求めねばならない。系譜学的－記号学的還元は近代的視野狭窄の脱構築には有効だが、それは本来批判的－分析的方法であるから、それ以上に時代経験そのものを再構築することはできないからである。したがって個々の事象に即したマクロの描像を求めねばならない。これは還元の逆側の総合的手法だが、それを範例的事象の足早の通観として行なうことが方法上の要諦である。一応この手法を〈範例的登高〉と名づけておこう。「登高」というのは、それが尾根道を辿りながらマクロの視界を確保する山登りに似ているからである。そのためには尾根にあたる高い質の素材、つまり範例的事象を蒐集する必要があることはもちろんである[4]。この手法の現実態はしかし、一人の個人の経験世界に本質規定されざるをえないから、具体的には筆者の読解の範囲内での古典世界が渉猟の資料的基底となる。またその選択も個人的な経験的地平の限界に大きく規定されてしまうことは、事柄の本質上必然的なことであって、むしろそうした個人性の限界の中で顕在化する普遍性というものに賭けてみたいのである（学的対自もその最前線、未開拓の領域では実存的企投《エントヴルフ》にきわめて接近する。そこに読者諸氏も追・対自化の醍醐味を味わわれんことを！）。

中世的カオスと対置される近世的整序、その集権を背景とする身分秩序の中に顕われる主従関係は、すべて日常的、制度的なトーンを伴っている。したがって中世的主従関係はさしあたりその対極として、つまり**非日常的、脱‐無制度的な心情的紐帯**であることが確認されるのだが、ではそれが中世のみに限定される社会関係かというとそうではないように思える。中世以外の状況からも、こうした濃厚に心情的な主従関係の事例が集まってくるからである。つまり非・近世的な主従情念を色濃く反映したエクリチュールの存在が、西洋においても、また東洋においても、古典テクストそのものを根拠として検証可能である。したがって以下ではまったくランダムに、しかしその情念の強度という面からの選択を行なって、その制度的、定位的情念の内実を概観してみたい。

まずしかし、その主従情念に共通する契機をあらかじめ命題化して呈示しておこう。

非・近世集権的な状況下においても発現する主従関係の情念的な内実は、擬似・家族的なものであり、それはしばしば主従の一対一的な対峙を履歴上の原点として双数的な経験時空を展開する。

具体的な事例に沿って検討を始めよう。

〈事例1〉　オデュッセウスと家内奴隷の主従関係（『オデュッセイアー』）

辺境の領主オデュッセウスがトロイアに出征、二〇年後に帰郷し、まず頼ったのがかつての家内奴隷、豚飼のエウマイオスだった。彼はいまでは主家の下男四人を使いこなし、自分の身の回りを世話させるための召使いを別個に売買奴隷として手に入れ、三六〇頭の豚を飼う立派な農夫的家人だが（『オデュッセイアー』xiv‐5〜28）、もともとは彼自身、オデュッセウスの父が金銭で買い求めた家内奴隷である。

オデュッセウスは豚飼の家に異邦人として寄寓した後（彼はまだ正体を明かすことはしていない）、求婚者の群がる自分の家に放浪の乞食に変装して内情を探りに出かける。面変わりした彼を、妻のペーネロペイアーはそれと認めない。彼の変装を見破るのは、洗足の際に狩の古傷を認めた老乳母エウリュクレイアであった（同前、xix－392～）。彼女もまたオデュッセウスの父が金銭で買った家内奴隷である。そして息子のテーレマコスを除いては、この二人のかつての家内奴隷のみが、トロイア戦争終息後の混乱期に没落した領主オデュッセウスが頼ることのできる唯一の味方なのだった。この家人的主従関係の堅い絆のエートス的基盤は何だったのだろうか。

オデュッセウスは『イーリアス』第二書のいわゆる〈船揃えの段《ボイオーティア》〉によれば、一二艘の軍船を率いる王だが、それは彼の本拠地イタケー島だけではなく、近隣の諸島を含めた連合体の統率者という資格であるから、実質的な王権というよりは地方の豪族連合体の首長という色合いが強い。一二艘という数も、例えばアカイア勢の中核ラケダイモーン勢（後のスパルタ）を率いるメネラーオスは六〇艘という大軍であるから、地方の豪族連合体の規模も、中央勢力との比較においてはかなり正確に、当時の脆弱な集権の実体が伝承されていると見ることができる。ホメーロス時代の英雄王は、〈首長《アナクス》〉という人望による統率者としての側面と〈王《バシレウス》〉としての、制度的強権をすでに確立した主権者の側面とを併せ持つものだったが、(5) メネラーオスは〈王〉としての側面が強い英雄王であり、オデュッセウスは首長としての人望により推挙された英雄王である、という弁別が可能である。そして家人との強い主従的情念が顕在化するのは後者の側である。この社会制度的背景にまず注目しなければならない。

奴隷をめぐる社会関係も、『イーリアス』、『オデュッセイアー』の記述を丹念に追えば、そしてそれをバンヴェニストの制度的語彙の語源分析（『インド＝ヨーロッパ諸制度語彙集』）と照らし合わせれば、支配階級の都鄙的二元性とどこかで本質連関する、やはり二元的な系譜を有していたことがわかる。つまり奴隷は、①捕囚からの奴隷＝戦時奴隷と、②多くは誘拐や借金による奴隷＝売買奴隷に分岐し、そこには明確な社会関係上の差異が存在していたのである。ギリシア語は、①をドゥーロス（doulos）、②をオイケテース（oiketes）という用語によって弁別していた。(6) オデュッセウスとの堅い主従的情念を、かつての家内奴隷であった乳母エウリュクレイアと豚飼エウマイオスは別離後二〇年間も維持しているわけだが、彼らは②の範疇の売買奴隷であることが特徴的である。二人とも父親の名前が添えられているから、元は自由民の出自であり、社会混乱の結果として売買奴隷に転落したことがわかる。特にエウマイオスはシュリエーという島を治めていた王の息子で、ポイニーキア（フェニキア）の商人たちに掠われてオデュッセウスの父王に売られたのだった（同前、xv－402～482）。この誘拐を手引きしたのは海賊兼商人たちの一人とねんごろになった王宮の下女だが、この下女自身やはり富裕な自由民の出身で、かつて海賊に掠われ家内奴隷として売られたのだった（同前、xv－425）。

こうした掠取誘拐を手段とする奴隷売買の社会習俗は、古代ギリシアの草創期、つまりミュケーネ文明的強権の崩壊から地方首長の王権が再生してくる、いわゆる〈暗黒時代〉（紀元前一一～九世紀頃、つまりホメーロス叙事詩の歴史的背景）には常態化していたらしい。それどころか、バンヴェニストによれば、そもそもギリシアにおいて〈売買〉の観念を形成したのが、この頃盛んに行なわれた〈奴隷売買〉であったらしい。(7) この売買奴隷を表示する語、オイケテースはオイコス＝家を語源とし、〈家人〉の観念とも自然に融合していく必然性を内在させていた。対してもう一つの奴隷観念ドゥーロスは、ホメーロスにおいてはほとんど用いられず[8]、もともとはミュケーナイ系統の外来語であるらしい（同書）。これは戦争捕虜が奴隷の供給庫となる、という事態が〈他者〉に対する征服戦争によって惹起されやすいことを考えれば、自然な観念連合であることがわかる（もちろんギリシアではトゥキュディデスの描くペロポネソス戦争の時代でさえ、同胞のギリシアポリス市民を奴隷として売り払うような蛮行を行なっているのだが）。バンヴェニストは、この〈他者性〉を奴隷観念の原点として強調するが、これはわれわれにも非常に参考になる基本的な視座である。彼はドゥーロス以外にも、近代語の esclave / slave の語源もまた西ヨーロッパ人にとって〈他者〉であったスラヴ人の観念から転用されていること、さらに（これは中世封建制にとって非常に重要なことだが）中世的〈家士〉を表わす vassal もケルト語の借用外来語で、原義は〈下僕〉と〈奴隷〉を共示するものであったことを指摘している[9]。

しかしバンヴェニストは、売買奴隷と売買観念の本質連関を指摘し、この〈他者〉性に淵源を持つ戦時奴隷の二元性を個別に指摘するのみで、総合的な奴隷観念の内部構造の把握に至っていない。ホメーロスの世界にはどうして前者の観念のみで奴隷観念が一元化され、後者の戦争奴隷を表示する語が登場しないのか、という問題もただ事実の指摘のみに留まっている。この最後の問題はまったく単純に、ホメーロスがアカイア方とトロイア方を系譜的な同族（遠い同族）として捉えていたからではないか、と筆者は感じている。つまりホメーロスの社会において戦時奴隷と売買奴隷はすでに明確に弁別されていたのだが、敗戦後すべて戦時奴隷としてギリシア本土に連れ去られるトロイア人たちは、やはり売買奴隷の範疇、つまり同族的な意識で捉えられていたことが、カッサンドラーやアンドロマケーをめぐる後日譚を追えば明確に浮かび上がるからである。したがって、**主従情念の発現の一つの前提は同族的家内**

奴隷制度である、という基底的な事実がホメーロスの記述から浮かび上がってくる。豚飼エウマイオスの出自は同族の（オデュッセウスから見て同族の）王族であり、乳母エウリュクレイアは明記はされていないがおそらくは没落自由民の出自で、やはりその意味では同胞である。彼らの誘拐掠取あるいは没落は、転形期特有の社会混乱と流通的動態の二元的同時進行（前者は文明を破壊し、後者は文明を準備する）を反映したものであることに注意すれば、その現実態はわが中世初期における売買奴隷、すなわち謡曲をはじめとする語り物、物語に頻出する〈人買い〉によって掠取され、あるいは没落の結果金銭と引き替えに売買対象となる人々の姿を彷彿とさせるものがある。この日本中世における売買奴隷もまた急速に家人化し、強い主従情念の基盤の一つとなったのだった（売買奴隷と家人の境涯の流動性は、狂言における太郎冠者の現実態でもある。『磁石』、『縄綯《なわない》』など参照）。ホメーロスによっても（ホメーロスの社会によっても）、この流通出自の家内奴隷と家人の近親性＝通有性は明確に認識されており、それが主人オデュッセウスと家内奴隷たちの主従の絆によって表現されていると考えられる。

このようにホメーロスの人物造型を観察することによって、一つの基本的社会状況と主従情念の生成の内的連関を概念化することができる。それは制度的弛緩（社会混乱）と制度的収斂（流通機構の拡充）の同時進行を前提とする、売買関係を起点とする主従紐帯の自己組織化である。この紐帯の生成に伴って家内奴隷は家人へと転生し、それに照応して主人は主君となる。この基本状況の普遍性は、ホメーロスの売買奴隷とわが中世の〈人買い〉による労働奴隷たちの定位的同型性（家内奴隷から家人への転生の可能性）にその一端を窺うことができる。日本中世における人身売買の基本となる社会的現実では、特に辺境における大々的な荘園経営－私営田開発に伴い、人的労働力の需要と価値が著しく増大したからだった。これは古代地中海における制度的弛緩（暗黒時代）→分権的流通社会の自生→地方的集権の過程とアナロガスな了解が可能である。その基本的な特性は、社会関係の解体と新たな社会関係の生成の同時進行であり、ここまで一般化すれば、中世期固有の制度的死生も、その大きな一つの範疇であって、けっして隔絶した固有性を示すものではないことがわかる。

売買奴隷に認められる社会関係生成の基体としての普遍的範疇性は、もう一つの家人的主従へと発展しない隷属関係、すなわち〈他者〉として認識された戦時奴隷の側にも認めることができる。しかしそれはまた、いかなる社会関係も破壊する無化の原理であるという意味では、売買奴隷の対極に位置する病理的普遍性でもあった。例えば大々的な征服戦争と強固な奴隷制（人牲の制度化を含む）を最大の制度的特質とした殷商がその典型例であり、そこではいかなる主従的情念もあらかじめ根こぎにされている。また強固な集団的他者表象を本質とする近代的植民地主義が、どうしてアメリカ南部においてドラスティックな労働奴隷制を生んだのか、という近い過去の出来事も、この〈他者性〉を媒介とした隷属関係固有の普遍的病理現象として一元的に把握されねばならないだろう。つまりそれは人種的自己意識と不可分の関係にある〈他者性〉の病理であり、その意味で戦時奴隷の無社会性は当初からレイシズムの一つの系であったと考えることができる。また逆にそうした近代的奴隷制の内部で、主従的弁証法が自然発生するところに（フォークナーが活写する白人－黒人の他者性の相互浸潤）、古代とは異なる近代特有の定位的趨勢、すなわち先祖返り的奴隷制の病理をも溶融しやがて裡側から解体する、人類史的一元化への基本的趨勢を認めることができる（植民地主義下の近代奴隷制が持つ定位病理的な内実は、本シリーズ近代篇でまとめて考察する）。

再びホメーロスの世界に戻れば、オデュッセウスは二〇年の放浪の後に故郷の社会混乱に直面したのだった。彼は地場の豪族連合体の首長として、名誉あるそれなりに華やかな出征を経験した、れっきとした〈人々の長《アナクス・アンドローン》〉だった。しかし家産は群がる求婚者に食い荒らされ、嫡子のテーレマコスの生命すら脅かされている。放浪乞食の変装を強いられる彼には、同じ社会階層からの、つまり自由民からの援助はまったく期待できない。これが〈戦後〉、すなわち英雄時代の終焉を告げるトロイア戦争後の制度崩壊の実相だった。ここにも古代的強権の崩壊という中世の前提に似たカオスが、神話的共同心象上で発現している。そしてこの混乱の中でこそ、オデュッセウスとかつての家内奴隷たちの主従情念の主体性もまた輝きわたるのである。それは原初的な信頼関係であり、信頼の主体性は主人の側にも家人の側にも等分に存在している。この主体性はしかし個別に実存的な関係であり、一般化の困難なものでもある。つまりオデュッセウスは安定した主従関係の組織に頼ることはできない。彼は豚飼エウマイオスに対しても、乳母エウリュクレイアに対しても、再度主従の認知を行ない、単なる売買奴隷関係を超えた擬似家族的な心情を互いの内に相互認知し、相互是認する必要があるのである。

主従情念はしかし、古代ギリシアにおいては、こうした印象的な個別の事例を超えて習俗的伝統を形作ることはなかった。〈暗黒時代〉を克服した古代的集権は、定向的に家内奴隷の家人的性格を弱め、オイケテースとドゥーロスを一元化していく。その結果、オイケテースではなく、ドゥーロスが一般的な奴隷観念の表示として用いられるようになった。社会混乱は中世的状況と通底したが、その混乱の比較的な短さとそれ以降の集住《シュノイキスモス》的集権の強固さが、家人的忠誠の情念も、家人に対する主人の側の擬似家族的な保護感情も、等分に解体していったものと考えることができる。だからこそオデュッセウスと家人の主従情念は、古代ギリシアの陰鬱な奴隷制の中で例外的に人間的な場面として後世の共感を呼んだのだと言えるだろう。

次の事例は中国古代における主従情念の生成を証言する資料である。

〈事例2〉刺客の主従情念の典型例としての予譲《よじょう》（『史記』「刺客列伝」）

予譲は晋の人で当時の卿の何人かに仕えたが、自分の器量を正当に評価されていない不満を常に感じていた。最後に晋の実権を握っていた智伯《ちはく》という人物に臣従し、智伯は彼の才能を認め、非常に高く評価したので君臣共に肝胆相照らす仲となった。智伯はしかし有力貴族三家と対立し、殺害されて予譲は野に下った。この三家は韓氏、魏氏、趙氏であり、彼らが独立の王朝を建て、大国晋を三分する。春秋時代的秩序の終焉と戦国時代の弱肉強食の開始を告げる政変である（前四五三年）。したがって予譲の仇討事件も、この戦国的カオスの開始と春秋的名分論の境界領域に生じた、転形期特有の情念としての範例性を有している。

さて予譲は、本格的な乱世の始まりと共に在野の一庶人となり、こう考えた。

「**ああ、志ある士は己を知る者のために死に、女は己に喜びを感じてくれる者のために顔形を飾るのだ**（**嗟乎、士為知己者死、女為説己者容**）。智伯はわたしを知ってくれた。わたしは必ずその仇を討って死のう。たとえそのために死んでも、わたしの魂魄《たましい》は愧《は》じるところはない。」

（『史記』「刺客列伝」[10]、太字強調は筆者）

仇討を決意した彼は姓名を変え、受刑者になりすまして便所の壁を塗りながら、主君智伯を殺した趙《ちょう》襄子《じょうし》の隙を窺う。失敗し捕えられたが、趙襄子も一廉の人物で、予譲の忠心を認め「義人」だと賛嘆して解放した。しばらくすると予譲は、体に漆を塗って膚を汚し、癩病の乞食を装って再び趙襄子を狙うが、また捕えられる。彼は趙襄子の衣服を請い、それを形代として切り刻んだ後、自決して果てた。

司馬遷は予譲の暗殺未遂を、専諸《せんしょ》という呉の刺客と、聶政《じょうせい》という韓の刺客の間に置いて三人の間の〈列伝〉的系譜を暗黙裡に示唆している。配列は時代順だが、その順で刺客の社会層が下降していくことが特徴的である。暗殺の対象もそれと比例して、下位の貴顕へと下降する趨勢を見せる。系譜の先頭に立つ専諸は、呉室の傍系公子の近習であり、呉室の王を暗殺する（そしてこの公子が呉王闔閭《こうりょ》として即位し呉を強国とする）。次の予譲は、右で見たように晋の有力者の近習となり、晋を滅ぼした趙氏を狙い失敗する。最後の聶政はもとは庶人だが、殺人を犯し家族ぐるみで逃亡して隣国へ逃げ、そこで屠殺人として世過ぎをしている。暗殺は亡命貴族の依頼である。彼は老母の孝養をしたいから屠殺人にまで落ちぶれて生き延びたのだ、と説明して一旦は断わる。しかし母が亡くなると、彼はその貴顕の依頼を思い出し、頼まれたとおりに韓の宰相を暗殺したのち自害した。彼の動機も予譲と同じく士としての認知である（徒深知政也）。この下降は偶然のものではなく、春秋から戦国に至る社会的混乱の拡大が、刺客習俗の上に正確に写像されているように思える。その最初の段階（専諸の段階）は宮廷内部の権力闘争、特に王権の相続継承をめぐるお家騒動的内紛と連動したものであり、近習は身の危険を冒して決行する暗殺に対する大きな見返りを当然期待できる状況にある。したがってその主従情念は、いまだ制度的利害関係に規定されたものである。これとは対照的に最後の聶政の例は、なんらの見返りも期待しない（期待できない）純粋な相互是認を動機とした行為である。ここには、いわゆる〈任侠の習俗〉（増淵龍夫）

と刺客という政治的習俗の習合が明確に認められ、やがてそれは最大の刺客伝説、荊軻《けいか》による秦始皇の暗殺未遂事件へと収斂していく。この習合的系譜は後世の李白が讃美する〈少年〉の世界、またさらに代表的任侠伝説としての『水滸伝』の世界へと連続する、大きな習俗的地下水脈を形成する。しかしそれらの刺客‐任侠の伝統は、基本的には主従情念の発現というよりは、任侠としての相互是認を前提としたものである。したがって予譲のケースの、濃厚に認められる、ほとんど中世的と言いたくなる主従エートスの発現は、この系譜上ではさしあたり例外的な事象に見える。

　刺客‐任侠の伝統の最初期に登場する屠殺人聶政もまた、認知の相互性を決断の最大の動機としている。この相互是認は階級差を無化する機能を果たしているが、通常の刺客依頼は必ずしもこうした貴顕が身を低くして庶人と交わるというもののみではないことを考えれば、この点に主従情念との混淆の可能性を認めることができる。さらにもう一つ注意すべき点は、目立ちにくい要因なのだが、予譲は士の相互是認を男女の相互認知、つまりエロス的な関係と等置している。これは任侠的相互是認の一つの基調でもあるから、刺客‐主従関係の側から任侠の習俗へと接近していく契機をここに認めることができる。したがって、やはり両者は深いところで通い合う情念型であることが推察されるのである。

　任侠的習俗と主従情念の内的連関を検討するための最大のヒントは、他ならぬ増淵龍夫によって提示された戦国的集権形成の制度力学である。彼は弱肉強食に走る覇者たちの権力構造、特にその中核に出現する皇帝近習の強い情念的エネルギーの存在を指摘した。これら近習は集権の表の官僚機構とは異なり、諸侯の家政、すなわち後代の〈内朝〉を支える私的集団であったことが特徴的であり、その系譜的淵源はまさにこの予譲が代表する既存の官僚機構に強い不満を抱えた才人たちである。彼らを一対一的な私的関係において〈是認〉することがその才人の才能を全面的に開花させ、この自己実現の思い出は主君没落後の仇討情念へと転形するほどに大きい。この意味で、予譲は例外ではなく、まさに戦国時代の開始を告げる時代の先駆者、近習家臣の典型であったといえよう。いよいよ戦国期に突入すると、諸侯貴顕は「庶子、中涓、舎人」という階層化された近習家臣を有して家政を取り仕切らせることが常態化する。後代漢朝で内朝の官僚として制度化する「郎官」（司馬遷もそのキャリアの出発点は郎であった）もこの諸侯近習の伝統を継承したものだった。それは私的従属なのだが、新興の士大夫下層階級の上昇志向を吸収することのできる社会関係である。それは古いタイプの一方的な隷属関係ではない。したがって彼らは奴隷ではなかった。これが新しい社会関係の要諦である。つまり**「氏族的秩序の崩壊の過程から個々に放出されてくるいわば下層の士の、しかしなんらかの材能を自負する新興の士の階層が、同じく氏族的秩序の崩壊のなかから自己を拡大化してくる家父長的集団のなかに吸収されて、新しい秩序を形成して行くところに**、戦国時代の重要な歴史的性格があった」と要約できる（増淵龍夫『中国古代の社会と国家』[11]、太字強調は筆者）。

翻ってこの私的臣従を殷商的強権の過去にまで遡れば、すでに指摘したように、〈臣〉という言葉自体、王室の家内奴隷（僕）を意味するものであった（『事件の現象学2』一九八頁以下参照）。したがって中国古代における近習の系譜を全体として通観する場合、そこには制度的弛緩、制度崩壊と新たな制度への収斂という馴染みの現象、すなわち制度の死生の同時進行という現象の介在が確認できる。ここでも制度の死生はその支配構造に反照し、それは王室家内奴隷の家人＝近習への変容という主従関係の生成へと帰結する。ホメーロスの例で検討した家内奴隷の他者性の漸次の消滅、そして同族的－疑似家族的認知が双数的対峙に収斂していく過程が、中国古代における近習層の形成においても確認できるのである。それだけでなく、さらにホメーロスも司馬遷もこの過程の最後に主従が一対一の双数的対峙へと至るとき、それがエロス的倍音を帯びることを明確に認識していたように思える（オデュッセウスの乳母エウリュクレイアは父ラエルテースから女性としての魅力を認められたものの、正妻への遠慮から「床を共にすることはなかった」。『オデュッセイアー』i－433）。

予譲的な刺客情念をも包摂する近習の主従情念は、中国古代では戦国時代の諸侯の家政で発生し、漢朝の内朝郎官へと継承されていった。この郎官とやがて内朝の勢力を二分することになったのが宦官たちだった。宦官の専横は中国固有と言ってよい王朝末期的制度病理だが、近習的主従情念もまた一つの病理的系譜を生んだ。外朝の官僚から見た、奥深い禁中で主君に近習し、主君を思いのままに操る佞臣たちの心象、すなわち〈君側の奸〉という歪んだ制度心象の伝統がそれである。日本的集権制度においてもこの外朝－内朝の二律背反は、戦前の〈宮中某重大事件〉（一九二〇－二一年）での薩長藩閥勢力の綱引きを見れば一目瞭然であるように、隠れた大きな政治史上の伝統を形成してきた（王朝的内紛は、基本的にこの事件もそうであったように、王位－帝位相続、そしてその前提としての立后の決定権、その曖昧さをめぐっている）。そのことを考え合わせれば、あらためて予譲的近習情念の東洋的制度における基底性というものに思いを致さざるをえない。その原点には古代的集権制度の全面的なデカダンスがあり、そこでこそ強い情念を内実とする相互是認が生じたということ、この基本的な主体性の発現を転形期の実存の一つの範疇として認めるべきことを予譲の事例は物語っているように思える。

最後の事例は、日本上古における主従情念の記録である。

〈事例3〉物部氏の滅亡に殉じた侍的近習（『日本書紀』「崇峻紀」）

五八七年、大連物部守屋と大臣蘇我馬子の対立は崇峻帝の仏教帰依の是非をめぐって決定的となり、ついに武力衝突へと至る。若き厩戸皇子《うまやどのおうじ》（聖徳太子）も奮戦したと伝えられる合戦は短期間に決着し、守屋とその子息たちは殺害され、一族は四散する。しかし守屋の「資人《つかひびと》」＝近習の一人は敗戦後も抵抗を続けた。その捕鳥部万《おとりべのよろず》という名からして、彼は**曲部**《かきべ》、つまり大豪族に隷属する部民の長であったものと思われる。「崇峻紀」にはまず彼が「一百人《ももたりのひと》」を率いて、難波にあった物部氏の本邸を警護したという記事を掲載するが、この配下の兵士はおそらくは平時には豪族の狩猟を助け、緊急時にはそのまま子飼いの親衛隊へと組織される曲部の本隊だろう。敗戦の報が難波に届くと配下の兵は四散し、万は騎馬で河内に逃れ、そのまま里山に隠れる。朝廷が残党狩りの部隊をさし向けると、万はうらぶれたなりで一人姿を見せる。部隊が彼を包囲すると、**万は竹林に入り、竹を縄で動かして陽動し**、兵士の騒ぐ方を弓矢で射て次々と射殺す。河に向かって逃げる万を部隊がさらに包囲すると、万は体を大地に伏せたまま大音声で名乗の言挙げを行なう。「**わたし万はもともとは天皇《すめらみこと》の楯《みたて》として、勇猛に闘いたかったのです。しかしお声が掛からないまま、かえってこういう苦境に立ち至ってしまいました**。こういうことを共にお話することにしたい。まあこちらにいらっしゃい。殺すなり捕えるなり、どっちになるか試すことにしましょう」。兵士たちはこの皮肉に奮い立って一斉に矢を射たが、万はその矢を打ち払いつつ、さらに三十余名を殺害し、矢だねが尽きると**弓を剣で三つに断ち、剣も足で踏んで押し曲げ、河に投げ入れた**。そののち小刀を首に突き刺し、自害して果てたのだった（『日本書紀』「崇峻紀」[12]）。

この印象的な修羅的獅子奮迅にはさらに後日譚がある。朝廷はわざわざ官符（「符《おしてふみ》」）を下して万の遺体を「八段《やきだ》に斬《き》りて、八つの国に散し梟《くしさ》せ」と命じたのだった。命令されたとおりに梟首が行なわれる。すると白い犬が来て、万の屍の周りをまわりながら啼き吠え、梟首の首をくわえて古塚に納めると、その前に横たわった。犬はもはや何も食べることなくそのまま飢え死にして果てた。この有様を見た**河内国司**がそれを朝廷に報告すると、朝廷の怒りもようやく解けて、万の遺族に遺体の埋葬を許したのだった。一族は万と白犬を同じ墓に葬った（同前[13]）。

この逸話は、一読してすぐに感得されるごとく、平安末期からジャンル化される軍記物語を先取りしたような趣がある。特に名乗の言挙げは、『平家』中に頻繁に登場する「言葉戦《ことばだたか》ひ」を彷彿とさせるアイロニーに満ちているし、さらに詳しく観察すれば、戦法の職能性（竹林を使った即興的擬兵戦術）、武具の使用の武士的儀礼性（自分の武具を使用不可能にした後の自害）など、すでに中世的合戦儀礼の雛形がここに胎動しつつあることが確認できる。すると、こうした系譜的照応を背景として一つ大きな疑問が生じる。この武士的家人である曲部の首長捕鳥部万が生きた時代は、そうした強い主従情念が歴史に明確に登場し始めた平安末期をはるかに遡る時代、古代天皇制国家成立の前夜とされる〈氏姓制〉の豪族社会である。氏姓制はもともと上古豪族間の血縁的紐帯が弛緩した後に成立した政治的作為の産物であり（直木孝次郎『日本古代の氏族と天皇』参照）、上古的支配体制の強化というよりはむしろその制度的弛緩を補塡する社会的妥協を意図としている。つまり氏－部の隷属関係は、大豪族の氏－曲部においても、またその天皇家ヴァージョンである、天皇－品部（伴造《とものみやつこ》が統括する）関係においても、律令的官僚制の寸前にまで熟した制度に基づく非・血縁的職能性を示していたはずであり、その意味でそれは血縁的紐帯を集権化するものというよりは、逆に弛緩した血縁的紐帯の間隙に先進的集権機構を移植するための人為的母胎となるのである（以上、直木の前掲書に拠る）[14]。したがってそこにおいては、万が示したような相対《あいたい》的な主従情念はもはや生じにくいはずである。では、そのどこか時代にそぐわぬ例外的な主従情念の濃密さが、異化的な驚きを与え、それがこの記事が記録された根本の原因だったのだろうか。

鍵はどうやら、氏－部民の隷属の内実そのものにあるように思える。大連物部氏の部民がすべて残党として抵抗したわけでないことにまず注意しよう。抵抗したのは万一人である。その他の隷属民は四散した。すると、この四散の形態が面白い形で主家の逃亡の姿そのものと重なることに気づかされる。物部軍は総大将の敗死を知ると、「皁衣《くろきぬ》」すなわち黒い家人や奴婢の着る衣服に着替えて、狩の真似をしながら野原に身を隠したのだった。その後、彼らは「姓を改め名を換ふる者」までいた、と書紀は記す[15]。つまり氏の本家の武将たちは、隷属民の曲部の真似をして命拾いをするわけで、その後もおそらく氏という豪族本来の氏姓を離れて、より目立たぬ部民的な変名を用いてさらなる延命を図ったのだろう。この特異な延命策は、氏と部がその氏姓制の爛熟期においても峻別される身分秩序というよりは、かなり人工的に政治化されたものであり、危機下においてはむしろ本来の血縁的ネットワークを残存させる部の側にセーフティーネットの機能があったのではないかという推測を生む。だからこそ、それは氏からの転落者たちの社会保険ともなったのではないだろうか。この部民のある種のしぶとさは、万の皮肉な言挙げの社会－習俗的内実ともどこかで通底している。『書紀』を通読しても、こうした部民の情念が露呈するものは（管見の限りでは）きわめて稀なので、参照対象が不足していることは素直に認めざるをえないのだが、本当は「天皇《すめらみこと》の楯《みたて》」になりたかったのに、お声が掛からないからそれと敵対する勢力の大連の近習となってしまった、という万のワサビの効いた皮肉は、あるいは豪族の隷属民である曲部と天皇家の隷属民である品部の範疇的な近親性、一種の階級的連帯に近い集団意識を背景とした確固たる主体性の言挙げという側面をも持っていたのではあるまいか。「自分は大連を選んだ。天皇を選ぶこともできたのだが、どうしてかそちらを選んだ。だからそれに殉じて死ぬのだ」という、中世の武将の言葉としてもおかしくない、**主君選択の主体性**がここには露呈している気がしてならないのである。そのように見れば、万の主従情念が白犬の逸話によって情念的哀話としての潤色を施されたこと、その哀話を朝廷に報告することで、反逆者の埋葬許可を取り付けるのが、この事件を現地で管轄する位置にある「河内国司」であったということも実に意味深長に思える。古代国家初期の国司たちの実体は、デラシネ化して間もない地方の小豪族であり、つまりは万がオプションに見た、そしてそちらは選ばなかった天皇家に隷属する豪族の保身の姿である。その豪族が主従的忠誠の美談を喧伝して万の埋葬を仲介する。ここにはやはり、広い隠れた習俗的基底が一瞬露呈している。その習俗に内在したはずの社会関係の本質を概念化するならば、それは古代的な文脈上での「家人」の誕生、すなわち隷属民の主体的転生としての主従関係の習俗的醸成であったということになるのではあるまいか。この命題がもし妥当するならば、わが上古においても中世的文脈をひとまず離れた主従情念というものが社会習俗として胎動していたことが確認できる。つまり捕鳥部万は、オデュッセウスの家人エウマイオスや、智伯の家人予譲と同じ範疇の普遍的主従情念の証人である可能性を認めることができるように思う。

　万の主従情念は、さらに日本中世の主従関係の系譜的淵源を考える際に、一つのプロトタイプとしての機能をも果たしているのかもしれない。なぜなら、氏姓制は古代的律令制へと再編されることによって消滅したのではなく、その習俗的基盤は一度地下水脈として社会の基底に潜った後、装いを新たに古代末期の動乱社会に甦ったような印象を、少なくとも筆者は持つからである。この再生の中核に隷属の主体化という現象、つまり家人が主君と選択的に対峙する、という定位状況があるとすれば、やはり万の獅子奮迅の修羅は、例えば『平家物語』が活写する（巻第九「木曾最期」）木曾義仲の乳母子、今井四郎の主従情念を（本章第三節参照）、その定位の内実において先取りしていたように感ぜられるのである。

　主従情念の主体性が発現する一般的な状況も、万の例をエウマイオスや予譲のそれと比較しつつ概念化すればかなり本質的な表象をうることができる。それは「氏族的秩序の崩壊の過程から個々に放出されてくる」（増淵龍夫）アトム化された個我であり、その個我が、やはりそれまでの制度とは異なる力学の組織を志向する個我としての制度形成主体と出会う。この双数的遭遇にこそ相対《あいたい》的、情念的紐帯形成の原点を見るべきであろうと思う。その意味では、直木孝次郎が「「氏」は血縁団体ではなく、政治団体というべきである」（『日本古代の氏族と天皇』[16]）と要約する古代的氏姓制にも、さらにその基底に制度転形期特有の二元性、人工的制度と習俗的共同性の二律背反という普遍現象を読み込むことも可能だろう。この転形期において、人為的制度を離脱した二つの個我の出会いそのものが、奴隷制的な静態性、集団的隷属性を、動態的、個別的な従属関係へと変容させる。転形期の双数的遭遇の創出する新たな社会関係が、やがて主従情念に収斂するという点で、やはりそれは中世期の主従情念の形成と並行関係にあることが確認できるのである。

二　乳母子関係を基軸とした中世的主従情念の生成
『源氏物語』／『保元物語』／『平家物語』

中世的主従関係の本質を概念化すれば、①**双方向性**、②**相互是認性**、③**出会いの事件性**の契機を抽出することができる。この三つの契機は、目を制度的日常から合戦の非日常性へと転ずる場合、より普遍的な位相での双数的情念型を示すことになる。この面での比較を可能とするのは〈乳母子〉の社会範疇である。それは武闘集団の中核部をこの乳母子的家人と主君が形成したからだった。この日本固有の社会習俗に、とりわけて強い主従情念の発現が見られる。だからこそまた、それは普遍中世的な主従情念への視界を切り開く絶好の範例的素材をも提供するのである。

乳母は、貴顕における育児‐教育の型として非常に広く、また古くから見られる家政的制度である。日本では記紀の世界から、江戸初期の春日局（三代将軍家光の乳母）まで正史に登場するが、民間での習俗としてはつい最近まで（昭和恐慌で農村の前近代的構造が崩壊する頃まで）地方の旧家の育児形式として広く見られた現象だった。[17] この乳母の社会習俗は、特に東洋的制度の現実態においては外戚関係との差異、および重合（習合的融合、そのスカラはきわめて多岐にわたる――後述）の契機が重要である。日本古代においては、この乳母‐外戚の二項性は、摂関期と院政期の権力形成における習俗的基底として錯綜した形で外化し、それがそのまま中世初期の武家を中心とする制度的現実へと継承されていくことになる。しかしこの二項性にはまた前史があり、その前史においては外戚‐乳母の擬似親族的融合がすでに生じていることに注意しなければならない（これからすぐ検討する光源氏と乳母子惟光の関係がそれである）。この融合はまた、普遍的な社会制度的範疇に属し、それは乳母制度に内在する、外戚的上昇婚の契機に本質規定されている。この〈上昇〉への志向という契機は、主従関係、主従情念と本来的に親和的なものであることに注意を払わねばならない。この親和性を考慮に入れれば、乳母制度は、①**外戚関係へと変容することによって上昇婚を媒介とした階級混淆の基体となる**、という側面と、②**乳母子が貴顕の近習となることによって強力な主従関係を構成する**、という二律背反的な社会習俗的エネルギーを秘めていたことがわかる。この二つの矛盾するエネルギーの解放と融合にこそ、日本中世初期の乳母制度が果たした甚大なエートス的機能の真の根拠がある。

オデュッセウスと乳母エウリュクレイアの心情的紐帯の事例をもう一度想い起こしておこう（本章第一節）。父王はおそらく、没落自由民の美しい娘を売買奴隷として買い取り、息子の乳母にしたのだった。エウリュクレイア自身の家庭は描写されていないが、彼女は多くの下女を差配する女執事的な位置にあり、またすでに見たように、父王は〈妻にはばかって〉床を共にすることはなかった（『オデュッセイアー』i－433）。こうしてホメーロスがわざわざ断わる以上、社会習俗としての現実態においては上昇婚的な契機が存在していたと考えるべきであり、もし乳母エウリュクレイアに壮健な息子が生まれていれば、それはオデュッセウス自身にとって格好の乳母子的家人を提供したこともまちがいない。ただしホメーロス的英雄王の家政においては、乳母子を近習とする社会習俗的な慣習は形成されてはいなかった。したがってオデュッセウスが乳母子を近習としたとしても、それは個別の偶然的な主従関係にとどまったであろうこともまちがいない。しかしいずれにしても、乳母制度が外戚的上昇婚と乳母子的近習形成の両者の契機を含むことは、ホメーロスの描く古代社会においても確認される。崩壊するイタケー王家の家政の乱れは、なによりも寡婦ペーネロペイアーに群がる求婚者たちが王家の下女たちと日常床を共にしている、という点に顕われてしまうわけだが、これもまた一つの上昇婚的〈ちぐはぐ〉《メザリアーンス》である。乳母的紐帯はこの社会混乱、制度崩壊に対抗すべく、主家の御曹司と老乳母の〈再認〉《アナグノーリシス》を核とした秩序再定立へ向かう（求婚者に通じた下女たちを処刑するオデュッセウスを助けるのは乳母である）。ここには上昇婚（それは乳母エウリュクレイアには可能態に留まったわけだが）の果たす、**制度弛緩－解体機能**と、逆側の**求心的制度定立（再・定立）機能**との二律背反を認めることができる。そしてこの乳母－外戚－擬似親族的な上昇婚が日本の古代末期から南北朝争乱の時代に果たした社会的、階級的機能も、まさにこの遠心と求心の二律背反をもってその特性としているのである。

摂関期の貴顕に広く見られた上昇婚《ハイパガミー》[18]習俗、すなわち外戚関係は、もともとは集権制度の最上層部で生じた現象だが、その基底はもちろん社会習俗上の上昇婚的現実態であり、招婿婚と習合した場合、それは事実上すべての階層を巻き込む力を持っていた。その全階層性は平安文学にも反映し、そのあらゆる場面でエクリチュール上の、あるいはプロット上の基本枠を提供している。古代的宮廷社会に限定して通観してみても、外戚関係は一つの王朝解体のパターンと化していたことが、特に中国史の数々の場面で記録されているし（後漢末の何進、玄宗帝と楊氏等々）、楊貴妃伝説の日本化から出発した平安文学を代表する古典『源氏物語』のプロット構成自体、この〈皇帝の悲恋〉トポスを継承していることが確認される。しかし日本古代の外戚－エクリチュールは、宮廷社会の権力闘争に限定されなかったところにむしろ日本的特性を顕在化させている。それは、当初から姻族を介する本家－分家的組織の機能的中枢に位置していたことが何よりも摂関家、特にその権力中枢にあった藤原北家の系譜に如実に窺えるからである。中国における外戚的権力が多くは簒奪者の政治的トポスと重合するのも、その多くが二世代の枠を出ない一時的な成り上がり階級でしかなかったことに照応している。したがって外戚制度そのものが、日本においては乳母制度と重合する内的な必然性を持っていたと言える。

ともかくも院政期の乳母子を中心とする院近習の形成は、きわめて日本的な制度現象だったことはまちがいない。対応する制度的習俗は中国にも西洋にも欠如している（もし近習が乳母子であるケースがあるとしてもそれは個別の例外的現象で、社会習俗的基底は持たない）。これはまた、おそらく日中そして西洋の中世期における親族制度の実体的差異を背景に持つ分岐である。外戚関係は拡大親族、例えば中国の伝統的な宗族制度にも馴染みやすい。それは姻族を媒介とした拡大親族の趨勢を持つ社会関係だからである。しかしそれはまた、本来的には家父長制的である宗族の父権を弱める働きをする。したがって外戚を核として権力主体に近習が形成されるとき、それは〈後宮〉的な〈内朝〉を基体とすることが常態である。したがってそれは、初期中世の武家社会、つまり武闘的な集団組織の原理には本来馴染みにくいものであることが了解されるのである（平たく言って、女官たち、女房たちに外戚のカップル、帝と〈貴妃〉－〈女御／更衣〉が取り巻かれる、という宮廷文化的サークルが形成される。武家の権力中枢がこの〈柔弱〉文化の様相を示すのはかなり遅く、はっきりとした形では江戸将軍家の大奥制度をまって初めて広範な制度現象となる）。対して院政期の乳母子を核とする近習関係は、能吏から武官までを幅広く包摂する真の権力集団で、その実体は宮中ではなく、〈外朝〉的な政治的現実へと連結されていることが特徴的である。

しかしもちろん、またその情念的、心情的な紐帯は古代以来の私的－核家族的な情念型を継承するものでもあった。この公私の独特の乖離と融合がまた、古代末期から中世初期に至る制度の死生の現実態を規定したハレ－ケの制度的二元性に照応していることに気づかされる。だからこそ院政期に始まる乳母子近習の伝統は、すぐに武家の棟梁を中心とした武士的家政の中核へと移転され、模倣されていったのだろう。

　しかし乳母子的近習が院政から武士社会へと写像されるとき、そこにはさらに重要な契機として外戚的上昇婚の可能性が付加され、これが家人にとっての大きな情念的動因《インセンティヴ》となったことを見逃すわけにはいかない（その具体的な事例はこれからすぐ検討する）。対して院の近習は、もちろん皇室との縁戚関係を外戚的に締結することを期待できる位置にはいなかった（せいぜい内縁的な女房格が限度であった。またそうした例なら頻出する）。この点を強調しすぎると、上昇婚と乳母制度の融合は一見して武家社会以降の習俗的現実であるように見える。しかしそうではない。摂関期の最大の（そして平安朝の最大の）エクリチュール、『源氏物語』が外戚制度と乳母制度の本質連関をはっきりとプロット上に反映しているからである。そこではまさに貴顕の一乳母子が、主君の社会的上昇と軌を一にして成り上がり、ついには主君の外戚的地位にまで収まってしまう（光源氏の乳母子惟光の人生行路がそれである）。まさにここには、乳母子の内奥の夢としての外戚的成り上がりが記録されている。したがって武士的乳母子の主従情念的内実を検討するには、院政期の近習形成原理との親近性を確認するだけでは不足で、摂関期の社会的現実、すなわち光源氏とその乳母子惟光の関係に写像された、それにまで遡行する必要がある。何が乳母子と主君のきわめて実存的、実念的な運命共同体を生んだのか、その原点をこの主従において確認し、その社会習俗的内実を検証しなければならない。

平安期の貴顕における乳母子関係の複雑さは、光源氏とその乳母子惟光の関係（図１）に典型的な形で顕われている。一見してきわめて広範な登場人物を巻き込んでいることに気づかされるだろう。関係の出発点はあくまで上古以来の乳母制度である。光源氏－乳母－乳母子の関係、乳母制度を基底とする二親等の範囲内での擬似核家族関係が中核であり出発点である。しかしこの核家族性は次世代、つまり光源氏の長子夕霧と惟光の娘五節《ごせち》（藤典侍）の世代には姻族関係へと拡大している。惟光は光源氏家の外戚的地位へと上昇を遂げているわけだが、上昇は貴顕への親族制度的同化のみでなく、より実体的なハレの官僚的履歴にも反映しているのである。彼は〈乙女〉の巻ではついに国司（「津の守にて左京の大夫かけたる」）にまで経上がったことが記録されているのだが、これはまさに今上天皇の実父として、実質的な院政主体へと経上がった壮年期の光源氏の地位に相応するものであることがわかる。この二重の上昇において、源氏－惟光関係は明確に院政期の権力形成を先取りする範例性を示しているが、これもまた紫式部の現実観察の鋭さを示す事実でもある。摂関期の最中にすでにそのデカダンスを予感し、新しい権力構造の生成をプロット上に織り込んでいる

図1　光源氏と乳母子惟光

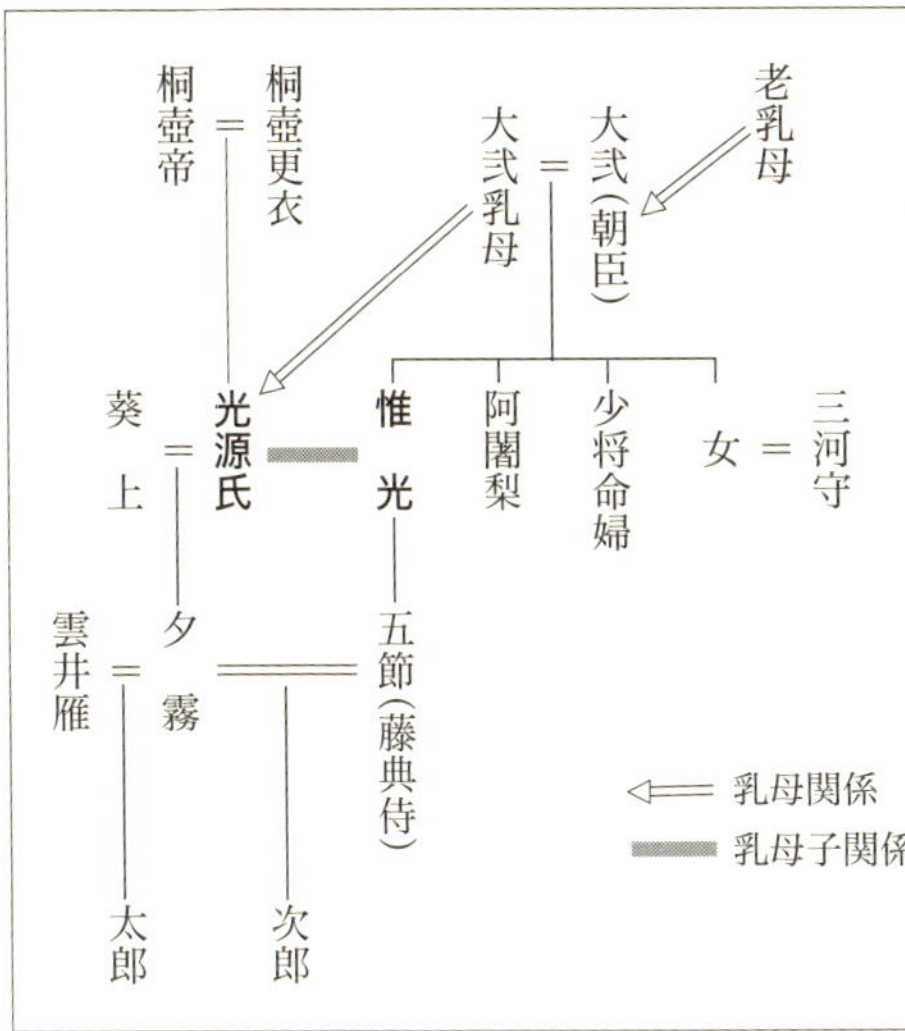

からである。この特異な予知能力は、まさに近未来的な政治小説としての側面を『源氏』に与えるものでもあった。そしてその近未来性の視界において、源氏の乳母子近習惟光と保元の乱以降の武家の棟梁に影のごとく付き従う乳母子武将たちとは、院政期を飛び越える形の定位同型性を示しているのである。その中核には姻族関係が媒介する〈上昇〉の契機が存在する。

もちろんその原点には、私的領域、最も私的な〈夜の都市〉の徘徊における主従の紐帯形成があった。このケの闇の領域においては、乳母子惟光は主君光源氏の真の分身である。彼はケの貴顕の分身として、有体に言えば、夜の都市を徘徊する色好みの貴公子のその色事を助けるために、影のごとく添い続ける。その一心同体影武者的な姿は、特に「夕顔」の巻に活写されている。夕顔という裏社会的なケの女性と光源氏の出会いそのものが、乳母への病気見舞いによって導入されるのである（光源氏は六条御息所への通いの帰途、この病気見舞いをする。乳母の家の隣に夕顔が姿を隠している）。惟光は主人の色事を助けるだけでなく、ちゃっかりと自分も夕顔の女房に言い寄り（「おのれも隈なきすき心にて」とある）、情報収集方々主人のケの生活をこの面でも影のごとく写像する。

〈中の品〉から没落しつつある〈夕顔〉との交渉は、源氏のエロス的遍歴の中でも最もケ的な〈夜の都市〉の匿名性が強い性格のものである。それはもちろん、生き霊－物の怪の登場というプロットの核心部に反映されているわけだが、それのみならず、場末での出会い、庶民の生活騒音の近さ、そして「某《なにがし》の院」での密会－横死というプロットの時空構成そのものが、著しく〈夜の都市〉としての裏社会的界隈性を示している（都市的定位の基本範疇としての〈夜の都市〉については『事件の現象学1』第二章冒頭参照）。この薄明にゆらぐ裏社会では表の貴顕－従者的上下秩序は弛緩し、主君の裏顔と従者の裏顔は〈夜の都市〉固有の〈ひと〉的一元性を示し始める。この一元化をさらに助けるのが、乳母一家がすでに昼の世界で確立した庶民的‐裏社会的な人的ネットワークである。貴公子のお忍びの色事が乳母の生活圏で始まるだけではない。相手方の夕顔自身もまた裏社会にすでに包摂されつつある。「親もなく心細げ」（「帚木」）な彼女は、身寄りを失った貴顕の姫君の没落の定型として、身を隠す必要から乳母の娘（つまり乳母子）の嫁いだ先に身を寄せている。同じ没落のパターンは夕顔の娘（頭中将との間の子）玉鬘をめぐるプロットでは都鄙間に拡大されて繰り返されている（「玉鬘」）。また〈乳母からさえ見捨てられる〉ということが姫君零落の最終形態であったことは、末摘花のケースや、さらに後の『今昔』においても確認できるから（『形而上の中世都市』第七章第三節で検討した万葉伝説の再話が、その型を継承している）、紫式部が造型する〈薄幸の姫君〉のトポス的背景にはやはり実体としての乳母習俗が存在していたことが予想される。したがって〈夕顔〉の人物模様が乳母ネットワークを底に置いていることも、平安時代の貴顕たちの日常における社会習俗を背景として持つと考えるべきだろう。この見地から再び〈夕顔〉の登場人物の背景を検討してみると、社会的位階というものが乳母関係に反映され、ネットワークそのものが階層化しつつ次のような複雑な様相を示していることに気づかされる。

(1)　まず光源氏の乳母〈大弐乳母〉の階級的位置が問題となる。「大弐《だいに》」とは、亡夫の最終官位で太宰府庁の次官格であるから〈中の品〉の下層と言ってよいだろう。日本の律令制では親王とその子（孫王）までは官費で乳母が給されることになっていたから、桐壺帝は更衣の子である光源氏を臣籍に不本意ながら下すに際して、乳母に関してはおそらく親王格で遇したものと想定することができる。それはもちろん、下町住まいの官吏である乳母の一家にとっても社会的上昇のよいチャンスであった。それは乳母子たちの出世の順調さに如実に窺える。すでに「夕顔」の巻の段階で、惟光の兄弟は僧綱制のエリートコースである「阿闍梨」であり、姉妹の一人は三河守の妻、もう一人は「少将命婦」、つまり宮中に出入りもできる貴顕の婦人である。いずれも地方次官に終わった父の階層を抜け出始めているとみてまちがいない。親王格の光源氏の乳母子となることの実質的な〈御恩〉が、すでに若き御曹司の七光として彼らの人生航路を予祝しているのである。これが、乳母一家を背負って立つ惟光が光源氏に対して示す、一心同体的な〈奉公〉の形而下的実体である。

(2) 夕顔にも小間使い的な女房として仕える乳母子が連れ添っている。これは上述したごとく「中の品」の貴顕からの転落過程、その最終段階に近い(これより下はいよいよみずから女房となるしかない——それも〈昔物語〉に時おり見られる転落の最終型だが)。夕顔の父は「三位中将」とだけ伝えられる標準的な公家で、父の死後、左大臣の御曹司頭中将が通って来る。これはもちろん北の方としての待遇ならば明らかな上昇婚だが、そうではなく北の方に隠れての密会であるから、曖昧な落魄の雰囲気が当初から漂っている(こうした下降婚的に曖昧な通いが、例えばあの『蜻蛉日記』のパトロジーの背景ともなった)。夕顔には乳母が二人いたらしく、その一人は荒れ果てた西の京に住む。今現在彼女の世話をしている乳母一家の主人は、〈揚名介〉つまり名目上のみの地方官で俸禄ももちろん無く、夕顔が身を寄せた家も「むつかしげなる大路」に面し、隣家にはすぐそのまま庶民の家並みが連なっている貧屋である。夕顔自身が親しくしてきたのは西の京の乳母子で「右近」と呼ばれているが(父はおそらく右近衛府の無名の武官だったのだろう)、彼女は孤独な女性でその出自すらはっきりしない。いずれにせよ生活苦の只中にある乳母一家が望みをかけるのは、夕顔に忍んで通う左大臣家の御曹司の引きのみであり、それは今のところ身を隠すというマイナスの効果しか生んでいない（北の方に睨まれることを恐れての隠棲である）。

(3) 光源氏も夕顔も乳母ネットワークに支えられてケの、〈夜の都市〉での出会いに出立するわけだが、乳母の介在は実はそれだけではない。光源氏の乳母の亡夫[19]がまた乳母を持っていたのである。これはおそらく乳母制度の最下層に近いあたりの事例だろう（少なくとも平安京の公家社会では）。この老乳母は東山の山寺で尼となっているが、惟光はすでに彼女を一度頼ったことがあった。関係があった女房が出家したいと言ったとき、この尼の山寺に置いてもらったのである。そして横死した夕顔の葬儀を秘密に行なうために惟光と光源氏が頼ったのもこの老尼なのだった。

以上、「夕顔」の巻の人物絵巻を整理してみると、改めて乳母ネットワークのプロット的基底的な機能、そしてそれが平安京の貴顕とその周辺の家人格の人々にとっていかに大きな意味を持っていたかが浮かび上がってくる。主家の側にとっては、それは一種の社会保険的な機能を担っていたことが確認される。零落し没落する貴顕が頼るものが乳母と乳母子である、という意味だけではない。キャリア的には何の問題も今のところはない左大臣家の御曹司頭中将も、密会の相手を〈スヱ〉（高群逸枝『日本婚姻史』参照）の形式で囲うためには姫君の乳母一家の助力を頼まざるをえない。親王格の光源氏も、そのケの色事においては、惟光という乳母子を影武者として駆使する。それだけではない。夕顔の横死が醜聞と化す寸前でもみ消しに成功するのも、乳母子の惟光がすでに持っていた亡父の乳母ネットワークを最終的な拠り所としたからだった。この貴顕と乳母ネットワークの関係は〈**ケ的な下降**〉として概念化することができる。もともとの乳母縁組み自体が、主家の側から見ると明確な下降であったわけだが、それはその後の貴顕の人生においても、没落という意味での下降（いわば受動的下降）のみならず、裏社会的な色事のための下降（いわば主体的‐能動的下降）に際しての先行投資的な意味合いを強く持っていたことが確認できる。つまり彼らは実際に、ケ的な日常生活において階層間の下降（お忍びの下降）を必要とするときには、まず乳母子とその人的ネットワークを頼りにしたという私生活的事情を推察することができるのである。この貴顕における公私の使い分け、ハレ‐ケの二元的日常性の顕在化は、乳母子の社会的需要というものを考える際に非常に重要であり、それはこれからすぐ検討する武家と乳母子の関係に継承されていくことになる。

平安期の貴顕は、乳母ネットワークに沿って社会的位階を下降してくる。乳母および乳母子は貴顕の御曹司の行動に影のごとく添い続けることによって、この階梯を逆向きに上昇していく。ここには、典型的な**主‐僕間の弁証法**（ヘーゲルが『精神現象学』「自己意識」において初めて理念モデル化した意味での——もちろんヘーゲルの視界は西洋宮廷社会を越えるものではないから、ここではわれわれ自身の概念化の妥当性が試されるのだが）が顕在化している。問題は、この下降と上昇の習俗的内実が必ずしもぴたりと相互に照応するものではない、という点である。つまり平安貴顕的乳母子における〈奉公〉は、いまだに主君からの〈御恩〉と固く結合されていない。いわばこの結合のための慣習法的基盤がいまだ欠如しているため、〈奉公〉に対する見返りは主君の〈御意〉という偶然性に本質規定されてしまうのである。この不安定性がこの平安期における乳母制度の一つの限界でもあった。惟光の社会的上昇は、したがって乳母制度内部でのものというよりは、もう一つの擬制親族制度である外戚制度を借用、あるいはそれへと変容するという形態をとっている。しかしまたいずれにせよ、親王格の御曹司の嫡男をも縁結びの視界に収めたかつての色事の走り使いの姿は非常に印象的である。彼は宮仕え寸前の娘、五節《ごせち》（後の藤典侍）に光源氏の嫡子夕霧が懸想文を遣わしたことを知ると、「いいかげんな宮仕えよりは（それでさえ本来は彼の出自からすると大出世なのだが）、いっそ婿に迎えようか」と独語する。源氏が関係を持った女性を一人として見捨てないことを知っているから、その息子にも同じ「まめ」な血が受け継がれているはずだ、と彼の連想は続く。主人の色事に影のごとく付き添った乳母子ならではの感慨である。しかしそれから先の連想は、もはや乳母子のそれではない。彼は「明石の入道のためしにやならまし」、つまり貴顕間の外戚関係（およびそれを媒介とした上昇婚）を延長して〈玉の輿〉を夢見るのである（以上『源氏物語』「乙女」の巻）。明石上と源氏の間に生まれた明石姫君は結局、東宮に入内し、そのまま皇妃に収まるわけだから（宇治十帖のヒーロー、プレイボーイ貴公子の匂宮の母が明石姫君）、惟光の夢想は摂関期の最上層貴顕の間で政治習俗化した正式の外戚関係をモデルとした妄想である。しかし妄想とも言えないかもしれない。娘藤典侍は正妻ではないものの、忍び妻ではない正式の婚姻関係を結び、無事、次郎を出産したことが後のプロット展開において明かされるからである（「若菜下」）。この乳母子の上昇婚こそが、実際に保元の乱以降の〈武者の世〉（慈円）においては社会変革のための膨大なエネルギー備給庫と化したことを考慮すれば、惟光はその妄想の極限において、正しく乳母子の後世の姿を予知していた、と言えるかもしれない。しかしそれは、もはや夜の平安京で貴顕の色事に付き添う従者たちの夢ではなかった。合戦の修羅を最期まで生き抜く乳母子武将、その修羅的〈奉公〉に対する所領分与的〈御恩〉の夢である。

以上、平安京のケの社会に蠢いた惟光－光源氏の主従情念を一つの原点として、〈武家の棟梁〉と乳母子たちの修羅が紡がれていくことになる。その有様を再び範例的通観の手法で足早に観察してみよう。

まず乳母子の主体性は、中世的合戦の場で明確に分岐する。一方には合戦の修羅を前にして、とことん主君に従ういわば〈一心同体〉のタイプの乳母子がいて、主従情念の強さを証言するのだが、またそれとは対照的に機を見るに敏で没落する主君をあっさり見捨てる、いわば〈鞍替え型〉のタイプの乳母子もいる。両者はしかし、主従関係の主体性を証しているという意味では、共に中世固有の現象であると考えねばならない。つまりここまでくると、再び普遍中世的な情念と、乳母制度というそれ自体は中世に限定されない、また日本固有といってよい社会習俗との重合が明確に観察されるのである。中国的主従においても、関係の主体性は忠臣と鞍替え型という対照的な形態に分岐した。その情念的基底である主体性、相互性はどちらの型においても定位情念の中核を形成している。中世的戦乱に突入した時期の（保元の乱から源平の争乱に至る時期の）武家惣領格の主君と乳母子の主従情念の分岐にもまた、この主体性、相互性の社会習俗的基底がある。同時代的軍記伝承は鞍替えタイプの主体性を、古い一元的な乳母制度の〈末世〉における頽廃、崩壊であるという文脈で記憶するものの、それはいわば表層の慨嘆にすぎない。そうした現象を繰り返し記録にとどめること自体、やはり内奥の情念的内実、その明らかに形而下的実利性の追求が、社会的な実体性を伴った集団現象だったことを証言しているからである。したがって問題の核心は、**主体性の顕在化**であって、後世固定化される意味での主従倫理ではない。鞍替えにせよ、死生共同体にせよ、そこにははっきりと形而下的実利と形而上的エートスの二律背反、すなわち中世固有の死生の弁証法の開始が告知されているからである。

具体的な事例に則して、この二律背反的分岐を観察することにしよう。

まず〈鞍替え型〉の乳母子たち。その最大の事例は、他ならぬ〈武者の世〉の道先案内人、平清盛その人である。

〈武家の乳母子――鞍替え型1　保元の乱における平清盛〉

保元の乱（保元元年（一一五六）七月）は鳥羽上皇の崩御を引き金として勃発した古代国家崩壊の序曲だが、その淵源はそれより五、六〇年は遡り、白河法皇の院政が実子堀川天皇の親政を疎外し始めたあたりである。結局それは院政という末期的専制固有の恣意性が、近習を巻き込んだ皇族内部の複雑な利害対立を生み、皇位継承の安定性が著しく阻害されるのみでなく、そもそもの親族関係そのものが弛緩し解体していくことを真の原因としている。白河法皇をめぐる親族関係の著しい乱れが、保元の乱の主役である実の兄弟崇徳上皇と後白河天皇の対立となった遠因であると言っても、それは法皇個人を越えた時代の病理と言うべき面を持っていた。古代的親族関係の崩壊は、皇族、摂関家（忠実‐忠通親子の反目、および忠通‐頼長兄弟の対立）、武家の棟梁という制度主体のあらゆる層に現象していた。特に最後の範疇、名門の惣領的武士団における（源氏、平家を筆頭として地方の名門武士が含まれる）所領をめぐる親族間闘諍は、将門の乱の原因がやはりこの型を示すことから考えてもわかるように、古代国家の解体期に継続的に見られる修羅の系譜であり、その意味ではそうした武家名門における乳母子関係の弛緩、倫理的崩壊もまた全般的な親族関係の弛緩、崩壊の（末端の）系として把握すべき必然性を有している。

しかし、こうした長期の時代背景を置いた上でも、やはり保元の乱の人物模様に見られる親族人倫的なデカダンスの深刻さには改めて驚かされることもたしかである。崇徳上皇と後白河天皇は鳥羽上皇の実子でしかも同腹だとされているが、権大納言藤原公実《きんざね》の女《むすめ》であった生母の待賢門院は、入内の前には白河法皇の養女であり、孫の鳥羽天皇に対する入内の前に後の関白忠実の正室にしようとしたが、とかくの噂があり忠実は断わっている。その後の入内も法皇の命令に等しく、『古事談』は法皇と中宮の間に生まれたのが崇徳院であり、それを実子として押しつけられた鳥羽天皇は「叔父子」と呼んでいたと記録している。この話の信憑性は確実なものではないようだが、もう一つの白河法皇落胤伝説は真実らしい。他ならぬ平清盛が白河法皇とその寵姫祇園女御との間の子で、近習忠盛にその女房を下賜すると共に実子清盛の養育を任せたという伝説である（『平家物語』「祇園女御」）[20]。しかし院政に見られる専制君主的デカダンスは、一面において、時代の進展に即した契機を内包していた。それは〈**親族関係の家父長専制的再編**〉というふうに概念化できる。そしてこれは惣領制の確立に見られる、やはり大規模な家父長的軍事権力の親族的組織化と並行関係にあるように思われる。両者共に古代的親族関係の形骸化した静態性を、動態的かつ主体的に政治組織化するという志向性を示しているからである。ここに見られる中世的主体性の顕在化こそが、動乱期の主従情念固有の実存的紐帯へと連続していくのである。いずれにせよ親族関係は再編される必然性を有していた。古代末期、集権的権力の恣意性が中央において顕在化するのと並行して、地方では裸形の物欲の対立が親族内の利害関係を複雑化し、ついに直接的な闘諍によってその物欲の争いを解決しようとする傾向が一般化してしまったからである。つまり院政と惣領制に共通する親族関係の再編の契機もまた、古代的制度のデカダンスという死の側面と、生まれ出ようとする中世的家父長制の秩序との両面価値性を示している。それはいわば境界域の現象であり、つまりは中世的〈死生の弁証法〉の一つの系として把握されるべき内的必然性を有しているのである。

清盛の父忠盛は白河法皇の近習であっただけでなく、法皇の実子だったかもしれない崇徳院の嫡子重《しげ》仁《ひと》親王の乳母（〈めのと〉は乳母の夫にも拡大されて用いられる）でもあった。この一種の後見関係の拡大にも白河法皇の意図が働いていたことはほぼまちがいない。つまり実子であるか、あるいはまた専制君主特有のむら気から寵愛していた崇徳院を、あまり気質の合わなかった鳥羽天皇退位後に天皇とし、さらにそのまま鳥羽上皇を疎外する形で上皇の実権を握らせるための布石であったものと思われる。この布石の要は、忠盛よりもむしろその嫡男清盛であったことは確実である。彼は白河法皇の実子であり、また乳母子としてこの将来の権力者の側近となるべく当初から予定されていたと見ることができるからである。したがって病床の鳥羽法皇が自分の死後の権力闘争を予見して打った対抗策も清盛に対してではなく、まずライバルの源義朝に対して禁中と鳥羽院の警護を命ずるというものだった（崩御の前月六月）。いよいよ争乱が不可避になると、後白河天皇本人からではなく、故院の寵妃美福門院からの密使が清盛に遣わされ、それでようやく清盛は後白河方につく決心をした、と『保元物語』は伝えている。(21)

これが史実であるかどうかは検討の余地があるとしても、当時清盛が蝙蝠的な位置にいたこと、そしてそれは白河上皇実子伝承と重仁親王の乳母子である、という二つの要因をめぐってであったことは確実だろう。保元の乱そのものが重仁親王の立太子にかすかな望みをかけていた崇徳方の期待が最終的に裏切られたことを直接の引き金としている。そして乱の終焉もまた重仁親王の出家をもって画された。『保元物語』はこの出家に際して、清盛と親王の乳母子関係を想起し、こう総括している。

此親王と申は、故刑部卿忠盛の養君にし奉ければ、清盛見放《みはなち》奉《たてまつる》まじかりけれ共、**世に随ふ習《ならひ》こそ**

悲しけれ。されば〔親王出家を〕伝承《つたへうけたまは》つて、**内々涙をながしけり**。

（『保元物語』[22]、太字強調は筆者）

清盛のこの日和見的去就は、父忠盛が白河上皇崩御後に対立していた鳥羽上皇の近習としても生き残った、そのある種機を見るに敏な世渡りの智恵によって用意されたものでもあった。これは石母田正が強調する武士特有の現実感覚と本質連関した生き残りの本能であり、清盛は一族郎党を率いる棟梁としての責任を、乳母子としての個人的な感情を越えた部分で果たしたと見るべき点がたしかに存在する。そしてその公私の心情的乖離を『保元物語』の作者も伝えようとしているように読み取れるのである。この意味で清盛の鞍替えは、主体的現実感覚が選ばせた勝ち組への参加、それによる一族郎党の生き残りの選択という時代の徴表でもあったわけである。

次の逸話は清盛の息子重衡をめぐる乳母子の鞍替えである。両者は対照的な主従情念の内実を告知している。

〈武家の乳母子——鞍替え型2　平重衡を見捨てる乳母子〉

没落する親王の乳母子であった清盛の鞍替えは、表立った非難の対象となるよりは、むしろその先見の明、選択の正しさも含めて武士階級の評価を得たように思える。それは生き残りのための必要悪、棟梁であり惣領である社会的責任と古い親族制度の二律背反の中で、〈剛の者〉が何を選択すべきかという一つのモデルを示しているようにも見える。しかしまた惣領同様に動乱期を生き抜かねばならない乳母子には、別の鞍替え、別の裏切りの型というものがある。それは合戦の修羅場での裏切り、逃走という即物的な離脱であった。こうした裏切りによって刑死の憂き目を見た武将の一人に平重衡がいる。彼は他ならぬ清盛の子であるから、仏教的因果を深く信じた当時の人々は、ここに〈親の因果〉のめぐり合わせを見ただろうことはまちがいない。

寿永三年（一一八四）二月、一ノ谷で平家方の副将軍だった平重衡は、敗戦の後、ただ主従二騎で西に逃れた。最後まで近侍するこの家人は後藤兵衛盛長という名の乳母子であった。姓名に含まれる兵衛という官位（兵衛府の衛士）を見れば、平家公達の乳母子としての縁故がそこに反照されていることは明らかだが、それ以外の系譜は不明である。この大事の折に最後まで扈従することがすでに、この乳母子と重衡の主従関係の緊密さを物語っている。しかしこの緊密さは、真の死生共同体的紐帯ではなかった。最初主従は追いすがる源氏方よりはるか先を行き、また騎乗した馬も屈強の駿馬であったため、無事落ち延びうるかに見えた。しかし追っ手方の梶原源太景季は遠矢（次章第二節参照）の名手であり、鐙《あぶみ》を踏ん張り射た矢に重衡の名馬は深々と射当てられて走れなくなる。乳母子の盛長はそれを見て、自分の馬が召されない先にと鞭を当てて一人逃げ出したのだった。重衡はその背中にこう叫ぶ。

「いかに盛長、**年来《としごろ》日ごろさはちぎらざりしものを**。我を捨ていづくへゆくぞ」(23)

（『平家物語』「重衡生捕」、太字強調は筆者）

盛長は「空きかずして」（聞こえないふりをして）、平家の旗印である「あかじるし」をも鎧《よろい》からかなぐり捨てて逃げ去った。重衡は海辺で腹を切ろうとしているところを、追いつかれた源氏方の大軍に生け捕られてしまう（『平家物語』同前）。

重要なことは、この時期の乳母子と武家の大将（格の御曹司）とが、「年来日ごろ」死生を共にする「**ち**

ぎり」を結んでいることである。これは重衡－盛長の主従に限ったことではない。『平家』の記述を追えば、すでにそれがこの時代に確立された武家の習俗であったことが浮かび上がってくるからである。例えば非常に印象的な例として、壇ノ浦で入水に果てる平知盛－伊賀平内左衛門家長の主従を挙げることができる。「見るべき程の事は見つ」という長く記憶された末期の言葉に次いで、知盛は乳母子に「**いかに、約束はたがうまじきか**」と声を掛けた。家長は「子細にや及候」と答え、最後の奉公に主君に入水のための鎧二領を着せると、自分も鎧二領を着て手に手を組んで海に落ちたのだった（『平家物語』「内侍所都入」[24]）。源平争乱期の有力武家と乳母子との死生共同体は、軍記物語の登場人物の中でも最も理念化された人倫性を示しているが、その基底には主従の「ちぎり－約束」を核心とする一種の双数的契約関係であったことが浮かび上がる。これはまた原風景としての中世的御恩－奉公でもある。ぎりぎりの死生の現場で露呈するものは、この小共同体の実念性－唯名性の二律背反であり、死生を超えた双数性の持続が理念化され伝説化される一方で、〈ちぎり〉の美辞麗句性を暴露する即物的なアトム化も繰り返し現象する。したがってその主従的契約の現実態は、常に形而下的利得と形而上的誉れの緊張の裡にあり、だからこそ「ちぎり－約束」はぎりぎりのその死生の現場で、再度双数的に、無媒介的に確認される必要があったわけである。

　乳母子と主君の〈ちぎり〉に内在する約束－確認－実行の三律構造は、中世的制度の根幹にある御恩－奉公の理念的特性でもある。その三律構造は時軸上に展開される履歴現象である。履歴は双方向的であり、双数的に主従の記憶を拘束する人倫的原点となる。しかしその原点が当初から主従の死生を一体化すべく予定されているとはいえ、その実効性は制度的強制力を根拠とするものではなく、あくまで習俗的、人倫的な自由の領域に属し、最終的な決定権は個々の実存の決断に掛かっている。ここにも中世的制度－習俗の二元性、そしてその著しい実存性と不安定性、アド・ホック性が露呈している。習俗的に確立した主君－乳母子の「ちぎり－約束」は双数的対峙以外のいかなる拘束力をも持たない。したがってその習俗自体に、その拘束を放棄して逃げ去る盛長と、主君と入水を共にする家長という、あまりに対照的な乳母たちの実存の自由が原初的に内包されている。もちろん家長はその誉れによって長く記憶され、裏切った盛長もまた逆の意味で記憶されるのだが、それは直接的な顕彰へも制裁へも至らず、あくまで人倫理念上の非難にとどまるのである（盛長はその後、平家ゆかりの熊野の有力僧侶の家人となった。京に姿を見せたとき、重衡を見捨てた過去を非難され「扇をかほにかざしける」と記録されているのみである）[25]。同様の例は頼政と共に挙兵して討死した（治承四年（一一八〇）五月）以仁王についても観察される。敗走する彼にもまた最後まで扈従する乳母子が一人いたのだが、この乳母子はもともと文官畑であったらしく、合戦の恐ろしさに思わず身を隠した間に宮は討ち取られてしまう。彼もまた京に逃げ帰ったとき、特に具体的な制裁は受けず、ただ「にくまぬ物こそなかりけれ」と人々の爪弾きの対象となったことのみを『平家』は記録している（「宮御最期」）[26]。結論として言えば、乳母子の裏切り、鞍替えといっても、清盛のそれと盛長や以仁王の乳母子のそれとはその倫理的－社会的範疇が異なることに気づかされる。清盛の場合はもともとの〈ちぎり〉が親王－東宮格の側近としてのそれであるから、内朝的補弼の範疇に括られる主従関係に、さらに理念的に武家的な乳母子の倍音が重合していたと考えられる。彼にとっては倍音でしかなかった武家的主従情念が、はっきりした実体となったのが合戦での死生を共にする乳母子たちだったと考えるべきだろう。

武将の乳母子にもまた内部的な階層がある。その最上位に位置する者はもはや家人というよりは、有力武将の一人であり、彼らは主君である〈武家の棟梁〉との運命共同体的主従情念をまさに範例的な形で示すことが多い。この次元での主従関係は中世的御恩‐奉公の究極の完成型を示すとも言える。典型を選ぶとすれば、源義朝の乳母子鎌田二郎正清と木曾義仲の乳母子今井四郎兼平の二人が衆目認めるところの、こうした〈剛の者〉的乳母子の代表であるということになるだろう。彼らが扈従した〈武家の棟梁〉の歴史的範例性のみならず、何よりも彼らの死生の物語そのものが長く中世の社会的記憶に保たれる必然性を持っていたからである。その必然性とは彼らが示す主従情念の範例性、典型性に他ならなかった。したがって主従情念の生成を追ってきたわれわれも、彼らの実存を想起することで系譜的追跡をひとまず完了することができるように思う。

〈武家の乳母子――死生の共同体1　源義朝と鎌田正清〉

鎌田二郎正清（一一二三―一一六〇）は、平清盛と長く武家勢力を二分した源義朝の分身影武者のごとき乳母子だが、彼自身の家格も高く源氏の有力御家人の嫡男でもあった。父通清は相模国の庄司で権守の官歴があった人物であり、小名から大名へと台頭することを常にめざす、上昇志向の強いエネルギッシュな階級の出自であった。そうした〈剛の者〉を多く生む社会層からの乳母子は、源氏の棟梁を補佐するにふさわしいものであり、偶然的遭遇というよりは〈武家の棟梁〉の伝統において育まれてきた近習形成の主体的操作の結果が、義朝‐鎌田二郎という理想的な主従を生んだものと考えることができる。彼と主君義朝（一一二三―一一六〇）とはまったく同年輩の乳兄弟であり、受動的に扈従するというよりはむしろ鎌田が積極的に主君のペルソナ造型に参加していくような趣すらあり、義朝も鎌田を全面的に信頼していたため、その結束は非常に固かった。この主従関係は親族関係に優越し、それどころか正面切って敵対するものだったことが特徴的である。保元の乱（保元元年（一一五六）七月）で為義－義朝の父子が敵味方に分かれたとき、鎌田二郎（次郎とも）は鎮西八郎為朝の固める白河殿の門に押し寄せた。鎌田の名乗を聞いた為朝は「さては**我が一家の郎等**にこそあんなれ」と怒り心頭に発する。鎌田はしかし、「**実《まこと》に日来《ひごろ》は相伝の主《しう》、今は八虐の凶徒にあらずや**」と追討の宣旨の権威を楯に、為朝を射立てたのだった。[27] ここには、上で見た清盛－重仁親王の乳母子関係の弛緩とはちょうど逆の求心的強化が顕在化している。保元の乱で武家、公家が大規模な親族間の闘諍に至ったのは、集権最上層の皇室において帝位継承問題がやはり親族間の闘諍へと外化したことをそのまま写像しているように見える。それはこの争乱のみに限定すれば正しい見方なのだが、それ以外の要因として武家における親族間闘諍はすでに長い伝統を持っていたことをも考え合わせねばならない。中央で争う武家の下部構造的基盤は鄙の所領であり、それは長い親族間闘諍の結果ようやく手に入れたものであることが例外的というよりはむしろ普通の姿だったからである。そうした本拠地での親族制度の弛緩、内部対立という背景を置けば、鎌田二郎が親族としての〈相伝の主〉ではなく、個人としての〈ちぎり〉を最優先することそのものが、武家社会においてはすでに確立した習俗であったことが窺えるのである。この親族間闘諍の延長上に、最も中核的な親族関係、すなわち父子関係の崩壊が他ならぬ為朝－義朝間の離反敵対として現象する。保元の乱後に、信西と後白河は義朝を頼って自首してきた父為義の斬殺を命じた。それはまさに古代的刑制の終焉と中世的修羅末法の開始を劃する非情であったが、この末法の手先が他ならぬ乳母子鎌田二郎なのである。殺害を命ずる宣旨に最初義朝は逡巡する。鎌田は強くいさめる。

「……さばかりの**忠功**を此一事に依て空くなさせ給はん事いかゞあるべきに候らむ。」

（『保元物語』[28]、太字強調は筆者）

鎌田の行動規範は〈御恩〉の実体、すなわち実利であり、主君の父の安寧および父殺しの悪名と「忠功」すなわち律令国家を支えた武家の棟梁が当然与かるべき現物の恩賞との二律背反の間で、はっきりと後者をとる。それが己の主従関係の形而下的基盤でもあることがその根拠である。その実利性のあまりのあざとさはしかし、鎌田個人の人倫性の低劣さではないことに注意しなければならない。それはむしろ中世的制度（御恩－奉公）およびそれを支える主従情念に内在する本質的な自己矛盾である。だからこそ『保元物語』の作者も、正しく実利を見据える鎌田を「賢者」と評した上で、しかしその父殺しの奸策は「あさましき」ものだと断罪するのである（同前）。

この父殺しの一件のみならず、平治の乱（平治元年（一一五九）十二月）の時も鎌田は主君の親族殺しの手先となった。都落ちの直前に義朝は庶出の姫君が敵方の虜となることを嫌い、彼を遣わして殺害する。この姫君は鎌田が預かって育てたほとんど養女のような存在であったので、さすがの彼も悲嘆にくれたが、結局主君の命令どおりに殺してしまった[29]。主君の姫君を預かる鎌田は、光源氏－惟光の関係に似たケの色事の同道者としての側面を示している。おそらくそれは、中央での生活が長くなった武家最上層で起きていた平安貴顕の生活模倣の一端なのだろう。しかしこの古代的乳母子の雅は、そのまま中世的修羅の只中へと転落する。この転落も義朝－鎌田の特殊な人倫的頽廃というよりは、中世的現実の二律背反性が繰り返し生む、そしてその意味で普遍的な、古代的親族関係と中世的主従関係のアポリアそのものの露呈であった。それはまさに主体の自同性を内部侵食し、その人倫的基体を蚕食するという意味で、真のアポリア——つまり実存における悲劇である。したがって、そのアポリアに巻き込まれた中世的武人の情念の基調は、因縁的でも天命的でもなく、むしろ自同的実存選択の系としての運命的な悲劇性を伴うものだった。自同性はこの場合、主君義朝においては〈武家の棟梁〉という、家人鎌田においては〈武家の乳母子〉という定位ペルソナへの自己同化として顕在化する。それは、古代的運命定位(『事件の現象学1』第五章参照)とはその実存構造の社会性が異なるものの、やはり一つの自同性への収斂と覚醒である、という意味において、都市類型をはすかいに飛び越えるような承応であり、特異現象であった(集住的都市創設を経験しない集団における運命的定位の顕在化という意味において)。中世的状況はしかし、この自同性のアポリアを覚醒するのみではない。主従のペルソナが双数的に向き合う、その無媒介的、合わせ鏡的な実存の溶融こそが、中世固有の修羅の風光でもあった。つまりここにおいては、やはり古代は古代であり、中世は中世である。**集住的文脈における運命的アポリアの基本形はアトムであり単数である。対して中世的文脈における運命的アポリアの基本形は双数であった。**過渡期の制度的自壊は親族にまで及び、その内的紐帯を弛緩させ崩壊させる。しかしまた、同じ制度的カオスは親族の枠組み自体を求心的に縮小し、その核家族化した単位そのものをさらに双数化し、社会性の原初的単位にまで切り詰める。しかしそれは、アトムではなく双数であることによってやはり一つの共同性なのである。求心化する双数情念はそのあまりの求心力ゆえに、既存の人倫的組織の枠組みを突き破り、一対一の〈ちぎり〉において互いの実存を共有する。こうして主従はその死生の弁証法の円環に閉じこめられた最小の共同体となる。彼らの死の現場においては、もはやその相対死を媒介するいかなる項も存在しなくなる。

平治の乱での敗北後、鎌田は義朝の再起を図るため、みずからの核家族的縁故の中核を提供し、主従ただ四騎で舅の平忠到《ただむね》を頼った。忠到は正清の父と同じく庄司階級の土豪であり、源氏の〈相伝の家人〉でもあった。しかしこの動乱期においては、姻族また家人の紐帯そのものも、転形と弛緩、再編成の過程にある。忠到は湯屋で、主君の義朝と娘婿の正清を騙し討ちにして平家からの恩賞を狙う。主従の最期は『平治物語』と『愚管抄』に伝えられているが、前者は主従一人ずつの別個の騙し討ちとし[30]、後者は謀略に勘づいた正清がまず義朝の介錯をした後、自害に果てるというふうに細部がかなり異なる[31]。『愚管抄』も武家関係の事件に関しては、おおむね一次資料ではなく伝聞資料をもとにしているから[32]、必ずしも軍記物語よりも信憑性が高いわけではなく、この場合も偶有性の非常に強い『保元物語』の記事の方により史実に近い事実性を感じる。しかしまた、その偶有性を主従の相対死的自害儀礼へと彫琢する過程に、中世的心性の共同性倫理が定型化して顕われていることもたしかである。いずれにせよ、しかしその史実らしき偶有性においても、儀礼化とは別の次元での双数性が露呈する。重傷を負った義朝が叫ぶ末期の言葉は二人の乳母子の名前なのである（正清の他に金王丸という乳母子がいたことが記録されている）。正清もまた駆け寄るところを闇討にされ、その末期の言葉は「正清も御ともに参候」という「ちぎり」の実現の言挙げであった[33]。

暗殺後、義朝の首は都に送られ梟首された。その首には有名な後日談がある。息子頼朝の蜂起を促す形代となったのである。髑髏は文覚上人によって麗々しく二度御曹司の頼朝にもたらされた、と『平家』は伝える（一度は「謀叛」を促すための偽首として、二度目は一応本物だとされている[34]）。『吾妻鏡』はさらに、この義朝の髑髏は鎌田正清の首と共に頼朝によって葬られた、と記録している（治承四年八月十八日条）。頼朝の政治的センスの繊細さが窺えるエピソードである。〈武家の棟梁〉には〈乳母子〉という不可欠の奉公主体が影のように付き添うべきである。そのことを、この新時代の制度企画者は正確に理解していたように思える。しかしまた、ここでも中世的形而上性はその形而下の現実との独特の乖離を示す。頼朝がこうして父の乳母子への追憶を〈相伝の家人〉の鏡として記念することが形而上の定位コスモロジーにおける顕彰であったとするならば、現実の正清の息子たちは彼らの〈御恩〉を求める形而下的彷徨の中で、頼朝よりもむしろ敵対する弟、義経に家門の再興を賭けていたふしがあるからである。正清の長男、藤太盛政は一ノ谷に従軍して戦死、次男藤太光政は義経の家人となり、四天王をうたわれ、屋島の戦いで戦死している。こうしてみると、あるいは形而上的であるべき正清の顕彰もまた、〈相伝の家人〉の子息をめぐっての頼朝、義経兄弟の形而下的綱引きが背景にあったのかもしれない。いずれにせよ、有力家人のその主体性は次世代以降も力強く発揮され続けたことが窺える後日談である。

この家人たちの主体性は選択の主体性であると共に、人倫的理念の主体性でもあった。もう一人の〈武家の棟梁〉に付き添う乳母子の例が、この理念を死生の現場において如実に証言している。それを中世的主従情念の一つの典型として最後に確認しておこう。

〈武家の乳母子──死生の共同体2　木曾義仲と今井四郎兼平〉

木曾義仲（源義仲、一一五四－八四）には、乳母子の〈剛の者〉集団が常に影のごとく付き添っていた。「木曾四天王」と呼ばれた麾下の猛将のうち二名、すなわち樋口次郎兼光と今井四郎兼平（一一五二－八四）は乳母子兄弟であり、[35]さらに落合五郎兼行も名のある武将であった。[36]『源平盛衰記』によれば、さらに義仲の最後の合戦に近習し奮戦したことで名高い巴御前も乳母子であったとされている。[37]短期間に精鋭の武闘集団を組織したその中核に源氏の御曹司を取り巻く鄙育ちの乳母子集団が活躍するさまは、まさに中世の開闢を告げるにふさわしい風景であった。義仲と乳母子集団の関係もまた、右で義朝－正清に確認した親族超越的、親族対抗的な契機が色濃く認められる。そもそも義仲が木曾で育ったこと自体が親族内闘諍の結果だった。父の源義賢は源為義の次男で、甥の源義平（悪源太義平、一一四一－六〇）と坂東で争い攻め殺されている。孤児となった義仲を引き取り養育したのが乳母の中原兼遠だった。樋口、今井、落合（そしておそらく巴も）はこの兼遠の実子として御曹司「木曾冠者」の乳母子親衛隊となる（図2参照）。義仲と乳母一家の関係はこれだけではない。寿永二年（一一八三）、頼朝との合戦をひとまず回避するために鎌倉方に人質として差し出した嫡男義重（『平家』による。尊卑分脈には義基）は、尊卑分脈によれば乳母子今井兼平の女《むすめ》とされている。これは兼平と義仲の歳が二歳しか違わなかったことを考えれば不自然であるから、おそらくは兼平の父中原兼遠の女、すなわち巴の姉妹を想定するのが妥当だろう。いずれにせよ、主君義仲は孤児の幼君として貴種流離的に地方豪族に護られるのみならず、姻族関係を媒介として下降婚的に同化していく過程にあることが注目に値する。これは乳母子関係ではないが、政子との婚姻を媒介として北条氏にやはり同化する流人御曹司の頼朝の事例を彷彿とさせるものがあり、〈武家の棟梁〉イデオロギーが鄙において繰り返し貴種流離の錦の御旗を必要としたある種の必然性をも証しているように思う。〈武家の棟梁〉を中核に戴き、二重三重に強固となった主従紐帯こそが、鄙の一武闘集団にすぎなかった木曾源氏を短期間に歴史の表舞台へと押し上げた真の動因であったように思えるからである。この主従紐帯の核心は闘諍を繰り返した鄙の現実から生まれた、天然自然の趣のある、しかしまた確固たる人倫性を示す、〈剛の者〉の共同体的エートスであった。修羅的エートスの本質は死生の〈ちぎり〉の場で顕在化する。これは上に見た知盛や義朝の事例と同様である。

図2　木曾義仲と乳母子集団

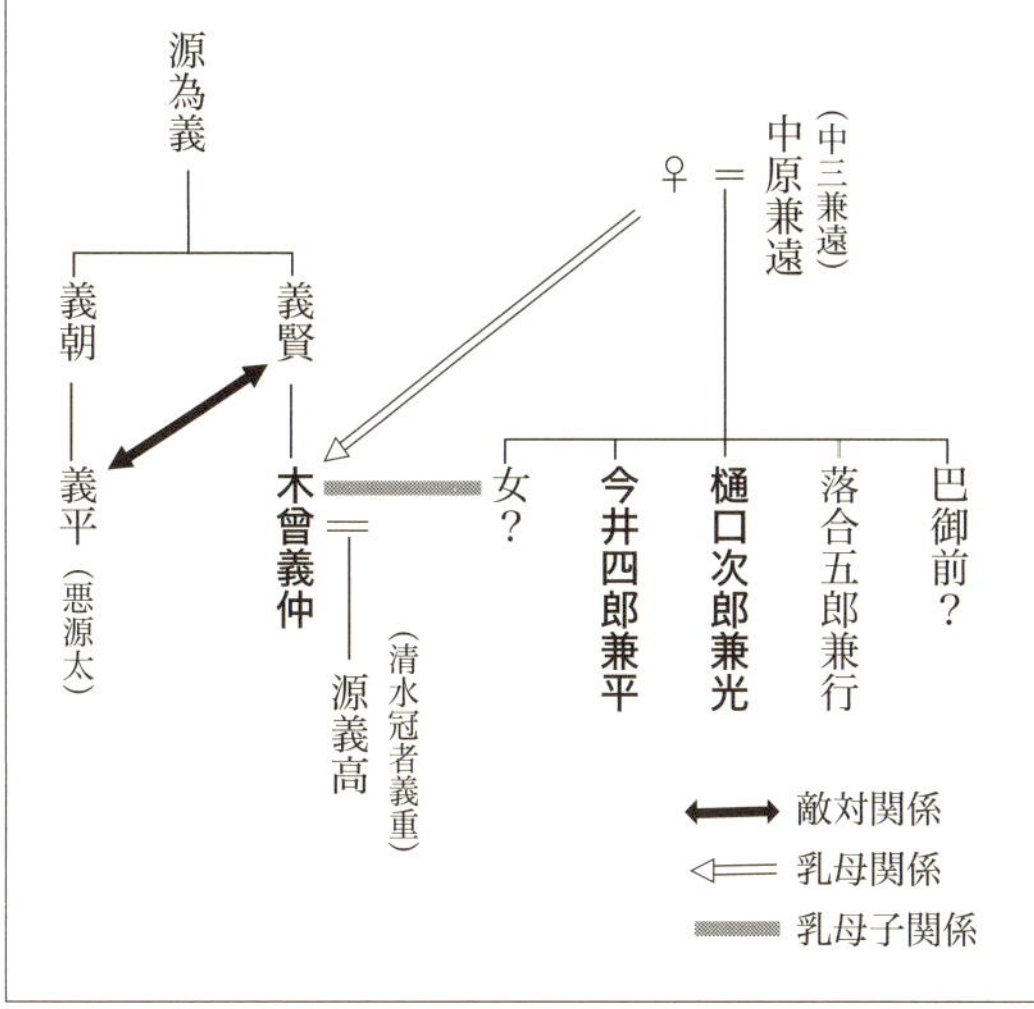

しかし今井四郎が長く記憶されることになったのは、そのエートスの担い手がもはや主君義仲ではなく乳母子兼平である、というその主体性の弁証法的逆転においてであった。

寿永三年（一一八四）一月、義経、範頼の軍勢に攻められた義仲は、京を支えるに足る軍勢を持たなかったため、要衝宇治川を破られた後は散発的な抵抗をしつつ敗走するしかなかった。義仲の敗死は軍記物語としての『平家物語』全編中でも白眉をなす合戦描写により綴られている。それは主従情念の範例を示すと共に、中世的死生の現実態をほとんど現代的ドキュメンタリーを思わせる即物的エクリチュールである。そのリアリズムの地の上に輝きわたるもの、それが中世的情念のコスモロジカルな定位性であり、それは敗残の最中での〈誉れある死〉への志向として〈剛の者〉のエートスの核心を示すことになった。この志向性はしかし、合戦修羅の情念そのものではない。それはあらかじめ主従の日常生活における双数的〈ちぎり〉によって理念化されている。この中世固有の非日常的日常性、修羅的エートスの事前の形成に注目しなければならない。このエートスの核心部における双数的履歴形成、それが事柄の本質である。その点を具体的に検討しておこう。

まず都落ち直後の義仲は、乳母子今井と別行動をとったことを悔いる。

木曾涙をながいて、「かゝるべしとだに知りたりせば、今井を勢田へはやらざらまし。**幼少竹馬の昔より、死なば一所で死なんとこそ契《ちぎり》しに、**ところ〴〵でうたれん事こそかなしけれ。……」

（『平家物語』「河原合戦」[38]、太字強調は筆者）

義仲は北陸路に逃れることもできた（そうすればおそらく敗死はせずに済んだだろう。さらに再興を図れたかもしれない）。しかし彼は、「今井が行ゑをきかばや」とて勢田へ向かう[39]。勢田を守っていた今井も敗走しつつ主君を求めて京へ戻る最中だった。主従は大津で偶然再会する。義仲は「なんぢがゆくえの**恋しさに**」ここまで落ち延びたのだと心情を吐露する。そして「**契はいまだくちせざりけり**」と喜ぶ。兼平も「勢田で打死つかまつるべう候つれども、**御行えのおぼつかなさに**」ここまで辿り着いたのだ、と応じる[40]（同前）。この主従の双数的対峙にはもはやなんらの制度的媒介も介在しない。それは裸形の「ちぎり」の相互是認、それのみであり、彼らの言葉に如実に反映されているように、その双数性の本質は親族的であるというよりは、著しく観念化した（理念化した）相聞的情念を示す。ここに衆道的習俗の介在を感得するのは後世の「武士道」的な思い入れであり、原初的には衆道的情念の方こそ、この理念的双数性、その相聞的情念との習合から発すると見なければならない。つまりここで発現しているものも、中世固有の制度的死生に伴う能記（習俗的シンタクス）の縮重と、〈所記の過剰〉から必然する先祖返り的な意味性の横溢である。その意味性とは、つまりは〈剛の者〉としてのあらかじめの〈誉れある死〉の先取に他ならない。この先取の主体はもはや個人としての主君でも従者でもなく、その二人の双数的対峙から生成する〈ちぎり〉そのものである。定型化した死の心象がこうして長い時間をかけ、主従の日常において彫琢され心象上の作品として共有される。しかし彫琢された理想的な、理念的な死は現実の合戦において実現されることはまずない。中世的合戦はある面ではリアリズムの極致であり、そこでは**身体性**そのものが優越する。その優越の根拠は合戦における裸形の偶有性、その無様に現実的な君臨である。理念と現実の強烈な齟齬。そこにおいてこそ、中世的実存の悲劇性は一回的に造型される。その導入としての原初的な身体性の露呈。

「**日来《ひごろ》はなにともおぼえぬ鎧が、けふはおもう**（重）**な**（ッ）**たるぞや**。」（同前[41]、太字強調は筆者）

主君の心弱りを見た正清は自害を勧める（彼の〈ちぎり〉が造型したエートスとしての死の表象）。しかし義仲の側はあくまで合戦での相対死を心に描いていた。ぎりぎりのところで主従の〈ちぎり〉における〈誉れある死〉の齟齬が顕在化する。ここで〈剛の者〉としてのエートスを護るのはもはや〈旭将軍〉ではなく、その〈四天王〉の一人の方であった。主従情念はその終末において能・所を逆転させる。

今井四郎馬よりとびおり、主の馬の口にとりつゐて申けるは、「**弓矢とりは年来《としごろ》日来《ひごろ》いかなる高名候へども、最後の時不覚しつればながき疵にて候也**。……」（同前[42]）

正清は主君の自害を護ろうと奮戦するが、義仲は薄氷の張った深田に馬ごと嵌ってしまい、身動きがとれなくなる。最後に彼が目にしたのは正清の奮戦の姿だった。「今井が行えのおぼつかなさに」ふりあおいだ甲の急所に敵の矢が立つ。正清は義仲の死を知ると「甲の者」としての自害に果てたのだった。[43]

事件とは、偶然性を必然化しようとする実存の情念的運動の謂であった（『事件の現象学1』「序」参照）。元暦四年（一一八四）一月、近江粟津の縄手で演じられた落ち武者二騎の死は、そのぶざまな偶有性と、理念化された死の定型性において、まさに原初的な〈事件〉に他ならなかった。その本質は自同性の覚醒である、という意味で運命的定位の内実である深い悲劇性に彩られている。

しかしその実存の響きは、古代的都市類型としての〈集住〉的実存を系譜的基盤とするものではない（『事件の現象学1』第四章参照）。つまりそれは、古代的な意味での〈運命〉的定位ではないあるものをその対位旋律に伴っている。

対位旋律は二つある。

一つは〈剛の者〉の死が呈示される場の共同性。〈剛の者〉は自害するが、それは孤独な死ではない。むしろ逆側の死、つまり共同体のまなざしを一身に浴びる、そういう特異な自死である。この意味で今井四郎兼平の自害の言挙げは、自己の実存を規定する共同性の確認でもある。

「……**是を見給へ、東国の殿原、日本一の甲の者の自害する手本**」とて、太刀のさきを口に含み、馬よりさかさまにとび落、つらぬか(ッ)てぞうせにける。[44]（『平家物語』「木曾最期」、太字強調は筆者）

この自害の共同儀礼性を記憶しなければならない。それは鄙の縄手の深田で演じられようとも、都市的な、あるいはより正確には〈市〉的な共同儀礼性を真の母胎としている。そしてそれはまた、中世固有の〈往来〉的界隈の基本的な共同性でもあった。

この〈往来〉的共同性は二つ目の対位旋律を導入する。それは夢幻能において完成される止観－鎮魂の対位旋律であり、そこにおいてこそ、自同的運命性はその本来の定位場、因縁的止観の定位場へと復帰する。主従情念の最後の場を導入するものはこの**因縁的止観の共同性**に他ならない。

去年《こぞ》信濃を出しには五万余騎と聞えしに、けふ四の宮河原をすぐるには、主従七騎になりにけり。**まして中有《ちゆう》の旅の空、おもひやられて哀也《あはれ》**。

（『平家物語』「河原合戦」[45]、太字強調は筆者）

共同主観の場において、敗走する主従はすでに修羅的実存の帰還すべき理念場〈中有〉に浮遊する。この浮遊により、武闘的修羅は因縁的鎮魂を導入する。彼らは共同心象における無常の焦点として、「おもひやる」べき定位ペルソナへと変容する。共同体が彼ら修羅主体に感じる「あはれ」とは、双数的運命主体に対する、そのエートス的アポリアに対する因縁的是認に他ならない。こうして戦さの果てた後の鎮魂の場において初めて、〈事件〉構成の要件、共同体の因縁－止観判断が現成することになる。つまり彼らの偶有的エートスを、そのぶざまに高邁な死を内面化するものは、もはや古代的悲劇ではなく中世的夢幻能なのである。

こうして中世的主従情念は運命的自同性のアポリアを呈示しつつ、その死生の弁証法的軌跡を軍記物語と夢幻能の鎮魂－場に描き続けたのだった。

第二章　合戦の情念型

一　中世的合戦の都市祝祭性

『平家物語』／『太平記』

中世的合戦は固有の修羅世界であった。それは古代における征服戦争とも、近世的集権を確立する「戦国時代」のそれともまったく異なる、特異に実存的な情念世界を展開する。その基底的な前提は、下部構造的闘諍（多くは所領の拡大をめぐる闘争）と上部構造（権威イデオロギーおよび合戦儀礼）のアンビバレントな緊張関係に見て取ることができる。

合戦は下部構造の拡充をそれぞれの勢力が求めた結果だとはいえ、その具体的な発現は当然ながら生活全般を破壊する。しかし、その破壊される生活の側にも変革の波は押し寄せている。それはしたがって、受け身に古代的な側面と、すでに自律化した中世的共同性の二面性を見せる。生活を破壊する武闘的主体＝武士／騎士／英雄（軍閥集団）もこの二面性に即した修羅世界を展開するのである。まずこの中世的合戦に内在する下部構造的二面性を簡単に確認しておこう。

中世初期の合戦は、日本、中国、西洋の別を問わず、新たに組織された実戦的軍事プロフェッショナルが、名目的な古代的徴兵制の残滓と対決するという基本構図から始まる。ローマ帝国を滅ぼした〈蛮族〉の軍事組織は、すでにローマとの対決を始めた頃、カエサルの『ガリア戦記』や、タキトゥスの『ゲルマニア』の記述に窺えるように、同族的な結合の強固な組織性、そして恒常的に戦闘略奪を行なう生活が涵養するある種〈武家有職〉的な伝統を有し、実戦的かつプロフェッショナル性の高いものだった。ただしそれは、古代国家的なプロフェッショナリズム、つまり〈カエサルの兵士〉たち、あるいは漢の武帝や日本上古の防人たちが具現した、集権的組織性と古代的生産体制の寡占から帰結する先進的「文明」軍には敗北し続ける運命にあった。彼らの社会的な現実態は古代以前の共同体の伝統を色濃く残したものであり、集権国家が日常化する制度と技術の組織性がいまだに欠如していたからである。したがって古代的集権が充実した制度体であった限りは、周辺の〈蛮族〉のエネルギーは個別には畏怖の対象となっても（カエサルの兵士たちがゲルマン人を畏れたごとく）、直接的な対峙においては集権の組織性、先進性が〈文明〉として〈野蛮〉に君臨するという状況が基本的であった。この力関係は古代的集権の漸次の自壊と共に逆転し、それに応じて移行期特有の新旧勢力の対決という、新しい合戦の位相が形成されていった。それは、崩壊する古代的制度の一種の慣性力が実現する〈寄せ集めの大軍〉が、〈文明〉の利器を実戦的に吸収してきた部族連合体、そのよく組織された精鋭部隊と対峙する、という基本状況に収斂する。そして今度は、疲弊した文明は新興の「野蛮」に常に敗北する運命にあった。

中世的合戦は、崩壊する文明ではなく、勃興する「野蛮」を直接の淵源とする。洋の東西を問わず、部族社会的な組織、そしてその血縁、地縁的な強固な人的紐帯が何世代にもわたって武闘のプロたちの集団を生み続ける。合戦そのものの儀礼性もまた、彼らの無数の闘諍によって漸次、社会習俗的な骨格を顕在化させていった。その骨格の中枢部にはもちろん封建的主従関係があり、それは合戦における武勲、そして事後的な論功行賞と不可分の関係にある。したがって一見すれば、中世的制度は古代的集権の中枢部にある軍制と税制を解体して、集権以前の軍事組織とやはり集権以前の〈現物の略奪〉としての土地と人民の占有の時代へと退行したかに思える。しかしこれは、悪しき単純化であり、近代から〈暗黒時代の中世〉という偏見のフィルターを通してみた、一つのバーバリズム－神話としての机上の中世にすぎない。「略奪」の対象としての土地は、太古の未開地ではない。それはすでに開墾された、しかも先進的技術によって開発された生産性の高い「私営田」や「新田」であり、その価値評価においても古代的流通を継承し、観念化した貨幣としての側面を如実に有していた以上（この貨幣経済の中世における観念化は、『形而上の中世都市』第四章第一節で概観した）、御恩としての所領はただちに観念化した流通の基体として、担保、交換、相続の媒体となったからである。封建制は土地を媒介とした支配体制でありながら、その土地はすでに一元的に都市的流通に巻き込まれた代替貨幣としての先進的（文明的）価値基体である。だからこそ、所領の分捕りに明け暮れた武闘主体（武士、騎士、英雄）は、合戦が済んで日常生活に戻るや否や借金証文の山に首が回らなくなり、〈旅宿の境涯〉（荻生徂徠）にデラシネ化されることになるのである。つまり、合戦そのものが一つの〈投機〉としての側面を有していた。トスカーナ諸都市の金融業－銀行業の発展が封建諸侯の合戦費用の蕩尽と表裏一体の関係にあったことは、中世経済史の基礎知識に属している。同様の合戦－流通の腐れ縁的連関は、『三国志』の時代の英雄の家政を見ればすぐに顕在化するし、また日本中世においては、謡曲『鉢の木』の背景にある御家人の流通からの疎外は源平争乱の必然的な帰結であったことが窺えるのである。つまり中世的合戦には〈所領〉

と流通の自己矛盾が原初的に埋め込まれていた、と考えるべきである。この自己矛盾こそがまた、初期封建制固有の修羅のアンビバレンツをも独特に規定することになる。

同族的に組織された軍事プロが指揮する中世的合戦の特徴は、その小集団性、迅速性にある。『平家物語』の言葉で言えば、律令制に則った古代的徴兵制に頼る平家の軍勢は、大軍ではあっても〈駆武者《かりむしゃ》〉であって、烏合の衆的な脆弱な離合集散を繰り返す。それを破り続ける側の先頭に立つのは軍事天才としての義経だったが、彼の戦法の最大の特徴は、その迅速さ、〈すゝどさ〉であった。その〈すすどさ〉の背景には『今昔物語集』に収録された裏社会闘諍の情念、すなわち群盗、夜盗的なニヒリズムが透けて見える。この〈夜の都市〉的な孤独は、義経が兄頼朝と対峙した〈腰越状〉の内実でもあるのだが、合戦の現実の中では、それは夜盗－物取り的な〈大松明《おおだいまつ》〉という戦法に外化している。それは夜討のために在家に放火して、その火を松明代わりに軍を進めるという酷薄かつ生活破壊的な戦法だった。[1] その戦法は後世の『太平記』にも登場するから、すでに一つの武士有職的伝統と化してコンセンサスを得ていたことがわかるのだが（赤松円心の六波羅攻めでこの戦法が採択されている）[2]、この戦法が少数の奇襲ではなく、大部隊にまで拡大された場合には、戦場《いくさ》一帯の生活は壊滅的な打撃を被った。このタイプの全面的な生活破壊は、『三国志』に描かれた中国中世初期の合戦に特に特徴的だが（合戦ではないが董卓による洛陽破壊もこの範疇に属する――『形而上の中世都市』第三章第二節参照）、日本中世においても、例えば北畠顕家が奥州勢を率いて上洛した折りに、中国軍閥の劫略にきわめて似通った全面的破壊が生じている（『太平記』は「在家ノ一宇モ残ラズ草木ノ一本モ無カリケリ」と記録する）[3]。この次元の破壊が最も否定的な位相での中世的合戦の修羅であり、それは一方的に生活者の生存を脅かす。

しかし目を転じれば、武闘集団とて生活者である。彼らもまた他人の生活を暴力的に破壊した後には、自分の日常生活に戻りそこで衣食住の営みを続けねばならない。この点を、中世＝暗黒時代という固定観念は、すなわち近代史観の陥りがちな中世と観念的バーバリズムを等置する机上神話はしばしば忘れてしまう。例えば京都を制圧した木曾義仲は、次第に後白河法皇や公家勢力との関係が悪化していくが、その一つの原因がこの武闘集団自身の生活の契機、すなわち武者や郎党をいかにして在郷ではなく旅宿の京都で養うかという背に腹の代えようがない切実な問題だった。切羽詰まった義仲は、配下に京都周辺の在所の「いりどり」＝強奪を許す。それは荘園に押し入り青田を刈って馬のまぐさとし、京の場末に行って倉の物を押収したり衣装をはぎ取って生活物資とする、といった荒々しいものだったが、すべて所領そのものの侵害ではなく、現物の押収であることに注意しなければならない。つまりそれは兵糧の現物徴収という側面の強いものだった。寺社や公家はしかし当然これに猛反発する。後白河法皇は側近を派遣して仲裁を試みたが、この側近が成り上がりの曲者で（「鼓判官」と渾名された雑芸能の名手でもあり、非常に面白い人物なのだが）、義仲とまったく折り合いが悪く、法皇に「追討」を注進するということになってしまう。これが結局、公家と武家の初めての正面衝突である〈法住寺合戦〉（一一八三年十一月）の伏線となるのだが、義仲の対応はまさに中世的武人にふさわしく「すすどき」迅速なものであり、あっという間に法皇方を鎮圧してしまった。しかし「十善の帝王」に直接敵対するという権威イデオロギー上の葛藤は、当初甚だ大きかったことが『平家』の記述から浮かび上がる。法皇が木曾追討を決定したという噂が流れると、「五畿内の兵ども」だけでなく信濃源氏の名だたる武将も法皇方へ寝返ってしまう。右で検討した義仲の右腕、乳母子の今井四郎すら、これでは合戦はできないから「甲をぬぎ弓をはずゐて、降人にまいらせ給へ」と降伏を勧めるほどだった（『平家物語』「鼓判官」）。それに対して木曾はこう自己主張する。

……都の守護してあらんものが、馬一疋づゝかうて《飼》のらざる《乗》べきか。いくらもある田どもからせて、ま草にせんを、あながちに法皇のとがめ給ふべき様やある。**兵粮米もなければ、冠者原共がかたほとりにつゐて、時々いりどりせんは**〔若い連中が都の場末に行って、時々強奪もどきのことをしたとしても〕何かあながちひが事ならむ。
（『平家物語』「鼓判官」、太字強調は筆者）[4]

つまり義仲の視点からは、法皇のために都を守護している建前の自軍に、なんら生活物資、兵糧、輜重的軍事支援のないことが問題なのだった。したがって強奪は許しても、秩序はぎりぎりのところで護られている（少なくとも彼の観点からは）。強奪は流通の末端で行ない、まぐさの青田刈りも「大臣家や宮ゝの御所」はきちんと避けているからである。義仲は法住寺合戦の後、その勝利の見返りにお手盛りの除目を行なって丹波の国を知行し、前関白の姫君の婿に収まる（後世、この姫君が道元禅師の生母ではなかったかと推測されている）。この収束の形式もまた一種の秩序再建であり、そこにも自軍を養う最低限の保証を古代的制度の中で模索している有様が窺える。つまりいかなる武闘集団も、この中世初期の状況下では都の流通‐税制に寄生する形でしか兵糧、輜重を確保できないということであり、ライフラインの確保は切実な軍事的問題の核心ともなる。彼ら都に侵入し常駐する鄙の武者たちは、都の生活人の生活をあの野戦の〈大松明〉におけるごとく暴力的に破壊することはできない必然性を（生活‐軍事集団としての必然性を）有している。義仲が義経に攻められ、あっさりと敗北するその過程を『平家』の描写で追ってみると、軍勢が四散して侵入してくる坂東の精鋭軍を支えられなかったことが浮かび上がるのだが、四散ということ以外にも、そもそもこの「いりどり」によって養える軍勢の多寡が非常に限定され、しかも義仲が京都の貴顕に同化すればするほど、それと反比例して軍勢の規模は摩擦を避けるために縮小していったことも自然に推測されるのである。それら貴顕も、義仲の軍勢も、結局は古代的税制の貢ぎ物に頼るしかなかった。古代的な帝都はすべてそのような制度的収奪の結節点としての人工的な下部構造を基盤としていたからである。したがって中世的合戦の第一の帰結が古代的税制の崩壊である以上、それは都の貴顕と都に侵入した鄙の軍勢の双方を等分に襲う窮状となって外化する。いわば彼ら武闘集団は自分で自分の首を絞めざるをえない宿命にあったのである。『平家』は〈法住寺合戦〉直後の都の状況を、この税制の崩壊を基軸としてこう描いている。

四方の関々皆とぢたれば、おほやけの御調物《みつぎもの》をもたてまつらず。私の年貢〔荘園関係の貢納品〕ものぼらねば、京中の上下の諸人、**たゞ少水の魚にことならず**。

（『平家物語』「法住寺合戦」(5)、太字強調は筆者）

同様の窮状は『太平記』にも繰り返し描かれている。南朝北朝の大軍が京都を何度も制圧するが、あっさりとまた逃走する。その右往左往ぶりは実に印象的だが、その根本の原因はライフラインの確保の難しさにあったことが『太平記』の記述を丹念に追えば浮かび上がってくる。その意味では、彼らは皆義仲のアポリアを繰り返しているわけだが、しかし『平家』の時代に比べて根本的に変化した点が一つある。それはライフラインの混乱が税制の混乱であったことから、流通そのものの混乱へと変容したことだった。例えば元弘三年（一三三三）一月に挙兵した赤松円心は、京都六波羅を力攻めしたものの、一度は敗北する。四散した軍勢を集めた彼がとった次なる戦術が、①傍系の皇族を擁立して総大将とする（いわゆる錦の御旗による官軍化）と、②西国との往来の要衝を押さえて京都全体を兵糧攻めにする、というきわめて興味深いものだった。戦術そのものが象徴化の契機と実戦的リアリズムというそれ自体は水と油の二元性を並存させていることが、中世的武将の心の世界を期せずして露呈している。この上部構造の象徴主義的活用と、下部構造の冷徹な実戦性は深いところで連関しつつ、中世的合戦の位相を本質規定していった。その下部構造的前提が流通の漸次の発展であったことが『平家』の世界と『太平記』の現実の比較によって浮かび上がってくる。そしてその流通の拡充と表裏一体になった**中世的都市の自立**という現象が定向的に進展する。したがって税制に替わって、商業が都のライフラインの基軸として登場することになるのである。

赤松……山崎・八幡ニ陣ヲ取、河尻ヲ差塞ギ**西国往反ノ道ヲ打止ム。依レ之洛中ノ商買止**テ士卒皆転漕ノ〔輜重の〕助ニ苦メリ。（『太平記』「禁裡仙洞御修法ノ事付山崎合戦事」(6)、太字強調は筆者）

京都を制圧した軍勢の輜重確保は、『太平記』の時代にあってはもはや京都の貴顕にすり寄りつつ古代的制度を活用することではない。その実効性が古代的税制の解体によって、もはや期待できないからである。したがって自律的流通の保全こそが『太平記』以降の、つまり戦国的近世の軍略的課題として浮かび上がることになる。京都全体を兵糧攻めにした赤松の戦略の終着点が、信長の楽市・楽座であると考えてまちがいない。中世都市の自立化と並行する形で、都市に進入してくる鄙の武闘集団の同化（都市的流通への同化）も定向的に進行する。これは中国中世においても西洋中世においても、同様に観察される合戦的下部構造のマクロ変容である。したがってさらに、合戦の現実が流通と合体するとき、合戦的修羅そのものの内部で何が起こるのか、という点に注目しなければならない。都市的商品流通が合戦の下部構造を浸潤するとき、合戦の上部構造はどう変容するのか。

結論から言えば、中世的合戦は流通の充実をたしかに上部構造的に反照する。それは、①**軍事技術の手工業化**、および②**合戦場の都市祝祭化**として現象する。

例を『太平記』から二つ挙げておこう。

合戦場の祝祭化の典型例は、南北朝開始の遠因となった有名な城攻め、千早城をめぐる攻防戦である。千早山は、現在は大阪府南河内郡に位置し、標高六五〇メートル前後の特に何の変哲もない山だが、四周を深い谷に囲まれている。その自然の防壁に目を付けた楠木正成は、尾根の平場に本丸から出丸までの五郭を備えた本格的な山城を建設した（『国史大辞典』「千早城」の項目参照）。それは元弘二年（一三三二）、後醍醐帝が隠岐に流された年であるから、当初から彼はゲリラ戦的抵抗をもくろんでいたことがわかる。その年の暮れに護良親王が吉野で挙兵すると、それに呼応して正成は楠木の一族郎党を率いて旗揚げし、鎌倉幕府への抵抗の意志を顕示した。城攻めが本格化するのは翌年二月からで、包囲戦は三カ月の長きにわたった。数万規模の幕府方の大軍に対し、正成方は千名足らずで籠城したにもかかわらず、攻め方は城を落とすことができず、結局、この敗北が六波羅探題の陥落、そして幕府の滅亡へと至る没落の序奏となる。

千早城攻めは、江戸期の〈太平記語り〉の段階から戦記故実面での古典的な記録として名高く、さらに明治末から激化した皇国史観イデオロギー対近代実証史学の論争がまさに『太平記』の史実性、特に南朝方に肩入れするその評価の基調をめぐっていたために（客観的近代史学の立場からの代表的な『太平記』批判として、一八九一年『史学会雑誌』に発表された久米邦武の論文「太平記は史学に益なし」を挙げることができる）、正成も千早城の攻防も、近代絶対主義特有の制度イデオロギー・プロパガンダに組み込まれていった。その結果として、軍記的リアリズム・ドキュメンタリーが本来有していた、中世的心性を解明するための基本的な史料性がほとんど忘れ去られるということとなった。いわゆる〈南北朝正閏問題〉と連関した『太平記』論争は、近代イデオロギーの具体的事例という面からはきわめて貴重なドキュメントなのだが(7)、そのあまりに近代的なイデオロギー闘争的内実は『太平記』の世界とはひとまず分けて考えるべきであることは言うまでもない。したがってこの事後的なイデオロギー展開は、本書ではひとまず〈判断停止《エポケー》〉の対象とし、客観系譜学的な〈還元〉を施した後の、テクストそのものに内包されるいい、い、中世的心性、特にその合戦修羅の情念的内実に注意を集中してみたい(8)。

千早城攻防戦に記録された中世的合戦の内実は、①手工業的軍事技術戦、②長期戦の都市祝祭化、③同族的精鋭の〈駆武者〉的大軍に対する勝利、④その勝利のイデオロギー的エネルギー源としての〈錦の御旗〉、以上の契機であるが、①と②は下部構造的に相互連関した二元的現象であり（①のリアリズムに対する②の象徴性）、③と④は上部構造としてのイデオロギー現象である（同様に③はリアリズムの勝利、

④は象徴の援用である）。ここでも最も本質的な中世的現象は、この下部と上部のそれぞれに見られる二元性が分裂することなく融合しつつ、一つの合戦的情念へと収斂していることである。つまり上の赤松円心の戦略に確認した象徴性とリアリズム的実戦性の二元的側面が、自己矛盾なく一つの集団的情念へと収斂するところに、この合戦の中世的範例性を認識できるのである。象徴性とリアリズム性、その二元性の融合は合戦の日常化という独特に中世的な現象を生む。類似の現象は西洋中世の戦争記録からも浮かび上がるから、(9)やはり中世的修羅は普遍的に一元的な世界を構成していたことがわかる。したがってわれわれもこの融合の実相に注意を集中してみることにしよう。

まず攻城戦の当初から都市祝祭の枠組みが呈示されることが注目に値する。それは合戦の場と〈相撲見物〉の場の類似性というかなり特異な連想を生む。

千劔破城《ちはやの》〔千早城〕ノ寄手ハ、前ノ勢**八十万騎**ニ、又赤坂ノ勢吉野ノ勢馳加《はせくははつ》テ、**百万騎**ニ余リケレバ、城ノ四方二三里ガ間ハ、**見物**〔見物人が〕**相撲ノ場ノ如ク打囲デ**、尺寸《せきすん》ノ地ヲモ余サズ充満《みちみち》タリ。

（『太平記』「千劔破城軍事《いくさの》」(10)、太字強調は筆者）

相撲見物衆に擬せられた大軍は、象徴的な大数（ただ非常に多いという観念的内実を表現するための数表示）、「八十万騎－百万騎」によって表現されている。こうした大数の枠が、現実的小数、すなわちこの場合では、籠城した正成方の軍勢「纔《わずか》ニ千人ニ足ヌ小勢《こぜい》」を包むという数表象の独特の二元的枠構造は、すでに『平家』の時代に定型化されていた軍記物語特有のエクリチュール原理で、その淵源は『法華経』

を代表とする大乗仏典特有の象徴的大数－現実的小数の二元性にあることは確実である。しかし仏典の大数が大乗的世界観特有の無限増殖する生命世界と、それに照応してやはり無限増殖する菩薩たちの（地湧の菩薩たちの）仏法世界の超越的包摂性を呈示する、というコスモロジカルな機能を果たすのに比べ、軍記物語の大数は、やはりその一つの系としての世界観呈示機能は持つものの、その内実は此岸的な方向へと偏差していることが特徴的である。大数表象の志向する「非常な多さ」は、こうして流通的バブルをも表示しうることになり、この千早城攻めの大軍はまさにそうした都市的バブルを具現する存在となる（軍記的大数の機能はこれだけではなく、その基底には中世固有の世界観把握の二元性が眠っていることにも注意しておこう）。したがって大数と相撲見物衆の表象融合は、都市的流通と都市的祝祭性という二つの中世的現実が合戦の場で融合することを如実に示す一つのエクリチュール原理として把握されねばならない。その融合はまた合戦の下部構造へと反照し、修羅へと参加する武闘主体の最大の関心事、〈恩賞〉の心象をも流通化－祝祭化することになる。千早城を構築する二年前にも楠木正成は河内赤坂城に籠城し、やはり大軍に取り囲まれた。この時は準備不足でその防御に不利なにわか作りの小城を棄てて逃げざるをえなかった。しかし取り巻く幕府の大軍にとってはこの小城は恩賞の宝の山なのだった。したがって、あっさりと落城してもらってはかえって困るのである。

アハレセメテ如何ナル不思議ニモ、楠ガ一日コラヘヨカシ、**分捕高名シテ恩賞ニ預ラント**、思ハヌ者コソ無リケレ。

（『太平記』「赤坂城軍《いくさの》事」[11]、太字強調は筆者）

千早城攻防戦の年（元弘三年（一三三三））、蜂起した南朝方の勢力は千早、赤坂、吉野の三城に集結し、幕府は千早以外の二城の攻略には成功していた。正成は、二年前に赤坂城を放棄せざるをえなかった経験を生かして、山城の防衛戦にあらかじめさまざまな工夫を凝らしていた。この用意周到が功を奏して大軍の撃退に成功するのだが、幕府六波羅も手をこまねいていたわけではない。彼らもまた、軍事技術の革新には積極的であり、攻城戦の経験を積むに従って工兵的な技術の修練に努めていた形跡がある。山城の攻防戦の場合、特に給水の確保‐給水施設の破壊が焦点となる。水は飲料水として必須であったばかりでなく、敵の仕掛ける火矢を消すためにも不可欠だった。火矢の威力が増すにつれ、消火も人力のみではなく、「水弾《みずはじき》」と呼ばれた一種の消火ポンプによって行なわれていた(12)。まず幕府は、赤坂城を大軍で包囲する。すぐに火矢での攻撃にかかるが、いくら飛ばしてもすべて効率よく消されてしまうことからこの攻防も長期戦の様相を呈し始める。しかし包囲軍の中に攻城戦の経験のある知将がいて、山城の給水は困難であり、これは近隣の山から地下水路で水を補給しているに違いないと推測する。そのあたりに工兵を派遣して地下を掘ってみると案の定、水路が見つかった。それは二丈（約六メートル）の地底に樋を通し、その周りを石組みで囲い、樋は檜の板で覆うという手工業的に緻密なもので、長さは一〇町（約一キロメートル）にも及ぶものだった。この水路を破壊されて水攻めにあった山城はあえなく落城する。これが元弘三年二月。千早城包囲はこの直後から始まったのだった。攻め手は当然ここでも同じ戦術をとり、まず水路を断って水攻めにしようとするが、楠木正成の用意はさらに周到だった。その準備を要約してみると、①山伏の長期の山籠りの際に、「秘水」、つまり秘密の泉が五カ所も集中して千早山中にあり、この水資源の潤沢さがこの地に山城を築いた大きな理由だった。修験道と軍事戦術の融合は、特に楠木氏のような南朝を支持した新興の地侍勢力、また寺社勢力と緊密な関係を持った護良集団に色濃く認められる特質である。それは修験道に蓄積された深山の交通路を把握し、それによって地の利を確保することだけでも南朝方の大きなアドヴァンテージだったが、さらに中世的手工業もまた多く修験道と習合していたことを想起すれば、ここでも中世的合戦の下部構造が草莽の自生的‐往来的流通の拡充と本質的に連動していたという現実が浮かび上がる。②この泉水で飲料水は確保できたのだが、火矢を消すためにはさらに大量の水が必要となる。そこで正成は大木を切り、その木材で「水舟」(水槽)を二、三百も用意した。③さらに長期戦に備えて城内のすべての建物には、屋根からの雨水を受ける樋を設置し、それらを繋いで降水を一滴も漏らさずに水槽に受けるように工夫した。こちらの水槽には、その底に赤土を敷いて「水ノ性ヲ損ゼヌ様ニ」するという用意周到さであった(以上、『太平記』に拠る)[13]。

以上で明らかなように、元弘元年(一三三一)の赤坂城放棄、同三年の赤坂城落城、そしてその直後の千早城攻防戦は、一つの中世的合戦史の文脈上にあり、そこでは軍事技術と手工業的‐都市施設的ノウハウが密接に相互連関しつつ、敵味方の競合によって、短期間にめざましい発展を遂げつつあるさまが概観される。その発展の頂点に登場する一つの軍事技術があるのだが、それはまた中国における攻城戦との比較参照を促すものでもあった。

軍事技術を攻城戦の観点から通観してみると、古代において最も発達した技術を有していたのはローマと秦漢であったことがわかる。その〈文明〉的背景はもちろん集権の強度、その下部構造的充実を反映したものだった。ローマの工兵技術の高さはカエサルの『ガリア戦記』に詳述されているとおりだが

（特にゲルマンの部族を威力偵察するためラインの急流に掛けた浮き橋は、当時の軍事工兵技術の精華であり、記述するカエサルの筆にも〈文明〉のプライドが充ち満ちている）、中国古代のそれもまた秦漢以前、春秋戦国期の都市攻防戦の長い伝統を背景としたものだった。攻城のための巨大な雲梯《うんてい》はその一つで、漢代に成立した『淮南子』に記録され、戦国時代の攻城技術として紹介されている。魯迅が『故事新編』中の〈非攻〉に描いた墨子がこの攻防戦の防御側の大家であり、実際に史上の墨家集団は都市共同体の依頼を受けて活躍した軍事技術のプロ集団であったことが『墨子』のテクスト自体から浮かび上がる。(14)

『太平記』の時代になってようやく、この中国古代的軍事技術が攻防戦に導入されるという遅さは、日中間の下部構造の落差というものを端的に示しているが、そこにはまた古代的生産技術の中央への集中と中世的手工業の地方への拡散という、生産構造上の質的な差異も介在していた。同じ生産構造の変容は、例えばカエサルの軍事技術を支える古代的中央集権が寡占する先端技術と、中世的な分散的生産システムの差異としても顕在化している。例えば中世イタリアで活発に展開した都市攻防戦における軍事技術は、やはり地場の手工業を背景としたものだった。軍事技術そのものとしてみれば、カエサルの時点で達成された技術は中世期にはむしろ後退したものすらあるのだが、その生産と活用の精神がまったく変容していた。集権的管理体制が地場の小集団へと分散したために、そこから自生する手工業的技術は多彩であり、その個々の技術革新はきわめて迅速であった。(15)これは特に、十字軍を介して移入された火薬の都市攻城戦への応用に如実に観察することができる。

日本中世においてもこうした分散的生産体制は、鄙の手工業的生産を大きく促進した。ここでも技術革新は頽廃した中央の管理体制よりもむしろ辺縁部で、つまりそれまでの古代的集権化では疎外されていた地方で積極的になされた。この地方的技術革新は軍事技術にも及び、特に武闘集団の最大の関心事である武具の発展を多様化した。『太平記』にはそのような例が多く記録されているが、その中で最も印象的な事例を一瞥しておこう。

⑴　延元元年（一三三六）、一旦は九州に都落ちした足利尊氏は、その勢力を急速に回復して再度都を攻める。後醍醐帝はひとまず叡山へと逃れるが、この時熊野から山攻めの職能集団がやって来て尊氏の傘下に加わる。それは少時から山間での狩猟に慣れ親しんだ鄙の精鋭部隊だった。彼らの武具は地侍自身が生産した非常に多彩なもので、それは「指ノサキマデ鏁《くさり》タル籠手《こて》、髄当《すねあて》、半頬《はんぼう》、膝鎧《ひざよろひ》」というどこか西洋の騎士を思わせる完全重装を志向する武具だった。それだけではない。技術革新の契機も如実に介在している。部隊を率いる鄙の荘司はこの異様な武具を、「鎧の威毛はばらついて見栄えは悪くとも、実際にその強度を試しながら作ったものだから、あの強弓の鎮西八郎為朝が射たとしても裏まで通ることはありません」と自慢しているのである[16]。地侍がみずから手工業的な職能を獲得して手製の武具を作る、これは古代ではまず考えられない自律的な生産体制であり、ここに中世的合戦の具体的な下部構造が顕在化していると見てまちがいない。

⑵　正平十四年（一三五九）、九州で南北朝動乱の余波として大きな合戦があった（筑後川の戦い）。この戦に奮戦し名を挙げた武将、菊池武光の精鋭は特製の鎧に身を包んでいた。それは板金を一枚一枚強弓の精兵に射させて裏に通らぬものだけを選って制作した鎧で、こうした耐久試験は当時すでに手工業的手法として確立しており、「試礼《ためしざね》」と呼ばれていた[17]。古代的生産体制において特徴的だった先進技術の帝都における寡占が、中世においてはまったく逆転し、技術革新の進取の気性はむしろ鄙の生産単位

へと移行していいる。こうした鄙の自律的生産こそが中世的合戦の下部構造的基盤となったのであり、そこには合戦そのものの著しい多元化、主体化が発現することになる。中世的合戦は、この意味ではあたかも中世的生産の見本市のような活況を呈し、まさに武具という武闘集団のフェティッシュを媒介とした生産技術の革新に大きな役割を果たしたのである。

こうした背景を考慮しつつ、千早城攻防戦に登場する先端技術、すなわち雲梯を用いた攻城戦を観察するならば、そこには中世的技術の普遍項である分散性、自立性、つまりボトム・アップの手工業的精神の介在を確認することができる。その意味では、それは中国古代の軍事技術の単純なコピーではない。むしろ眼前の山城が深い谷を堀として活用していることに対抗する工兵的発想から自然に生まれたアイデアであり、それを制作した工兵的集団もまた古代律令制での職能官僚ではなく、「番匠」つまり一般の大工たちを駆り集めてのものだった（その数五〇〇人と記録されている）(18)。この巨大な梯子が堀にかかり精鋭が山城に突入する構えを見せる。千早城はまさに風前の灯と化したのだが、正成はこの事態をもあらかじめ想定して準備万端整えていた。それは「投松明」と右に登場した「水弾《みずはじき》」の組み合わせである。ポンプには水のかわりに油が詰めてあった。まず松明を梯子に投げ、それにポンプ車からの油を浴びせるという戦法で雲梯はあえなく燃え落ちたのだった。

中世的合戦の下部構造的充実は、都市的流通と連動した手工業的革新を活用するだけではない。そもそうした革新を推し進める都市的生活感覚、都市的創意工夫そのものが合戦の奇策軍略となって外化する。この躍動する都市的精神こそが、中世的合戦をして都市的祝祭と化す、その真の民衆的エネルギーであり、中世的合戦の独特の相貌もまた、都市的生活と合戦の意外な近さ、その本質的な融合によって規定されている。つまり中世的武闘集団が繰り広げる合戦的修羅には、あらゆる場面で意外な日常性が混入するのだが、その混入の根拠は合戦的下部構造と都市的下部構造との共鳴、共振、協働の事実に他ならない。これは古代的合戦にも近世的（戦国的）合戦にも見られない中世固有の特質であり、それこそが中世的合戦を〈ホモ・ルーデンス〉の位相における都市祝祭へと変容させた原動力でもあった。

この中世的合戦固有の都市祝祭性もまた、千早城攻めに典型的な形で顕われている。

雲梯が登場する一つ前の段階で、水攻めに失敗した幕府方は兵糧攻めの長期戦の構えに入る。その結果、合戦は中断し、包囲軍は無聊にまかせて都市的日常へと復帰する。そこに繰り広げられたのは、中世都市固有の〈遊び〉の世界だった。

……軍《いくさ》ヲ被ㇾ止ケレバ、徒然《とぜん》ニ皆堪兼《たへかね》テ、**花ノ下ノ連歌シ**〔専門の連歌師〕共ヲ呼下シ、一万句ノ連歌ヲゾ始タリケル。……大将ノ下知《げぢ》ニ随テ、軍勢皆軍《いくさ》ヲ止ケレバ、慰ム方ヤ無リケン、或ハ**碁・雙六**ヲ打テ日ヲ過シ、或ハ**百服茶**〔闘茶の賭事〕・**褒貶《はうへん》ノ歌合**ナンドヲ翫《もてあそん》デ夜ヲ明ス。

（『太平記』「千劒破城軍事《いくさの》」[19]、太字強調は筆者）

攻め手が包囲戦を遊びの場に変え、それをこれ見よがしに籠城する正成勢の前で日夜繰り広げ始めると、それがかえって籠城方には非常な苦痛となった（「心ヲ遣方《やるかた》モ無《な》リケル」とある[20]）。しかし正成もさるもので、新手の奇計を考え出し、その遊戯性の高い作戦を成功させて味方の士気を高める。それは「疑兵」（偽の軍勢を誇示する）という手法で、『三国志演義』に盛んに登場する戦法である。正史の『三国志』

には明確な記述は発見できなかったが、やはり時代相からして魏晋南北朝の合戦定型を反映した伝承ではないかと思われる。中国の擬兵戦法の基本は人形と旗指物の応用だが、日本の軍記文学を概観すると、まず旗指物の擬兵が活用された（義経が屋島合戦で応用した形跡がある――『平家物語』「勝浦付大坂越」参照）。それは早くに定型的戦法の伝統となったようだが、人形によるそれは遅く、ほぼこの千早城での奇計をもって嚆矢とするようである。旗指物による擬兵は野戦のリアリズムを強く感じさせ、それに対して人形のそれは著しく演劇性が勝ったものであることを考えれば、やはり『平家』から『太平記』に向けて合戦の下部構造が定向的かつ急速に充実し、またそれに伴って都市祝祭的な演出のゆとりが生じたことがわかる。擬兵作戦上で義経と楠木正成という時代を代表する軍事天才が出会うのも偶然ではなく、やはり〈すすどさ〉の系譜というものを感じさせる事実ではある。義経や正成が〈剛の者〉たちの伝承によって都市的日常へと織り込まれていったように、彼らの演劇的軍略そのものがやはり都市的日常と融合して、演劇的祝祭性と合戦エクリチュールの合体という中世固有の文化現象を生んだのだった。他ならぬ軍記文学が都市的日常下における演劇的エクリチュール、すなわち伴奏や声音を伴う「語り物」であったという事実が、この都市的日常と合戦の本質連関を如実に語っている。

この弁証法――都市的日常と合戦的非日常の間の――が、われわれの視点からは、〈散歩〉的定位と〈事件〉的定位の間に生じる普遍的な都市的弁証法の一つの系であることに注意しておきたい。古代都市や近世都市においては、この定位弁証法は都市界隈（見えない都市）で生じる。界隈における散歩の日常性志向、遊歩の非・日常性志向の二律背反が、この弁証法の母胎だった。それに対して中世における〈散歩〉と〈遊歩〉の二律背反は、都市の外枠を越えて合戦場にまで延長される。そしてその合戦場と都市界隈そのものの祝祭的日常性と修羅的非日常性がまた弁証法的関係に入る。この大規模な総体的弁証法の前提は、古代都市の死滅に伴う、都市環境全般の観念化、形而上化であり（『形而上の中世都市』第二章参照）、都市祝祭が合戦場へと流れ込むことも、その合戦場そのものが形而上化した中世的都市心象にあらかじめ包摂されているからに他ならない。逆もまた真なりである。つまり都市祝祭の場もまた、合戦的情念に染め上げられることになる。合戦の修羅が〈遊び〉のシンタクスとして都市場の真っ只中に登場する。闘諍と殺戮の修羅は、〈勝負事〉の情念、「斬った張った」の遊びへと変容するのである（実際に都市環境での賭博が常態化するのは鎌倉幕府の本拠地においてだった。幕府は何回か禁令を出したが、あらゆる階層を巻き込んでいたらしい賭博熱を抑えることはとうてい不可能であったことが『吾妻鏡』の記録から確認される(21)）。

千早城攻めの無聊を埋めるための〈遊び〉に登場する連歌、碁、双六、歌合はいずれも勝負事であり、しばしば多額の金銭や高価な奢侈品を賭けての賭博を内実としていた。平安期の公家が〈合わせもの〉または〈物合わせ〉と総称される遊戯文化を多彩に涵養していったことはよく知られているが、その歌合、絵合わせ、貝合わせ、根合わせ（端午の節句に菖蒲を集めてその根の長さを競う遊戯）等々の雅な遊びにおける勝ち負けは、あくまで室内遊戯的な次元のものである。時折は『六百番歌合』のように勝負事に似通った確執が顕在化する事例もあるものの、その勝ち負けへのこだわりはあくまで歌人の名誉に関するものであり、賭博的な実利を伴うことはほぼ皆無だった。では、平安京においては賭博が存在しなかったかというとそうではなく、例えば『宇津保物語』や『新猿楽記』には博徒の活躍する都の裏社会が克明に活写されている。ただし、この裏社会の実利的勝負事と公家のハレの遊戯文化との間には明確に制度的境界線が引かれ、それが混淆することはまずなかった。まさにこの混淆の開始こそが、古代的身分制度の崩壊と中世的な「貴賤上下」の融合を告知しているのである（同様の混淆は、例えば長安京の一博徒であった李白が、「謫仙」として玄宗帝の宮中で無礼講的日常を謳歌する過程に如実に窺える）。この賭博的階級混淆もまた、都市の観念化、形而上化と連動した中世固有の集団心象と本質連関していた。中世的コスモロジーの特質である形而上的無階級性、コスモロジカルな大同性は、この観点から見ればやはり大同的、無階級的な下部構造の反照形態でもある。都市的大同性、無階級性とは、つまるところはバブル、流通のバブルと同義であった。都市住人は「徒然」を勝負事で散らすついでに多額の金銭、現物をも散らしてしまう、〈遊び〉と流通の渾然一体となった日常を送っていたからである。ここに合戦の休日が、休日の〈賽の目の合戦〉となる必然性があった。この事情は、再び洋の東西を問わない中世的合戦の普遍項である。賭博用のサイコロは、中世トスカーナの都市攻防戦に参加する市民軍の必需品の一つでもあった(22)。

『太平記』の名分論の基調は、「欲得の世の中」に対する激しい批判であるが、それは第一義的には〈御恩〉に含まれる実利の観念をめぐるもので、その意味では右に見た〈鞍替え〉に対する世間一般の道義論を継承した一面がある。しかし基底的な下部構造は定向的に進展してきた。つまりその面では『平家』の現実は『太平記』の現実ではない。都市的流通バブルこそは『太平記』的〈御恩〉を染め上げる中世の夕暮れの明確な徴表なのである。金色のバブルの背景は、もはや「末世、濁世」という抽象的なものではない。それは都市的日常の現実だった。マクロ制度史的に言えば、それは鎌倉幕府が導入した古代荘園の中世的荘園への変容（その象徴が荘司職の地頭への変容）が次なる段階、戦国大名の所領一円支配体制へ向けて力強い運動を始めた明確な徴だった。『太平記』の現実把握の優れた点はここにも顕われており、名分論的かつ道義論的バブル批判の基底には、そのバブルを生む体制そのものへの冷静な洞察が置かれている。その記述を追えば、合戦的祝祭場で大量に右から左へ、左から右へと移動する金銭、奢侈品の出所は守護的強権による古代荘園の横領、略奪を実体としていたことがわかる。『太平記』の作者は、バブル的遊興の代表として田楽、猿楽、傾城（遊女）、白拍子、茶事（闘茶）、博奕を挙げ、「一夜ノ勝負ニ五六千貫負ル人」すらいた、その蕩尽のすさまじさを淡々と描写した後、それらの財物の出所を「只寺社本所ノ所領ヲ押ヘ取リ、土民百姓ノ資材ヲ責取《せめとり》、論人・訴人ノ賄賂ヲ取集タル物共也」と喝破している（『太平記』「公家武家栄枯地ヲ替ルノ事」）[23]。その制度的背景は、新興大名の集権的権力が定向的に増大していく過程だった。したがってこのマクロの制度史を背景に置けば、千早城攻防で攻め手方に外化するバブル的祝祭と、籠城方によって表現される奇計としての祝祭性は、源平の闘諍以来の（あるいはそれよりずっと以前の承平天慶の大乱以来の）大名クラスの領主と小名、地侍、党、一揆（と総称された底辺の武士の連合体）の間に存在した階級闘争的な激しい利害対立が、その最終段階へと至ったこと、その武闘的階級闘争が流通的‐都市的祝祭場の一元性へと溶融していく、その大団円の姿を示していることがわかるのである。つまりそれが中世の帰結であり、また近世の開始でもあった。

　中世的合戦の下部構造は、中世的都市、すなわち形而上的都市世界の下部構造そのものと弁証法的浸潤の過程に入る。その日常性、非日常性の狭間で、中世的社会性の代表的範疇である主従関係のイデオロギーおよびエートスがどのように展開し変容していったか、それを次に観察しなければならない。ここにおいてもおそらく、千早城の攻め手に代表されるバブル的大名、そしてその取り巻きたちと、籠城する地侍、小名との間には相互連関しつつも分岐していく情念的内実が観察できるであろう。

二　合戦の儀礼化
『平家物語』／『吾妻鏡』／『太平記』

中世的都市祝祭は観念的かつ一元的な〈往来〉へ拡散した都市心象における祝祭であり、その定位的本質は〈生活の聖化〉にあった（『形而上の中世都市』第五章、第七章参照）。したがって中世的合戦と都市祝祭の習合現象もまた、生活（日常的定位）⇕事件（非日常的定位）という普遍的な都市経験的二律背反の枠内で発現する、中世固有の定位弁証法として了解されねばならない。〈生活の聖化〉において顕在化する日常性の非日常化は中世的生活を〈往来〉上の事件とした（同前、第五章参照）。中世的合戦の都市祝祭性は逆向きに、非日常的闘諍を日常化する。その場合、闘諍の場はあらかじめ共同心象上の〈往来〉に包摂されている。この〈往来〉とは、つまり中世固有の拡散した観念的界限であり、その心象上の界限がエクリチュールの時空的基体となるとき、そこには〈形而上の中世都市〉が共同心象上の定位マップとして共有される（同前、第一部参照）。

しかし中世的合戦はまた、一つの実体的な修羅世界でもあった。この修羅の演じられる場は裸形の身体性と定型的な儀礼性が奇妙に混淆した独特の合戦儀礼ー場である。それは都市祝祭的な日常的合戦場の中に入れ子状に埋め込まれた、本来の闘諍時空であった。右に見た千早城の攻防戦が都市祝祭化するのは、儀礼化した闘諍が弛緩し、本来の合戦が休止するいわば〈合戦の休日〉においてであることに注意しよう。正成の擬兵作戦の遊戯性も本来の修羅場、その定型的儀礼化からの逸脱として了解される。逸脱であるから奇襲も可能となる。こうした遊戯－戦法は、真剣な戦の場を包む外枠としての都市的祝祭と融合したものであるから、本来の修羅の再開と共に潜勢化する。しかし中世的合戦固有の〈遊び〉《ルードゥス》（ホイジンガの意味での）の契機が顕在化する本来の場は、修羅的非日常の側にはなく、むしろこの合戦の休日としての都市祝祭場なのである。そこでは合戦本来の儀礼性もまた弛緩し、それゆえ祝祭性はアド・ホックな創意工夫に満ちた気晴らしの様相を呈する。もちろんその偶有性の枠に取り込まれる個々のモジュールは、都市的日常に非日常性のアウラを与えるためにジャンル化された言語遊戯（例えば連歌）であり、賭博であるのだが、それらの合戦－気晴らし的な活用はすでに休日的な日常性によって本来の祝祭的定位機能を脱色されているのである。ここには後世の〈物見遊山〉や俳諧的な〈旅〉が果たした都市的祝日の無・定位機能（定位の中性化機能――『事件の現象学1』第一章参照）の先駆形態が観察される。

しかし合戦は、本来的に非日常的な定位行為であり、その目的は（特に中世的合戦の場合）形而下的な恩賞と形而上的な誉れである。したがって合戦休日における日常的祝祭性の〈遊び〉には、本来の修羅世界の〈真剣さ〉が内挿されることになる。この修羅世界は儀礼世界でもあった。その儀礼の奥底に偶有的現実の世界が広がっている。

つまり中世的修羅は、三層の記号状況の中で演じられる。

最も外側には都市祝祭的な合戦休日の枠がある。

合戦の開始と終結は、合戦儀礼によって分節されている。

図3　中世合戦の定位構造

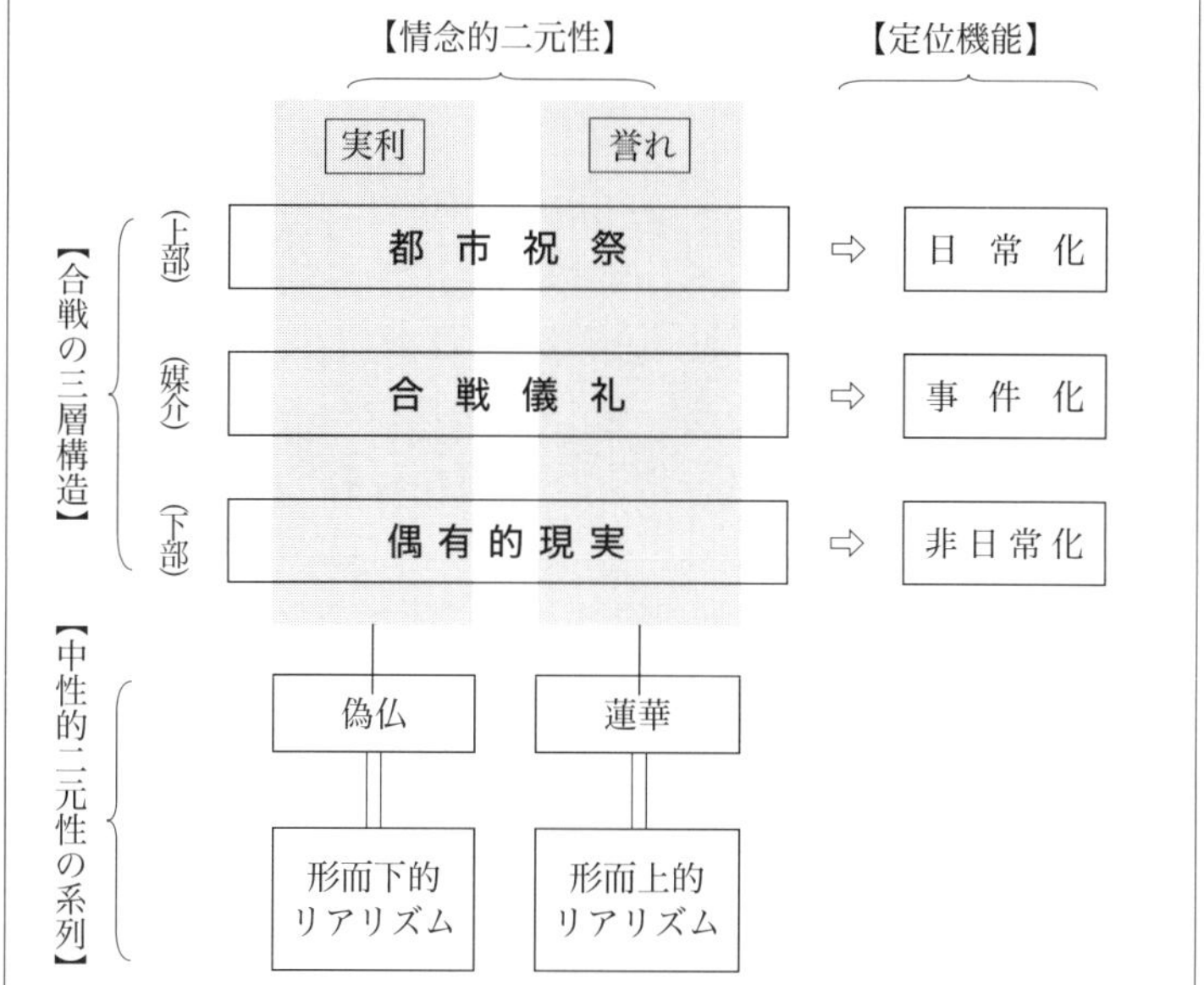

この儀礼的分節は常にアド・ホックな合戦の現実に対峙している。つまり基底となる下部構造は偶有性のマッスであり、そのマッスを合戦の場でそのつど定型化していくものが、社会習俗として共有される合戦儀礼である。

この三層を縦に貫いて、合戦的修羅本来の目的性すなわち**形而下的御恩**と**形而上的誉れ**が情念的統一を与える。この二元性は中世本来の定位二元性、〈偽仏〉を見破る現実感覚＝中世的リアリズムと〈蓮華〉を幻視する象徴感覚＝中世的シンボリズム（『形而上の中世都市』第七章第二節）の合戦場における位相でもある。

総体として観察すれば、中世的修羅の記号場は、三組の二項対立を内包する情念的構造体としてモデル化することが可能であり、そこにおける日常性⇕非日常性の定位弁証法もまた中世固有の構造性を示す。これらを単純化して図示すれば図３のごとくになるだろう。

このモデルに即して中世的合戦の総体を観察した場合、注意すべきは**合戦儀礼の果たす媒介的機能**である。つまりそれは偶有的現実＝非日常性と都市祝祭的定型＝日常性を連結し媒介する位置にあるだけでなく、さらに本源的な形而下的実利と形而上的エートスを媒介する機能をも有しているのである。

つまり**合戦儀礼は、中世固有の〈事件〉経験を構成する本来の定位場である**。

それは修羅的遭遇を、①個⇕個、②個⇕集団、③集団⇕集団の三つの範疇上で儀礼的に必然化するが、その本来の定位は①の双数的対峙にある。それは中世的合戦が主従情念によって本質規定されたことから必然的に生ずる現象であった。中世的主従情念の本質もまた、無媒介的な双数的対峙、その〈ちぎり〉としての相対《あいたい》性にあったからである（第一章第三節参照）。

儀礼的定型性が中世的合戦、中世的修羅の核心部を形成する、そのマクロ系譜的な意味は非常に遠くまで及ぶように思える。その内実をこれから具体的な事象に即して通観してみたいのだが、あらかじめ視座の基軸を呈示しておけば、この系譜の淵源はシャーマニズム儀礼と共同体相互の闘諍、すなわち古代的集権成立前夜の定位状況、その社会的記憶にまで遡ることは確実である。日本の武家有職が公家有職を継承しつつも、その多くの場面で公家社会以前の儀礼性を先祖返り的に復活させていることは、このシャーマニズム・シンタクス再生のマクロ連関で捉えて初めてその共同経験的内実が解明されるはずである。同様の再生復古は、中国の中世的合戦における古代的任侠習俗の復古、また西洋の中世的合戦における血讐的習俗の復古、古典古代の合戦儀礼のさらに古層への復古（フィレンツェをはじめとするトスカーナ諸都市の合戦儀礼は、例えばエトルリア的な要素を持っていた）においても観察される。中世期にも定向的に進展した都市化のマクロの流れの上で、どうしてこうした前・都市的な経験世界が復古するのか、しかも合戦場の儀礼的シンタクスを媒介として再生するのか、これが問題の核心である。この復古再生の共構造性、遍在性（日本、中国、西洋での）を一瞥すれば、それが中世的経験の本質に連関していることは明白に思える。この経験的内実を解明することを究極の目標とした上で、具体的な事象の間を対自－遊歩してみることにしよう。

始めに中世的合戦のモデル化を試みておこう。合戦儀礼の定型化は日本中世の武士において最も組織化が進んでいるので[24]それを規準とし、適宜中国、西洋へも目配りすることにしたい。

日本中世の合戦の兵力は騎馬武者と足軽の従者から成っていたが、主力はあくまで騎馬武者である。武具は弓、刀、長刀を中心としていたが（槍の出現は遅い。それは応仁の乱以降における戦国大名的集団戦の登場と軌を一にしていた）、その中で軍事技術的にも最先端の武器は弓である。弓は武士の象徴でもあり、〈剛の者〉とは〈弓矢とる身〉の謂であった。強弓を騎乗の姿勢で正確に射ることは、長年の熟練と駿馬の保持を前提としていたから、そこにはおのずから階級的特権、矜恃の意識が生じることになる。合戦儀礼の多くもまた名馬、強弓の誇示という武者的職能を顕示するものとなった。ここに見られる〈個の顕示〉の契機にまず注目しておきたい。しかしそれはまた、軍勢の儀礼的鼓舞の側面も持ったわけであるから、ここにはすでに個⇕集団の弁証法が介在している。中世的合戦はこの二項性上で、自然に個⇕個という〈一騎打ち〉の双数的対峙と、集団⇕集団という〈打ち込みのいくさ〉の二方向へと分岐していく。この場合、御恩の実利も〈剛の者〉の誉れも、ともに後者の集団戦において個人的顕彰の機会を失うことを著しく嫌った。マクロに軍事を通観すれば、古代末期の制度崩壊期の闘諍の実体はすでに〈打ち込みのいくさ〉であり(『平家物語』巻第九「二之懸」にすでに用例が見える)、合戦の勝敗という即物的実効性から言えば、〈一騎打ち〉は当初から儀礼性、象徴性が非常に高い個々の武勲であった。しかしそれはまた、武勲への動機としては最重要の契機であり、実効性のみからしてそれを装飾的、表層的な〈遊び〉であると誤認した瞬間、中世的〈剛の者〉の情念的内実は了解不能となる。〈先陣争い〉が武者にとって焦眉の関心事となるのも、この〈打ち込みのいくさ〉から個人的顕彰へ向けての脱出として捉えるべきであり、そこにまた中世的軍制そのものが〈先陣〉を御恩の大きな対象として厳正に記録しようとする必然性も存在するのである。こうした個人的顕彰が合戦的修羅の焦点となったのはもちろん制度が不断の生成過程にあった本来の中世期であって、日本の場合、戦国大名の一円支配の浸透に伴って武家内部の階級化が進行すると共に、軍事もまた一律的な集団化へ向けて定向的に進化する。『太平記』の合戦記述を『平家』と比較した場合、すでにこの集団化への流れは否定できない現実として観察されるのだが、『太平記』をまた『甲陽軍鑑』や『三河物語』と比較してみると、そこにはまぎれもない個人的顕彰と先陣争い、一騎打ちへの志向が、始まった集団戦の流れに抗して確固たる存在感を見せている。したがって『平家』から『太平記』までの合戦は、合戦儀礼の面でもやはり中世的合戦として一括りにすべき必然性を有していることが確認される。

中世軍記物語、すなわち『保元物語』、『平治物語』、『平家物語』、『吾妻鏡』(正史としての側面と軍記物語的側面を併せ持つ)、『太平記』などを縦断しつつ、合戦儀礼の各契機を、戦が始まってから果てるまで、さらに論功行賞の後日譚まで含めて一つの合戦と見なしてモデル化してみよう。そのモデル化の基軸はすでに明らかなように、〈一騎打ち〉が〈打ち込みのいくさ〉から分岐してくる過程、すなわち個が集団的無名性を離脱する過程である。その焦点に個人的顕彰の大前提としての個の同定、すなわち名乗が位置することになる。

両軍対峙して合戦の準備が整うと、まず〈矢合わせ〉が行なわれる。〈矢合わせ〉には儀礼的な狩の矢、〈鏑矢《かぶらや》〉を用いるのが定法であった。鏑矢は鹿の角や木の根を用いて作り、その名のとおり形状が蕪に似ていた。中を空《うつろ》にして穴を開けているので高く大きな音を立てて飛ぶ。それは威嚇用の〈上差《うわざ》しの矢〉であった。「上差し」とは箙《えびら》の表に差す矢で、征矢《そや》（普通の戦闘用の矢）二、三〇本に対し鏑矢二本が定法である。しかし狩の場での箙には、逆に征矢を上差しにし、鏑を多く携行した。これは狩では鏑による威嚇が実際的な意味を持っていたからだろう。また鏑はその傷口が大きいことから狩猟での実用性も高かったものと見られる。ここには儀礼性－実用性の二項対立と相互浸潤が、儀礼的武具を形代化しつつ興味深い形で顕在化している。戦場で故意に鏑を用いることもあった。これは敵に大きな疵を負わせるという実戦的側面があったようだが、また敵を狩猟の的扱い（ケダモノ扱い）にするという儀礼的侮辱の面と、鏑で敵を傷つけるには並はずれた膂力を必要とすることから、自己顕示的儀礼という側面をも有していた（伝説的な強弓精兵鎮西八郎為朝は自作の鏑で敵を射殺したことが記録されている――『保元物語』）。さらに鏑矢は特にこの時期神事と習合することが特徴的であった。寺領荘園をめぐって叡山と後白河近習が対立したとき（安元二年（一一七六））、山門は時の関白を呪詛する加持祈禱を行なった。導師が「大八王子権現」に祈願したのは、神が関白に不治の病の鏑矢を飛ばすことだった。祈禱のその夜、

「八王子の御殿より鏑箭の声いでて、王城をさして、な《(鳴)》(ッ)て行とぞ、人の夢にはみたりける」と『平家』は記録する(「願立」[25])。関白はもちろん病に倒れたのだった。

逆に神を鏑矢で射るということも行なわれた。元弘三年(一三三三)三月、千早城の攻防戦がたけなわの頃、南朝方に呼応した九州の大名菊池武時は鎌倉方の拠点、九州探題を攻める。とある神社を小勢で通り抜けようとしたとき、馬がすくんで一歩も動かなくなった。僧形であった武時は、神社の凶兆を意に介せず「大《おほき》ニ腹ヲ立《たて》テ」上差しの鏑矢を取り出して神殿を射立てる。菊池入道の馬はすぐ駆け出す。社壇には「二丈許《ばかり》ナル大蛇」が射殺されていた(『太平記』「筑紫合戦事」[26])。入道は結局、この戦で嫡子に庭訓を残して戦死するわけだから、神はその戦死を予言した、とも読み取れるのだが、神仏習合と並存した逆側の対抗的乖離という契機を読み込めば、死を覚悟した僧形の武将の「淫祠邪教」に対する主体性が際立つことにもなる。いずれにせよ鏑矢にこもるべき呪性は、神社に拘束された神事を離脱しつつ個別の武闘主体の実力と化す。これがこの時代に定型化した「神通の鏑矢」(『曾我物語』など)の実態ではないか。後世、武家有職の標準的規範を提供した伊勢貞丈の『貞丈雑記』は、この定型表現を「後の人の妄作」すなわち純粋に修辞的なものとみなし[27]、それが定説と化したようだが(『国語大辞典』も貞丈説を踏襲する)、これは中世期の集団心象、その独特の二元性が近世的有職故実においてすでに忘却されたからではないかと思う。つまり菊池入道の鏑矢には、山門の加持祈禱が招来する神矢と共にたしかに〈神通〉の呪力が宿っているのであり、それが個人的な実力であるといっても、その実力は集団心象における神事のアウラを強く伴うものであることに変わりはない。武闘主体の心象世界においては、この神事のアウラと邪神を射殺す〈破魔矢〉の呪力の双方が矛盾なく一つの〈神通力〉としての表象に統合されている。この定位心象上での神性－聖性と個人的実力の総合もまた、中世固有の二元性が主体化される一つの場面であり、貞丈の段階でこの総合性が失われることもまた、中世と近世を隔てる定位的差異に根拠を持つのである。

矢合わせそのものにおいても、儀礼的聖性の顕現と個人的実力の顕示は独特な習合を示していた。鏑矢を用いて開戦が告げられる。これは純粋に集団対集団の儀礼である。しかし儀礼はまた、その定型性の拘束ゆえに、格好の計略の媒体ともなる。義仲は倶利伽羅峠の大勝をこの儀礼の逆用によって導いた。彼の戦術の基本は包囲した上での夜討ちであったが、そのためには昼中の戦闘を抑え、かつ搦め手に味方の伏兵を回すための時間をかせぐ必要があった。そこでまず一五騎を選り抜いて味方の先頭を歩ませ、敵陣に鏑矢を射込む。これは儀礼的な戦闘であるから、敵方も同数の一五騎を立てて鏑矢を射返してくる。次に義仲は一五騎を三〇騎にして同じ儀礼的矢合わせをする。敵方も三〇騎で応じる。こうして一五－三〇－五〇－一〇〇騎と同じ鏑矢の儀礼を繰り返すうちにその日は暮れ、敵の包囲に成功したのだった（『平家物語』「倶利伽羅落」）[28]。ここにも中世的二元性と合戦儀礼の内的連関を確認することができる。儀礼が当初からヤヌスの双貌的な形而下の実利と形而上の誉れの二元性を内在させるからこそ、矢合わせは合戦の抑止であると共に、合戦の開始でもありうるのである。通常の合戦においても矢合わせから戦闘への移行は自然発生的な流動性を常態とし、それは気合いを計る大相撲の立ち合いに非常に似た儀礼であった（古代相撲を継承した武者相撲が武術として完成されるのもちょうどこの時代である）[29]。

同じ「相撲立ち合い」的な儀礼から戦闘への流動性は、アド・ホックな合戦儀礼においても発現する。その最も有名な例として屋島合戦における那須与一の武勲伝説を一瞥しておこう。

にわか大内裏を四国屋島に急造した平家方の勢力が増大することを危惧した義経は、配下の手勢のみを率いて渡海急襲する。この義経の〈すすどき〉迅速さを典型的に示す屋島合戦が行なわれたのは、『平家物語』に拠れば、元暦二年（一一八五）二月十七日であった。翌十八日には早くも大内裏を焼討にし、浜辺で激闘が行なわれた（このとき義経近習の家人の一人佐藤嗣信《つぎのぶ》が戦死する）。夕暮れ方、平家は海上に退き、その日の戦闘は痛み分けで収束したかに見えた。そこに「ゆうにうつくしき」女房を乗せた小舟が浜辺に向かって漕ぎ出してくる。女房は「みな紅の扇の日いだしたるを」（真紅の地に金色の日の丸を描いた扇を）舟棚にはさみ立てて、浜辺の源氏方を手招きした。源平合戦中の儀礼で最も人口に膾炙した「那須与一」の段の幕開けである。与一が用いたのも矢合わせ用の鏑矢であった。その儀礼の頂点を記録する合戦エクリチュールの二元性に注目しなければならない。それはそのまま現実の儀礼に内在する二元性の反照でもあった。

与一鏑をと(ッ)てつがひ、よ(ッ)ぴいてひやうどはなつ。小兵といふぢやう**十二束三ぶせ**、弓はつよし、浦ひゞく程ながなりして、あやまたず**扇のかなめぎは一寸ばかりをいて**、ひ(ィ)ふつとぞゐき(ッ)たる。鏑は海へ入ければ、扇は空へぞあがりける。しばしは虚空にひらめきけるが、春風に一もみ二もみもまれて、海へさ(ッ)とぞち(ッ)たりける。

（『平家物語』「那須与一」[30]、傍線、太字強調は筆者）

傍線部は定型化したトポス的表現で合戦儀礼の定型性を反照している。太字強調はそれに対してその現実の合戦における偶有的事実である（「〇束〇伏」は矢の長さを表示する尺度表現で、これを見ればその武者の膂力がわかる）。このエクリチュール上の二元性は、リアリズムとシンボリズムの二元性を実体とし、そもそもの合戦儀礼そのものに内在する現実－象徴の二元性を反照したものである。〈語り物〉における二元性の呈示は、都市祝祭場での〈遊び〉と修羅的真剣さの統合をも意味した。したがって儀礼的遊びにはリアルな〈剛の者〉としての評価が混淆する。そのリアルさの根拠は、主命－恩賞の現実であり、与一の武勲は主君義経の命令と一体化している。だからこそ射損じた場合には自害を覚悟して、心中で神明に祈禱するのである。したがって〈遊び〉は〈修羅〉へと連続し、〈修羅〉は再度内的な儀礼を誘発する。この二項的変換は武勲成った直後にも連続的に現象している。扇を射落としたことに敵味方感嘆する中、小舟の屋形から老武者が姿を現わして即興の舞を始める。義経はすぐ家人をつかわして与一に射殺せと命ずる。与一は今度は征矢をつがえて狙い過たず、まだ祝宴気分の老い武者を射倒したのだった。平家方は怒って浜辺に上陸し、再び戦闘は開始される（同前「弓流」[31]）。合戦儀礼の両義性を如実に示すディテールと言えるだろう。

那須与一の武勲は、矢合わせが集団の儀礼から開始しつつも個人の職能的誇示の機会をも内包し、それが実際に個人的顕彰へと至る過程を示している。しかしさらに個の集団からの離脱は、こうした即興的祝祭儀礼において顕在化するのみならず、それ自体で一つの合戦儀礼定型を構造化していた。〈遠矢〉の儀礼がそれである。開戦直前に強弓自慢の猛者が敵陣深く大矢を射込む。これも通常は鏑矢であった。射込まれた方はまた味方から精兵を選って、大矢を射返してみせる。これが〈遠矢〉であった。『平家』にもすでに活写されている（壇ノ浦の合戦の開戦時に遠矢合戦があった――『平家物語』「遠矢」[32]）この膂力比べの儀礼は、集団の矢合わせ以上に士気の鼓舞と直接関係し、武者的職能性の誇示の好機会でもあったから、大きな戦で〈遠矢〉に成功した武者の名は、それに応じることに失敗した者の名と合わせて長く記憶されることになった。

この〈遠矢〉の開戦儀礼においても、『平家』から『太平記』へ、それを超えて戦国時代の合戦へと至る集団化の過程、すなわち個人的武勲が集団の無名性に呑み込まれていく過程を跡づけることができる。その過程の分水嶺に立つ精兵の生きざまが『太平記』に記録されているので一瞥しておこう。本間孫四郎という「三人張」（三人がかりでようやく弓の弦を張ることのできる）の強弓の使い手の物語である。

本間はもとは尊氏方の武将だったが、延元元年（一三三六）一月、新田義貞が尊氏を京都周辺の合戦で破り九州に追いやったときに新田方に寝返った。同年十月、再度京を鎮圧した尊氏に後醍醐帝が降伏したときそれに供奉し、捕えられて斬死に果てている。湊川合戦（同年五月、楠木正成が戦死したことで有名な合戦）での名乗では、「相模国住人本間孫四郎重氏」を自称しているから[33]、この無位無冠の、しかしすでに「剛の者」としての評価を背景に持つ「〇国住人」という名乗定型を見れば、彼の出自が地侍から小名へと成り上がろうとする地方小領主階級、つまり最も御恩への志向の強かった中世的合戦の中核集団に属することは明らかである（孫四郎の系譜背景は諸説あってはっきりしない[34]）。『平家』に登場する小名クラスの猛将の代表、熊谷次郎直実が彼の系譜的な先輩だが、熊谷の時点ですでに小名は御恩のシステムから脱落しつつあった（直実の出家の機縁もこの葛藤が背景にある）。この「剛の者」の疎外は封建的集権の過程に伴う必然であることが、熊谷よりもさらに周辺へと追いやられた感のある本間の生きざまに如実に反映している。尊氏から義貞への鞍替えも、小名クラスの個人的顕彰が、大名の居並ぶ北朝方よりもにわかの寄せ集め集団の性格を色濃く残す南朝での方が容易であることが大きな動機となったことはまちがいない。鏑矢の矢合わせにおける集団性から、〈遠矢〉の儀礼における個人的職能の誇示の契機が離脱してくるように、本間のクラスの剛の者の情念もまた無名の武闘集団から離脱して御恩－所領安堵をめざすのであるが、その志向は誉れの理念性へと上昇しつつ、形而下的な実利からはかえって疎外されていった。この階級的疎外の進行と職能的な武勇の極致の二律背反という、合戦的修羅の主人公である「剛の者」の深い屈折を背景に置いてみれば、再び『平家』の那須与一から本間に至る定向的な集権的制度化の進行、そして合戦的修羅の周縁化、内面化という中世の終焉に向けての運動を確認できるのである。

本間の〈遠矢〉武勲は『太平記』に二度描かれ、いずれも軍記物語ならではのエネルギーに溢れたものだが、特にその最初の、湊川合戦の導入部をなす海辺での遠矢は記憶に値するものだった。それはかつての主君尊氏の屋形船をめがけての、小名の自己主張としての裏切りの遠矢でもあった。

両軍は兵庫の浜辺で対峙している。まだ合戦は始まっていない。浜辺に布陣する新田方から、沖に連なる軍船の大勢に向けて「紅下濃《くれないすそご》」の鎧武将がただ一騎、波打ち際に悠然と近づいてくる。彼は大音声で「将軍殿は筑紫よりはるばる上洛なさったのだから、路地の傾城を多数引き連れて酒盛りでもなされているのだろう。一つそれがしが珍しい酒の肴を進ぜよう」と人を食った調子で呼びかける（この呼びかけには故意に名乗が伏せてある）。遠矢儀礼はもともと個人性の強いものだが、『平家』に描かれたそれ（壇ノ浦の合戦の折の記録）は、まだ定型的儀礼性を保っている。それがここでは機知に富んだ即興的儀礼として、都市的祝祭の方向に偏差しており、この即興性は遠矢の演出そのものの演劇性へと反照する。

本間が「上差ノ流鏑矢《かぶらや》」を抜いた時点で敵味方共に遠矢の誇示儀礼が始まることは了解するのだが、本間はその矢をすぐに射ることはせずにただじっと海上のミサゴを見ていた。そこで初めて皆、本間の遠矢はミサゴを酒肴にして献呈しようとする凝りに凝ったものであることを知ってざわめく。ミサゴが浪の上に急降下して大魚を捕らえたその瞬間、本間は「黄瓦毛ナル馬ノ太ク逞シキ」を駆り立て全速でミサゴと平行に浜辺を疾走する。これは「カケ鳥」（飛行中の鳥を射る法）という狩猟の定法であった。本間はさらに生きたままの鳥と魚を進上せんとして、わざと狙いをずらし片羽のみを射切る。鏑は勢いを弱めず遠くまで飛んで屋形舟に立ち、鳥は魚をつかんだまま別の屋形舟の上に落ちる。敵味方の全軍は「ア射タリ、射タリ」と感嘆してどよめいたのだった（『太平記』「本間孫四郎遠矢事」(35)）。

「将軍」（足利尊氏）はしかし、ここで彼なりの政治的センスを示す。「鳥は味方の舟のものとなったのだから、これは合戦の勝利を予告する吉事だ」とわざと喜んで見せたのである。そして鷹揚に射手の武者の名を問い掛けたのだった。このやりとりは、本間の演劇的遠矢が人を食った調子の演出および言挙げを基調としていたことを受けた応酬であり、すでに儀礼定型は「言葉戦い」の方向へとズレ始めている。そしてこのズレは直ちに本間の次の挑発的行動を誘発した。名乗を行なわずに、大矢に名を彫りつけたものを遠矢に射立てたのである。その言挙げは独特の嘲弄と屈折を含んだものだった。無名の小名の職能が「将軍」に誇示される瞬間、その屈折は「剛の者」の勝ち誇りとなって大矢に乗り、海上を遠く冲《ひひ》る（矢は六町＝六〇〇メートル飛んだと記録されている）。中世武者の肉声を聞いておこう。

「**其身《そのみ》人数ナラヌ者**」〔「人数」の語法に内包される地下的屈折については『形而上の中世都市』第七章第一

節参照〕ニテ候ヘバ、**名乗申共《まうすとも》誰カ御存知候ベキ**。**但弓箭《ただしゆみや》ヲ取テハ、坂東八箇国ノ兵《つはもの》ノ中ニハ、名ヲ知タル者モ御座候ラン**。此矢ニテ名字ヲバ御覧候ヘ。」

（『太平記』「本間孫四郎遠矢事」[36]、太字強調は筆者）

大矢は「十五束三伏」つまり常人の握り幅一五束と三本の指伏分の特大であった（右の那須与一の「十二束三伏」と比較のこと）。標準は一二束であるから、常人にはとても引かれぬ超特大の矢である。しかも今回の遠矢は鏑ではなく征矢であった。それは屋形舟に乗った武者の鎧の裾を射通して柱に立つほどの弓勢《ゆんぜい》であった。すでに明確な合戦序曲としての挑発である。本間はさらに即興的な嘲弄を続ける。

「合戦ノ最中ニテ候ヘバ、矢一筋モ惜ク存候。其矢此方ヘ射返シテタビ候ヘ。」

（同前[37]）

事ここに至ると、祝祭の遊びは儀礼の真剣へと変容する。尊氏は味方の強弓精兵を探し出してこの挑発に応じようとする。しかし調子者の武者がいち早く応答した矢は、力弱く海中に落ちて敵の嘲笑の的となってしまう（同前）。

この印象的な武勲は、すでに『太平記』の時代には例外的なエピソードであり、那須与一の時代にそうであった御恩の対象からは疎外されている。この疎外は本間の末路がよく示している。遠矢の一件から半年もせずに彼が後醍醐帝近習としてのこのこと尊氏方に出頭したことは、彼の「剛の者」としての矜持を別の形で示す逸話である。『平家』の時代にはこうした極めつけの「剛の者」を特待するのが「武家の棟梁」の側の才覚、器量でもあった（木曾義仲と妹尾太郎のエピソードが典型的な事例の一つ――『形而上の中世都市』第一章参照）。しかし時代はもはや「武家の棟梁」、そしてその社会習俗的背景としての惣領制の終焉期である。「将軍」はもはや「剛の者」をさほど必要としなかった。彼が求めるのは、大軍を率いる大名と制度的日常を取り仕切る能吏（例えば高師直）である。そして確立されつつある近世的階層秩序は「裏切り」を最も嫌う。本間は特に遠矢の武勲における挑発を憎まれて六条河原での処刑に果てたのだった(38)。こうした「中世の秋」的な遅い時代の悲哀を背景に置いてみれば、本間の遠矢演出の機知に富んだ即興性、個人性が『平家』的誉れの世界からの一つの離別として、形而下的実利からの離脱に伴う個人的エートスの昇華として顕示される、その内的必然性というものも了解可能となるだろう。

遠矢における個⇕集団の二律背反と、封建的集権に伴うその〈御恩〉からの乖離、そして実存的理念化という過程は、合戦開始を明確に告知する〈**先陣争い**〉においても如実に観察される。ここでも古典的な定型を見せるのは『平家』前後の武者世界であり、『太平記』はその終焉の姿、御恩からの疎外と個人的エートスへの内面化の同時進行を示している。しかしそもそも中世的軍制における戦の華は〈先陣〉であった。したがって『平家』から『太平記』に至る変遷も、その華としての、合戦の頂点としての価値下落というよりは、むしろ合戦の後日譚としての論功行賞における形骸化であり、脱・実利化であった。この意味では『太平記』の世界も依然として〈先陣〉を激しく争う世界であり、その理念的エートス性は実利をほとんど伴わなくなっているだけにより純粋に顕在化するのである。〈先陣〉の意味が本当に失われたのは戦国期の集団戦からで、過渡としての『太平記』的戦闘においては、この実利と誉れの二律背反が強烈に呈示されることともなった。

〈先陣〉は元来、個人的指標ではなく、集団的指標である。つまり軍制上、特に武勇に秀でた武将の前哨部隊を意味した。それは集団的統制と規律をもって旨とする集団であり、軍功はすべてその武将に帰した。その集団の多くは大名格の武将の郎党家人から成っているから、ここでは〈先陣争い〉は起こらない。郎党家人の軍功はすべて主君の軍功であり、弁別の必要はその郎党の所属が〈先陣〉を賜った将軍以外の大名に属する場合に生じた。対して典型的な〈先陣争い〉は難所、堅固な砦攻めにおいて〈先陣〉―〈後詰め〉の秩序が弛緩し、全軍が敵に対峙しつつ手詰まりになるような状況で生じる。その基本は〈抜け駆け〉であった。武勇自慢の猛者が手詰まりを打開すべく少数または一騎で敵の大軍に駆け入る。それを見た味方は士気を鼓舞され、「○○討たすな」と敵陣で奮戦する味方のもとへと殺到する。この定型はしたがって再び〈相撲立ち合い〉型の、儀礼から現実の合戦への連続性を示すのだが、「武家の棟梁」また後世の「将軍」(征夷大将軍)にとっては、〈先陣争い〉の非常時性＝事件性と〈先陣〉―〈後詰め〉の軍立ての日常性＝制度性のそれぞれの功罪を正確に認識して臨機応変に使い分けることが、軍事指揮官としての最大の才覚でもあった。この使い分けの範例を示しているのは頼朝である。

頼朝は遠隔操作的に源平の大合戦を指揮したわけだが、その指揮系列は二重化している。同族の軍事指揮官つまり義経、範頼と、初期の御家人的大名集団、特に右腕の梶原景時を中心とする骨格の整った惣領的大戦闘集団の併用が彼の基本戦術であり、この異質な集団間の競合を意図的に演出することで、自身の仲介的機能の価値を高め、貴種的なカリスマとしての求心力を最大限発揮しようと心懸けていたように思える。遠隔操作の制度的用具は〈日記〉(にき／にっき)と呼ばれた合戦記録で、そこには先陣と二陣の弁別、敵将の首級をあげた武将の名などがその武者装束と合わせて克明に記録されていた。これが合戦後の論功行賞の基本台帳となるわけである。例えば木曾義仲を京都から追いやるためには宇治川の難所を抜ける必要があった。佐々木高綱と梶原源太景季の間で演ぜられた有名な〈宇治川先陣争い〉も、伝承の細部の史実性はともかくとして、最初から頼朝は〈先陣争い〉タイプの合戦であることを予期し、それを奨励していた趣がある。そしてその顚末はしっかり〈日記〉に記され、頼朝に献上されたことが『平家』にも記録されている。(39) 対して軍立てを尋常に行なう場合には、個々の〈先陣争い〉はむしろ〈抜け駆け〉の軍規違反として抑圧され、場合によっては処罰の対象となることすらあった。その場合、〈先陣〉はオーソドックスに〈先陣部隊〉の意味となり、大名の統率の善悪が後日論功行賞の対象となる。その行賞は莫大な実利を伴うことも多かったが、〈剛の者〉としての誉れのアウラには乏しく、具体的な武勲は郎党家人の序列に多少反映するのみだった。いわば指揮官がすべてを独り占めにし、個々の〈剛の者〉は無名性、集団性へと追いやられて埋没する。したがって〈先陣〉を受け持つ惣領的大名と〈剛の者〉の抜け駆け志向とは、常に個⇕集団の弁証法的対立上で中世的修羅の内実を争っていたと見ることができる。義経の没落を招いたとされる梶原景時の「讒言」も、『平家物語』の記述に拠れば、〈先陣〉の両義性をめぐる、中世的合戦、中世的軍制の核心の二律背反性から必然的に結果する葛藤であったことが確認される。

「九郎御曹司」は、典型的な〈剛の者〉集団を指揮していた。そこには小名、地侍よりさらに下層の悪党、山賊(伊勢三郎義盛)、悪僧(武蔵坊弁慶)が含まれている。義経自身もいまだ明確な所領を持たず、ひたすら軍功を求め続ける職能的武人であった。対して梶原氏はすでに坂東で大勢力を張る押しも押されもせぬ大名である。〈先陣〉を受け持つことには大きな関心を持つ。これはその恩賞の莫大さを考えれば当然だが、〈先陣争い〉は郎党家人の世界のものだと割り切っていた。この小名集団⇕惣領的大名の対立が顕在化したのは、源平闘諍の最後の段階、壇ノ浦合戦の前夜だった。梶原は〈先陣〉を願い出、義経は「俺がいないならばな」と拒否する。梶原は義経が「大将軍」だから〈先陣〉など受け持つわけにはいかないはずだ、とオーソドックスな軍制の論理を持ち出す。義経は「鎌倉殿こそ大将軍よ。義経は奉行をうけ給たる身なれば、**たゞの殿原とおなじ事ぞ**」と受け流す。梶原は思わず「天性この殿は**侍の主にはなり難し**」とつぶやいて、両者は同士討ち寸前にまで至ったのだった（『平家物語』「鶏合壇浦合戦」[40]）。

義経と梶原の対立は頼朝の予測内にあったが、頼朝はこのバランス的遠隔操作の手法の他に、みずからが指揮する鎌倉勢において両者の総合を計ろうとした形跡がある。そうした場合、大軍の軍立ては著しく儀礼－典礼化し、みずからの軍事カリスマ性を強く演出したものとなる。それは佐竹氏攻略（治承四年（一一八〇））、千葉氏攻略（同七年）においてもすでに観察される要因だが、特に範例的な大軍の誇示は（文治五年（一一八九））の奥州攻め、そして翌年の純粋に儀典的な大軍を率いての上洛の際に顕在化する。この両度、そしてそれ以前から頼朝が〈先陣〉に重用した武人がいる。それは畠山重忠（一一六四－一二〇五）だった。

重忠は、多くの武勲を顕わして庄司クラスから大名へと経上がった古参の御家人だが、もともとは石橋山で頼朝を討とうとした平家方の若武者だった。その直後に頼朝方に寝返るものの、重鎮の三浦氏の老父を攻め殺したこともあって、初期の鎌倉方での位置はかなり微妙である（勅勘を被って所領を召し上げられ、命も危なかったことがある[41]）。彼はしかし、梶原景時とはまったく逆のタイプの廉潔剛直な古武士だった。まだ上昇志向の強い若武者の時期には〈先陣争い〉に参加したこともある（『平家』に拠れば宇治川の戦いの徒立ち先陣は彼であった)。しかし大名に経上がってからは穏やかに惣領的大将として軍制に因循した。大力で武術の達人でもあり、念仏信仰にも篤いこの古武士を、頼朝は先陣として重用し始める。論功はもちろんそのたびに集団の統率者としての彼に与えられるのだが、衆目の認めるところ「剛の者」でもあった彼に対しては小名クラスの武将たちも反発することはなかった。彼の側も穏やかに先陣としての功と〈先陣争い〉の武勲を協業的な感覚で弁別し、小名たちとの共存を図っていた節がある。例えばそれは、抜け駆けに対する寛容となって顕われた[42]。おそらくこの柔軟さが、頼朝の思い描いた軍制における先陣武将の理想型だろう。抜け駆けのエネルギーと先陣の秩序は、重忠において矛盾なく統合されている。しかしそれは、やはり重忠という古武士のカリスマ性をもって初めて可能な統合であり、現実はむしろ常に義経⇕梶原の対立の側に傾いていたことも確かである。そして時代は義経的な抜け駆けを抑圧しつつ、梶原的な実利志向の集団戦へと定向的に進化し続けた。

　合戦の現場で集団が個を呑み込んでいく、その定向的な過程の中で、中世固有の修羅絵巻が演じられることになる。まずそれは小名地侍の〈名を残す〉討死の情念型を造型した。代表的な例として、一ノ谷の徒立ち先陣に果てた河原兄弟を挙げることができる。一ノ谷で激戦が繰り広げられていた頃、裏手の生田の森の砦でも本格的な合戦が始まろうとしていた。平家方は砦の定法である〈逆茂木《さかもぎ》〉(木の枝や根をからませた防壁)を用意して待ち構えている。これは典型的な〈先陣争い〉を誘発する手詰まり状況だった。そこで河原太郎は先陣での討死を覚悟し、弟の次郎に残って「後の証人にたてて」と命ずる。太郎の述懐は小名クラスの悲哀を色濃くにじませている。

河原太郎弟の次郎をよう（呼）でいひけるは、「**大名はわれと手をおろさね共、家人の高名をも（ッ）て名誉す。われらはみづから手をおろさずはかなひがたし。**……」

（『平家物語』「二度之懸」(43)、太字強調は筆者）

弟は生き残りを拒否し生死を共にすることを望む。そこで二人は下人を呼んで「最後のありさま妻子のもとへいひつかはし」た後に砦に侵入し、名乗を行ない、大軍に囲まれて戦死する（同前）。河原兄弟は「武蔵国住人」という定型の名乗を行なっているから、無位無冠の地侍であったことが知れるのだが、彼らの討死が一門にとっていかなる意味を持ったかは他ならぬ『太平記』に記録されている。足利尊氏―直冬父子が対立した「神南《こうない》合戦」（文和四年（一三五五）二月）に、北朝方の武将として「河原兵庫助重行《しげゆき》」という名の直系の子孫が登場し、彼らの先陣討死を一族の誉れとして追憶しているのである。彼の姓名に官位（「兵庫助＝兵庫介」）が添えられていることが、先祖の先陣の七光的実利であると理解してまちがいないだろうが、それは動乱の最中でのおそらくはごく名目的な官職にすぎず、彼もまた先祖に倣って登場したかと思うとすぐ討死に果ててしまう。この系譜的呼応は、武者的修羅を本質規定する実利と誉れの二項対立が時軸上に投影されつつ、後者の理念性へ向けて収斂する過程を証言しているように思える。子孫は先祖と同じ地、同じ月の討死に一つの因縁を見て、合戦討死という武者にとっての運命である〈事件〉の修羅性を中性化し、止観するのである。

「……元暦ノ古へ、平家一谷ニ籠リシヲ攻シ時、一ノ城戸生田森ノ前ニテ、某《それがし》ガ先祖河原太郎・河原次郎二人、城ノ木戸ヲ乗越テ討死シタリシモ二月也。国モ不レ替月日モ不レ違、**重行同ク討死シテ彌《いよいよ》先祖ノ高名ヲ顕サバ、冥途黄泉《こうせん》ノ道ノ岐《ちまた》ニ行合テ、其尊霊《そんりやう》サコソ悦給ハンズラメ。**」

（『太平記』「神南合戦事」）(44)

ここには、中世的武闘主体の心性の核心が凝縮した形で露呈している。その心性は「討死」を内面において儀礼化するわけだが、その情念的内実は系譜的時空内での理念化された共同性を本質としている。「討死」はしたがってこの場合、しばしばそう誤解されるごとき「自死の美学」とはまったく無縁の共同経験的な内実を有している。その共同経験の基体は理念化された〈家〉-〈祖霊〉（「尊霊」）である。ここでもまた、中世的共同性理念の実体的定位性というものを強調しておかねばならない。つまり中世的「家門」の理念的かつ実存的なエートスと、形式化し形骸化した近代的「家」制度、あるいはその直接の祖型としての近世的家父長集権化における〈家〉イデオロギーを粗雑に混同してはならない。古代的〈戸〉に編入された奴婢が家人へと成長してくるとき、その定位的核心を形成したのは家長とかつての家内奴隷との間に結ばれた固い主従情念であった。それは家族的心情を擬制しつつも、その内実はさらに求心的な双数性、相聞性を本質としていた。この主従情念が時軸上に延長されたものが「家門」における祖霊崇拝の情念である。ここでもその定位的内実は家族的心情を擬制しつつも、それをはるかに越えた求心的相対性《あいたい》を獲得するに至る。そしてその相対性は、死生を超えた「岐」での共同性を理念化する。この双数的対峙の理念性こそが、特に小名、地侍クラスの武闘主体に特徴的な「先祖の誉れ」に対する強い思慕の情を産み、それが彼らの実人生における修羅的死生の弁証法を統合するのである。こうして界隈的〈往来〉の心象は、誉れある祖霊と出会うための〈冥途黄泉の岐〉へと観念化、形而上化する。ここにも一つの〈形而上の中世都市〉における〈定位コスモロジー〉が彫琢されている。

祖霊の誉れを基軸とする情念的昇華は真に中世固有の定位現象であって、近世的〈家〉においても近代的（天皇制絶対主義下における）〈家〉においてもほとんどまったく発現しない主体的かつコスモロジカルな定位志向である。[45] 例えばダンテの家門意識は、右の河原兵庫助からそれほど遠いものではない。『天国篇』が彼にとっての「冥途黄泉の岐」だった。第五天（火星天）で、彼は誉れある先祖に遭遇する。それは十字軍に参戦し、そこで「殉教死」を遂げた先祖カッチャグイーダの祖霊だった（第十五曲、第十六曲）。「人の血筋のささやかなる尊厳」（『天国篇』第十六曲）を讃美するダンテの心性もまた、典型的に中世的な「家門」への主体的同化を示している。彼の家柄は質実な中産層であり、武家社会に照応させれば、まさに河原兄弟や河原重行に代表される地侍－小名クラスであることも、この「家門」意識の普遍性というものをよく示している。彼ら中世市民の中核をなす中産層は階級の交叉点、混淆の母胎でもあった。彼らの上昇志向は時として貴族化した大市民、さらにはその上に立つ封建諸侯を憧れ、模倣もするが、その本来の理念性は「家門」に内在する市民的履歴そのものに対する誉れの意識が与えるのである。同様の現象は中国中世の〈英雄〉、およびその後裔たちの「家門」意識においても明確に認めることができる。例えばそれは、諸葛孔明や関羽、張飛の次世代においては、王朝を創始した「家門」に対する強い当事者意識を生んでいる。それは機械的＝制度的な継承にすぎない「愚君」劉禅と強烈な対象をなす。ここでも古代的な「家」＝帝位継承と、中世的な主体性＝「家門」の情念とはまったく相容れない別範疇の定位性を示している。こうした情念は中国においても制度最上層の宮廷社会においてではなく、それより下位の、制度的利権からはむしろ疎外されていく、中間層の集団で脈々と継承されている。例えば諸葛孔明の長子諸葛瞻《せん》は、父の創始したに等しい蜀王朝の死生と自己の死生を一体化して自刎《じふん》する（『三国志演義』第百十七回）。制度崩壊期に発現する、この典型的に中世的な儀礼化された自死の情念もまた、家門の誉れに殉じようとする河原重行、形而上の定位世界において「殉教」した誉れある祖霊を詠うダンテ同様、固有に主体的な定位行動として人間普遍的な内実を持つ。それは生活の日常性に近いところで涵養された確固たる共同体エートスであって、生活の根も共同性も共に失った「美学」ではない。「自死の美学」に耽溺する近現代的審美主義は、なぜか自刎も殉教も知らずに長寿を全うするのだが、彼らは中世的儀礼死の人間経験的内実に盲目であるがゆえに、かえって自縄自縛の「美学」の段階に留まらざるをえないのである。

〈先陣争い〉に戻ろう。

中世的武闘集団の誉れ意識の中核に、この最も死亡率の高い先鋒の儀礼化が置かれる。地侍－小名層の家門に対する「誉れ」の意識も、〈先陣争い〉での戦死と不可分の関係にある。「誉れ」の原点である先陣討死の決意そのものが家門のエートスと不可分の関係にあった。しかしそのエートスは、〈御恩〉への期待、その実利と融合したものでもある。それは死地に向かう河原兄弟に如実に観察される〈生活の向上〉の契機だった。この実利志向は特に最初弟を「証人」に残そうとする兄の意識に色濃く顕われている。しかし弟も兄と同じ死に場所に固執することで、この融合は分裂する。家門に対する御恩の実利に対する予祝性は薄れ、そのぶん兄弟の誉れの意識が高揚する。この分裂は時代相に添ったものでもあることに注意しよう。兄弟が戦死する生田の森の裏手では、今まさに熊谷次郎が〈先陣争い〉の誉れと実利を獲得しようとしている。しかし討死せずに勝ちえたその二元的総合は、彼の場合ももろくも分裂し、御恩の所領は係争の焦点と化して出家発心の縁となった。〈剛の者〉の形而下的固執と形而上的理念は直実においても初期的な融合を離脱して、後者に収斂しつつ彼岸化する。〈剛の者〉の出家はそのまま〈念仏者〉としての往生志向へと変容する。ここにもある種〈冥途黄泉の岐〉に向けての理念化というものを確認することができる。こうした過程が何世代にもわたったこと、そしてその二元的分裂が常態化していったことを忘れてはならない。原点においても儚い理想にすぎなかった御恩と誉れの融合が、無数の合戦の修羅場を経て『太平記』の時代、すなわち〈中世の秋〉の時代へと至ったとき、〈先陣争い〉からは実利性が最終的に払拭され、それは純粋な誉れの場、すなわち端的な形での誉れある討死の場と化したのだった。

『太平記』には一つ〈先陣争い〉が討死の情念と融合する典型例が記録されている。それは中世的修羅の一つの終着点であり、爛熟した〈無常〉の意識に浸潤されている。この〈無常〉におけるエートス的内面化の契機に注意を集中してみれば、合戦儀礼が醸成してきた共同体系譜的時空意識が独特の理念性へと収斂する過程が確認できるはずである。

場面は前節で触れた赤坂城攻め(元弘三年二月)に戻る。千早城攻防戦の前夜、南朝方の立て籠もる赤坂城は最初大軍を寄せつけぬ難攻不落の構えを見せた。しかし寄せ手は選り抜きの武将たちを戴く大軍であり、落城は時間の問題であることを皆確信していた。鎌倉方の総大将は矢合わせの日を決め、「抜《ぬけ》懸《がけ》之輩《ともがら》ニオイテハ、罪科タルベキ由」を布告した。通常の軍立てで十分だから〈先陣争い〉はならぬ、と当初から抑止したのである。この禁令にもかかわらず、七三歳にもなる老武者とその同輩の武者二人が抜け駆けをして討死したことを『太平記』は伝える。[46] それは独特に自己目的化した誉れへの志向と、自己の属する制度の総体的な自壊を予感した上での行為だった。

出家入道の老武者は若い同輩に密かに討死を決意したことを告げる。味方は大軍だから戦勝はまちがいない。しかし大局的に見れば、鎌倉方の武運は尽きているからいずれ自壊するだろう。自分は鎌倉方の武将として「武恩ヲ蒙テ」この歳まできた。御恩を受けた鎌倉方の崩壊を傍観視するに忍びない。誉れを後世に残し〈往生〉を全うするためには討死が一番よい……

「……今日ヨリ後差《さし》タル思出モナキ身ノ、ソゞロニ長生シテ**武運ノ傾カンヲ見ンモ**、老後ノ恨《うらみ》臨終**の障《さはり》共成ヌベケレバ**、明日ノ合戦ニ先懸シテ、一番ニ討死シテ、**其名ヲ末代ニ遺サント存ズル也**。」
（『太平記』「赤坂合戦事付人見本間抜懸事」[47]、太字強調は筆者）

老武者がこう語ったのは、孫ほど歳の離れた同輩を「証人」に立てるためだが、その「証人」に期待されるのは、もはや河原兄弟の討死情念の核心にある実利の確保ではなく、自己のエートス的理念の記憶のためである。つまり論功行賞の場での「御恩」をうるための生き証人ではなく、「末代ニ遺ス」べき「名」＝誉れの語部を期待してのものである。〈剛の者〉の共同性、社会的エートスは同輩間での「美談」が大きな伝承形成の機能を果たしていたことが『吾妻鏡』などの記録を見れば如実に観察されるのだが、それは制度的記録とはひとまず別次元の共同性の媒体《メディウム》であった。この自律的共同性による社会的記憶の系譜的涵養こそが軍記物語的伝承の真の母胎でもあり、それは現実の武闘主体のエートス形成と不可分の関係にある。この老武者の武闘主体としての定位履歴も共同体的「美談」と一体化しており、だからこそ彼は軍記物語を聞きながら人となった一人の〈剛の者〉として、自分もまたその世界に記憶されることを期待し死に場所を選ぼうとするのである。ここには共同体伝承と個人的選択の双方向的なエートスの弁証法が一つの時代現象として顕在化している。さらに鎌倉方の自壊に対する確信と感慨もまた、中世固有の状況感覚であり、それは制度的死生に対する同化‐乖離の二律背反を証言する。この制度的状況に対する総体的かつ主体的な〈括弧入れ〉(超越論的現象学の基本概念がぴたりと妥当する)が、修羅的闘諍を中性化し止観する。**この理念的エートスによる状況の撥無こそが、中世的無常観の根拠に他ならない**。しかし状況もまた定向的に進展する以上、時代固有の無常観というものもそれ自体〈無常〉であり、その内実は微妙に変容し続ける。つまり『太平記』の無常観は、正確に観察すれば、『平家』の無常観を淵源としつつも、すでに新しい時代状況と連動した新しい無常観へと変容している。福原遷都に代表される、あるいは壇ノ浦入水に典型化される初期中世の無常は、変革期の状況全般に浸透し、最大規模の同族間闘諍である源平の争乱のすべてを巻き込むものだった。それが鎌倉幕府の黄昏時においては、個別の武将の感慨へと変容している。その感慨の場は、本来勝ち戦であるべき大軍の包囲戦であり、アド・ホックな現実態としてはいささかも〈無常〉的な自壊は見えない。無常はしかし、彼の心象世界においてより大きな制度的現実態をすべて巻き込んでいる。この状況の総体化(状況対自化の総体性)は彼個人のエートス的理念の全体性と弁証法的相互規定関係にある。広く見えれば見えるほど、決意はより深くなる。個⇕全体の弁証法的基軸上でのこの対自化の定向的進行こそが、遅い時代の軍記物語としての『太平記』の核心にある定位コスモロジー、すなわち制度の死生を止観しようとする無常観そのものと共振しているのである。

さて老武者から証人を期待された同輩は、そうした先陣討死は「打囲《うちごみ》ノ軍《いくさ》」（集団戦）である現下の包囲戦にはそぐわないとひとまず常識的に否定して、老人の決意を試す。これもまた内面的決意の深度の確認であり、遅い時代の徴表である。老人の決意が揺るがぬことを知った上で、彼もまた討死に同道する。二人共に「〇〇の住人」格の「サマデ大名トモ見ヘヌ」剛の者であるという点では、彼らは熊谷直実や河原兄弟の系譜上にある。しかし彼らの上昇志向は、もはや現実の制度生成に参加することはない。だからこそ〈御恩〉−〈奉公〉という共同体的〈道理〉そのものが彼らにおいては〈判断停止《エポケー》〉されているのであり、共同体的エートスの造型原理であった合戦儀礼もまた、制度的背景を失って個の死生選択のための儀礼へと自己目的化するのである。誉れに向かうエネルギーが現実の所領へと変容する、その道を断たれた時、剛の者の心は此岸的対象を失い、誉れの彼方に自己の死の理念性を見る。これが特に『太平記』に充満する儀礼的自死の定位的背景である。それは日本浪曼派が美化するような意味での「敗北の美学」でもなければ「自死の美学」でもない。〈御恩〉−〈奉公〉の〈道理〉上でひとまずは一元的に融合された彼岸と此岸の総合性が解体期に入ったこと、それが武闘主体の死を自己目的化させる真の根拠である。この解体は必然の過程であった。〈御恩〉−〈奉公〉のダイナミズムそのものが新たなる集権定立の社会資源だったからである。封建的集権という自己矛盾的体制の進展に伴って、総合された二元性である形而上的誉れと形而下的実利は原初的な分裂に復帰する。そのとき此岸への道を失った剛の者の定位情念は、一気に彼岸的理念の世界へとなだれ込む。彼らはそこにみずからの死の理念的作品性を発見し充足する。それは彼らなりの実存の選択と自己充足であって、遅い時代の状況的デカダンスに本質規定されたものであることは確かであっても、エートス自体のデカダンスではない。その志向の本質は〈美〉の弱々しい自省ではなく、〈真〉の力強い主体性の範疇にいまだに留まっているからである。そう彼らの実存の尊厳のために証言しておかねばならないだろう。

以上、〈先陣争い〉の系譜的検証において如実に観察された中世的二元性の総合と分裂の必然性は、**先陣を記録する指標としての武者装束**においても並行的に観察される。それを次に一瞥しておこう。

そもそも武者装束は論功行賞のための弁別を目的としたものであった。これは軍記物語の特に装束面での華美に慣れ親しんだ読者（あるいは聴衆）には、最初意外に思える実利性だが、軍記的伝承そのものの形成原理が〈御恩〉的系譜の確認という大きな実体的機能を伴っていたことを忘れなければ、論功行賞の中核的意味、そしてそれと連動した武者装束の実利的指標性が史実そのものによって検証される。さらに論功自体が修羅的闘諍の複雑化という側面も持っていた。特に論功行賞の場で、誰が先陣だったのか、誰が敵将の首級を上げたのか、といった御恩に直結する場面で多くの争論が生じる。その時の決め手が〈日記〉に記録された武者装束だった。だからこそ、それはできるだけ他から目立つように工夫されていたのである。ただ決め手はそれだけではなかった。論功行賞の場そのものを規定する制度秩序といったものが隠然として存在し、制度意志はしばしば事実そのものすら矯正しようとした。この点に関しては『吾妻鏡』にきわめて印象深い事例が一つ記録されている。

建暦三年（一二一三）五月、幕府股肱の臣、和田義盛は執権制確立の前夜にあった北条義時と対立して鎌倉で挙兵、一族郎党もろとも敗死した。いわゆる〈和田合戦〉である。この合戦は梶原景時が誅殺され、また畠山重忠一族も謀殺されて以降、実質鎌倉幕府の軍制の中核を成していた古参の名門の叛乱であり、草創期の武家制度の最上層を巻き込む深刻な闘諍であった。合戦が鎌倉市街と近郊で行なわれたことから『吾妻鏡』に克明な記録が残されている。(48) 記録は合戦そのもののみならず、論功行賞の詳細にまでわたっているのだが、その御恩発生の制度的現場もまたさまざまな儀礼化、有職化を経た一つの有機的イデオロギー現象であったことが確認できる。

和田義盛の挙兵は五月二日早朝、合戦は二日と三日の両日行なわれた。北条方はあらかじめ初期の幕府制度を活用して大軍を呼び寄せていたが、和田一族は坂東武者の〈剛の者〉集団であり、市内と由比ヶ浜のあらゆる場所で奇襲、放火、一騎打ちの激闘が繰り広げられた。多勢に無勢の和田方は善戦はしたものの次第に小集団へと分断され、老武者義盛は愛子の一人が討死すると「声を揚げて悲哭《ひこく》し」鎌倉中をさ迷ってついに討ち取られる。享年六七歳。(49) この父子情念に本質規定された古武士的最期も一つの棟梁－惣領的伝統に収まるもので、和田一族の武闘集団としてのエートス的骨格をよく示している（父子情念は中世的修羅の核心部にある核家族的情念であり、封建的主従情念との連関も深く広い）。義盛の討死が五月三日の酉の刻（午後六時頃）、夜に入って幕府方は仮屋を由比ヶ浜に設け、松明を照らして集まった首級と死骸の実検を行なった。(50) 実質総大将の位置にあった北条義時は、大江広元に命じて朝廷に報告の急使を送らせた。翌四日、東御所（北条政子の居所）に場所を移して、将軍実朝、北条義時入御の上、早速論功行賞が始まる（首級はすでに「固瀬河の辺に」梟首されていた。その数二三四）。

行賞は重傷者へのねぎらいから始まる。奉行が定められ、記録が採られた（重傷者の数は一八八人）。

ねぎらいの慰撫儀式もまた御恩の実利を伴ったことは確実である。次に本格的な論功の確認が将軍実朝の形式的主宰下に行なわれた。論功は武将たちと将軍の儀礼的な質疑応答の形をとっていたことが『吾妻鏡』の記述から浮かび上がる（建暦三年五月四日条）。記録はすでに前夜合戦の直後に由比ヶ浜の仮屋で採られ、実権を握っているのは義時であるから、論功行賞が将軍実朝の臨座で行なわれるとはいっても、それは儀礼的な確認の意味であった。しかし、こうした儀礼は時として予測できない椿事を誘発し、制度的利権の現実を露呈する。この日の論功行賞がまさにそうだった。実朝はまず、「軍士等の勲功の浅深」を尋ねる。勲功の筆頭はこの時代も「先登」（先陣）であったが、もはや源平合戦時代の華やかな先陣争いではなく、幕府内部の泥沼的権力闘争が叛乱－市街戦化した戦闘ではその重要性が薄れ、行賞においてもその意味は著しく形式化していた。しかしその形式には、また反面、依然として「剛の者」の誉れとプライドがこめられている。実朝の形式的であったはずの質疑に、突然二人の武将が同時に名を挙げて「先登」の虚実を争うという椿事が出来した。一人は頼朝股肱の臣三浦義村、一人はやはり幕府重鎮の武将波多野忠綱である。波多野は米町、および政所での二カ所に先陣したことを申し出たが、義村は自分が政所での合戦では先陣だと反駁した。両者は将軍を前にして激論を始めた。

波多野氏は、藤原秀郷の流れを汲む相模国の豪族で、頼朝の父義朝の外戚でもあった名門である。義朝が平治の乱敗戦後八騎で都落ちをした中にいた「中宮大夫進朝長《ともなが》」なる人物が波多野氏出自の母を持つ頼朝の異母兄であり、彼は落ち武者狩りの矢疵が重くなり敗走を続けられず、父義朝の介錯に果てる（『平治物語』中巻参照、世阿弥の夢幻能『朝長』もこの伝承に取材している）。今現在、将軍実朝の傘下にある波多野忠綱は、この外戚（妹が義朝の室となった）義通の子であるから、朝長とは従兄弟の関係にあり、

「武家の棟梁」源家の本流からの親等的距離は相手方の三浦氏とは比較にならぬほど近かった。忠綱からすれば実朝もまた遠縁の現将軍に見えたはずである。[51] しかし幕府内部での序列は三浦氏に比べてもかなり低く、忠綱が和田合戦での「先登」に武者としての存在を賭けた背景には、屈折した名門惣領としての誉れと実利への思いが相半ばしていたことはまちがいない。もちろん和田合戦最大の功労者は衆目の認めるところ三浦義村であるが、その功労は「誉れ」とはまったく逆側の制度的力学に規定されたものでもあった。攻め滅ぼされた和田氏は、もともと三浦氏から分家したばかりの同門であり、三浦の惣領義村と和田義盛は従兄弟関係にあって最初義盛は義村が同族の誼で加勢してくれるか、あるいは少なくとも中立を保つだろうことを期待していた節があるからである。しかし北条義時の急を救い、和田挙兵を密告したのが他ならぬ三浦義時だった。「美談」にまだ非常にこだわっていたこの時代の坂東武者のエートスからすると、論外に醜悪な保身に他ならない。したがって忠綱が「先登」を義村と争う背景には、疎外されつつある名門の屈折の他に、時の権力者に媚びる三浦一門への強烈な反骨意識もあったことは想像に難くない（『古今著聞集』の伝える一挿話によれば、義村は後年御家人の一人から「友を喰らう三浦の犬」と罵倒された）。[52] 義村もこの密告の疚しさからか、あるいは事前にそうせよと義時から根回しされていたためか（おそらくこちらだろうが）、「先登」の誉れを忠綱と激しく争ったのである。

ここで形式的儀礼の外装は剝げ落ち、制度的実権の介入となる。激論を見かねた北条義時は波多野忠綱を別室に招く。そして密かにこう言った。「今回の叛乱が大事に至らなかった最大の功労者は三浦義村である。貴殿は米町、政所二カ所での先陣を主張されているが、米町の方の先陣はもう認められているのだから、政所の方は義村殿に譲られてはどうか。時宜というものがあり、義村殿に今面と向かって逆らうべきではない。穏便に済ませばきっと破格の行賞が行なわれるだろう（**穏便を存ぜば**、**不次**《ふじ》**の賞に行はれんこと、その疑ひなしと云々**[53]。」この硬軟ないまぜの密談は、北条義時の政治的才覚を肉声として響かせるのみならず、北条執権政誕生の現場のドキュメントとしてもきわめて印象的なものである。幕府中核において進行する階層化と組織的秩序の充実は、すべての武闘主体に開かれていた〈御恩〉の現場をも階層化し秩序づける。したがってその〈御恩〉の外化する合戦儀礼と論功行賞儀礼は、必然的に形骸化していくのである。義時のフィクサー的暗躍は時代の徴表であり、集権の政治的現実でもあった。しかしその懐柔策はいまだ古武士＝〈剛の者〉の心象に脈々と生きていた個人的顕彰、その誉れのエートスを逆撫でする新時代の制度圧でもある。この制度的－密室根回し的抑圧を受けた時、古武士的エートスに内在していた実利と誉れの幸福な融合が突然乖離する。忠綱は決然としてこう言い放った。

> **勇士の戦場に向かふは先登をもつて本意となす**。忠綱いやしくも**家業**を継ぎ、弓馬に携はる。何箇度といへども、なんぞ先登に進まざらんや。**一旦の賞に耽り、万代の名を黷**《けが》**すべからず**と云々[54]。
> （『吾妻鏡』建暦三年五月四日条、太字強調は筆者）

密談懐柔策が頓挫したため、対決は公式のものとなる。将軍の前に「簀子《すのこ》の円座」を置き、論功儀礼は正式の裁判へと変容する。まず当事者の主張。三浦義村の弁。「義盛が政所に襲来した時、某義村は先頭切って南に馬を馳せ、箭《や》を放った。誰もあえてその矢面に立とうとしなかった」。忠綱の論難。「某が先登であり、某の子息たちが続き、そのはるか後陣が義盛殿であった。義盛殿が某を見なかったというのは、ひょっとしてその時だけ眼が見えなくなったのだろうか（「盲目たるかと」——後でこの嘲弄の調子が問題となる）」。続いて証人の喚問。政所での激闘に参加した武者が先陣を目撃していた。ここで武者装束の合戦における実体的な機能が明らかになる。証人は、「**赤皮威**〔緋縅〕**の鎧**、**葦毛の馬に駕したるの軍士先登す**」、と証言するのである。それは忠綱の武者装束であった。こうして先登の激論はひとまず決着したのだった。忠綱は武勲を記録され、義村は面目を失う（以上、『吾妻鏡』に拠る[55]）。

しかし、これで終わりではなかった。制度的面目は、三浦義村の密告を御恩として顕彰する必然性を有していた。したがって、波多野忠綱の反骨は処罰されねばならない。その激論の口調を口実に、論功は顕示的に取り止めとなったばかりではなく、「罪科」が取り沙汰された。『吾妻鏡』はその間の事情を即物的にこう記録している。

> 波多野中務丞忠綱が事、**無雙**《ぶさう》**の軍忠においては御疑ひに及ばずといへども、御前において対決の時、義村をもつて盲目と称し、悪口をなすの上は**、もつて賞を加へず、罪科に准ずべきの由沙汰ありて、閣《さしお》かるるところなり。
> （『吾妻鏡』建暦三年五月七日条[56]、太字強調は筆者）

幕府制度の利権配分は通常は儀礼的外装にくるまれている。これが制度的日常だが、時としてその外装が剝げ落ちる。その非常事態には普段抑圧されていた御家人たちの裸形の情念が顕在化する。その情念の沸騰に対峙するために、制度はマンネリ化した論功行賞儀礼の他に、さらに**実体性のある権威イデオロギー**を必要とする。それが傀儡将軍実朝の「**御前**」**における decorum**（**御家人らしさ**）に他ならない。

合戦儀礼の武者らしさを具現する武者装束の事実性は、この顕在化した基底的な制度秩序によって再度無効宣告され抑圧されるのである。この抑圧の結果、実利的機能を失った武者装束は自己目的化され審美化される。論功行賞で識別されることの意味が希薄になるぶんだけ、合戦の現場で自己の誉れを顕示する装束が選ばれるようになる。こうして軍記物語のハレの世界において、個的実存としての武者の華美が顕示され記憶されることとなる。ここに見られる外的徴表の自己目的化＝審美化は、深いところで「剛の者」のエートスの自己目的化＝理念化と連結され連動している。その意味で、それは中世的二元性の外化の一つの形式でもあり、装束は名乗とともに武者らしさの主体的徴表となる。それは現実の無力ゆえの審美化ではなく、むしろ主体の「家業」と「万代の名」に伴うエートス的力の充溢を自己予祝するために個別化していく。ここには**「モード」現象の一つの根源性**が示されていると見てまちがいない。そこでは「一旦の賞」を放擲した修羅的主体の審美性と人倫性が、主体自身の定位世界において再度の融合と統一を見せるのである。

　この武闘主体の〈花〉(それはたしかに中世固有の定位の精華である）は再び合戦儀礼と融合していく。しかしそれは、もはや〈御恩〉－〈奉公〉の実体的結合から離脱し、制度的〈道理〉から自己解放した個人的実存の輝きである。この究極の個人化の契機を最後に一瞥しておこう。

　南北朝の争乱がはっきりと長期化する様相を示したのは、北朝方の内紛が大規模に表面化した〈観応の擾乱〉(観応元年（一三五〇）十一月）からだが、これ以降の合戦は混沌とした離合集散を常態化する。それに伴って小名クラスの武将も目まぐるしく臣従する主君を変えねば生き残りそのものが難しくなった。こうなっては御恩そのものが刹那的な価値しか持ちえず、逆に個々の合戦での〈誉れ〉＝「万代の名」が修羅的泥沼に咲き誇る「花」としての意味を持つことになる。実際の花を装った武将も登場した。〈観応の擾乱〉の流れで尊氏、高師直と直義方の諸将が対決した小清水合戦（翌年二月）で総崩れとなった師直方に「後代ノ名ヲ恥タル」武将がいた。彼は敗走を潔しとせず、引き返して敵の大軍に駆け入り奮戦して討死する。名乗のない乱戦であったが、彼を討ち取った武将はその孤独な奮死に強い印象を持った。そこで「**アハレ剛ノ者ヤ**、誰ト云者ヤラン。名字ヲ知ラバヤ」と死骸を検分すると、箙の上に梅花を一枝挿していた。これで彼は敵将が梶原一門の裔であることを知った（『太平記』「小清水合戦事付瑞夢事」[57]）。梅花あるいは桜花の一枝を合戦装束に挿しかけることは、梶原景時の始めた風流だったからである。[58]彼は合戦に赴く際、時節が合えば咲きかけの桜や梅の一枝を箙に挿して行くのを常とした。敵陣に駆け入り、駆け戻るたびに梅や桜がさっと散り、その匂いは袖に残る。敵も味方も即興の風流に感嘆したのだった。この洒脱な花鳥的武者装束は、梶原景時という武者の文官的、能吏的側面を顕わすというよりは（たしかに彼はその和歌、連歌の才能からして鎌倉における王朝花鳥の例外的な体現者でもあったのだが）、むしろ修羅主体の即興的自己讃美、自己儀礼として記憶されている。[59]だからこそ『太平記』の作者は、この鎌倉幕府草創期の武将の箙を飾っていた梅花の故事を物語に織り込む際に、その故事を連想する南北朝動乱期の武者たちに、讒言を事とした頼朝の佞臣景時ではなく、梶原一門の惣領として「一ノ谷ノ合戦ニ、二度ノ懸シテ名ヲ揚シ梶原平太景時」[60]を想起させているのである。

梶原景時と〈先陣争い〉の関係の基本は制度寄りのものであった。それが地下《じげ》集団義経との対立を基軸としていたこと、そしてその裏には頼朝自身の政治意志が働いていたことはすでに検討した。しかし彼もまた、〈剛の者〉としての側面を強く残す古武士の一人であり、一ノ谷の合戦ではみずから〈先陣争い〉に加わった。それも二度続けて〈先登〉を駆けたのである。この「懸」＝先陣は、『平家』に拠れば、非常に面白い情念的混淆を示すものでもあった。場面は、上に見た河原兄弟が生田の森の堅固な敵陣にただ二人侵入して討ち取られた直後である。その知らせを受けた景時は全軍の突入を命ずる。しかし彼は足軽を駆使して逆茂木を取りのけさせた後、騎馬隊が一斉突入するという理詰めの集団戦法をとり、総大将の一人源範頼の権威を楯に「さきかけ」＝先陣は強く禁止した（『平家物語』「二度之懸」[61]）。ところがここで、一族の一人が「誉れ」を最優先し抜け駆けを行なうという皮肉な事態が発生する。次男の平次景高が父の抑止を振り切って一騎で突入するのである。しかも景高は父の得意な和歌で自己の気概を詠嘆してみせ、その皮肉で父の安全志向を揶揄するという念の入れようだった。曰く、

もの丶ふのとりつたへたるあづさ弓ひいては人のかへるものかは　（同前[62]）

和歌自体は常識的な花鳥修辞（掛詞と縁語）を標準的に使いこなしているだけだが、状況の緊迫そのものが「花」としての偶有性を一気に引き立たせる、という独特の〈事件〉エクリチュールが成立している。景時は事ここに至るとさすがに息子を一人討たせるわけにはいかず、〈先陣争い〉の定型どおり「平次討たすな、つゞけやもの共」と一門五〇〇騎を率いて敵陣に突入する。平次と共に闘い、自陣に駆け戻ったときはわずか五〇騎ばかりになってしまっていた。しかも今度は嫡男景季がいない。郎党に問うと、深入りして討ち取られたのだろうという返事。ここで能吏景時の制度人的仮面が剝げ落ちる。

古武士的惣領としてのエートスの核心をなす父子情念の双数性がすべてに優越する。「**世にあらむと思ふも子共がため**、源太うたせて命いきても何かせん、かへせや」という叫びと共に再び小勢を率い敵陣に討って入る(63)。この〈二度之懸〉において、景時という曲者大名の奥底に生きる〈剛の者〉のエートスは大音声の名乗となって顕示されたのだった。『平家』全篇中でも最も格調の高い力強い名乗の一つである。その内実をなす系譜的双数情念は注目に値する。

「昔八幡殿〔源義家〕、後三年の御たゝかいに、出羽国千福金沢の城を攻させ給ひける時、生年十六歳でま(ッ)さきかけ、弓手《ゆんで》の眼を甲《かぶと》の鉢付の板にゐつけられながら、当の矢をゐて其敵をゐおとし、**後代に名をあげたりし鎌倉権五郎景正が末葉、梶原平三景時、一人当千の兵《つはもの》ぞや。我とおもはん人々は、景時う(ッ)て見参にいれよや**」とて、おめいてかく。

（『平家物語』「二度之懸」(64)、太字強調は筆者）

すでにこの時、景時は頼朝の右腕として坂東武者の最上層部で押しも押されもせぬ存在感を見せていた。しかし彼の修羅場での意識は無位無冠の「梶原平三景時」であり、たんなる「景時」である。その実名的個に相対《あいたい》するのは、現実の権力者としての頼朝ではなく、八幡太郎義家の家人であった先祖の誉れである。この系譜的双数情念が、河原兄弟の末裔、河原重行の討死覚悟の姿とその内実における一致を示すことに注意すれば、制度的能吏の表層の下に生きる〈剛の者〉としてのエートスの数百年にわたる（つまり初期中世の全般にわたる）共・構造性というものの強靭な持続に驚かされる。このエートス顕示の引き金となるのは、子に対する父の強い自己同化的情念であった。それはすでに見た老武者和田義盛の討死の起因となったものであり、惣領制固有の父子情念に収斂する古武士的心情であった。実際この生田の森でもし景時が討死を遂げていれば、後世残った能吏奸臣としての景時像とはまったく別の、〈もののあはれ〉を生きる武闘主体の典型の一人が記憶されていたに違いない。しかしまた中世的心性の全体性は、むしろ生き残った景時の側にあったこともたしかである。制度草創期の能吏としての側面と、梅花、桜花をさりげなく箙《えびら》に飾る耽美的‐顕示的武者の、その自己矛盾的な二元性を矛盾撞着なく統一する中世的実存の立体性、総合性、自律性。それは〈二度之懸〉を生き抜いた風流武者の、その酷薄な実利志向の奥に脈々と生きている。すなわち、〈御恩〉‐〈奉公〉の〈道理〉、その実体性。したがって幕府草創期の情念的総合性を最もよく体現した武将を一人だけ挙げるとすれば、それは畠山重忠でも和田義盛でもなく、むしろ梶原平三景時だということになるだろう。だからこそ、その草創期における梅花の花鳥的洒脱は、そうした統合が不可能になった南北朝の動乱期、その遅い中世の終焉期においても、末裔の一人の死装束となり、修羅を共にした敵将の記憶に、原点の統一を想起させる起因ともなるのである。この終焉期と草創期の呼応の根拠はしかし、もはや御恩‐奉公の〈道理〉にはない。〈道理〉の形骸化、形式化こそが、武闘主体の合戦儀礼そのものを自己目的化する原動力となったのだった。

　儀礼が自己目的化されるとき、それはただちに制度的日常に反照して、ありふれた〈御恩〉‐〈奉公〉の基軸をも非日常化する。すなわち制度崩壊の状況下で〈事件〉としての個の実存は一回的に彫琢される。ここでもまたその彫琢の主導権は、もはや制度的〈道理〉にではなく、制度主体の表層の底に生きる〈剛の者〉の自己実現的エートスの側にあった。論功行賞の儀礼が制度的実体を失うとき、そこで〈剛の者〉の形而下的定位もまた実体性を失う。しかし儀礼はそれで終わることはない。むしろそれは形而上の領域へと焦点を移動させて、個人的顕彰の強い輝きを放つのである。最後に、この顕彰儀礼の脱・制度化、そしてその意味における精神化の実例を一瞥しておこう。それは中世的武闘主体の心の風景を内奥から照らす典型的な逸話でもある。

北条氏の鎌倉が滅亡の前夜にあった時、北条高時は執権職を譲って出家した後も北条氏全体の〈得宗〉（惣領）の位置にあったが、彼を最後まで支えた〈剛の者〉の一人に、金沢貞将《かねざわさだまさ》という名の武将がいた（金沢氏はもともと北条氏の支流の一つであり、中世期最大規模の古書籍蒐集〈金沢文庫〉は金沢氏の保護奨励によるものである）。高時は幼少で執権職に就いたため実権は舅時顕や執事長崎高資らに握られる時期が長く、成年に達するとその対抗策もあり有力御家人金沢貞顕に執権職を譲った上で出家して実権を握ろうとする。この形式そのものが古代国家終焉期の院政における権力の二重化と同範疇の〈隠居政治〉の形態を示すことはきわめて興味深い形で武家政権の中核における先祖返り的契機を示しているが、これから検討する戦場での臨時任官も、あるいは古代末期の同様の臨時除目の奇妙な復古という意味を持つのかもしれない。いずれにせよ、執権政治は最後の自壊期にあった。金沢貞将は院政における天皇のごとき実権を伴わぬ執権職に（おそらく高時の一族を執権に復帰させるまでのつなぎとして）招来された金沢貞顕（一二七八―一三三三）の嫡子にあたる。彼は長年、幕府制度の中でも最重要の役職である六波羅探題職を望んでいた。これは先祖が任官した顕職であったが（金沢文庫の基礎も貞将の祖父にあたる顕時が六波羅探題に任ぜられ、その在京時に大量の組織的写本を行なったことによって築かれたものである）、〈御恩〉は彼には遠いものだった。元弘三年（一三三三）五月、新田義貞率いる大軍が鎌倉に侵入し最期の合戦が始まったとき、貞将は一族郎党を失い、わが身にも多くの疵を蒙ったまま、主君相模入道高時のもとに戦の現状を報告に現われた。その忠節の姿に感動した高時は、今や名目上とすら言えない探題職に貞将を任ずる御教書を即座に与える[65]。これは右に述べたように、武家社会よりはむしろ古代律令制の末期に常態化した戦時除目を彷彿とさせる行為である。特に戦勝直後ではなく、合戦直前の臨時除目は、さしあたりまったく実質を伴わないことから（特に負け方に参加せざるをえない武将にとってはそうである）、主従情念締結の形而下的紐帯である御恩−奉公の〈道理〉からは最も遠い形式主義であった。したがって例えば保元の乱で敗色濃厚な崇徳方がこうした臨時除目を行なった時、その除目を蒙った父為義を見た鎮西八郎為朝はその除目の慌しさを嘲笑したと伝承されている（「物さわがしき除目かな」と呟きつつ立ち去った、と『保元物語』は伝える[66]）。これが標準的な〈剛の者〉の対制度的感覚であり、だからこそ武家の棟梁、あるいは執権の与える〈御恩〉はこうした古代制度崩壊期の形式主義を否定する実質性を伴うことが理の当然（すなわち〈道理〉）とされていたのである。この制度系譜上で見れば、高時が与える鎌倉滅亡の日の〈御教書〉には保元の乱での崇徳方の臨時除目以上に実体性は希薄であり、貞将は当然嘲笑、嘲弄、皮肉の権利を持っていたはずである。ところが彼はそうしなかった、と『太平記』は伝える。逆にこの〈御教書〉に、彼は主従のちぎりの最終的な証を見たのだった。彼は「**多年ノ所望、氏族ノ規模**〔誉れ〕**トスル職ナレバ**、今ハ冥途ノ思出ニモナレカシ」と述懐した。そして御教書はそのまま討死の自己儀礼を予祝する物実と化す。彼は御教書の裏に、「**我百年ノ命ヲ棄テ公ガ一日ノ恩ニ報ズ**」と大書し、鎧の内に収めた。討死を遂げた時、その覚悟を知った人々は貞将の死にざまを賛嘆し記憶したのだった（『太平記』「大仏貞直并金沢貞将討死事[67]」）。

形式と化した〈御恩〉によって、主従は死生の弁証法に入る。制度的媒介の喪失が、かえって彼らの実存を双数的な紐帯へと誘導する。御教書を出す高時の側にもこの死生を超える自己儀礼の予祝性は濃厚に漂っていた。「入道斜ナラズ感謝シテ」と『太平記』はその形式的任官における主君の情念を記録している（同前）。形而下の制度的実体をまったく失った御教書は、その喪失によってこそ形而上の物実と化し、その実存的相対によって主従の情念をこれ以上はない形で固く連結する。もちろんこうした制度的日常の非日常化、事件化の状況的前提は鎌倉滅亡の非常時性だが、〈御恩〉–〈奉公〉の儀礼性そのものに原初的にこうした双数的情念が内在していなければ、いかに非常時とはいえ、その情念的紐帯が自己目的的に無意味化した制度的シンタクス（御教書）に宿るということもまたありえない。したがって武家的修羅そのものが、恒にこうした二元的分裂を原初的に内在させていたと見ることができる。その二元的分裂の内的統一は、すでに述べたように中世的二元性の一つの系であり、〈形而上の中世都市〉の合戦的現実における一つの現象形態であった。〈御恩〉–〈奉公〉の制度儀礼はこの局面に至ると、都市祝祭をさらに超出した原初的な双数性へと復帰する。つまりはそれが中世的界隈の中核にたしかに内在する古代的〈往来〉の双数的出会いの一つの姿でもあった。

この集団の心象世界に描かれる合戦–往来上での主従の最終的出会いと結縁、それが中世的合戦儀礼を媒介とする主従情念の究極の〈ちぎり〉でもあった。そこにおいて露呈するものは二つの実存の相聞的対峙であり、それは高時–貞将を典型例とする相聞的〈相対死《あいたいじに》〉の修羅–観念儀礼へと収斂する。中世的修羅の核心部をなすその求心的双数化の過程は、同時にまた修羅–鎮魂の相対性、すなわち夢幻能におけるシテとワキの双数的対峙を招来する歴史的現実でもあった。

第三章　仇討の情念型

一　ニーベルンゲン伝説

バイヨック／ホイスラー／『ニーベルンゲンの歌』

合戦と連関しながら、なおかつ独立した修羅の範疇を形成する習俗に血讐（フェーデ）がある。それは異なる親族間の闘諍を原型とするものであり[1]、他の集団によって自己の集団の構成員の血が流された場合、それを任意の他集団の構成員の血で贖うことを基軸とした原始的な調停原理であった。

集団xの構成員x^1が集団yの構成員y^1の血を流す。そのとき集団yの他の構成員はすべてその血をxの構成員$x^{1\sim n}$で贖うことを求められる。それは非常に原始的ではあるものの、たしかに一つの調停原理であることに注意すべきである。つまりx、yの集団が一元的であれば、集団間の闘諍は個々の事例で止むことが可能である。しかし現実には、ほとんどの場合、血の連鎖が生じる。xもyも集団内に小集団を抱えているのが常態であり、x^1は$x^{(a)}$（＝x内の小集団a、例えばx部族内のa氏族）に属し、x^1の非行の代償として殺されるx^nは$x^{(n)}$つまりa以外の小集団に属することが多いわけであるから、〈血の賠償〉論理は、現実には自集団内部での複雑な二次的、三次的調停作用を必須とすることになる。また、そもそも二つの対抗する異集団の力の差がこうした理想型としての一対一対応を阻害することも理の当然であり、ますます〈賠償〉の論理性は血の連鎖の現実の前に屈することになる。血讐の理念型的モデルを個⇕集団の二項対立上で捉えれば、その個の集団的無名性への埋没は、太古の共同性概念を呈示していることが明らかであるが、神話‐シャーマニズム的共同体の系譜を（文化人類学の知見を参照しつつ）どれほど古い段階まで遡っても、血讐が社会的調停原理として現実に機能した段階があったとはとうてい考えにくい。共同体内部が一元的に構成されている社会というものは、親族制度の多型性‐多重性を考えるだけで一つのユートピア的空論に留まらざるをえないからである。旧石器時代の趣を遺す初期狩猟バンド社会においてすら、親族制度の原始的進展が観察される以上（それは特に族外婚神話と交叉いとこ婚の複雑な展開に反照されている――レヴィ＝ストロース『親族の基本構造』参照）、血讐による血の連鎖はそうした〈未開の〉社会においても原初的な制度病理としての側面を持ち、二次的な調停作業が不可欠であったことが推測される。

こうした太古の調停原理もまた後世の習俗から系譜的に遡行すれば、理論的には再構築可能である。中世期に激化した血讐の調停原理を一つのモデルとするならば、その原理は、①**金銭、現物による賠償**と、②**争う二集団間の姻族化**、すなわち婚姻の締結を組み合わせたものであることが、特に都市間での、また都市内での血讐が常態化していたトスカーナ中世都市の現実に窺うことができる（〈都市間フェーデ〉の現象は『形而上の中世都市』第三章第一節で通観した）。②の親族制度を用具化する調停は、原理的にどこまでも太古に遡ることが可能であるし、①の実利による媒介も威信財の形では相当に古い社会にまで遡りうるから、すでに古代的集権以前の部族社会においてこの二次的調停原理は存在していたと考えるべきである。しかしそれらは、古代的集権に伴って新しい社会の表層から消えて潜勢化し、無用の習俗として忘れ去られる必然性をも有していた。その積極的な理由の一つは、③**集権的権威と法治による調停**、という新たな、また①、②とは比較にならないほど強力な原理が登場して血讐の存在そのものを抑止し抑圧したからである。その抑止的契機はたしかに太古の自縄自縛的手詰まりからの解放であり、その意味での社会の進化であった。しかしまた、それは小共同体の自立性の解体、共同性そのもののデカダンスを必然的に伴うものであったから、その面では一つの高圧的な抑圧でもある（例えば血讐の代名詞となった〈眼には眼を〉の戒律を含むモーセの十戒は神権的強権ではあるが、やはり太古の血讐社会からの脱出を部族連合的な文脈で記録している）。

中世社会において血讐の習俗があらゆる集団で強力に復古再生するのも、マクロの制度崩壊状況の必然的な系として了解することが可能である。その開始は制度崩壊に伴う③の調停原理の自壊と連動し、終焉もまた新たな強権による調停原理の復活によって区切られている。それは王権、また封建的〈武家の棟梁〉＝将軍（鎌倉殿）による調停であり、中世社会が制度的骨格を整えるのに正確に比例して、③の系譜上にある制度主体による血讐の抑止、抑圧の原理も伸長していった。しかしそれは、もはや古代的集権の外的法治原理ではない。中世的な抑止は、制度主体の個人的権威を淵源とし、時として〈王の奇跡〉（M・ブロック）や〈王の二つの身体〉（カントローヴィチ）に本質連関する擬似宗教的カリスマ性を帯びる[2]。この中世的調停者のカリスマ性は、調停対象としての血讐という社会習俗が内在させていた、やはり擬似宗教的なタブー的強制力と弁証法的な相互規定関係にあったように思われる。いずれにせよしかし、ほの暗い神話性と宗教性を示す中世的権威イデオロギーが、近世的な明るく論理的な絶対王権

〈それはその本質からして〈啓蒙専制君主〉的であった〉へと進化変容するのと反比例して、調停対象としての血讐習俗もまた脱・タブー化し社会の表層からは消滅していく点に、この弁証法の終焉型を見ることができる（それは南イタリアの親族制度のような古いタイプの社会に濃厚に残存している）。江戸封建制は別のタイプだが、やはり血讐を仇討習俗として制度的に是認し奨励すらしていった。中世期はしかし、古代国家において機能していた③の調停原理を擬似宗教化しただけではない。①の賠償原理、②の姻族化原理もまた復古再生に伴って中世固有の状況と習合していった。その習合原理を一言で要約すれば、**内面化、個人的実存化**として概念化できる。この過程の究極に血讐対象との双数的対峙が生ずる。「不倶戴天の仇」の心象がこうして仇討－主体の心象世界に生じ、そのすべての位相をあらかじめ仇討－修羅化することになる。この情念化の原動力はしかし仇敵との「怨憎会苦」ではない。逆側の「愛」、すなわち殺された原・血讐主体（流された血の賠償を求める復讐主体）との「愛別離苦」の情念こそが仇討－修羅の構造を決定する。その基軸は、殺された者、復讐を地下から求める者との双数的紐帯であり、それは血讐の開始以前に、この者が倒れる以前にすでに仇討－主体と締結された生活の現実態であることに注意しなければならない。それは潜勢化した双数的融合であり、流された血はこの融合自体を創出するのではなく、あらかじめ存在する融合を「もはや存在しえない融合」として残された双数の片割れに、その自己意識の中核に覚醒するのである。したがって、この覚醒は〈無常観〉の履歴時空意識と不可分の関係にあり、またその原初的双数性は本来的に制度的媒介をまったく必要としないという意味において、主従情念の双数化、そしてその修羅の最中での双数的対峙とまったく同型の実存情念を示している。この二組の双数関係（主従および仇討する者とされる者）に内在する無媒介的な情念的結合の真の根拠は、中世的個＝実存の造型原理そのものにある。それは親族集団と古代的制度から個が遊離し、自律化する過程でもあった。こうしたマクロの中世化の文脈の上で、まず血讐原理の中世的内面化、そこに強く現われる双数性を観察してみることにしよう。

「序」で引用したトゥールのグレゴリウスの断章（『フランク人の歴史』）は、血讐習俗の中世的形態を示していた。それは正確には中世初期的形態であり、古来の親族間闘諍が賠償金その他の調停手段により（その中では上述したごとく婚姻関係による調停が最も重要である）高次の社会組織化に至る段階を示している。しかしその調停制度の新しさがまた、この断章に記録されるごときエートスの分裂を生んだのだった。集団意識の分裂そのものがすでに内面化、個人化の一つの萌しだからである。これに対して、例えばアイスランド・サガの骨格を規定する血讐習俗にはこうした分裂はいまだ存在せず、賠償金と姻族化の調停原理は外的な安定性を示している。これは、より古い段階の血讐習俗を示すと共に、共同体原理の相対的な古さをも示していると考えるべきだろう。アイスランド・サガの〈血讐素〉を分析したJ・L・バイヨックは、その「社会的合意」の機能を次のように総括している。

> 中世アイスランド社会における血讐の機能を理解することなしには、古アイスランド・サガを理解することはできない。血讐は物語の核となるものであり、その影響はアイスランド社会の核心に本質連関している。**裸の暴力を人々が容認しうる血讐の形態に誘導し、紛争をそれによって制御しようとする**ことにこの社会は大きな関心を持ち、それがサガ物語の中に投影されているのである。

（J・L・バイヨック『アイスランド・サガにおける血讐』[3]、太字強調は筆者）

バイヨックはサガに反映された血讐習俗の「血讐素」を、「葛藤」（conflict）－「擁護」（advocacy）－「解決」（resolution）の三つの「行為要素」から成る意味的構造体としてモデル化するが[4]、この観点は大陸のより社会進化が進んだ段階での（つまりトゥールのグレゴリウスの年代記に残された段階での）血讐習俗においても有効な分析手段であるように思える[5]。特に「擁護」のさまざまな形式で姻族化や養子縁組といった擬似親族関係の積極的構築が大きな役割を果たしている点に[6]、血讐調停と封建社会の制度的重合を認めることができる。つまりアイスランド社会のような古いタイプの共同体（そこでは部族社会的契機が希薄であったことが特筆に値する特性である）においても、中世的調停の契機が自生的に展開しているのである。しかしまた、バイヨックの引用分析するサガ・テクストを通読して感じるのは、上のトゥールのグレゴリウスにすでに顕在化している内面性の要因の欠如、全体としての習俗の外面性――それゆえにまた、それは安定した構造体でもあるわけだが――の優越である。この内面化にこそ中世社会本来の定位的展開の基軸があることは明らかであるから、アイスランド社会はやはり大陸よりも古い段階に留まっていることが確認される。対照的に血讐調停の分裂、内面化の過程は、中世ヨーロッパ最大の血讐伝説、ニーベルンゲン伝説の長い履歴上に如実に反映されている。そこにおいても、その最後の形態では（伝承の最後の段階では）、血讐は個人的な仇討へと変容し、親族原理そのものの自己矛盾を露呈する。この過程は、中世的制度の二元的自己分裂を実体的な共同体組織上に反照したものでもある。したがってここでは、バイヨックのサガ研究を参照しつつ、血讐習俗の中世化を基軸としてニーベルンゲン伝説の変容を通観してみることにしよう。

A・ホイスラーの古典的なニーベルンゲン伝説研究（『ニーベルンゲン伝説とニーベルンゲンの歌』、一九五五）によれば、十三世紀初頭、南ドイツで完成された『ニーベルンゲンの歌』の主題であるクリエムヒルトの復讐譚は、古層で次の二つの伝説へと分岐する。(7)

(1) プリュンヒルトの求婚伝説――これに狭義のジークフリート（原音はジーフリト）伝説は包摂される。

(2) クリエムヒルトの復讐伝説――これは最古層では『ニーベルンゲンの歌』とはまったく別の様相を呈する復讐譚であった。

この二つの要素に、さらに後発的な伝説－神話造型が加わる。

(3) ワルハラ神話に組み込まれたジークフリート伝説（「神々の黄昏」神話）

ワーグナーの楽劇〈ニーベルンゲンの指輪〉の素材は、最後の(3)の伝説ヴァージョンを基体としたものであり、神話素の範疇としては（近親相姦、父子相克など）太古の様相を如実に示すにもかかわらず、中世伝説としての生成過程を客観的に追跡すれば、最古層ではなく最新層であるという矛盾した姿を呈する。伝説古層ではワルハラもヴォータンも登場せず、ただジークフリートと〈ラインの黄金〉および竜退治（それに伴う不死の身体の獲得）がいかにもメルヘン風にモザイク的なモチーフとして存在するのみである。この興味深いねじれは（つまり伝説より古層に見える神話の方が後発的である、というねじれは）、ホイスラーによれば、北欧伝説（バイヨックの上の分析と部分的に重なるエッダ、サガの総体）の背景をなす異教的社会の根強い残存に起因するもののようである。(8) つまりその意味では、北欧伝説はたしかに大陸中央部のゲルマン社会と同族的かつ同質的な部族社会の古層を反映したものであることもたしかなのだが、この新旧の社会間で素材そのものは古いタイプの北欧社会から新しいタイプのラインおよびドナウ流域社会へと伝播するのではなく、まったく逆に新しい社会で生成した伝説の最新層が、遅れた等質の社会へと移入される、という非常に複雑かつ興味深い〈伝説素〉(神話分析の基本概念〈神話素《ミュトロゲーム》〉の観点を拡張してよいとすれば)の移入と受容が行なわれているのである。ワーグナーの楽劇でクリエムヒルト(クリームヒルト)の血讐の印象が妙に薄くなり、その分ジークフリートとブリュンヒルト(ブリュンヒルデ)の神話的存在感がきわめて強くなるのは、彼が素材とした北欧サガ伝承にすでに見られる現象だった。しかしそれは、中世以前の神話的共同性の反照であり、本来のニーベルンゲン伝説の核心ではない。もちろん中世伝説に割り込む形で造型された北欧神話としてのジークフリート伝説、およびそれに共振する近代人ワーグナーの心性は、自律的な定位現象としてきわめて奥行きの深い興味深いものである(初期ニーチェの文化論、特に『悲劇の誕生』も、この大規模な共振の一つのドキュメントである)。なぜ近代的意識の最先端で、この古層の神話への志向が生じるかという問題は、いずれわれわれも再度立ち戻るべき近代文化の本質的な一断面だが(〈事件の現象学〉近代篇での分析を予定している)、ここでの課題ではないので、ひとまずこの(3)の伝説素はわれわれの現在の分析からは除外し、(1)と(2)の中世本来の伝承における〈血讐素〉の変容に注意を集中してみることにしよう(そこにはきわめて本質的な構造転換が記録されているからである)。

(1)はブリュンヒルト(ブリュンヒルト/ブリュンヒルデ――ブルンヒルトという形もあるが一応『ニーベル

ンゲンの歌』に登場するプリュンヒルトで統一しておく）の復讐譚であり、(2)はクリエムヒルトの復讐譚で、両者はジークフリートの謀殺をめぐる被害者（クリエムヒルト）、加害者（プリュンヒルト）の物語であるから統一的、有機的な一つの伝説であるかのように見えるが、これは十三世紀初頭の『ニーベルンゲンの歌』の作者が施したほとんど個人的独創といってよい最後の仕上げだったようである（上述ホイスラー参照(9)）。もともとプリュンヒルトの求婚譚とクリエムヒルトの復讐譚の両伝説は、個別に発達したもので、両者をつなぐ英雄的ペルソナは、原初的にはジークフリートではなく、その妻クリエムヒルトだった。しかもその伝説古層においては、彼女の復讐は夫ジークフリートに対してではなく、兄グンテル王の横死に対してである。つまり原初的な復讐譚においては純粋な親族－血讐譚であったものが、『ニーベルンゲンの歌』の段階では姻族（亡夫に対する）－仇討へと変容し、その過程で兄グンテルもまた血讐の原因ではなく、血讐対象へと（ジークフリートの謀殺に加わったことへの復讐）逆転するのである。

このドラスティックな大転換は実に印象的であり、深いところで中世的実存の造型原理を呈示しているように思える。モチーフ変容はもう一つ存在する。それは上の大転換よりは目立たないものだが、やはり中世社会の成立根拠と連関している。それは王権の名誉をめぐる復讐モチーフで、もともと(1)のプリュンヒルトの復讐の核心をなす動機だが、最古層にあってはこの復讐譚がすべてに優越している。つまり最古層のニーベルンゲン伝説はプリュンヒルトをシテ、クリエムヒルトをワキとする王妃－王妹の葛藤の物語であり、あらゆる面でプリュンヒルトの存在感が他を圧倒している。

以上を総論的前置きとして、バイヨックの方法に倣い、順次この古層の伝説における〈血讐素〉を具体的に抽出してみよう。

(1) プリュンヒルトの求婚伝説——復讐譚

〈葛藤〉の血讐素——プロットの中核は処女王妃プリュンヒルトの求婚伝説で、その点は古伝承も『ニーベルンゲンの歌』も同一である。ライン流域のブルゴント族を支配する王グンテルは、隠れ蓑をまとった義弟ジークフリートの助けで求婚競技にはなんとか勝利するものの、プリュンヒルトの膂力に負けて初夜を過ごすことができない。ジークフリートは再び隠れ蓑を用いて王を助け、プリュンヒルトの力をくじき婚姻を成立させる。その際彼は、その功《いさおし》の証拠としてプリュンヒルトの指輪を奪い、それを妻クリエムヒルト（王グンテルの妹）にこっそり見せて自慢する。ここからが古伝承と『ニーベルンゲンの歌』の大きく異なるところである。後者では、この恥辱の暴露の引き金は大聖堂でのミサに参列する王妃と王妹の席次争いとなって公的に呈示された。(10) この葛藤の準備段階としてやはり公的な性格のモチーフが付加される。それは、①夫の英雄性（騎馬試合での膂力）の自慢を二人の妻が行なうこと、②その夫自慢はそのままジークフリートの〈臣従〉の曖昧さをめぐる争いとなること、以上の二点である。

それに対して古伝承のニーベルンゲン伝説の真の主人公は、処女女王プリュンヒルトであり、プロットの中核は彼女が受けた侮辱に対する復讐であった。この復讐は公的な呈示を経ない、彼女個人の〈名誉〉をめぐるものであり、この孤立性－非開示性は、指輪の侮辱が暴露される形式の差異に最も明らかな形で外化している。そこでは騎乗槍試合、あるいは大聖堂でのミサという公的な場ではなく、最も私的な双数的対峙の場——女同士の水浴の場——がプロットの中核を形成するのである。物語はこういうふうに進行した。最初、王夫妻と王妹夫妻は長い間平和に睦まじく暮らしていた。ある日、クリエムヒルトとプリュンヒルトは、二人だけでライン河に行き、そこで仲よく水浴しようとする。しかし、これが破局の引き金を引いてしまう。王妹クリエムヒルトは王妃プリュンヒルトよりも上流で水浴することにこだわり、その根拠として初夜の指輪を見せびらかすのである。(11)

〈擁護〉の血讐素――『ニーベルンゲンの歌』での王妃プリュンヒルトは、王権を楯にとり義妹とその夫を「臣下」とみなすが、これは誇り高きクリエムヒルトにはまったく納得のいかない論理であった。彼女はジークフリートを兄の友人であり、客人としてたまたま長期滞在している別の王権主体だと主張する。その証拠としてジークフリートは巨万の富（ラインの黄金）を保有しているのに、一度たりともグンテル王に「貢納」（zins）を行なっていないと述べる（第十四歌章八二五連）。ここでの〈擁護〉＝正統性の自己主張に反映されているものは、封建的臣従と王権内親族関係の二律背反であり、プリュンヒルトは古い王権＝王妃の「名誉」を主張し、クリエムヒルトは新しい王権の親族的集団性を主張していると見ることができる。この古いタイプの「名誉」が新しい社会では明確な制度的是認を得られないことが、陰湿な謀殺へと反映されることになる。このプロットでは聴衆の同情は一義的に寡婦クリエムヒルトの側にあり、そもそもの王妃に対する侮辱がジークフリートの寝物語の場での自慢話から生じたものであることはいつの間にか忘れ去られてしまう。以上が『ニーベルンゲンの歌』における〈プリュンヒルトの復讐譚〉であり、それは寡婦となったクリエムヒルトが、亡夫の復讐を果たす後半部の序曲としての意味しか持たないといっても過言ではない。

それに対し古伝承でのプリュンヒルトは、水浴の場での初夜身代わりの暴露の後、夫にこの侮辱を打ち明け、「自分を失いたくなければ、ジークフリートとその子供たちはすべて死なねばならない」と暗殺を示唆する（大規模な血讐論理の発現）。グンテルは兄弟に密かにこの件を相談する。王弟ギーゼルへルはジークフリートが王権の支えであることを根拠にプリュンヒルトの怒りを無視するように勧告するが、もう一人の弟ハーゲン（ハゲネ）は、王室への侮辱、および「ラインの黄金」の奪取を目的に暗殺に賛成する。『ニーベルンゲンの歌』では親族の一人であるハゲネが、古伝承においては王弟とされていることも、集団的血讐の契機を強調している。

〈解決〉の血讐素――『ニーベルンゲンの歌』では〈プリュンヒルトの復讐〉はもちろん真の解決には至らない。それは卑劣な謀殺でしかないからである。真の解決は、この不当な謀殺に対する寡婦クリエムヒルトの仇討という後半部の物語で与えられることになる。

それに対して古伝承では、〈プリュンヒルトの復讐〉は独立した物語であるというその事実だけで、侮辱－謀殺が〈解決〉の血讐素を形成している。つまりここでは、封建的王権－臣従の社会原理はいまだ希薄であり、すべてが王室内部の権威と財力をめぐっているのである。これは古伝承が背景とする社会が中世というよりは、「蛮族」時代の部族社会的首長制の段階を色濃く残存させているからであり、処女女王であったプリュンヒルトが父権的王権においても権威源泉であるというふうに読み取れる点にも、シャーマニズム的巫女神権制の残滓を見ることができる。いずれにせよ、この古層の部族社会での血讐は、親族的血讐よりもさらに古い段階に遡るように思える。なぜなら、王権に対する聖性の付着そのものが報復原理の源泉となっているからであり、それは太古の権威イデオロギー現象に付随するものであることは確実である（したがってそれは権威の名誉という抽象的－一元的な報復原理に終始し、より具体的－個人的な臣従の問題も親族内闘争の問題も飛び越えてしまう）。中世的血讐の現実態は、こうした抽象的－神話的心性を忘却する実体的な社会調停現象だった。それはニーベルンゲン伝承においては〈プリュンヒルトの復讐〉のマージナル化という形で現象していると考えることができる。

以上が上掲(1)の〈プリュンヒルトの復讐〉伝説における新旧の血讐素の比較だが、すでに中世的王権と親族制度の相互連関は顕在化している。太古の部族首長的権威は、封建的主従関係における王権理念、すなわち王権と共に伸長する〈王族〉の観念も、またやはり王権と共に伸長する〈臣下〉の観念もまだ知らなかった。それは主従情念の欠如態において、中世的制度の出発点、制度進化の基軸というものを証言している。つまり封建的主従関係の進展は、王権の擬似親族的拡大と王－臣下の御恩－奉公（オマージュ－封土）関係を基軸としたものであった。

より本質的な変容はしかし、上掲(2)の〈クリエムヒルトの復讐〉において生じている。ここでは(1)において欠如態として示された古い社会習俗の忘却の過程が、新しい習俗の形成に伴う充実した経験世界として呈示されている。

まず(2)の古伝承と新しい層（『ニーベルンゲンの歌』の変容）を、やはり血讐素の比較という観点で整理しつつ対照させてみよう。

〈葛藤〉の血讐素――『ニーベルンゲンの歌』においては、〈葛藤〉の全体はすでに前半部の〈プリュンヒルトの復讐〉＝〈ジークフリートの謀殺〉で呈示されている。それに伴い史実を背景に持つ〈ブルグント族の滅亡〉の意味はひとまずマージナル化する。ただしエッツェル（アッティラ）の宮廷での復讐の過程において〈クリエムヒルトの復讐〉に内包される最古の伝承基体である〈ブルグント族の滅亡〉

の諸英雄（グンテル、ハゲネ、リュエデゲール、ディエトリーヒ）が独立した神話的主体として復活し、クリエムヒルトと拮抗あるいは時として圧倒する。ここには〈蛮族〉段階の共同体神話と、中世において自律化する双数的情念（寡婦クリエムヒルトの亡夫ジークフリートに対する仇討情念）という新旧二つの神話素が対立拮抗していると見ることができる。したがって葛藤もまた、古層の共同体滅亡と新しい構造体である寡婦の仇討情念とに分裂する。この分裂こそが叙事詩としての『ニーベルンゲンの歌』に定位的葛藤の奥行きと共同体的エートスの深さを与える根拠でもある。

古伝承の〈クリエムヒルトの復讐〉は、この新旧伝説素の分裂をブルグンド族の滅亡の方向に統一している。したがってクリエムヒルトの復讐は、同族の滅亡を夫アッティラに報いるものとなる。これは史実を背景とした同時代的伝承だった。

① ライン流域で部族社会から初期中世的王権形成への過渡期にあったブルグント王国は、四三七年フン族と西ローマ帝国将軍アエティウスの連合軍によって壊滅的な敗北を蒙る。王国そのものはこの敗北の後数年して再建され、さらに百年ほど続いた。四五一年にはアッティラ率いるフン族がガリアに侵入しようとし、今度はアエティウスと西ゴートそして再建されたブルグントの連合軍に大破される（カタラウヌムの戦い）。

② アッティラは翌四五二年に北イタリアに侵入し、多くの都市を蹂躙するが、本拠地パンノイアで四五三年急死する。この謎の急死をめぐっては同時代からさまざまな伝説が形成されていったが、その一つがヒルディコという妻が毒を盛ったというものだった。このヒルディコはブルグント系統の名であ

り、クリエムヒルトの古形グリムヒルトと同根である。[12] つまりすでにブルグント滅亡に対する復讐によってアッティラは毒殺されたのだとする古伝承が同時代的に形成されていたことがわかる。

③ したがって右の二つの伝説は、ヒルディコ（Hild-iko = Hildchen）＝グリムヒルト（Grim-hild）＝クリエムヒルトによって連結されることになる。アッティラとブルグント王国の縁戚関係がまず王妹ヒルディコの輿入れによって成立し、その縁故を用いてアッティラは王とその一族を宮廷に招いて謀殺したとされるのである。謀殺の動機は再び〈ラインの黄金〉すなわち王国の富である。この富の系譜的説明のためにのみ、ヒルディコはまず黄金の保有者ジークフリートと結婚し寡婦となったとされたのだった。ジークフリートの謀殺のモチーフはこの古伝承ではまったく問題とされていない。すべてはアッティラのブルグント族謀殺に対する復讐に収斂する。

以上の〈ブルグント族の滅亡－復讐〉伝説は、王国中断直後からライン流域で同時代的叙事詩の主題となったらしいのだが、この古ゲルマン叙事詩は失われた。しかしその後、それは上のジークフリート伝説の北方神話との習合と似た形で、十一世紀頃北欧の伝承集成エッダの中に復活した（それは〈アトリの歌〉というジャンルに収斂する）。[13] アトリとはエッツェル＝アッティラの北欧形である。[14] この〈アトリの歌〉が、それから二百年ほど後になって『ニーベルンゲンの歌』の作者が〈クリエムヒルトの復讐〉物語を造型する際に参照した、直接かあるいは同系統の伝説素材である。こうした系譜を通観すれば、このアッティラに対する復讐伝説が、結局はニーベルンゲン伝承の結節点的な機能を果たしていることがわかる。再び血讐素分析の手法に拠って、このエッダ伝承での〈グドルーン（エッダでのクリエムヒルト〉の復讐〉を検討してみよう。

〈葛藤〉の血讐素――原 - 毒殺復讐譚（アッティラの妻ヒルディコによる毒殺伝承）では、ブルグント族の滅亡は四三七年の史実を基にし、また毒殺は史実のアッティラの死が四五三年であるから、二つの事実はヒルディコの復讐の念においてのみ連結されている。それをエッダ伝承は、〈劇的三一致〉（時、場所、テーマの統一）的な原理で一つのプロットへ総合した。伏線は、ジークフリートの死によって寡婦となったグドルーンがアトリ（アッティラ）に輿入れし、すでに二人の王子を産んでいること、そしてジークフリートの〈ラインの黄金〉がブルグント王族のものとなっていること、この二つである。葛藤はしたがって、すべてアトリの欲心からの謀殺を淵源としている。アトリの招待が謀殺を狙っていることを予感した王妃グドルーンは、グンナル（グンテル王）とヘグニ（ハゲネ）の兄弟に（ハゲネはここでも王弟である）警告するが、行き違いがあって、結局兄弟は宮廷に姿を現わす。捕えられて〈ラインの黄金〉を身代金によこせとアトリから脅迫されるが、それを二人とも拒んで殺される。葛藤は財宝の略奪、その拒否という単純なモチーフとして示されているが、それはすでに中世的血讐の範疇にあることを見逃してはならないだろう。つまり寡婦の財産であったはずの亡夫ジークフリート所有の巨万の富は、もともとその所属がきわめて曖昧なものであり、その曖昧さは親族 - 相続制度と相関したものであることを考えれば、ここには典型的な形で中世的所有の多元性（M・ブロックも石母田正もこの所有観念の多元性に中世的下部構造の一つの本質を見ている[15]）が血讐の素因としての〈葛藤〉を形成していると見ることができるからである。

〈擁護〉の血讐素――『ニーベルンゲンの歌』での仇討の根拠は、すでに十分に内面化された個の意識だが、それは上に述べたように古層の部族社会的エートスと強い対立、葛藤状態にある（〈擁護〉が単純な外的習俗の参照にとどまらず、それ自体が内的な〈葛藤〉を実体としているところに『ニーベルンゲンの歌』の中世叙事詩としての定位的な深度というものがあるわけだが、これは本章のテーマである〈修羅の双数化〉の現象とも、またより広く〈中世的情念の一元性（普遍的参照の可能性）〉（本書「結び」参照）とも本質連関する事象なので、血讐素の比較が終わった後に今一度立ち戻ることとしたい）。いずれにせよ、〈擁護〉の論理の自己分裂は、エッダに受容された後の（五、六世紀に成立していたと推測されるブルグント古叙事詩を基体とした）古伝承においても萌芽的にではあるが観察されることは興味深い。それはつまり〈持参金〉の所属の問題である。〈蛮族の侵入〉以来の姻族関係は、つねにこの〈持参金〉の問題で揺れていた。これは後代の中世イタリアでの習俗史料だが、ゲルマン支族のロンバルド族の侵入によって始まったイタリア中世は、それまでのローマ法で安定した慣習として確立していた〈持参金〉と並んで、支配部族の〈後朝《きぬぎぬ》の贈り物〉（Morgengabe）の慣習を並存させることになった（ダヴィッドゾーンに拠る(16)）。持参金はもちろん妻方が夫方に与える財産分与だが、〈後朝の贈り物〉は逆に夫方が妻方に支払う（こちらがおそらくより古層の習俗だろう。それはレヴィ＝ストロースの『親族の基本構造』における原初的な〈交換〉の観念に適合するからである）。イタリアにおけるこの婚姻習俗の二元性は初期中世を通じて見られる現象で、それが再び〈持参金〉の方向に統一されていったのは、ローマ法が力強い復活傾向を見せ始める十三世紀以降のことであった。したがってここでも、中世的所有の観念的多元性を確認できるばかりか、アッティラとブルグント族の対立の根源にこの〈持参金〉（アッティラが寡婦クリエムヒルトに期待する亡夫ジークフリートの財産所有権〉と〈後朝の贈り物〉（ブルグント族がアッテイラに期待する輿入れの代償）との根本的な対立が置かれていると考えることもできる。少なくとも『ニーベルンゲンの歌』の作者はその点を敏感に感じ取っただろう。それはクリエムヒルトの復讐がつねに〈略奪された亡夫の富＝寡婦である自分に属するべき富〉の所有観念と重合している点に観察される。クリエムヒルトの所有観念は、同時代的なローマ法復活に影響された時代の新思潮の側面（〈持参金〉として亡夫の財産を持ってアッティラに輿入れする）と、その深層にゲルマンの古俗（亡夫ジークフリートは自分との結婚の〈後朝の贈り物〉として〈ラインの黄金〉の所有権の少なくとも一部はくれたはずだという前提）を有する、それ自体多元的なもの、あるいは二元的に分裂したものである。この分裂は、この時代の所有権の曖昧さをめぐる情念的基底というものを典型的に示しているように思われる。実際に『ニーベルンゲンの歌』中に描かれた王族と辺境伯の婚姻においては、〈後朝の贈り物〉と〈持参金〉が双方向的に並存した状態で描かれているのだが（第二十七歌章一六八〇連以下）、おそらくこれは同時代的な現実態でもあったのだろう。

〈解決〉の血讐素――『ニーベルンゲンの歌』には、もちろん社会的調停の意味での〈解決〉は存在しない。それは全面的な破局の姿を示している。クリエムヒルトとエッツェルとの間に生まれた王子はハゲネに殺され、クリエムヒルトは亡夫の復讐のためにハゲネのみならず兄グンテルの死をも招く。クリエムヒルト自身もエッツェルの客人格の老英雄ヒルデブラントに殺される。エッツェルはすべてを失ったが、生き延びたのだった（古伝承がエッツェルに対する復讐譚だったことからは完全に離脱する）。この破局はしかし、血讐の無限連鎖とは違った型の運命性を示すことに注意しなければならない。共同体が直面するエートスの袋小路は、新旧の共同体倫理の二律背反として明確に把握されており（それは特に辺境伯リュエデゲールの真にゲルマン的な内的葛藤として呈示される――後述）、それは横方向の無限連鎖ではなく、むしろ縦方向の理念上の分裂、葛藤による破局なのである。その意味では、この破局自体が血讐の単純連鎖を断ち切る働きをしているのであり、それが生き残った蛮族の王エッツェルを廃墟となった王宮に残す一つの根拠ともなっている。つまり彼は、謀殺と復讐の対象であることをやめ、むしろ高貴な異邦人として運命的破局の証人となるのである。彼の他にはゲルマン古伝説の英雄、ヒルデブラントとディエートリヒがやはり生き証人としてエッツェルと共に廃墟に立つことになる。あるいは、これが〈神々の黄昏〉の原風景なのかもしれない。その内実は自同的主体そのものに内在する自己矛盾、内的崩壊の過程であり、ここで黄昏れるのは脆弱な中世的制度に生きた自同的実存そのものの主体原理である。自己矛盾に陥った制度の全面的な崩壊、それはつまりは〈運命〉的定位心象上の中世的実存にとっての〈状況〉の実相でもあった。かれらの自同性はこの黄昏においてこそ輝きわたり、貫徹する。ハゲネもグンテルもクリエムヒルトも、甦ったギリシア神話の運命‐英雄‐主体の側面を確実に有している。彼らによって媒介された集住的定位の核心は、ドイツ観念論の運命概念を経て、ワーグナー、ニーチェの時代にまで達し、そのカリカチュアとしての〈意志の勝利〉（リーフェンシュタール）の現代へと至った（『事件の現象学2』第一章参照）。しかしこれは事柄の一面にすぎず、系譜的な照応の基軸上で生起した運命的定位の後日談である。中世そのものの定位的‐実存的固有性は、ハゲネ、グンテル、クリエムヒルト、そして誰よりもリュエデゲールのその内的矛盾そのものに宿っていた。それは運命的主体の自同性を弛緩させ、対他化し、ついには双数的に脱自化する。この自同性崩壊の両義性を『ニーベルンゲンの歌』の定位心象世界の核心に認めねばならないだろう（双数的定位の契機はこれからすぐまとめて観察する）。

これに対して古ーブルグント叙事詩、およびその素材が受容されたエッダ伝承における（〈アトリの歌〉における）〈解決〉は、やはり新旧二層の情念型を内包しているが、こちらは中世初期的な血讐論理が表層であり、その深層に形骸化し、化石化した集住的運命観が埋め込まれている、という『ニーベルンゲンの歌』とはちょうど逆転した構造体となっている。血讐論理はクリエムヒルトにおいて貫徹され、兄弟の謀殺に対する復讐は現夫である王アトリの惨死によって終局に至るのだが、それは中世盛期の血讐習俗とは違って、いかなる賠償も仲介も拒絶する中世以前の部族社会性を色濃く残したものである。したがって復讐は、王のみならず王の親族、つまり宮廷にいたフン族のすべてに及ぶことになる。王宮を焼き、その炎の中でみずからも果てるという凄惨な終局は、血讐そのものに関しては破局ではなく、むしろ一つの解決として呈示される必然性があった。この必然性の根拠は、古伝承における血讐素の部族社会的神話性にある。しかしこの血讐的解決が、王の親族として王と自分の間に産まれた王子たちにも及ぶとき、血讐素はより古層の神話素と奇妙な習合を示す。それはギリシア神話における代表的な復讐譚、メディアの復讐とアトレウス王家の親族殺の連鎖を思わせる情念の介在であり、いずれもドラスティックな形で、オーソドックスな中世的血讐とは逆側の非常にアルカイックな血讐素を導入している。つまりそれは異なる親族間の闘諍ではなく、同一親族間の、しかも最も近しい家族間での闘諍と流血であり、親族殺のタブーへと接近する。これにもう一つの太古のタブーが重合する。それは神話儀礼的食人のトポスである。グードルーンは兄弟と一族が謀殺されたことをアトリに報いるために、彼との間に産んだわが子二人を殺し、その心臓を調理して父アトリの酒肴として供する。これはメディアの復讐

（夫に裏切られ子供を殺して復讐する）と、アトレウス王家神話で繰り返された食人的復讐の習合形態を示している。この食人復讐神話のさらに基体には、狩猟社会的加入儀礼における模擬的な（一種肝試し的な）食人の習俗があった（W・ブルケルト『ホモ・ネカーンス』第二章「鼎鍋の廻りの狼男たち」参照）。こうした最古層の儀礼的要素が、神話テクストの受容を介して中世初期の伝承に埋め込まれる過程は、やはり一つの集住的定位の系譜上で把握される必然性があるだろう。血讐伝承そのものが自同的定位の根源に触れるからこそ、こうした先祖返り的な埋め込みが自然に発生したのだと考えられるからである。しかしまた中世初期の社会現実は、もはや集住前後のギリシア・ポリスのそれではなかった。したがって復活した親族内闘諍の神話素は、一つの化石化したモチーフ以上の機能は果たしえないままに、全体から妙に浮き立つ形でモザイク状に埋め込まれるに留まり、それ自体から有機的なモチーフ、プロットが生成することはなかった。グードルーンが近親の復讐と異‐親族集団（部族集団）に対する報復を自己の血讐原理とする以上、異集団との間に産まれたいわばヘテロな実存である自分の子供たちを血讐の贄として屠るというモチーフ自体、その一元的な血讐原理によっては〈解決〉不能となるからである。したがって古伝承におけるプロット形成の主導権は、やはりあくまで〈解決〉に至る親族的血讐の原理の側にあった、そしてそれが、この古伝承を中世叙事詩の原初的な素材としえた習俗的根拠なのだと考えねばならないだろう。

以上、⑴、⑵の血讐譚のそれぞれが内包する新旧二層の伝承を〈血讐素〉の観点から比較参照してみたわけだが、全体としてニーベルンゲン伝説の構造を通観してみると、やはりそこには中世的制度のマクロの生成－変容過程というものが、伝承の内的変容へと反照されていることに気づかされる。この現実－伝説の照応の基軸となる制度的変容を一言で総括すれば、〈**崩壊する古代的親族制度の封建的再編**〉という概念で括ることができるだろう。それはさしあたり、封建的従属関係の擬似親族性として現象する。M・ブロックは、「人的従属の諸関係が歴史に登場したのは、もはや十分な機能を果たさなくなった血縁的連帯性の代替物ないし補完物としてであった」とテーゼ化している（『封建社会』[17]）。これは石母田正が惣領制的初期武士団の形成の中核にみる擬似－拡大親族的性格（『中世的世界の形成』[18]）と本質的には同一の組織模倣原理（一種のシンタクス浮遊）である。地侍が〈党〉へと組織されるとき、この親族原理の主体的模倣は広範な範疇に及び、そこには「父子、兄弟、甥、聟、妹聟、舅、相舅、烏帽子親、烏帽子子」などが含まれていた（石母田正、同前）。特に**姻族関係の主体的操作**は封建的組織の核心であり、再びこの点で、西洋中世、中国中世、日本中世は同一の擬似親族的拡大制度の趨勢を示している。『三国志』の〈英雄〉相互の人的関係（臣従や義兄弟、あるいはそれらの両方）は次世代では姻族的組織化によって擬似的に拡大親族を模倣する。日本の〈武家の棟梁〉が地方の有力御家人クラスと乳母子関係や、さらには直接の姻族関係に入る傾向を持っていたことは源義朝の例で確認した（本書第一章第三節参照）。同様の姻族的縁ゆえの拡大は、義朝の遺児頼朝においても観察されることは次節で検討するが、義朝の父為朝に至っては、その長年の低い官位と武人としての閉塞感を「子沢山」によって解消しようとしたような形跡すらある。『保元物語』の伝えるところによれば、彼の夢は「男子を六十六人まうけて、六十六ケ国（つまり日本全国）に一人づゝをかん」というものであった（『保元物語』[19]）。「心に任せず」四六人までしか息子は産まれなかったが、その息子たちは次々と地方有力者の「聟」に出した。つまり姻族による御家人集団の形成が逼塞した〈武家の棟梁〉の人生の夢となったわけである。

　こうした封建的主従組織の擬似親族化は、双方向の弁証法的過程である。つまり主従組織が親族原理を模倣するとき、当然ながら主従関係は家族化し、いわば「ウェットな」心情性を示すが、また逆に親族関係そのものが封建的主従情念に浸潤される、という逆側の事態も生じる。これは、親族関係の家父長的階層化が進行するという秩序形成の側面だけに限定されるものではない。逆向きの秩序破壊のカオスもまた、主従関係から親族制度（擬似親族制度）を浸潤し、内部からその本来の紐帯を切断する。なぜなら、封建的主従関係の核心であった所有の流動化、そしてそれをめぐる激しい闘諍が、親族制度内部にも持ち込まれるからである。この親族内闘諍の根拠こそ、元来は二つの異質な制度（主従制度、親族制度）の相互浸潤に他ならない。一言で言えば、**中世的制度は主従関係を親族化し、親族関係を主従化することで、その主従がめざす所有の闘諍をあらゆる局面に拡大する**。こうして所領争いが、相続争いが封建制度においても親族制度においても常態化するのである。

　この闘諍の相互浸潤（封建的闘諍と親族的闘諍の相互規定）の一つの系は、**血讐習俗の封建制度内への侵入**である。これは日本や中国においてよりも、西洋において特に強く顕在化した現象だった。M・ブロックはこの習俗的融合の根拠を、「親族集団と家士制の紐帯との社会的使命の同一性」だと考えている[20]。この主張は、血讐習俗の拡大という事象に限定すれば、それはたしかにヨーロッパ中世において特に激しかったわけであるから正しい観点なのだろう。しかしこれは事柄の半面であって、親族的血讐原理が逆に封建的闘諍、つまり領地争いや相続争いによって浸潤される、という逆側の弁証法的過程を見逃しているように思える。この親族的エートスの封建的解体こそが『ニーベルンゲンの歌』の隠れた主題でもあり、またそれは日本中世においても同様の力学から『曾我物語』という仇討物語を産む真の原動力、普遍中世的なマクロの状況要因であったと見なければならない。その状況要因とは、一言で言って〈**関係の双数化**〉である。この双数化は封建的主従制度と中世的親族制度の結節点で発生する弁証法の帰結であるから、再びここでもこのミニマムな共同性が双方向的に主従関係と親族関係の両範疇を本質規定することになる。

こうして夫婦の絆の化身クリエムヒルトの横に、封建的エートスの化身リュエデゲールが登場する必然性が生じる。両者は共に双数性とエートスの葛藤の刻印を帯びた中世的実存の範例である。そしてその範例性は、内的エクリチュールの造型という、やはり中世固有の定位事象の範例性へと外化することになる（内的エクリチュールは恒に外的テクストへと具体化される）。

クリエムヒルトは夫ジークフリートを謀殺される種を自分で蒔いた。「血族」に対する信頼からハゲネに夫の急所を教えたことが、不死の英雄を死地に追いやった（第十五歌章八九八連）。夫の死を知った彼女の嘆きは、最初「血族」的な血讐観念に全面的に規定されていた（復讐の結果、相手の親族が今の自分のように泣くこと、それが彼女の夢となる――第十七歌章一〇二四連）。親族ハゲネが下手人だと知る前の彼女のエートスは、いまだに分裂を知らず、古い血讐原理に貫徹されている。この原理は近親ハゲネが亡夫の仇だと知ることで自己矛盾に陥る（それは崩壊ではなく自己矛盾である）。彼女の仇討の半分の動機は、右に述べたように、夫そして自分に属すべき〈ラインの黄金〉をめぐっており、特に仇討の最終的局面でこの所有の復活が一種血讐に対する賠償金のような様相を呈し始める（それに伴ってこの財産譲渡を拒否するハゲネの側の悲劇性が強まり、反比例的にクリエムヒルトの復讐情念はマージナル化していく、というプロット上の破綻に近い矛盾が生じる)。同様の古い親族観念の残存は、舅ジゲムントが彼女を異郷(ジークフリートの故郷ニーデルラント)に伴おうと誘ったとき、ハゲネの顔を毎日見る苦痛を知りつつも結局近親の勧めで「嫁」として異郷に赴くのではなく、寡婦として故郷にとどまることを選ぶという決断においても顕在化している(第十八歌章一〇八一連以下)。彼女の復讐情念は、エッツェルの求婚が辺境伯リュエデゲールという勇士の登場によって告げられることで具体化への機縁をつかんだ。それは単に大王の寵姫に収まる、という受け身のものではない。フン族の中にリュエデゲールのような帰属したゲルマンの勇士たちが多数いることが、復讐の可能性を確信させるのである。したがって復讐へ向けた最初の行為はリュエデゲールに対する巨万の〈贈り物〉であった(第二十歌章一二七〇連以下)。それはリュエデゲール個人に対するもの、あるいは彼に配下の勇士への分配を依頼するという一括した贈与ではなく、「家来のすべてに」個々に贈られたものであった。つまりクリエムヒルトは、リュエデゲールの家士団の全員およびリュエデゲール個人と〈オマージュ〉的な主従関係に入ったのである。〈ラインの黄金〉の一部がこうして封建的主従関係へと変容する。そのとき、彼女の復讐情念もまた謀殺への恨みと所有の復権の二つの契機を融合させることになるのである。その融合は内的な決断の場で行なわれた。

リュエデゲールは**すべての家来たちもろとも、**
いつまでも真心から彼女に仕えること、
そしてエッツェルの国の勇士たちも、彼女の名誉を守るためには、
決して何事をも辞しはせぬことを固く誓った。

貞節な妃は考えた。「**私はみじめな女だけれど、**
こんなにたくさんの味方を手に入れた以上、
世の中の人にはなんとでも言いたいように言わせておこう。
いとしい夫の復讐《ふくしゅう》ができさえすれば、そんなことは何であろうか。」
（『ニーベルンゲンの歌(21)』相良守峯訳、太字強調は筆者）

中世的内面性発生の現場がここにはある。それは古い共同体倫理と新しい対他的エートスの葛藤の渦が内攻することによって生じる内面の厚みであり、その厚みの構造原理はもはや自同的個ではない。個は対他へと脱自しつつ双数的関係に入るからである。したがってクリエムヒルトの内的葛藤は、「いとしい夫」との死生の弁証法によってあらかじめ浸潤され、解決への構図が与えられている。しかしまた、その構図は「夫のいとしさ」と「夫の残した財産のいとしさ」の間に分裂する。それは新たな葛藤と自己矛盾の種を宿しているのである。財産への執着が昂進するのは、夫との姻族関係締結の基体である〈後朝の贈り物《モルゲン・ガーベ》〉が同時に封建的主従関係締結の下部構造的基体でもあるからだった。「ラインの黄金のいとしさ」のみならず、そもそも「夫のいとしさ」も封建的権力意志と不可分の関係にある。これがクリエムヒルト的、すなわち中世的内面性の独特の自律性の根拠でもあった。内面の双数的言挙げそのものが、〈誉れ〉への形而上性と〈財宝〉＝権力への形而下性を内包しているからこそ、それは一つの自律的な〈世界〉を構成するのである。われわれがすでにあらゆる場面で出会ったこの形而下と形而上の二元的並存を分裂としてではなく、一つの統一として感受するものこそが中世的心性なのであった（『形而上の中世都市』第七章第二節参照)。

しかしより深い葛藤、より深い矛盾の可能性というものがすでにこのクリエムヒルトの慨嘆には内在している。それは〈人の現前撥無〉(「世の中の人にはなんとでも言いたいように言わせておこう」同前)と定式化できる。これもまた中世的経験の基体の一つであった。それは見世物を共に楽しむ都市住人の公共性であり(『形而上の中世都市』第六章第一節参照)、また武闘的主体や往生の主体を〈囃す〉京童たちでもあった(同前、第六章第二節参照)。クリエムヒルトの内的エクリチュールはこの他者心象を現前させつつも、「言いたいように言わせよう」と斬り捨てることによって、みずからの決意を秘匿する。それはエゴイズム的秘匿ではない。今は亡き「いとしい夫」との双数的関係における超越的な秘匿性である。また亡夫の財産を用いて構築した、勇士リュエデゲールとその家士団との私的主従関係の隠蔽性である(それが何のためなのかはさしあたり臣下たちにも伏せられている、という意味での)。もしこの秘匿的双数関係が超越的ではなく此岸的であるならば、そしてもしこの隠蔽的主従関係の本来の目的が露呈するならば、その外化の現実において内的に解決されていたはずの葛藤はより高次元でのエートス的アポリアとなって主体を拘束する。これがつまりは辺境伯リュエデゲールの二律背反に他ならない。

リュエデゲールは、エッツェルの求婚の使者としてブルグントを訪れ、花嫁クリエムヒルトの提供する多大の贈り物を受け取ることで、将来の王妃と個人的かつ集団的な(家士団を含む)主従関係に入る。[22] 次に彼は、クリエムヒルトの計略でエッツェルの宮廷に招かれるブルグントの王族をみずからの居城で歓待し、王族の一人と姻族関係を結ぶ(娘の一人が王弟と結婚する)。[23] 彼を拘束する社会的な絆はもちろんそれだけではなく、そもそもエッツェルの辺境伯であることそのものが御恩‐奉公の範疇にある。『ニーベルンゲンの歌』の作者はさらに繊細にモチーフ造型を続け、辺境伯が封土をまったく持たず、武勇のみで地位を勝ちえた職能的武人であることをさりげなく織り込む[24]。ブルグント族とフン族がエッツェルの宮廷で死闘を始めたとき、この三つの絆のうち二つ、つまりエッツェルに対する公的な臣従と王妃クリエムヒルトに対する私的な臣従は、フン族のために戦うこと、そしてクリエムヒルトの仇討の道具となることを命ずる。対して結んだばかりのブルグント王族との姻族関係、そしてそもそも彼がゲルマン出自であり、広い意味でブルグント族と同族関係にあること、この二つの親族原理は彼にブルグント側に立つことを命ずる。彼は封土を持たない武闘能力のみによる諸侯であるから、自分の拠って立つべき「居城」はない。このデラシネ性において、二つの中世的エートスは強烈な弁証法的対立を示す。彼はこの対立において没落するしかない。彼自身の武人としてのエートスはこの本源的なアポリアからの脱出の手段を持たないからである。こうして真にゲルマン的なエートスの弁証法が、はるか後世のカントやクライストと同範疇の葛藤を先取りするかのように雄勁に造型されることになった。

「あなた様に〔クリエムヒルトに〕名誉や生命をも捧げるとお誓い申し上げたことは否みはいたしませぬ。気高いお妃《きさき》様。**しかし魂までも犠牲にするとは誓いませんでした**。私はあの生まれ貴い王様がたを自分でこの饗宴《きょうえん》にお連れ申したのでございます。」

（『ニーベルンゲンの歌[25]』相良守峯訳、太字強調は筆者）

心身の分裂はエートスの分裂を外化しつつ呈示する。この悲劇的情念はまさに生成しつつある中世的制度そのものの分裂であり悲劇でもあった。制度に原初的に存在する親族と主従の二元的分裂、そして相互浸潤の弁証法が制度的論理を前へ前へと進める（すなわち近世的集権へ向けて推し進める）と共に、その巨大に抗しがたい潮流に生きる実存もまたこの分裂と統一を共にするしかない。そしてその統一がアポリアの壁に突き当たって自壊するとき、中世的実存の最も高い香り、その決断の内面性が輝きを放つことになった。クリエムヒルトにおいて超越的に解決されていた亡夫との双数関係は、この二律背反に殉じる辺境伯においては外化された双数関係そのものの対立、アポリアとして感得され経験される。彼は王妃、王への忠誠と、姻族たちそれぞれとの双数関係に引き裂かれ、そのままの姿で討死の修羅へと赴くのである。これは中世固有の実存的悲劇である。リュエデゲールの討死を一つの〈事件〉として止観するならば、そこにおける経験の履歴性、個人性、二律背反性のすべてが古代的〈運命観〉にはない本質的な契機を呈示していることに気づかされる。この変容した（古代的運命‐実存から変容した）中世的悲劇のシテこそが、中世的血讐の、すなわち双数化した闘諍の主体でもある。したがってそこには、古代の知らない鎮魂の可能性もまた潜在する。リュエデゲールはこうして〈魂〉を語るのである。それはキリスト教化の文脈を超えた、しかし中世キリスト教の定位普遍性をも内包する、そうした悲劇的主体の内的超越への志向そのものであった。

　仇討において外化する共同体倫理と双数的エートスの二律背反、そしてそのアポリアが露呈する〈魂〉の超越的志向、これをわれわれは足下の中世においても確認することができる。こうして『ニーベルンゲンの歌』の血讐素は、『曾我物語』のそれと比較参照されうることが了解されるのである。

二　曾我伝説

『緋色の研究』／『吾妻鏡』／『曾我物語』

集団間の復讐原理である血讐習俗から個の情念が乖離する、そしてそれが双数的関係を基体とする仇討情念へと変容するとき、復讐の闘諍‐場は〈夜の都市〉の集団心象と融合する。それは中世的定位の昼の世界を規定する〈形而上の中世都市〉の裏面であり、中世的情念の闇の世界を形成する。それは固有の〈事件〉場でもある。

仇討はしたがって、中世において〈事件〉的定位が収斂する一つのトポスなのだが、その都市性はひとまずは隠蔽されている。仇討の都市的事件性、そして仇討情念の中核にある一つの運命‐天命‐因縁的実存定位を、われわれの〈事件の現象学〉のマクロ系譜に位置づけることは、さしあたり非常に困難に思える。クリエムヒルトの復讐もフン族の都市‐王宮で行なわれるものの、その都市（エッツェルンブルク＝エッツェルの町）（第二十二歌章一三七九連）はいかなる意味でも叙事詩の背景としての都市‐場を形成していない。王宮は抽象的なインテリア空間を構成するのみで、そこには都市的界限性は存在しない。したがって遊歩的界限性は、ここでも理念化され観念化された〈往来〉（ブルグントの故郷から異国の王宮への道行そのもの）に拡散し、この拡散の観念性がつまりは中世的都市性の本質でもあったわけだが（『形而上の中世都市』第二章参照）、その〈往来〉上で催される中世的都市祝祭、そしてそこに集う散歩人たちというものを思い浮かべることが比較的容易であるのに対して（市を近辺に持つ神社縁日での能・狂言の開催を挙げれば足りる）、非日常的定位の根幹であるはずの遊歩的行為を、例えば『ニーベルンゲンの歌』において検証するためにはかなり高度の概念的操作を必要とすることはたしかである。それはもちろん不可能ではないのだが（そしてその骨格はすでに前節の分析の外枠として何度か浮かび上がってはいるのだが）、本シリーズの古代篇で示された、それなりに輪郭のはっきりした、〈運命〉的遊歩、〈因縁〉的遊歩、〈天命〉的遊歩の類型性が、観念化し形而上化した中世的都市世界においていかなる系譜的転生を遂げたか、という根幹の問いはいまだ十分明確な形で解明されたとは言えない。

そこで、一つ実験的な飛躍を行なって、中世的個の情念にたしかに内在する都市的定位性、一言で言えば遊歩的事件性というものを際立たせてみることにしよう。

実験とは、つまり仇討－事件の典型を、他の時代、他の都市に求め、無都市的仇討（中世的仇討）と都市的仇討とを比較参照することで、後者の中に無都市的（中世的）界隈性を、前者の中に都市的界隈性の契機を再発見することである。

こうしてわれわれは中世的仇討に照応する都市的エクリチュール、シャーロック・ホームズの徘徊する夜のロンドンへと赴く対自－遊歩の権利を獲得したことになる。

夜の大都市での犯行。そこには成金紳士の死体と、大量の血と、壁に〈復讐〉（Rache）という謎めいたドイツ語が残されていた。〈還元的推理《ディダクション》〉の大家、ホームズと閑をもてあましたアフガン戦争帰りの医師ワトスンの登場となる。言うまでもなくホームズ・シリーズの開幕を告げる近代探偵小説の傑作『緋色の研究』（*A Study in Scarlet*, 一八八七年）の冒頭である。

この深夜の殺人事件が、一つの典型的な、その意味において前近代的な情念性を色濃く示す〈仇討物語〉であることは、これまでの研究が奇妙に見逃してきた事実である。仇討のディテールに関する大量の事実はすでに蒐集されている。しかし画竜点睛、最後の〈推理〉が欠如しているため、なぜロンドンの借家の壁に〈復讐《ラッヘ》〉という場違いなドイツ語が大書されたのか、はたしてそれは犯人が自白したとおり、単なる〈推理〉をそらすための目くらましだったのか否かすらはっきりしない。さらにこの探偵小説の古典がドイツ語に麗々しく（なかなかの挿絵入りで）訳されたとき、犯人の自白ではなく彼の犯行現場での書体《エクリチュール》の方を採用して『遅れた復讐』（Späte Rache）と改題された(26)、その根拠は何なのか。こちらの表題の方が、少なくとも犯人の犯意はより正確に記録している。だとすれば、〈緋色〉についての〈研究〉の方がずっと目くらましっぽいペダントリーである。つまりホームズの自己韜晦そのものがなんらかの「犯意」を隠しており、それこそが大英帝国のデカダンスとして〈研究〉に値するとすれば……

　ホームズというペルソナは奇妙に模倣を誘うようだが、その誘惑には負けず、この深夜ロンドンの仇討の実相に迫るように心懸けよう。それをやはり深夜の仇討である『曾我物語』と比較することが、目下のわれわれの課題である。どこに遊歩的実存の系譜は確認されるか。富士巻狩の仮屋と、大英帝国ロンドンの場末をつなぐ、一つの〈夜の都市〉の系譜というものは存在するのか。

　世の中にはまったく役に立たないことがあって、それが役に立たないとわかっているのに奇妙に人々を惹きつけるものがある。ホームズという曖昧なペルソナに対する〈推理〉、つまりホームズ註釈学なるものはその最たる例だろう。ワトスンの怪我の場所がシリーズの途中で変わっている、そこにははたして何があったのか、という類の難問が次々と註釈を生んでいく、それはある意味で、中世スコラ学の進展に似た、まったく世の中を益することのない、しかしどうしてか人を夢中にさせる時間の無駄である。

時間の無駄。無駄をする時間をたっぷりと持っている。持ちすぎるほど持っている。それが都市人の一つの相貌ではないか。

そして閑を持てあます都市人は、夜の都市を徘徊する遊歩人へと変容する。遊歩的事件蒐集家の典型ボードレールが、自分のどうしようもなく無駄な時間をすべて注ぎ込んだ観のある詩集『悪の華』を、〈退屈《アンニュイ》〉へのオマージュから始めるのは理の当然でもあった。心象世界の夜の都市に向けての魂離れ。それはインド産マホガニーの快適な安楽椅子に座り、自分の部屋の鍵がしっかりと安全に閉められていること、ここでは殺人事件など起こりようがないことを確かめた上で、新刊の小説『緋色の研究』に熱中するヴィクトリア朝華やかなりし時代の大英帝国紳士の夜の姿でもある。だとすれば、『曾我物語』の仇討に手に汗握る日本中世の聴衆、そして読者もまた、どこかでこの都市的遊歩、都市的な魂離れを共にしていたと考えざるをえない。なぜなら、そこで展開される〈事件〉そのものが〈退屈〉とは無縁な、〈夜の都市〉の臨場感によって、人々にしばし自分の今現在の姿と場所を忘れさせる類の魂寄せーエクリチュールであるから。

〈夜の都市〉を舞台とする〈事件〉エクリチュールはどうしてこうも都市人を惹きつけるのか。そして大量の時間を無駄にさせるのか。こう自問してみると、青春時代以来、デュパンやホームズ、メグレやポワロ、そして正木教授（夢野久作『ドグラ・マグラ』）に空費させられた、ああ、なんと大量の時間、その多大なる無駄に忸怩たる反省、恥じらいの気持ちを感じないですむ現代都市人ははたして存在しうるのだろうか。そしてまた、ホームズについての註釈、研究書の数々、そのあまりの面白さ。その中で最たるものは『シャーロック・ホームズ註解』（*The Annottaed Sherlock Holmes*, 1967）に極まるだろう。その精確さ、客観性、公平無私であること、忘れ去られた事実の想起と記録、すべての点で、これにまさる註釈書を挙げよ、と言われても筆者は多大の困難を感じざるをえない。

問題は、ホームズ風に言うなら〈見逃された事実〉それのみである。どうして『緋色の研究』が仇討物語であることが見逃されてきたのか。

『緋色の研究』と『曾我物語』をつなぐものは、たしかに存在する。

それは〈仇討〉の情念がケの裏社会的界隈での〈凶行〉に収斂する、という点にまず確認できる。例えばそれは、近松が素材とした江戸期の〈仇討〉のハレ的性格、公開性と逆側の闇の情念である。これはつまり、江戸期の〈仇討〉が制度的な是認を経た、末期的形態の〈仇討〉イデオロギーであったのに対し、中世期の仇討は一つの確固たる実存的情念であり、制度的基盤というよりは社会習俗的な基盤を持つものだったからである（したがってそれは制度の〈道理〉としばしば真っ向から衝突した――後述）。この闇の、ケの界隈性が世紀末ロンドンの〈仇討〉奇譚を江戸的近世のそれではなく、中世期の闇の情念へと遡行させる根拠である。

婚約者を奪われ、舅を殺された男の復讐譚。男は死んだ婚約者の幻影を追いつつ、その死の原因であるモルモン教団のエリートを追いつつ、御者に変装して夜のメトロポールを徘徊する。先端的都市流通の媒体である乗合馬車が、〈仇討〉という中世的情念の用具となる。その不思議な整合性。やがて成金的な散財を続けるターゲットを尾行するうちに、偶然が味方する。酔った男は仇敵の馬車にふらふらと乗り込む。

やつが、**わたしの馬車とも知らずに飛び込んできたときには**、うれしさで胸が一杯になり、この大事な瀬戸際に持病の動脈瘤が破裂してしまうんじゃないかと心配になったほどでした。わたしはゆっくりと馬車を走らせながら、どうするのが一番の上策だろうかといろいろ考え続けました。……時刻は十二時をすぎて、もう一時近く、強風が吹き荒れ、雨がはげしく降り注ぐ、冷え冷えとした夜でした。**外の風景は鬱陶しいものでしたが、内側は、わたしの心は明るくはずんでいました。**

（コナン・ドイル『緋色の研究』[27]、太字強調は筆者）

夜の大都会での復讐譚。都市的雑踏の一瞬のあわいに被害者と加害者は偶然遭遇する、そして事件＝犯行は必然の静謐さを伴って進行する。都市の外顔と遊歩的実存の内部は照応しつつ、また乖離する。ドイルの残したテクストが、ここで最も普遍的な位相での都市的実存の描出に成功しているのは、選ばれた一人称の主観性の窓が運命的定位から因縁的定位の方向へと偏差しつつ、事件‐主体の普遍性へとエゴの拡散、自同性の魂離れ的希釈の自然な過程を記録しているからに他ならない。魂離れの内実は、〈夜の都市〉と遊歩的主体が普遍的に有する近親性、その溶融から生ずる脱自的陶酔の自由である。しかしまたその自由は、仇討情念という目的志向に規定された特異に超越的な情念であり、そのトポロジカルな源泉はもはや大英帝国のロンドンにはない。それは他者から、新大陸から、ドイツから流れ入る古き犯意であり、ドイルの達成した都市実存的エクリチュールは、再び大衆小説的プロットへとジャンル化されつつ超越性を失い、此岸の都市モブの彷徨へと地上化する。設定された復讐情念そのものの淵源は中世的な親族内闘諍にあり、ロンドンの裏社会にも、またその裏社会で妄想されるモルモン教的放蕩にも、ドイツ的後進性にも真の根拠を持たない。ここでは中世的復讐情念の超越性は化石化しつつ、近代都市的エクリチュールの遊歩的好奇心の対象＝探偵小説的〈犯行〉へと変容している。確認できるのはトポスの系譜であって、情念の系譜ではない。遊歩的実存の普遍性であって、仇討‐遊歩の普遍性ではない。遊歩が親族内的修羅と習合するところにこそ、中世的事件が醸成される根拠もまた存在したからである。

したがってジェファースン・ホープにおいて化石化し、審美的形態に留まったもの、それが曾我兄弟において充実した実存を呈示しているのは、やはり近代都市ロンドンと中世的界隈である富士の巻狩の本質的な差異でもある。しかしまた、その差異にもかかわらず夜の界隈、そして遊歩における陶酔、自由、覚醒は両者に共通の契機であることにも注意しなければならない。兄弟はそのように遊歩的実存として仇討の現場に近づいていく。最後の関所、曲者梶原景時の「屋形」前を過ぎるときに、中世的事件の骨格が顕在化する。投企《エントヴルフ》、偶然、そして「神慮」……

……梶原といふ曲者の屋形の前、いかゞすべき。我らを見しりたる者なり。されども、帰るべき道にもあらず。浮沈、こゝにきわまれり。**運にまかせよ**」とてとをる。案のごとく、辻がための兵数十人、長具足たてならべ、誠にきびしく見えたり。せん方なくして、**南無二所権現、たすけ給へ**」**と祈念して**、しらぬ様にてとおりける。されども、**神慮の御たすけにや**、とがむる者もなかりけり。「**すはや、よきぞ**」**とさゝやきて**、足早にこそとおりけれ。たゞ事ならずとぞ見へける。

（『曾我物語』[28]、傍線および太字強調は筆者）

遊歩的実存は都市的状況と脱自的に溶融する（『事件の現象学1』「結び」参照）。この溶融をエクリチュール上に実現する手段として、ドイルは犯人の事後的告白体＝ドストエフスキー的対話の範疇に近い一人称を用い成功した。対話的間主観性がバフチンの意味で（『ドストエフスキイ論』）エゴの志向性を多元化し（カーニバル化し）、夜の遊歩特有の脱自的陶酔を表現する媒体となりうるからである。同じ脱自的溶融が巻狩の仮屋をさまよう曾我兄弟においても遊歩的陶酔の徴表となり、語り手もまた人称の操作によってこの陶酔を表現しようとしている。この両者に共通するジャンル化の原理は、大英帝国のロンドンと日本中世の富士裾野を一つのエクリチュール・シンタクスで結合しているわけだが、そのジャンル的一元性の真の根拠は、遊歩的実存そのものの脱自性にある。引用したテクストの地の文は、語り手の設定する記述的三人称だが、それは事態の切迫に伴っていわゆる〈草子地〉的な語り手自身の一人称と融合する（波線の部分）。この独特の人称のゆらぎは、謡曲において定型化された〈語り〉部分における人称変容と根本的には同一の言語的儀礼現象であり、その究極の根拠は語り物の根源にある**シャーマニズム的脱自性**そのものにある。この語り－儀礼－場の時空の歪みによって、つまり間主観的な非日常的人称変容の力学場において、主人公である遊歩的実存そのものの陶酔的脱自がやはり人称の変容、融合として現象する。地の三人称から内的モノローグ（傍線部分）が連続し（その場合発話は」のみで区切られ「を欠いている）、また兄弟の囁きと祈念の内語とは同一の次元に置かれる（二重線部分）。こうした遊歩者固有の脱自的人称変容は、ボードレールやニーチェ、また石川啄木や一葉の登場人物（『にごりえ』など）において、それぞれのエクリチュール原理を提供した都市的根源体験であるが、ドイルの描くジェファースン・ホープの夜の尾行も、『曾我物語』の描く兄弟の夜の徘徊も、その陶酔的脱自性において普遍的な都市的定位、その〈事件〉蒐集主体としての自我構造を呈示していると見てまちがいない。しかし〈事件〉蒐集主体である彼らはまた、同時に〈仇討‐事件〉のシテでもあった。したがって遊歩者において不確定にとどまる彷徨行為の目的性というものが、彼らの場合には厳然として存在する。つまり徘徊彷徨は見せかけであり、明確な行為の目的を有する彼らの遊歩の内実は〈道行〉である。それに応じて、その目的成就のための〈祈念〉が内的な志向を方向づける（この方向づけはホープにおいても〈神慮〉のモチーフとして――やはり大衆文学的に化石化したトポスとして――顕われている）。運任せ‐祈念の二律背反上で（偶然‐神慮の二律背反上で）、仇討は一つの事件となる。それは遊歩的実存の主体化であり、事件的定位の主体的範疇の一つでもある（現代都市の〈夜の都市〉で、遊歩的無目的性が病理的に目的化される犯罪‐ジャンルの一つにストーカーがある。それはしかし、いかなる実存的情念の器ともなりえないアトム的エゴの退嬰現象にすぎない。意味内実はまったく失われ、かろうじてシンタクス的同型性のみが彼らとホープ、曾我兄弟をつないでいる）。

中世期において事件的定位が合戦修羅と仇討に分岐していったことは、中世という状況の本質から派生する遊歩的実存の造型であった。中世的合戦が〈夜討〉という事件性に富む奇襲戦法を範疇化したように（中世初期に名を挙げた武将はほとんどすべて夜討の熟達者だった）、仇討は〈夜の都市〉での情念的徘徊をエクリチュール化する。だからこそ、富士の裾野をさまよう曾我兄弟は、大英帝国のロンドンを彷徨するジェファースン・ホープの夜の尾行を先取りすることにもなった。それは結局〈夜の都市〉そのものに恒に内在する制度的秩序の弛緩、ケの実存の跳梁勇躍というものの中世的な発現形態である。したがって仇討的実存とは、脱・制度的‐反・制度的なデラシネ的アトムの謂でもある。その際、主体のデラシネ化は、古代や近世におけるごとく都市的界隈において行なわれるのではなく、観念上の都市状況、つまり〈形而上の中世都市〉で行なわれる。これがまた中世的状況下での〈夜の都市〉を二重に観念化し超越化することになる。この超越の香りは、近世が再び〈夜の都市〉を実在の都市界隈へと外化した後も、仇討的徘徊に限っては（つまり上述した仇討の現場の公開性にではなく）特異な闇、特異な都市の迷宮的相貌として保持し続けた。それが雪の日の江戸の夜が、〈忠臣蔵〉の四十七士の道行に対して見せた独特に中世的な相貌でもある。そこにおいては偶有性と祈念が再び遊歩的行為の外枠を規定し、その枠に囲まれた現実の都市は奇妙に非・現実的かつ形而上的な相貌を見せる。この相貌は幕末の闘諍、例えば桜田門外の変（一八六〇年）においても繰り返されることになる。

こうして見ると、仇討－遊歩というものはたしかに強固な都市的系譜性を有していたことがわかる。この系譜上では中世的修羅固有の情念性と並んで、生活的所作の偶有性と儀礼化の並存という中世固有の二元的シンタクス構造も保持され続ける。右の曾我兄弟の例で言えば、「運にまかせよ」と内語しつつ通り抜ける所作の偶有性が、無媒介的に「南無二所権現、たすけ給へ」という定型の祈念儀礼へと連続する。この偶有的所作（広い意味でのアクション－リアリズム）と所作儀礼的定型の並存は、再びあの〈偽仏〉を見破る現実感覚と〈蓮華〉を幻視する象徴感覚の二元的並存という中世的心性の基本構造に通底しているわけだが（『形而上の中世都市』第七章第二節他参照）、仇討エクリチュールにおいては、この二元性が修羅闘諍の情念に浸潤されつつ、決意－道行－格闘という履歴的展開、つまり演劇的ジャンルのプロット基軸に見られる序－破－急的な、やはり根源的に儀礼的な目的的構造体へと分節化されている。このエクリチュール原理は現実の仇討－遊歩的実存の定位行動の本質を反照したものであることはまちがいないが、一度エクリチュール定型へと造型された集団経験は、再度不定形の現実との浸潤関係に入り、その虚実皮膜の間に複雑に充実した弁証法的系譜を形成するのが常態であり、それはこの仇討‐エクリチュールの場合も例外ではない。そうした定型と現実の呼応関係を示す事例を二つ検討しておこう。一つは曾我伝説からそれほど遠くない日本中世の例（『太平記』から）、もう一つは中世的な伝承の最終形態を示す中国の白話文学の例（『水滸伝』から）である。いずれも仇討は夜の闇の中での徘徊から始まる。したがってその点では、〈夜の都市〉の遊歩的徘徊の範疇にいまだ収まる仇討‐徘徊の型を示している。

南北朝動乱の序曲となる正中の変（正中元年（一三二四）九月）前夜、後醍醐帝の右腕として暗躍した近習に日野資朝《すけとも》（一二九〇―一三三二）という能吏タイプの文官がいる。彼は倒幕計画の失敗後、佐渡に流されていたが、元弘の乱（一三三一年）が起こると、幕府は配所での処断を決定し、翌年斬られた。この時、資朝の嫡子阿新《くまわか》はまだ一三歳だったが、佐渡に渡って守護本間入道に助命を請うた。願いも空しく父が斬られると、葬儀を済ませた阿新は潜伏して守護の館近辺を夜な夜な徘徊し命をつけ狙う。彼は守護父子のどちらか一人を刺し殺して自害し、自分と同じ悲嘆を残った親族に味わわせようとしたのだった[29]。これはクリエムヒルトの最初の決意（前節参照）に似て、血讐論理と仇討情念の未分化な習合形態を示している。したがって仇討の当夜、狙っていた父子以外の親族しか館には居ないことがわかったときも、阿新の仇討は血讐の方向へと自然に偏差し、その家人的親族（それはたまたま父を介錯した男でもあった）に父の慙死の意趣を晴らすことになる。この血讐と仇討の間の流動性は曾我兄弟には見られない要因である。しかし闇夜に館に忍び込む阿新のその所作エクリチュールは、明確に曾我兄弟の系譜上にある二元的並存を示している。

……阿新《くまわか》昼《ひる》ハ病由《やむよし》ニテ終日《ひねもす》ニ臥シ、夜ハ忍ヤカニヌケ出テ、本間ガ寝処ナンド細々ニ伺テ、隙《ひま》アラバ彼入道父子ガ間ニ一人サシ殺シテ、腹切ランズル物ヲト思定テゾネライケル。**或夜雨風烈シク吹テ**、番《とのゐ》スル郎等共モ皆遠侍《とほざむらひ》〔門近くの詰め所〕ニ臥タリケレバ、**今コソ待処《まつところ》ノ幸ヨト思テ、本間ガ寝処ノ方ヲ忍テ伺ニ、本間ガ運ヤツヨカリケン、今夜ハ常ノ寝処ヲ替テ、何クニ有トモ見ヘズ。**
……

（『太平記』「長崎新左衛門尉意見事付阿新殿事」(30)、傍線および太字強調は筆者）

傍線部は定型的所作の表現で、特に「腹切」の部分は内的詠嘆の定型性そのままの儀礼所作表象へと連続しているところに特徴がある。対して太字の部分はアド・ホックな事件の夜の偶有性が顕在化した部分で、状況の一回性が所作の一回的リアリズムと照応していることはすぐに見て取れるだろう。このきびきびとしたアクション・リアリズム自体も、実は仇討‐エクリチュールの系譜的定型に一段上の次元で〔語りの規範意識の次元で〕やはり規定されていて、純粋な偶有表現とは質を異にしている。つまり右の曾我兄弟討入の場面にすでに、この阿新討入と同じ偶有性、すなわち仇が「寝処」を変えることによって最後の難関に出会う、という語り物的なクライマックスの演出が施されているからである。したがってその同じ語り物‐儀礼定型的なプロット枠がまずあって、その中で曾我兄弟の逡巡も阿新のためらいも「リアルに」描きこまれているということである。しかしいずれにせよ、エクリチュールの構造原理は同一のリアリズム的偶有性とシンボリズム的定型性の併用であることは容易に確認できるだろう。

同一の仇討エクリチュールは『水滸伝』にも登場する。流刑中の武松がみずからの命を狙う刑吏に復讐する第三十一回の逸話がそれで、この一見単純な仕返しに見える復讐譚が仇討の様相を呈するのは、それが兄の謀殺に対する仇討譚（『金瓶梅』の色豪西門慶が誅殺されるエピソードである）からの因縁として構想されているからである。まず兄の仇討に対する服役があり、その流刑地で今度は賭場の縄張りをめぐる争いで〈好漢〉の器量を見込まれ、負け組に肩入れする。その賭場は流刑地を取り仕切る軍官刑吏（都監）が横領したシマであることから、彼は刑吏に暗殺されかかり、それがこの復讐譚の伏線となるのである。命拾いをした武松は都監の住む都城へ忍び入る。

> **当時《たうじ》武松《ぶしょう》橋上《けうじやう》に立ち、尋思《じんし》する半晌《はんとき》**、躊躇《ちうちよ》起《き》し来りて、怨恨《ゑんこん》天に冲《ちう》す、張都監を殺し得ずんばいか《いかん》ぞ這《この》（一）口の恨気《こんき》を出《いだ》し得んと、**便《すなは》ち死屍《しし》身辺《しんぺん》に去《お》いて腰刀《えうたう》を解下《かいか》し、好的《かうてき》を選んで（一）把《は》を取り、将来《しやうらい》して跨了《これう》し、（一）條《でう》の好朴刀《かうぼくたう》を揀《えら》んで提着《ていちやく》し**、再び逕《たゞち》に孟州城裏に回《かへ》り来《きた》る。城中に進《すゝみ》得《う》れば早く是《これ》黄昏《くわうこん》の時候、只《ただ》見る家々戸を閉ぢ、処ゝ《しよしよ》門に関《くわん》するを。但見る、
> 十字街には熒煌《けいくわう》たる燈火《とうくわ》、九曜寺には杳靄《えうあい》の鐘声。一輪の明月青天に掛り、幾点の疎星碧漢《へきかん》に明らかに、……
> （『水滸伝』第三十一回[31]、幸田露伴国訳、傍線および太字強調は筆者）

再び傍線部は定型表現（駢儷文調の詞）、太字は偶有的所作リアリズムである。復讐の場である城市の定型枠が武松という一個の好漢の所作を包み込むような構造となっている。城に忍び込んだ彼の行動は非常にリアルな偶有性を示しつつ、再び定型化した格闘‐復讐の場面へと連続していく。この二重構造

は『曾我物語』および『太平記』における二元的エクリチュール原理（リアリズムとシンボリズム）の並存と、その内包する契機の二元性においては同一であるものの、その具体化－構造化の原理においては異なった語り物のシンタクス原理から発現している。中世的二元性の溶融は日本中世の語り物において常態化し、主体の志向性をその強い仇討情念において統一しているのに対して、中国白話文学におけるシンボリズムとリアリズムの二重構造は、モジュール化した各構成要素の自律性を最後まで保っている。これはおそらく仇討主体である武松の情念そのものに起因するモジュール性であり、彼の気概は兄への仇討と好漢としての義闘－復讐との間の一種の乖離状況を示している。逆に仇討の場面そのものにはこうした二重構造はそれほど明確には顕在化せず、そこでの所作リアリズムも特異な偶有性を示すというよりは、聴衆の予測の範囲内の現実描写にとどまり、したがって定型と偶有の強い対照性を示すということもない（同前、第二十六回参照）。この本来の仇討情念の潜勢化は、武松の復讐が仇討の個別性を離れた血讐的連鎖へと逆向きに大規模化していることと本質連関しているのだろう（これもまた後でまとめて考察する。血讐と仇討の流動性を示す事例をこれで二つ蒐集したことになる）。いずれにせよ、しかし二重性の構造原理に包まれた夜の都市での徘徊は、日本中世、そして西洋近代の仇討エクリチュールと同一の契機を内包するものであり、この普遍的な原理が固有の地域性に分岐するところに、血讐連鎖というより古い習俗への先祖返りも現象していると見ることができるだろう。

以上で、仇討エクリチュールの時空を超えた自律的形態化原理は一瞥しえたように思うが、この形式に盛られた情念的内実のトポス性（定型性）という点を次に検討しておかねばならない。仇討エクリチュールには、そうした内容的なトポス性というものも普遍的な契機として内在していることが観察されるからである。それは〈他者性〉がまずその他者のエートス面での他者性、つまり〈非道〉へと収斂し、それが仇討の行為に内在する〈凶行〉性をあらかじめ正当化し是認しているという定型性である。この定型性の根拠は一つのエートス・イデオロギーであり、その意味で中世的内面性のやはりエートス的な本質と連動している。もちろん他者の〈非道〉とは、カント的な意味での〈可能的経験《メークリッヘ・エアファールンゲン》〉の範疇に収めるべき、万人の胸中に存在しうる悪行である。つまりそれは、潜在的な先入見としては万人に普遍的なものであり、その普遍性において、仇討主体と客体を修羅的葛藤へと結合する機能を果たす。工藤一族の宿痾的闘諍は、善悪の二元性によって対照される表層のその奥に、同一の欲望（所領、所領闘諍における手段を選ばぬ勝利）においてこそ固く結合されている。そしてこの主体－客体の結合は、ヴィクトリア朝の探偵小説ジャンルにおいても如実に認められる契機であった。主体とはこの場合、刺激－主体としてのエクリチュールであり、客体とはその刺激を消費する探偵小説愛好家のことである。愛好家個人はもちろん立派な家父長であり、幸せな家庭生活をおくっているに違いないのだが（そうあって欲しいものだが）、夜のロンドンは犯罪と売笑の大都会でもあった。モルモン教に対するヴィクトリア朝の強い偏見が『緋色の研究』にあることは一読して明らかだが、その偏見が都市大衆消費的背景を持つことによって初めて、それは探偵小説の素材となった。つまりそうした一夫多妻制に対する近代都市人の偽善的な〈義憤〉が、この作品をベストセラーとするには不可欠なのである。その点を明らかにしたのは、『シャーロック・ホームズ註解』およびホームズ学者が歴史研究に対してなしたほぼ唯一の功績かもしれない。そこにはこう註釈されている。

ヴィクトリア朝盛期のイギリス人は、モルモン教徒が「イギリスの下女たちを盗みだし、国外に誘い出してモルモン－ハーレムでの白人奴隷としている」と確信していた。ハリソン氏はこう書いている。「家事労働階級の女性たちが、時としてモルモン教についてはなはだしい妄想を持ったのは事実である。**使用人部屋での浮沈の多い人生に比べて、合衆国から提供された生活にはまず失業などありえないのだから……**」

（『シャーロック・ホームズ註解[32]』）

したがってホームズの読者とホームズが捕える犯人とは、その都市的欲望において固く結合されている。婚約者の仇を討つ正義漢は、つまりは〈義憤〉を感じつつその一夫多妻的ハーレムの〈非道さ〉にいたく興奮する紳士およびお針子たちの分身でもあった。それは、所領争いの〈非道さ〉にいたく興奮しつつ、その非道さに復讐する曾我兄弟の姿に感動する善男善女が、〈義憤〉と欲望に分裂した中世的遊歩人（仇討の面白さに魂離れする中世聴衆および読者）のありのままの姿でもあったことに通底している。生活諸相の非日常化を志向する都市的心性が時代や地域を越えて普遍的に存在するだけではない。その奇譚愛好の都市的好奇心が、仇討という現実の習俗－情念と習合すること、それが問題の核心なのである。そこにまた〈復讐《ラッヘ》〉という謎めいたドイツ語の意味もあった。犯人はドイツ人の復讐事件をヒントとして捜査を迷わせようとした、と言っているが、これもまた〈義憤〉の動機づけが背景にあり、それが真の〈面白さ〉の根拠である。モルモン教という新興宗教の他者性が紳士とお針子の妄想を媒介したように、大英帝国の首都から見てのドイツの後進性＝他者性が、この〈ドイツではいまだ盛んな古式の復讐〉という集団心象（偏見的妄想）に籠められていたと見るべきである。〈凶行〉の本源を新興の方向と〈遅れた〉外国の方向にずらす。この独特の双方向的異化に注目すれば、同じ他者性がやはり『曾我物語』だけでなく、『ニーベルンゲンの歌』における〈クリエムヒルトの復讐譚〉にも内在していることに気づかされる。そこには、寡婦の亡夫に対する復讐仇討という新しさと、復讐の基体である〈ラインの黄金〉の古さ（富の贈与による封建関係の構築という習俗のアルカイズム）とが同時進行の形で描きこまれている。モルモン教の被害者の犯行という大衆タブロイド紙式のあざとく安上がりな設定が、ヴィクトリア朝の都市人たちの退屈混じりの好奇心を強く惹いたのと同じく、この新旧の他者性の顕在化が、部族的‐封建的社会の一人の被害者である寡婦クリエムヒルトを中世盛期の南ドイツの人々の同情の対象としたのだった。そしてそれがまた、〈義憤〉の収斂する焦点を構成する（その〈義憤〉がハゲネの悲劇性によって分裂するところに、この作品の真の深さが顕われ出る）。翻って、『緋色の研究』の同時代ドイツ訳が〈復讐《ラッヘ》〉の契機を題名でストレートに強調したことは、ヴィクトリア朝のデカダンス的先進性に比べての、素朴さ、市民社会的直截性（その意味での遅れた健全さ）を示したものであるとも言える。

奇譚に内在する〈凶行〉も〈義憤〉も、〈夜の都市〉の普遍的相貌の一つの系として、エロス⇅流通⇅暴力の三律性（『事件の現象学1』第二章参照）に内在する二重の弁証法を顕在化させる。だからこそ、近代都市を舞台とする仇討物語にもまた、婚約者を奪われた男（エロス）と、成金の男（流通）と、その二人の間の格闘（暴力）が描かれることになる。この二重の弁証法ゆえに、犯人はかつての被害者としての履歴を持ち、被害者はかつての加害者であることが暴露される。こうして〈運命〉的定位は自律的履歴現象となり、その根拠である自同性の無時間制＝規範性を混濁させる。その混濁は止観の蓮の花が咲き誇る〈因縁〉の泥沼に（「蓮華し濁りに……」――『梁塵秘抄』）奇妙に似た〈濁世の偶有性〉の相貌を示し始める。そして犯人もまた〈偶然〉の決裁に復讐の成否を委ねる。二つの錠剤、毒薬はその一つだけである。ロシアン・ルーレット風の〈神の裁き〉。

……わたしは例の箱をやつの眼前に突きつけました。「さあ、**神の公正な裁き**を受けるのだ。どちらか好きな方を飲むがいい。生きるか死ぬか、二つに一つだ。残った方をおれが飲む。**この世に正義があるのか、それともただ偶然に支配されているだけなのか、試してみようじゃないか。**」

（コナン・ドイル『緋色の研究』[33]、太字強調は筆者）

犯人ジェファースン・ホープは〈夜の都市〉を熟知した遊歩人であり、ホームズもまた典型的な遊歩者として造型されている。それがこの探偵小説に都市小説としての風格を与える背景となるだけでなく、より本質的な次元で、〈仇討〉の情念と〈夜の都市〉の定位世界とが、近代的都市エクリチュールにおいても一つの必然的連結として保たれているという系譜的事実を確認することができるのである。

ホープが、そしてホームズが顔を持たないロンドンの雑踏から履歴を持った個として乖離してくるように、曾我兄弟もまた中世の雑多な武者集団からデラシネ的な、しかし顔を持った個として乖離してくる。ホームズたちの遊民的－遊歩者的孤立が、基体としてのヴィクトリア朝大衆と個⇕集団の弁証法的関係に立つように、曾我兄弟の孤立もまた基体としての鎌倉武士社会と個⇕集団の弁証法に入る。この弁証法は武士の欲望の焦点に生じる所領争い、およびそれと本質連関した親族内闘諍と不可分の関係にあった。この闘諍の進行に従って、本来の親族関係は著しく弛緩し、親族的情念は核家族的閉所へと内向する。それに伴って親族的セーフティーネットを失った闘諍の負け組はそれまで知られていなかった範疇の孤独と孤立を味わうことになる。これもまた、特に闘諍‐仇討において顕在化する中世的内面性の状況的前提でもあった。この個⇕集団の弁証法的契機に注目すれば、主従情念を基軸とする合戦‐事件と、親族情念を基軸とする仇討‐情念が一つの中世的状況を共有している事情も明らかになる。マクロに観察すればしたがって、主従関係も親族関係も中世的社会進化においては、古代的官僚制というマッス、古代的親族制度というマッスからの離脱であり、その意味において個的実存への離陸であった。しかしその離陸は、アトム的実存へ向けての孤立ではなく、かえって最も強力かつ求心的な社会関係、その原初的な双数性への復帰でもある。だからこそ、新しい制度の伸長もまた最小単位にまで還元された双数的ユニットの求心力、その主従関係的御恩‐奉公と父子関係、兄弟関係の情念的紐帯から再・出発するのである。曾我伝説には、生成しつつある中世的社会関係のほとんどあらゆる要素、あらゆる定位的契機が範例的に内包されていることが観察されるが、この印象的な規範性もまた仇討という社会習俗が果たした中世社会にとっての中心的な定位的意味と不可分の関係にある。再びバイヨックの〈血讐素〉の分析手法を援用しつつ、問題を整理してみよう。

〈葛藤〉の血讐素──図4は『曾我物語』に拠りつつ、この建久四年（一一九三）五月、富士の裾野で演じられた仇討事件に関係する主要人物を系譜図的にまとめてみたものである。一見して鎌倉幕府の中核的武将がほぼ勢揃いしていることに気づかされるだろう。とりわけ幕府草創の中心人物、頼朝が事件の核心に位置することが重要である。それはもちろん、まず仇討の舞台となる富士巻狩が、頼朝が麾下

図4　曾我伝説系図

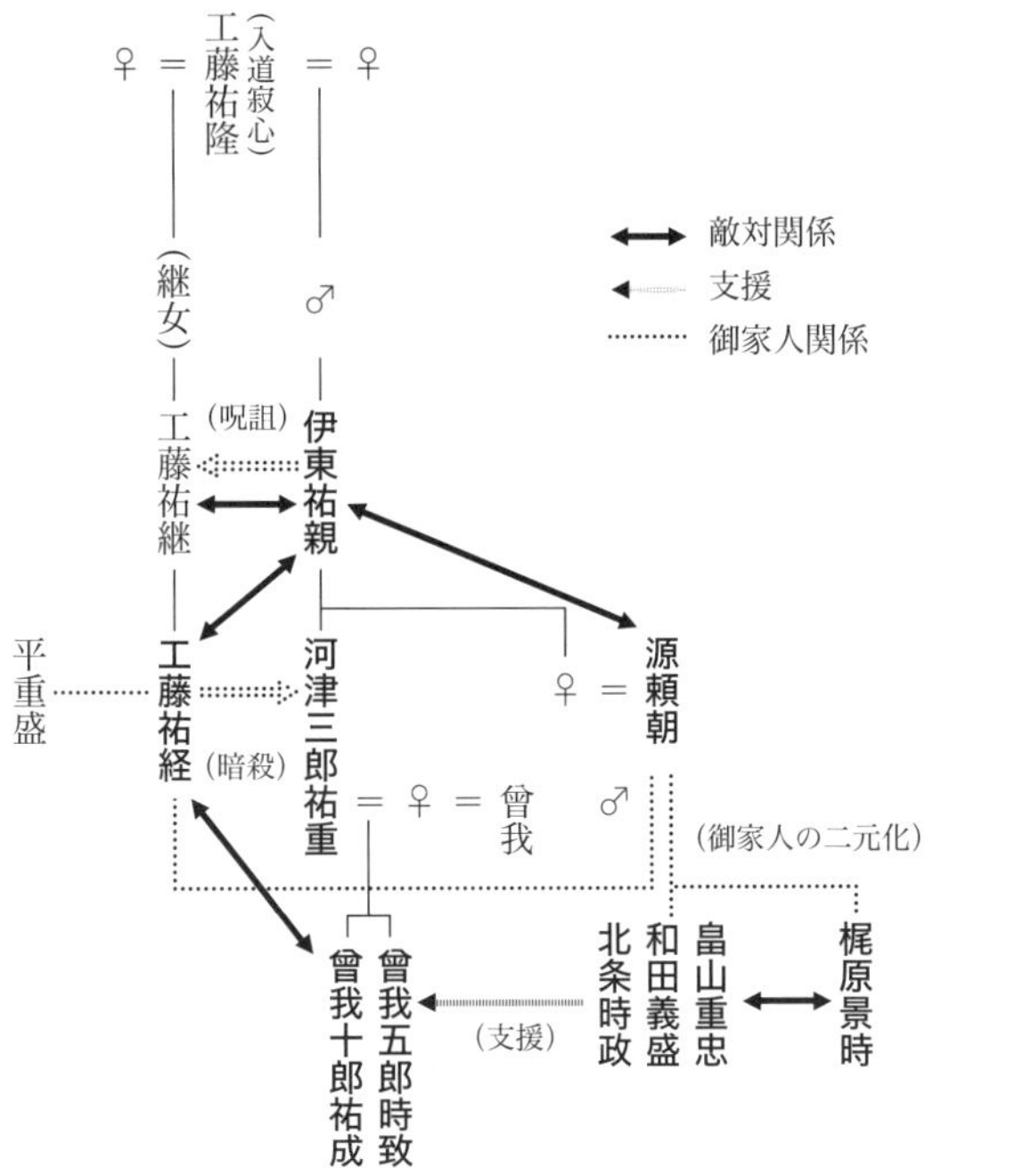

の御家人を勢揃えして行なう大軍事演習の意味もあったからだが、さらに『吾妻鏡』の記述によってもまた『曾我物語』によっても、仇討は頼朝の右腕の寵臣工藤祐経《すけつね》のみを狙ったものというよりは、主従合わせての、つまり頼朝を明確にターゲットとして狙ったきわめて陰謀色、政治色の強い事件であったことが真の背景である。したがって東国の武士社会と周辺の寺社勢力の協働でのみ成立し流布していった、この真に中世武家社会的な伝承が、いかにその制度核心部分の人間模様と本質連関していたかということをまず強調しておく必要がある。

　こうした公的な広がりを確認し

た上で、しかし因縁譚的な淵源となる葛藤－事件は私的な怨念－闘諍を核としていて、その意味では同時代的な、また坂東においては特に何世代も前から続いていた所領をめぐる闘諍と大差はない。もしその特異性がこの私的淵源においても認められるとすれば、その範疇的な全体性、そしてそれが複雑に化合した宿痾の深さによる。中核となるものは工藤－伊藤－曾我一族の親族内闘諍であり、それは、①相続関係の恣意的混乱、②狭義の所領争い、に分節され、それはさらに、③流人頼朝の姻族関係の混乱によって大規模に坂東武者の上層部すべてを巻き込むものへと拡大していく。つまりそれは三つの別範疇の闘諍要因を内包しているのだが、それらはまた原初的に不可分の有機性をも示している。この有機的闘諍の内的構造を整理すると以下のごとくになる。

〈葛藤の血讐素に内在する三つの契機〉

(1)〈**相続関係の混乱**〉――これも新しい時代の潮流と本質連関した混乱であり、家父長的恣意性による親族関係の再編と連動している。図4の工藤祐隆《すけたか》（入道寂心）がこの恣意性を発揮した当該の人物で、嫡子が早世した時、血の繋がっていない継娘《ままむすめ》の子を改めて嫡子に立て、嫡子の子、つまり嫡孫はその次男ということにしてしまったのである。これは工藤家の所領の分割相続と連動した人為的親族操作であった。工藤家の所領は三つあったが、その中で伊東が最も重要であり、次が河津である。惣領制は家父長的求心力の増大と姻族の操作による擬制親族の拡大という両面を持っていたが、その二つの矛盾する契機がここでも働いていたように思える。つまり血の繋がっていない姻族の孫への家督の委譲は、亡妻が伊東かあるいは類似の巨大な資産を自分名義の財産として持った形で祐隆に嫁いできたとすれば、整合的に理解できるからである。その後、嫡孫祐親は相続から疎外される過程で、伊東の所領と家督を不可分の形で観念していたらしい形跡がその行動のあちこちから窺えるが、その根本には恣意的な〈分与〉を本質とする惣領制固有の自己矛盾があったと考えるべきだろう。これから説明する(3)の頼朝の婿入りをめぐる葛藤も、やはり同根の初期封建制特有の〈物欲〉と〈誉れ〉の二元的刻印を帯びていることに気づかされる。

(2)**〈惣領制内部での相続争い〉**――所領争いは、こうした恣意性によって人為的に拡大した本家‐分家関係が宿す正当性の曖昧さから必然的に派生した。まず非常に不自然な形で兄弟に擬制された嫡子祐継（もとは亡妻の連れ子の子）と次男祐親（もとは嫡孫）の間で伊東の本領をめぐる相続争いが起こる。この訴訟は亡父の譲り状が決め手となって嫡子が勝訴した（これはこの時代の標準的な〈解決〉の型に倣っている）[34]。憤懣やるかたない祐親は、密かに箱根権現の別当を語らって嫡子を加持祈禱により呪詛した、とされる（次項〈擁護〉参照）。この呪詛の結果、嫡子は病に倒れて早世するが、弟が自分を呪詛したことを知らずに死んだため、臨終の場で息子（つまり祐親の形式的な甥）の後見を祐親に頼んで死ぬ。こうして本来の所領争いの火種がはっきりと蒔かれた。最大の所領伊東が祐親の監督下に入る。叔父は当然血の繋がらない甥を疎外して、その所領を横領するばかりでなく、工藤家全体の惣領として振舞い始め、伊東祐親を名乗った（この地名による実名‐名乗の形式は初期封建制の一つの定型である）。工藤家の惣領であるはずの青年祐経は、所領を持たないまま京に出て、平重盛の御家人となる。京で相続争いの訴訟を起こすものの、伊東の富を抑えた叔父は裏工作に豊富な資金を持っているため勝負にならず鬱屈する。この鬱屈が次の段階へと闘諍を導く。祐経の家人が伊東祐親をつけ狙い、その暗殺を果たせなかった替わりに嫡子の河津三郎を狩場の帰りに待ち伏せて暗殺するのである（この暗殺が主従関係に媒介された血讐的側面を持つことに注意――後で検討する）。この殺された河津三郎が曾我兄弟の父であり、寡婦となった母は事件直後に縁者の曾我氏の一人と再婚した。そのため兄弟は、それ以降養父の姓を名乗ることになる。この時点ではしかし、祖父伊東祐親は相変わらず坂東で押しも押されもせぬ大名であり、嫡子の早世は痛手ではあったものの工藤祐経の地下的な鬱屈は家人の功名によって大きく変化したわけではない。本格的な工藤家の再編は次の(3)の契機と連動していた。

(3)〈**武家の棟梁の姻族関係**〉――工藤家、つまり伊東祐親の勢力は北条氏を優に上回るものであったことが、『曾我物語』冒頭の伊豆奥野における巻狩の記述から窺える。組織の中心は名目的に〈武家の棟梁〉の御曹司頼朝であるものの、それは坂東勢力結集のための錦の御旗にすぎず、実質的な差配は祐親によって行なわれた。頼朝が祐親の娘に密かに通い、一子を設けたのもその実力を見込んでの行動だったろう（政子への通いを始める前のことである）。ところが、祐親にとっては頼朝は流人にすぎず、その姻族となることで時の権力者平清盛の怒りを買うことを極度に恐れた。娘と頼朝の仲を知った祐親は激怒のあまり、二人の仲を裂くばかりでなくその間の一子を殺してしまう。これが工藤家の内紛を坂東全体に拡大する大きな転機となった。頼朝と伊東祐親の対立は源平の対立と連結されたからである。頼朝の隆盛に伴い祐親の運命は下降する。最後には謀叛がらみで誅殺され、伊東の所領はその間に頼朝の右腕となった工藤祐経に安堵されたのだった。こうして祐親の嫡孫曾我兄弟も、一時は祐経と頼朝の共通の仇敵として幼いままに処断の対象とされかける。そのとき、非常に興味深い坂東武家社会内部の力学が働いて、頼朝－工藤祐経に対抗する有力御家人の集団が謀反人伊東入道の嫡孫二人の延命を誓願した。その代表は、坂東武家社会のカリスマ的存在畠山重忠（既出第二章第二節参照）と和田義盛（同前参照）である。対して梶原景時はこの二項対立の力学から、頼朝寄りに帰趨を明らかにし兄弟に敵対し始めた。北条氏は基本的には中立を保ったが、北条時政個人はさまざまな形で兄弟を支援するのにやぶさかではなかった（元服の烏帽子親になったことが『吾妻鏡』建久元年九月七日条に記録されている）。幼子兄弟処断の動機は明確に伊東入道と頼朝の敵対関係を含むものであるから（つまり兄弟が祖父の仇として招来頼朝をつけ狙う可能性をすでに予測していた）、それを知った上でのこの頼朝御家人による曾我兄弟の保護は非常に意味深長である。あるいは当初から頼朝の位置は不安定であり、坂東武者自身にとっては名目的－象徴的な坂東武者結集の傀儡にすぎなかったのかもしれない。いずれにせよしかし、こうして伊東祐親の刑死の時点で、すべての葛藤の種は十分すぎるほど蒔かれたのだった。その根源は、裸形の物欲、つまり惣領の下部構造としての最大の所領、伊東の私領をめぐる闘諍に尽きる。伊東入道はその臨終の一念におのが死生の執心を端的に表現した。彼は入道にふさわしく「最後の十念にもおよばず」、西方浄土ではなく「先祖相伝の所領、伊東・河津の方をみやりて、執心ふかげに」首を刎ねられたのだった（『曾我物語』[35]）。

こうして〈葛藤〉の血讐素を通観してみると、改めて所領争いのすさまじさ、そしてその葛藤が何よりも**惣領制内部の親族内闘諍として現象する**という特異性に気づかされる。これは惣領制が、特に姻族形成を介して下部構造の拡大的統合をめざすメカニズムだったことの裏面であろう。下部構造の拡大＝所領の拡大が、家督を握る本家の惣領の軍事指揮権の多寡を決定する構造要因であったわけだから、ここにはまさに初期封建制そのものの宿痾的病理が顕在化していると見ねばならない。血讐の習俗がモザイク化しつつ仇討情念へと転生していくのも、この必然の過程の一つの系であったことがわかる。拡大し、内部分裂する巨大な惣領的親族において、情念的な絆はもはや父子、母子、兄弟といった核家族関係内部にしか存在しえなかったことが了解されるからである。その意味で〈武家の棟梁〉との対立に果てた大名の嫡孫、曾我兄弟はまさにこうした転形期における遺棄的実存の典型でもあった。それはすでに事件経験の一つの基底であることを確認した制度による遺棄の（『事件の現象学1』第五章参照）、その封建社会下における一範疇である。その内実はもちろん、もはや古代-運命的なポリス的遺棄ではないが、それが転形する制度からの脱落、デラシネ化であるという契機において、やはり曾我兄弟は古代の運命的実存とある種の共鳴関係にあることも確かなのである。したがって、その普遍的遺棄性に加わる中世的契機というものを弁別しなければならない。それは次の〈擁護〉の契機に連関している。

〈擁護〉の血讐素——すでに伊東入道と早世した惣領、工藤祐継の関係において呪詛の加持祈禱という噂が立っていた。これは中世初期における神道思想の形成にとって本質的な両義性を示す逸話に思える。右で検討した兄弟の仇討の現場でも〈権現〉への祈念は危機の徴表だった。伊東入道の語らいでやむなく祐継を呪詛する箱根権現の別当においても、やはり一つの危機は潜在している。それは相続制度そのものの危機的状況である。呪詛する伊東入道の側にまったく「道理」はなかったかと言うとそうでもなく、入道は嫡子相続の正統性を強く訴えている。つまり彼は、祖父の恣意性に疎外された嫡流として、権現に恣意的な家父長権を是正し、本来の血統的嫡子権へと是正する役割を期待しており、その期待は武家社会の少なくとも部分的なコンセンサスをうる実体的論理であったと見るべきだからである。強力な本家の家督というものは、分家以下従属する武人たちに対する御恩の実質があってのものであり、それが非常時的軍事指揮権をひとまず離れて日常の生活の次元に復帰すれば、当然ながらそのヒエラルキーの強圧を抑圧－疎外と感じる社会層も存在する。そうした本家⇕分家的な対立の遍在というものを背景におけば、箱根権現を代表とする新興の神道勢力が果たす仲介機能は、頼朝を典型とする〈武家の棟梁〉＝鎌倉殿の果たす、ある種超法規的な仲裁機能と等質の側面を持っていたことがわかる（頼朝が箱根権現詣でを繰り返したことも封建制と中世神道のイデオロギー的な親近性を証言している）。権現は呪詛を引き受けることで、分家的に抑圧されていた将来の伊東入道の願いを受け入れて本家の家督の力を削ぐ。また曾我兄弟の討入に際しては神社に奉納してあった名剣を貸し与える、という象徴的な支援を行なっている。これもまた抑圧された側に立つ権現という観点で一つに括ることが可能である。

それに対して古来の血讐力学の構成要因である家人的主従関係は、主君の抑圧を直截に血讐行為へと外化するため（祐親の家人による河津三郎暗殺に典型的に顕われる、一種の暴走行為）、それは仇討というよりは、太古の親族間血讐の血の連鎖を解き放つ機能を担うことになる。こうした同族間闘諍の拡大は〈武家の棟梁〉の最も嫌うところだった。それによって最高軍事権の実体が著しく形骸化するからである。したがって頼朝の政治的バランス感覚は、この面で最も調和的かつ新制度造形的に働いたと評価すべきかもしれない。血讐の過去を法治の現在によって置き換えること、それが彼の自覚的な目標であったことが有力御家人のほとんどに意識されていたらしいからである。『曾我物語』中の和田義盛は血讐的闘諍が思いのままにできた近い過去ならば、自分も兄弟の味方に立って闘ったろうにと慨嘆している。

武蔵・相模には、此殿ばらの一門ならぬ者や候。かく申す義盛も、むすぼるゝは〔一門に属することは〕、しりたまはずや。**昔の御代とだにおもはば、などや矢一とぶらはざるべき**〔矢の一本も射て御味方しようものを〕。**当御代なればこそ**〔頼朝殿の御代であるから〕、**おそれをなし、敵をば、すぐにをきたれ**〔そのままにしておくのです〕。（『曾我物語』(36)、太字強調は筆者）

注意すべきは、義盛が言う〈一門〉という概念は、惣領的組織そのものとは異なる集団観念で、兄弟の父河津三郎個人の縁故を指示しているということである。それは、原‐封建的な御恩‐奉公の原初的形態であり（右に見たクリエムヒルトとリュエデゲールの〈オマージュ〉関係に類似している）、河津三郎が坂東の有力者であった昔、なんらかの直接的間接的恩顧を蒙ったものの謂である。彼らが潜在的に血讐を拡大する要因となることは一目瞭然で、それは親族内闘諍に参入する外部勢力である。こうして乱世においてはあらゆる闘諍が所領拡大の機会ともなったのであり、それらを一元的に抑圧する方向で、初期封建制、つまり守護・地頭制を基軸とする鎌倉幕府の制度は構想されることになる。

〈解決〉の血讐素――したがって血讐と仇討は等しく新制度によって抑圧されることになる。その理念は**〈道理〉の支配**であり、その基盤は頼朝による日本全国の一円支配である。

……東は奥州外浜、西は鎮西鬼界島、南は紀伊路熊野山、北は越後の荒海までも、君の御息のおよばぬ所あるべからず。天にかけり、地にいらざらん程は、**一天四海の内に、鎌倉殿の御権威のおよ**

ばざる事なし。（『曾我物語』[37]、太字強調は筆者）

曾我伝説での伝承にとどまらず、史実の頼朝が繰り返し御家人間の血讐的怨恨を調停し、闘諍の再発を抑圧したことは、『吾妻鏡』に記録されているとおりである。それは例えば、三浦氏の惣領を攻め殺した過去を持つ畠山重忠と三浦一門の同席、共同での軍事を可能にするためだけにも必須の規律であった[38]。頼朝は通い婚を否認した上、実子を殺した伊東入道に対しては極刑をもって臨んだが、自分の命をもつけ狙った曾我兄弟に対する処置は同情に満ちたものであり、養父や母に対する事後処理はむしろ行賞の類に属するものであったことが『吾妻鏡』にも記されている[39]。法治の理念によって血讐の連鎖を抑止することが頼朝の大目標であるとすれば、曾我兄弟に対する同情には、たとえそれがみずからの命をもつけ狙うものであっても、ある種の〈道理〉の必然が介在しているという認識があったからだろう。つまり、仇討にはたしかに血讐を抑止する契機が内在していること、そこまで頼朝の透徹した政治的センスは視野に入れていたように思われる。

仇討に内在する法治的抑止の契機は、仇討を観念的に武士道の典型として礼賛したり、あるいは逆に自死的蛮習であるとしてやはり観念的に侮蔑してみせるだけの単純な論法では、ほとんど完全に見逃されてしまう。つまりは頼朝がどうして曾我兄弟の行動のある部分に深く同情し、また同意すらしたか、というその初期封建制的〈道理〉の核心が単純な白黒論では見えないということでもある。しかしこの点こそが、まさに中世的状況下での仇討に深い実存的定位性を与えた真の根拠でもあった。

右の和田義盛の懐旧譚は、封建制度確立以前の坂東社会の実態（一種の〈自然状態〉）をよく示している。

そこでは親族内闘諍が、親族外の縁故関係にとってすら、絶好の介入、闘諍の機会を提供した。また曾我兄弟の父の命を奪ったのは、従兄弟の工藤祐経本人ではなく、その家人たちである。彼らは自発的に主君の鬱屈を汲んで謀殺行為に走ったのであって、家人にとっても親族内闘諍は大きな関心事であった。それは主君の所領の多寡を決定するのみならず、その闘諍に参加する家人にとっても大きな社会的上昇のチャンスだからである。対して曾我兄弟の仇討は、この物欲的動機という点では、こうした通常の親族内闘諍、所領をめぐる闘諍とまったく対極的である。それは不思議にすべての上昇と御恩、恩顧、いかなる物質的見返りも欠いた、いわば純粋に理念化した復讐なのである。そしてそれは、当初から復讐成就後の〈誉れある死〉と表裏一体になっていた。兄祐成は工藤祐経を斬った後に頼朝御家人に斬られて死ぬが、生き残った時致は頼朝の寝所に乱入しようとして捕らえられる。彼は尋問に答えてこうみずからの決意を開陳した。

……御前に参るの條は、また祐経御寵物たるのみにあらず、祖父入道、御気色を蒙りをはんぬ〔頼朝の処断により刑死に果てたことを婉曲表現している——この婉曲表現の持続に注意〕。彼といひ此といひ、**その恨みなきにあらざるの間、拝謁を遂げて**〔頼朝と差し違えての婉曲表現だと筆者は理解する〕、**自殺せんがためなりてへれば、聞く者舌を鳴らさずといふことなし。**（『吾妻鏡』[40]、太字強調は筆者）

この御家人たちの感嘆の念は、曾我兄弟を一種の頼朝への対抗策としてさまざまに支援していたことと裏面で照応しているように思える。頼朝を暗殺しようとする兄弟を野に放っておくことは、頼朝周辺の権力が増大することへの効率のよい対抗策だった。この対抗策は、彼らから兄弟への〈御恩〉＝実利の観念と不可分だったはずである。ところが兄弟は、見返りなしの純粋な自己目的的復讐として祐経を狙い、頼朝を狙う。仇討成就の日が彼らの命終わる日である。そのことに（そのある種の意外性に）利にさとい御家人たちは慨嘆したのではないだろうか。そして頼朝はその配下の者たちの慨嘆の背景を見抜いたからこそ、顕示的に法治的な枠組みを呈示し、遺恨の連鎖を積極的に断とうとしたのではあるまいか。それは兄弟の遺族に対する遺恨を含まぬ善後策という形で、つまり血讐的論理をトップ・ダウン式に断ち切る〈温情〉として示された。もちろん時致の暗殺未遂は、暗殺未遂として処断の対象となる。しかしそれは血讐ではない、純粋な仇討である。したがって行為者の生命と共にすべてが終わる。すべてが終わらねばならない。だからこそ『曾我物語』は、兄弟が正式の結婚をせず、遊女とだけ交際し、庶子すら残さなかったことを礼賛の念と共に克明に記録するのである。工藤家の泥沼的闘諍の背景を置けば、この工藤家をみずからにおいて断絶する兄弟の覚悟が強い浄化の働きをしていることが確認される。その最大の浄化機能は**血讐的連鎖の撥無**、徹底した終止符の打ち方において発揮される。そこにこそまた、頼朝の心情的共振の根拠もあった。怨憎会苦的な無限連鎖は親族内闘諍において極まる。それは親族内の紛争でありながら、親族外のあらゆる野心家、親族下のあらゆる家人郎党に〈恩賞〉と所領への妄念を増殖させる。曾我兄弟は親族内闘諍のこの泥沼を断ち切るべく顕われた〈道理〉の理念そのものでもあった。それはまた、怨憎会苦の無限連鎖を、ただこの恨みの一念に収斂させ、不倶戴天の仇のみと修羅闘諍に死すことを夢見ることで、新たなる闘諍の連鎖をあらかじめすべて撥無し、中断し、中性化するのである。そこに彼らの独特の死相、「活《い》キナガラ陥《お》ツ」（道元）死生の弁証法がある（本書

「結び」参照)。それは古代的因縁理念がすでに見た、カリ－ユガ的闘諍連鎖の撥無の一つの遠い系であり(『事件の現象学2』第二章参照)、だからこそ曾我伝説は唱導文学の代表的素材として中世仏教文学の華の一つとなったのだった。

仇討は自死と結合してのみ、血讐の悪連鎖を撥無する菩提的原理となりうる。

これを曾我伝説の唱導的結論として呈示しておこう。激しい憎しみの、その究極の浄化の力というものも、中世の修羅的現実においてはたしかに存在したのである。

第四章　開悟の情念型

一　中世的開悟の脱・絶対化

『金閣寺』／『行人』／ヘーゲル

三島由紀夫の代表作『金閣寺』（一九五六年）は、日本中世の〈美〉を物神化した若き禅僧の物語である。それは漱石の『行人』（一九一二―一三年）と並んで、日本近代の定位的葛藤が、中世的世界を憧憬する一つの範例を造型したものであり、また『行人』がおよそ近代的葛藤を最初に世界観的問題として提出した対自的作品であり、『金閣寺』がほぼその終着点の袋小路を示す、という意味でもわれわれ自身の〈伝統〉意識の近代的母胎であったと考えられる。両者はまた中世的世界を〈開悟〉の絶対性が支配した時代として捉える点でも共通しており、われわれ自身の中世像もまた、まずこの近代的知性のフィルターを介して、その〈絶対経験〉の遠さとしてわれわれに肉体化されることにもなった。しかしそのフィルターの色合いはまた、あまりに「近代的」（日本近代的）なものでもあった。漱石のそれが西田幾多郎の意味での〈東洋的経験の絶対性〉を志向した倫理性の強い絶対志向であり、三島のそれが「虚無の兆《きざし》」としての「金閣の美の不可解」を描くという審美性の優越するものであるという差異はあるものの、そこではいずれも中世的開悟というものが近代的葛藤の絶対他者として、経験と認識の彼岸に設定されている。もし彼らの理解が中世的経験世界そのものにおいて正しいのならば、中世的開悟とはまさに絶対的事件であり、それは超越性の此岸への介入、聖性の絶対的君臨を告知する生活的此岸の完全なる撥無を志向したということになるだろう。これはしかし、これまでにわれわれが繰り返し観察してきた中世的二元性の基本的性格、その此岸的リアリズムと彼岸的シンボリズムの並存という根本現象に真っ向から対立する。彼らの中世像が正しいなら、『形而上の中世都市』と本書において、考証的史料基体の証言を援用しつつ獲得してきた二元的中世像のすべてが雲散霧消しなければならないということになる。しかしこの一元性の否定、此岸性の「絶対的」強調という問題は、どうやら日本固有の中世問題ではない。なぜなら同じく、深い近代性の刻印を帯びる〈世界精神《ヴェルトガイスト》〉の文脈で、ヘーゲルもまたキリスト教的彼岸体験を「絶対的必然」の世界として描いているからである（『宗教哲学』）。つまり、ヘーゲルにとっての中世もまた、一つの「絶対的開悟」＝「神秘的合一《ウニオ・ミュスティカ》」の世界として、〈精神〉の過去における自己疎外の形式として把握されている。この符合はしたがって、「固有の中世」の側にではなく、「近代の普遍的一元性＝近代固有の葛藤」にあることは明白である。

　こうした近代的葛藤の目を通して見た中世的超越の記憶というものを、現代人の特権として、その偏見、恣意性を云々し、あたかもみずからはそうした拘束をまったく知らぬ浮遊状態にあるデラシネ的知性であるかのごとく妄想する、これは現代人自身の「絶対」化に他ならない。彼らが「絶対」を過去に設定したのとはちょうど逆向きに、自己の現代を「絶対」化する。休日行楽的に不感症な現代的心性の「荒れ野」がこうして自己讃美されることになる。こうした現代特有の「絶対自由」の妄想によって、漱石や三島の定位彷徨をその限界に対する軽侮の念とともに忘却する、そのような権利はわれわれにありはしない。なぜなら「現代」もまた、他ならぬ彼らの近代的葛藤から生じた一つの系譜的帰結であり、公正に判断すれば、やがてわれわれの末裔たちにとっての「近代」へと（その休日行楽的おしゃべりのしまりのなさを含めて）変容するだろうことは理の当然だからである。したがって近代的葛藤の中で絶対化した中世的開悟というものを、一つの本質的な近代的経験の位相であると止観した上で、中世的経験をその繋縛から解放し、本来の定位的内実の想起へとわれわれの系譜意識そのものを再構成しなければならない。とはいえ、またわれわれが血肉化した『行人』から『金閣寺』へと至る中世的開悟の絶対的描像、またヘーゲルからハイデガーへと至るやはり絶対化した中世的神秘主義の描像（特にその存在体験＝ウニオ体験の絶対化）を撥無すべきではない。それは本来の場所へと、つまり中世的経験そのものの即自的系譜を想起する場ではなく、近代的経験に反照した中世という対自化によって媒介された自己系譜（近代人の自己定位的系譜）の資料として、その標題を変更した上で別室へ保管されねばならない。正しい系譜的分析とは、恒に分析者の足下の現実を即対自的に多元化する必然性を有しているからである。以上を三島、漱石、さらにヘーゲルの「絶対」的中世観の批判の前置きとして、具体的な作業に入ることにしよう。

まず『金閣寺』。プロットの流れからやや孤立する形で禅公案が置かれているが、この表層の非・有機性はテーマ的な有機性を印象的な形でかえって際立たせるという機能を果たしている。この点は、後に述べるように、『行人』に登場する禅公案と同じモチーフ的機能を果たしていて、それは結局「絶対」の近代的心象にとっての遠さを表現していると見ることができる。

終戦の日、金閣と主人公の蜜月は終わる。空襲の死の表象が〈美〉を〈滅びの美〉として主人公の醜悪であると自覚された自我の滅びと一体化していた。「**同じ禍《わざわ》い、同じ不吉な火の運命の下で**、金閣と私の住む世界は同一の次元に属することになった(1)」。しかし敗戦にもかかわらず金閣は焼け落ちなかった。それは〈絶対の美〉の位相の下に、主人公との乖離そのものを絶対化する。「美がそこにおり、私はこちらにいるという事態」が近代的自我の屈折、その醜さの自覚を責め苛む。この呵責は師弟関係にも反照される。玉音放送のその晩、金閣寺住職である主人公の師は有名な〈**南泉斬猫**〉の公案を法話の主題に選んだ。三島が素材としたのは『無門関』第十四則である。それは以下のようなものだった。

南泉和尚の寺で、東西の僧坊の雲水たちが一匹の猫の子を愛玩して、その所有を争った。泉和尚は猫の子の首を摑み、それを争う雲水たちに示して言った。「**お前たち、何か一言言ってみろ。言い当てたら救おう。言えなければ斬り殺す。**」大衆は答えることができなかった。泉和尚はとうとう猫の子を斬ってしまった。その晩、弟子の趙州が外出先から戻って来た。泉和尚は昼に起きた出来事を弟子に**公案に似せて語った**（挙似《こじ》す）。すると**州はすぐはいていた履《くつ》を脱いで、そのまま頭の上に置くとすっと部屋から出て行った。泉和尚は言った。「お前がもしいてくれたら、猫の子を救うことができたろうに。**」

（『無門関』第十四則(2)、太字強調は筆者）

三島は（語り手としての〈私〉は）、この原話をメリハリを効かせたパラフレーズで紹介した後（それは一点を除いては――下でそれを検討する――おおむね正確な再話である）こう続ける。

――大体右のような話で、とりわけ趙州が頭に履をのせた件《くだ》りは、難解を以てきこえている。しかし老師の講話だと、これはそれほど難解な問題ではないのである。

南泉和尚が猫を斬ったのは、自我の迷妄《めいもう》を断ち、妄念妄想の根源を斬ったのである。非情の実践によって、猫の首を斬り、**一切の矛盾、対立、自他の確執を断ったのである**。これを殺人刀《せつにんとう》と呼ぶなら、趙州のそれは活人剣《かつにんけん》である。泥にまみれ、人にさげすまれる履というものを、限りない寛容によって頭上にいただき、**菩薩道《ぼさつどう》を実践した**のである。

老師はこのように説明すると、**日本の敗戦には少しも触れずに講話を打切った**。私たちは狐《きつね》につままれたようであった。**なぜ敗戦のこの日に、特にこの公案が選ばれたのか、少しもわからない**。

（『金閣寺』[3]、太字強調は筆者）

老師の解釈は、典型的に戦前の〈精神主義〉的な外的なポーズに終始したものであり、その挙似《こじ》も醜悪なまでに月並な〈東洋的無〉のトポスに充ち満ちている。主人公とその学友は、わざわざ敗戦の日の法話としてなぜこの有名な公案が選ばれたのか、その意味に頭を悩ますがわからない。とうとう友人（鶴川）は、「今夜の講話のミソは、**戦争に負けた日に、何もその話はしないで、猫を斬る話なんかしたこと**だと思うよ」と結論する（同前）。

三島はここでみずからの生涯を規定した、そして疎外した〈日本的伝統〉の現実態を見事に描き切っているように思える。それは〈日本主義〉が絶対化した月並極まりない〈絶対矛盾的自己同一〉（西田幾多郎）のトポスであり、〈主客合一〉の〈絶対論理〉[4]であった。三島の世代の自己に対するある種の真摯さ（それは近代的対自の自生が日本においても本格化した最大の徴表の一つなのだが）は、一世代上の〈精神主義〉的自己満足 - 虚飾に耽溺するいかなる通路も失ってしまっている。この世代的断絶それ自体の無意味性、無定位性こそが、三島自身の、そして三島の世代を内から蚕食した真のニヒリズムとしての「虚無の兆」に他ならなかった。その淵源には、「外発的開化」（漱石「現代日本の開化」）の葛藤の中で夢想され、妄想された、自己の彼岸としての自己系譜――自分はこうだが自分の父祖たちはまったく違っていた、という思い込み――の絶対化がある。中世禅家のそのエクリチュール的核心をなす公案が、絶対経験、絶対論理、東洋的無の方向へと超越化されたのは、こうした定位ニヒリズムに内在する自己超越の志向性からの必然である。その淵源には、漱石と西田の世代の――内的近代化の第一世代の――〈絶対〉経験があり、その終着点に、この敗戦の日の月並な伝統回帰というあまりに浅薄なアンチ・クライマックスがくる。このわかりやすくトポス化した無意味、それから脱落する〈私〉の世代の、つまり三島の代表するアプレ・ゲール的世代は全面的な定位喪失の只中にある。三島はもちろん、この定位喪失そのものを〈絶対美〉と強弁しつつ、実践しつつ、伝統美の語り部と戯作者を一身に兼ねる存在となった。世代の因果はこうして延々と繰り返されていく。われわれ自身もまた、彼が描き、演技した〈絶対〉的伝統の疎外から出発せざるをえなかった近い過去を持つ。

〈東洋的絶対経験〉という泥沼的無意味の系譜を剔抉し撥無すること。われわれ自身の止観への決意によって。止観の用具は記号の普遍性、その中でもがく主体のぶざまにして真摯な定位情念の普遍性、それのみでよい。

三島の『無門関』の再話が、ただ一点を除いてはおおむね正確であることを右で指摘しておいた。それは〈挙似《こじ》〉という一語をめぐっている。挙似は「挙示」とも表示する（『無門関』の資料基体となった『景徳伝燈録』ではこちらの形）。元の意味は「わざわざ提示する」というほどのものだが、禅家では「公案の呈示」の意味で用いられることが基本である（中村元『仏教語大辞典』）。この部分を三島は、「南泉和尚は事の次第を述べて、**趙州の意見を質《ただ》した**」とパラフレーズしているが、これは明らかな誤訳である。つまりここで、南泉とその高弟趙州は即席の公案問答をしているのであって、問答の向けられた弟子に意見を質すのではなく、弟子は直ちに自己の開悟の境地をなんらかの形で（それは必ずしも言語的表現に限定されない――この場での趙州のように）呈示することを儀礼的に強要される。この定型的儀礼性が趙州独特の身体言語的応答にも、また師の慨嘆にも反照している。それだけではない。そもそも南泉が大衆を前にして言った「言ってみろ」という切迫した問いそのものが、禅家の公案の一つの定型、〈**作務問答**〉の型にぴたりと収まるのである（それは〈作務公案〉である――後述本章第二節参照）。祖師禅の段階での、つまり唐宋の最盛期における禅林は、百丈懐海（七四九―八一四）の規範化した〈禅門規式〉（『景徳伝燈録』所収）以来、衣食住を師弟総出の共同作業によって賄う自律的共同体であり、その際、作務労働そのものが絶好の師資相承の場、つまり公案〈挙似〉の場ともなる。三島は南泉が斬猫した折、弟子たちと共に作務の作業の最中にあったことは正しく見抜いている（原文にない「草刈鎌」を登場させている）。しかし「言ってみろ」（道ひ得ば即ち救わん）の瞬間に、この作務労働の場が公案的開悟儀礼の場に変容していることを見逃してしまっている。彼（〈私〉）だけではない。そもそもこの公案を敗戦の当日提示する金閣寺の「老師」そのものが見逃している。だからこそ彼の講話は、まったく何の切迫感も内実もない、月並な美辞麗句の「精神」講話に終始するのである。それはつまり、日本を敗戦に導いた軍国「精神」の、月並修身の、敗戦にもかかわらぬしぶとい残存の現実態でもあった。

中世的原典に即して必要最小限の公案構造を補填しておくことにしよう。

まず南泉の斬猫。これは南泉の「作家《さっけ》」（公案的菩薩道の実践工夫の大家）としての主張、「今時の師僧は須く異類中に向つて行くべし」（当世の師父や弟子たちは、人間ではない畜生や餓鬼の中に勇躍して堕ちて行かねばならない）[5] というラディカルな菩薩道の実践の主張である。それは「精神講話」の生温い月並の逆側にある実存的実践の理念であった。だからこそ、斬猫は「画餅」（これも禅家の基本語）ではなく、現実の斬猫でなければならなかった。しかしまた、それは禅家特有の無限に変容する開悟の主体性の実践でもあった。斬猫の瞬間、異類である猫が菩薩となり、人間である師父は畜生以下の存在となる。猫を争う弟子たちは、斬猫の直前にそれを悟るべきだった。その転倒が南泉即興の公案の要諦であり、その転倒を趙州は見抜き、自己の開悟の境地として師に示す。開悟が外化される場、すなわち〈挙似〉の場は「**平常心**」に支えられた生活（作務）の場でなければならない。これがこの公案の第二の前提であり、それは南泉の言行録にではなく、弟子趙州のそれに登場する。

ある日、趙州は師の南泉に問うた。「道とはいかなるものでしょうか。」南泉は答えた。「**平常心が道だ。**」趙州はさらに問うた。「でも何か工夫（趣向）というものが必要なのではないでしょうか。」南泉は曰った。「**それに心を向けようとすると、道から乖離していくものだ。**」趙州は問うた。「ではそれに心を向けていない、そういう状態で、それが道であることをどうして知りうるのでしょうか。」南泉は曰った。「道は知る、知らないという次元のものではない。……」

（『景徳伝燈録』[6]、太字強調は筆者）

このまことに平易な師弟の問答の内実は、シンボリズムに向かう対自化と生活的現実の即自性の本質的な二律背反を主題とし、その意味で中世的超越の核心をめぐっている。それは「平常心」の即自性を「道」の即対自性へといかにして導くか、という問題だが、超越の超越性（主体からの絶対乖離性）は道の問題でも平常心の問題でもなく、そこに「心を向けようとする」主体の対自性の問題、それに尽きるものとして把握されている。この独特の即自－即対自の弁証法に注意しよう。それはヘーゲル的な即自－対自→即対自という弁証法の基本枠にはなぜか収まらない。〈平常心〉に内在すべき超越もまた、〈世界精神〉の本質であるべき即対自的な〈復帰〉の理念からはどこかはずれている。その点に留意しつつ、再び公案的開悟の基本構造が、近代人の夢想する「絶対」を内包しうるのかを問わねばならない。

しかしこの平易な師弟の問答のみで、すでにこの点は明白だろう。平常心にも道にも「工夫」（趣向）にも、いかなる意味でも「絶対」の契機は影も射していない。それらはすべて主体の了解と実践の此岸にある、相互連関的な日常行為であって、それはただ公案的開悟の基本枠によってのみ、つまり開悟の師資相承の儀礼性によってのみ、非日常化＝頓悟時空化（一瞬にして世界性の総体を把握する特異空間の現成）されているのである。成功した公案開悟はすべて、この儀礼的非日常性が再度「平常」＝日常へ復帰するという形をとる（この点は第二節でまとめて考察する）。結論的に言えば、この復帰は出発点の即自態への復帰であって、それは徹頭徹尾此岸的な日常性である。つまりヘーゲルの「円環」が描く（そして夢想する）精神の自己疎外からの宥和的復帰、その最終的目標としての即対自態ではなく、出発点の日常と等質の即自態であるということ、このことに最大の注意を払わねばならない。この対自が復帰する即自性＝生活日常性の本質的差異こそが、近代の夢想した絶対他者としての中世的超越と、現実の中世的状況における日常の果たす超越的機能との構造的差異を示唆している。この差異は終戦の日の〈精神講話〉と、現実の中世的文脈における〈南泉斬猫〉に包摂される「平常心」の定位経験の根本的な乖離、そのある意味絶対他者的な相互了解の不可能性として現象している。

何が根本の問題だったのか。

原初的な東洋的経験の（唐宋の祖師禅の経験世界の）「平常心」理念に含まれていた、最も単純な日常性、衣食住の平穏な所作的総体に対する感覚が〈精神講話〉においては全面的に欠如せざるをえなかったからである。それこそは、つまり軍国的〈精神〉の病理そのものでもあった。そしてその根源は「外発的開化」、すなわち日本近代そのものの進行が必然的に惹起する**主体性の弱化**にあった。

したがって『金閣寺』の〈私〉の自覚する〈醜さ〉は、漱石の描く始まったばかりの日本近代に抑圧される自我の〈神経衰弱〉に照応している。それらは自己の工夫（趣向）の彼方に〈美〉を、〈絶対〉を望見し、憧憬するのだが、〈平常〉＝日常へのいかなる復帰の道も失ってしまっていた。それは彼らを囲繞する日常性そのものが〈絶対〉へと彼岸化されてしまったからに他ならない。

こうして『行人』の主人公にとっても、禅の公案は自我意識の彼岸に措定される一つの〈絶対〉と化した。鎌倉の浜辺での散歩。そこで主人公長野一郎は洋館から聞こえてくるピアノの音を聞きながら〈香厳撃竹《きょうげんげきちく》〉の公案を語る。

漱石が参照したと考えられる[7]『景徳伝燈録』の原話ではこうなっている。

鄧州香厳の智閑禅師は元は青州の人である。世俗を厭い、両親の元を離れて、四方を遊行し、道を慕って、潙山霊佑《いざんれいゆう》禅師のもとに参じた。佑和尚は、智閑禅師が法器であることを知って、その裡なる智慧を揺り動かそうとした（智光を激発せんと欲す）。ある日彼に向かってこう言った。「お前が平生精進している学道上のことはどうでもよい。また経巻や冊子にすでに書いてあることも問うまい。**お前がいまだ母の胎内を出ていない頃、まだ西も東も分からなかった頃、そこでのお前は何者だったのか、試しに何か言って見なさい**。お前の境地を見てあげよう」。智閑禅師は茫然としてどう答えればよいのかわからなかった。呻吟すること久しくして、ようやく数語を取りまとめて自分の見解《けんげ》をいくつか述べてみたが、佑和尚はすべて許さなかった。**そこで智閑禅師は言った。「ではお願いします。和尚自身のお考えをお聞かせ下さい」**。**佑和尚は言った。「わたしはもちろん説明はできる。しかしそれはわたしの見解《けんげ》にすぎない。お前の一番大切な問題には何の益もないではないか**（吾、**説きうるも是吾が見解にして、汝が眼目に於いて何ぞ益あらんと**）」。智閑禅師は自分の僧坊に帰り、それまで博く尋ね求めて蒐集してきた書物を開き、あちこちの文言を調べてみたが、その中のただの一言も佑禅師の問いに答えるものはなかった。そこで慨嘆して独語した。「**画餅は結局、餓えを充たすものではないのだ**」と。そこで書物をすべて焼いて言った。「この人生で仏法を学びえないのならば、ただもう粥の飯を食うだけの坊主として果ててしまおう。これ以上心神を煩わせるには足りない」。遂に泣きながら潙山を辞して去った。南陽に至り、忠国師（南陽慧忠）のかつて住んだあたりを徘徊し、そこに居所を定めた。ある日近くの山中で草を刈り、地ならしのため瓦礫を取りのけていると、その石の一つが近くの竹に当たって声高く鳴り響いた。**智閑禅師はそれを聞いて失笑した瞬間、広々とした何とも言えない気分に襲われ、透徹した悟り**

の境地に一瞬で達した（俄に失笑する間、廓然として惺悟す）。すぐに房に帰って沐浴し、香を焚いて遥かに潙山の方を礼拝し、賛嘆して言った。「和尚の大悲の御恩は父母の恩に踰えております。**あの時、もし和尚がわたしの為に説かれたとしたら、今日の日の悟りがありえたでしょうか**」（『景徳伝燈録』(8)、傍線および太字強調は筆者）。

傍線で表示した部分が漱石の（長野一郎の）再話に欠落している部分である。すでにこれだけで、ある一つの趨勢、近代人が想起する中世的開悟の歪みのようなものが透けて見えるはずである。逆側の枠、つまり原話にない近代小説的再話の枠も確認しておこう。それはわれわれにあまりに馴染みの普遍的な定位彷徨、つまり遊歩である。主人公である神経衰弱の大学教授、長野一郎は今友人のインテリと共に鎌倉の浜辺を着流しの浴衣姿で散歩している。すると、ピアノの音が聞こえる。正面には洋館がある。「西洋人の別荘」である。そのあたりで、煙草を吸いながら、この〈香厳撃竹〉の故事を友人に語るのである。これは旅館からの散歩という形をとってはいるものの、その定位的内実は典型的な偶有的彷徨、つまり遊歩であり、洋館、鎌倉の浜辺、近代的神経衰弱、そして想起される中世的開悟はすべてモザイク上にバラバラに偶有化しつつ、近代的心象における内的な都市界隈を構成している。それは〈事件〉発生の寸前にある。一郎のノイローゼが突発的な暴力や、涕泣というバラバラの〈事件〉の総体であるとすれば、その総体が志向するものは一つの絶対的事件、それによってすべての偶有性がただ一つの必然へと、「神」へと「所有」へと統合され撥無されるべき、そうした究極の解決である。

そのような究極の事件は、もちろん原理的に存在しえない。主人公も、そして漱石もそれはすでに知悉している。だから「絶対」なのである。近代的意識の彼岸に措定され、そのすべての偶有性、すべての卑近な、高邁な人生の悩みを最終解決すべき、そうした「絶対的事件」。

この遊歩的彷徨の枠のさらに外側に、もう一つの基本枠がある。それは漱石の文体原理でもあった**写生的忘我**である。それはミニュアチュア版の〈則天去私〉でもあった。友人は〈写生〉の境地にいる一郎をこう観察している。

兄さんは暑い日盛に、此庭だか畑だか分らない地面の上に下りて、凝《じっ》と蹲踞《しゃが》んでゐる事があります。時々かんなの花の香《にほひ》を嗅いで見たりします。かんなに香なんかありやしません。凋《しぼ》んだ月見草の花片《はなびら》を見詰めてゐる事もあります。（中略）

兄さんが斯《か》ういふ些細な事に気を取られて、殆んど我を忘れるのを見る私は、甚だ愉快です。

……

（夏目漱石『行人』[9]、太字強調は筆者）

〈写生〉と〈神経衰弱〉の内的連関が、結局は漱石が〈外発的開化〉に見た病理とそれからの自己治癒の志向に他ならない（管見の限りでは、漱石の写生的文体原理の根拠を彼の近代観＝「外発的開化」との本質連関で解明した漱石論は存在しないように思う）。この面でも、漱石自身の視界はいまだに漱石−論の近視眼の彼方に達している。そしてこの二つの枠、写生的治癒の枠と神経衰弱的遊歩の枠が、中世的開悟を自己の経験の彼岸に純粋化し、絶対化することになる。長野一郎の結論。

「何《ど》うかして香厳《かうがん》になりたい」と兄さんが云ひます。兄さんの意味はあなたにも能く解《わか》るでせう。**一切の重荷を卸《おろ》して楽になりたいのです**。兄さんは其《その》重荷を預かつて貰ふ神を有《もつ》てゐないのです。だから掃溜《はきだめ》か何かへ棄てゝ仕舞ひたいと云ふのです。[10]（同前、太字強調は筆者）

原話の（そしておそらくは史上の）香厳智閑は、師の見解《けんげ》を問い、拒否されている。つまり「何うかして潙山霊佑《いざんれいゆう》師になりたい」と願って拒否されたのである。そしてこの拒否が大悟の大前提だった。したがって長野一郎が、大悟の後の智閑禅師に参禅して「和尚自身の見解」を問うたとしても、頭から拒否されるのは理の当然である。

惺悟（＝大悟。惺の文字も禅ではよく用いられる。覚醒の内的視界の明瞭性を意味する――中村元『仏教語大辞典』）の内実が、結局は問題である。撃竹はいかなる意味で中世的開悟の機縁となったのか。それは写生的忘我の、近代的葛藤の絶対的彼岸としての主客合一の境地なのだろうか。長野一郎は（そして彼の写生的忘我を嘉する友人も）そう理解していることは明白である。だからこそ、そのような「絶対的経験」の三昧境に到達したはずの過去の名僧に「何《どう》かしてなりたい」と心の底から願うことになる。

しかし香厳自身において、撃竹と大悟の間の間一髪の瞬間に近代的葛藤とも、写生的忘我ともまったく質の異なる家常茶飯の意識が自律的に覚醒していた。

それは失笑である（俄に失笑するの間……）。そしてそれは爆発的な脱自、「広々とした何とも言えない気分」を導出する（**廓然**として……）。失笑‐脱自、その瞬間の自我変容がそのまま惺悟である（**俄に失笑するの間、廓然として惺悟す**）。

写生的忘我には〈失笑〉がない。したがってそこには失笑から脱自に至る、爆発的な自己解放もない（脱自態は漱石的近代文体の母胎としての写生的忘我においてもたしかに存在する。しかしそれは大同性への自己解放ではなく、むしろ個我の外枠を保ったままでの縦方向の深化、純粋自我の方向への透明化である）。

さらに本質的な契機がある。それは「**廓然**」という言葉の重い、禅家にとってはあまりに重い系譜性である。当然それは禅家すべての祖、初祖達磨大師の開悟の偈（あるいは開悟を導出すべき偈）「**廓然無聖**《かくねんむしょう》」へと遡行する。

> 梁の武帝が達磨大師に問うて言った。「仏が説かれた聖なる法則の本質とは何か」大師は答えて言われた。「**世界はがらんとただ広いだけで、聖なるものなどどこにもありません**（**師曰、廓然無聖**）。」
> （『景徳伝燈録』[11]、「太字強調は筆者）

禅家の開悟体験は二つの面で、中世的世界観の本質に通底している。まずそれは「自己」の個我性に徹頭徹尾こだわりながら、強い範例性、理念的定型への志向を自己系譜への志向という形で表現する。個⇔集団の弁証法は、彼らにおいて履歴現象そのものとなる。ここに彼らの「無常」経験の時空的本質がある。それは時軸上に展開する自己履歴の本源の確認であると共に、無・時間的な共時的世界の現前に対する爆発的な自己解放でもある。この共時－通時の四次元座標は中世的世界像の本質である〈形而上の中世都市〉すなわち中世的な〈定位コスモロジー〉の本質でもあった（『形而上の中世都市』参照）。禅家の開悟経験における普遍中世的なもう一つの契機が、まさにこの失笑の契機、すなわち生活的対自の契機である。中世において生活的定位（つまり散歩的定位）が、古代や近世のそれとは異なり、生活そのものを聖化し非日常化する趨勢を持つことはすでに検討した（『形而上の中世都市』第三部参照）。その〈生活の聖化〉＝〈生活の事件化〉という、他の時代状況下には見られない、特異な、しかし普遍中世的な定位現象の対偶が、ここですでに繰り返し出会い始めた〈事件の生活化〉であり、禅家の開悟世界もこの定位的生活世界を焦点に据えてその〈尽十方界〉的コスモロジーを描くという基本構造を有している。彼らの公案エクリチュールは無限変容するプロテウス的万華鏡世界を呈示するにもかかわらず、この生活焦点性という一点をめぐっては古典的と言いたくなる規範性を示す。その意味で、もし禅家の開悟を普遍中世的な世界観的〈事件〉の一つの典型であると措定しうるならば、**中世的開悟とは開悟的事件の無化であり事件的必然性の撥無である**。つまりそれは、〈事件〉としての開悟世界を呈示した古代的ヨーガ、古代的秘祭体験の対極にある。古代的開悟においては〈聖なるもの〉が生活に侵入し、君臨する。この君臨こそが〈秘教〉の内実だった。対して中世的－禅家的開悟においては〈聖なるもの〉は消滅する。あるいはもともと存在の根拠がないことが止観される。開悟は生活の即自態への復帰と同義となる。こうして中世神秘主義における〈貧しさ〉の理念（エックハルト）が、どうして托鉢修道会から生まれなければならなかったのか（エックハルトはドメニコ修道会士であった）、その必然性も明らかになる。都市的生活の即自態こそが、〈貧しさ〉であり〈荒れ野〉に他ならなかったからである（次節参照）。この経験－地平の廓然性、開悟－キャンバスのまっさらな地の白さこそは、中世的経験の真の基底でもあった。そのキャンバスの上でのみ（廓然無聖の世界でのみ）開悟はみずからの〈自己〉の「画餅」を描ききる（道元『正法眼蔵』「画餅」）。それは中世固有の制度状況、つまりは制度的拘束の自壊－弛緩の本質的な系でもあった。つまりは古代戸籍的拘束の自壊と弛緩である（『形而上の中世都市』第三部「予備的考察」参照）。最盛期の禅家は、最盛期の念仏者と同じく、僧綱＝制度仏教の戸籍を知らない私度僧の自律的集団であった。ここには、非常に本質的かつダイナミックな制度と個我の弁証法が発現している。

　こうしたマクロの定位背景を確認した上で、今一度、中世的修行僧の失笑とそこに如実に含まれる普遍的な生活者の感興に戻ってみよう。

　なぜ〈失笑〉は惺悟の機縁となりえたのか。

　それは生活者の生活そのものが、偶有性において（撃竹において）、再発見され再対自化されたからに他ならない（〈事件の現象学〉の主体である遊歩的対自はそう判断する）。中世的開悟とは、この意味ですべて自縄自縛からの解放の物語である。自縄自縛であるからこそ、その繫縛の〈自己性〉において他者の、師の見解は何の役にも立たない。何かの機縁で〈聖なるもの〉の繫縛が解き放たれねばならない。そのとき〈聖なるもの〉をめざしてのすべての志向の無意味性が爆発的に現前する。その瞬間、事件的定位は撥無され、生活へと、その家常茶飯の現実態へと復帰する。これが趙州と南泉の師弟間で問題になった〈平常心〉と〈道〉の本質連関でもあった。そしてそれはエックハルトの説く〈貧しさ〉と〈道〉の本質連関でもある（『説教集』第五十二番）。

　翻って近代的屈折の彼方に措定される〈絶対的開悟〉の特徴の一つは、生活そのものが対自の彼岸に絶対化され超越化されることであった。この生活と超越の溶融そのものは、近代的意識の自己創出ではなく、それ自体が系譜的根拠を持つ中世固有の定位事象だった。それはすでにこれまで見た中世的開悟の原典資料から明らかだろう。開悟が生活へと復帰すること、それが本来の〈事件〉（の撥無）を構成し続ける（この面での中世的経験の一元性は真に驚嘆に値するものであり、人類史的な〈一人のヒト〉の実在を証言するマクロ事象でもある）。しかし問題は、ここでも〈絶対〉の彼岸性、その〈自己〉の彼方に措定された超越性にある。長野一郎は己の〈生活〉からの乖離をこう慨嘆した。

「**斯うして髭を生やしたり、洋服を着たり、シガーを銜《くは》へたりする所を上部《うはべ》から見ると、如何にも一人前の紳士らしいが、実際僕の心は宿なしの乞食見たやうに朝から晩迄うろ〳〵してゐる。**二六時中不安に追ひ懸けられてゐる。情ない程落付けない。……さういふ時に、電車の中やなにかで、不図眼を上げて向ふ側を見ると、如何にも苦のなささうな顔に出つ食はす事がある。自分の眼が、ひとたび其邪念の萌さないぽかんとした顔に注ぐ瞬間に、僕はしみ〴〵嬉しいといふ刺戟を総身に受ける。……同時に其顔——**何も考へてゐない、全く落付払つた其顔が、大変気高く見える。**……
（『行人』[12]、太字強調は筆者）

中世の禅家から見れば、この自縄自縛はまさに格好の〈失笑〉の機縁であるはずなのだが、一郎は笑いを忘れている。そして「向ふ側」の生活者を、自己意識の彼岸として、到達不可能な彼岸であるがゆえに絶対化する。「気高さ」とは、この到達不可能な生活の即自態が発するアウラ、崇高性に他ならない。それは倫理的かつ審美的な近代自我の定位理念であった（近代哲学は美学と不可分であり、その美学は当初から「崇高」の美学であった）。中世的開悟はいかなる意味でもこうした崇高性を知らない。その〈廓然〉性は世界そのものの姿であって、自己の鏡像ではないからである。全体世界に照らされて啓蒙され、惺悟されるものは、まさに自己の現実態としての「生活」＝家常茶飯の姿であり、それは無意味なモザイク的所作であることをやめて、一つの統一された有機的な世界観‐儀礼‐所作となる。つまり履を頭上に置いて部屋を出て行く趙州の儀礼的開悟は、「斯して髭を生やしたり、洋服を着たり、シガーを銜へたりする」こちら側の自己身体の日常性を基体とするものであって、「向ふ側」の絶対的虚像の側には断じてないのである。世界彼岸としての聖性は否定される。しかし中世的開悟の光に照らされた生活はすべてが聖化の対象となる。その意味で〈尽十方界〉は「如来全身」となる（『正法眼蔵』「如来全身」）。

これは一つの〈神学〉なのだろうか。そしてそのような〈神学〉を可能にしたのは、中世という一つの特殊に素朴かつ未発達な状況なのだろうか。

ホイジンガは、例えばそう考えた。中世人は、彼には〈未開人〉の一範疇に見えたらしいからである（『中世の秋』）。

ヘーゲルも別の文脈でそう考えた。それは自己の哲学的思惟体系を中世的神学の系譜上に置き、その完成形態であると自己讃美するためのかなり素朴な観念操作でもあった（『宗教哲学』『精神現象学』）。そこでは、再び〈絶対性〉が自我戴冠の徴表となる。個我は自同性の絶対化において精神へと復帰する。

> 精神が偶然性および外的必然性から超出するのは、これらの思想自体が、それ自身において不十分なものであり、不満足なものであるからである。**精神は絶対的必然性の思想において満足を見いだす。それはその思想が自己自身との宥和だからである。**……このように他者へのあらゆる憧憬、努力、渇望は衰滅する。**絶対的必然性においては他者は消滅しているからである（denn in ihr [d.h. in**

der absoluten Notwendigkeit] ist das Andere vergangen.)。

（ヘーゲル『宗教哲学』「神の現存在の証明に関する講義[13]」、太字強調は筆者）

「他者」が絶対化されるのが、漱石―三島によって具現された近代的葛藤の系譜だった。その「他者」とは、ぶよっと不気味に小太りした笑いを知らぬ住職であったり、電車の「向ふ側」の生活者（に見える男）だったりするわけだが、いずれもその即自性の輝きが個我の屈折に呻吟する〈私〉を圧倒する。ヘーゲルの場合は、逆に〈自己自身〉が絶対化され、それに伴って〈他者〉が絶対的に消滅する。自同性は完成され、自同性の偶有性は消え去り、すべては〈絶対的必然〉となる。事件もまた消滅する。事件の前提は、偶有性の先在、そしてその偶有性を必然化するための理念定型（運命、因縁、天命を祖型とする定位理念）との内的協働だった。そこでは、偶有性も必然性も等・資格的、等・根源的に措定されていた（『事件の現象学1』「序」参照）。ヘーゲルの必然性は「必然的に」原初的な偶有性をマージナル化し、ついには消去する。自同性がすべてに君臨する以上、自同性にとっての偶有性は自己の他者として撥無されるからである。その意味で、「絶対的必然性は偶然的なものの存在であり、またその真理である」（同前[14]）。

しかし、「存在の真理は生成である」（Die Wahrheit des Seins ist das Werden）と格調高く宣言したのは、まさに同じ『宗教哲学』でのヘーゲル自身ではなかったか[15]。そして「本質とは過ぎ去ったものである」（『小論理学』）ならば、まさに生成の履歴、そこに必然的に含まれる存在の偶有性（つまりは実存）こそが存在の真理であり、個物の意味でなければならない。

そもそもヘーゲル的弁証法は、「自同性が差異性に自己崩壊する」（『大論理学』）根源現象から発生するはずのものであった（それは同時に記号学が措定する原初的な能記－所記の弁証法的乖離と同一のものである）。弁証法が生成の原理である以上、存在が絶対的自同性、絶対的必然性として自己戴冠することは、彼の体系においても（おいてこそ）、本来ありえない。

どうしてこのような根本的な悪矛盾が（それは明白な悪矛盾であり、いかなる弁神論的強弁も不可能である。自己の思惟の運動原理そのものを抹殺する論理を自己是認する「精神」などどこにも存在しようがないから）近代最大の体系的思惟の核心部で生じたのだろうか。

翻ってヘーゲルが自己の「神学的思惟」の一つの源泉とした中世神秘主義での世界開示は、いかなる意味でも自同的な絶対性の自己戴冠ではなかった。それは彼が強調するような「神の自己感情」（das Selbstgefühl Gottes）（同前）[16]ではない。むしろそれは、まったく逆側の「貧しき」主体の自己放下の究極に望見される〈無〉の世界であった。そしてこの〈無〉は、抽象概念の極北でありながら、なおかつ不思議に懐かしい都市的生活の香りに包まれている。問題は「神の自己感情」のまったく逆側、神をして「貧しき」主体へとすべてを与えるようにさせる、その偶有性に向けての存在的必然性の「強要」にある。

ここにくる道すがら、人は時間性の裡にあって、なお神を強いることができるまでになれるのだ、という考えがふと浮かんだのです。もしわたしがこの今上にいる説教壇の方からある人に向かって「上がって来なさい」と言うとします。それはその人にとってはかなり面倒なことでしょう。しかし「**そこでいいのです。そこで腰を下ろして下さい**」と言うとすれば、それは簡単なことです。神が働くのはこれと同じことなのです。人が自ら身を低くすれば、神はその慈しみを抑えることができず、謙虚な人の裡へ自らを沈め、その人に自らを余すところなく与えるのです。**神が与えるもの、それは神の有であり、神の有は神の善であり、神の善は神の愛なのです**（**Daz got gibet, daz ist sîn wesen, und sîn wesen daz ist sîn güete, und sîn güete daz ist *sîn minne***）。
（マイスター・エックハルト『説教集』第二十二番[17]、太字強調は筆者。〈神の愛〉を〈ミンネ〉で表現していることにも注意——後述第五章第三節参照）

ここでは自同性の絶対的自己讃美とはまったく別の経験、まったく別の生活者の感情が雄弁に語りかけている。偏見、先入観を離れて虚心にこのすばらしい説法に耳を傾けさえすれば、われわれ異文化の系譜上にある対自もまた、ある〈家常茶飯〉の生活背景を感得することができる。こうした説教を行なう神秘主義者と、その檀下に集った聴衆とは、説法を離れても〈生活〉の全コンテクストにおいて肩と肩とを接し、路上で出会えば暖かみのある言葉を二、三交わしたに違いないという直感。ちょうど生活作務において肩と肩を並べることが、禅家の〈家常茶飯〉の定位理念を造型する基盤であったのと同じ質の共同性が透けて見える。しかしこれに類似したテクストを物心ついて以来、常に自己参照の、自己のルーツ参照の対象としてきたはずの「世界精神」の説教者ヘーゲルは、まったく逆側に「合一《ウニオ》」を設定してしまった。

何が根本において起きているのだろうか。

中世的生活感情からの自己疎外が、近代的「絶対」の成立根拠である、それは確実に思える。しかしこうした疎外はすでに中世そのものの中で始まっていたことを忘れるわけにはいかない。エックハルトは異端の刻印を帯びた中世末期の大思想家として、その書物のすべては異端焚書の対象となり、在俗信徒集団の地下的生活によって奇跡的にそのテクストは後世に伝えられたことを忘れるわけにはいかない。つまり中世的開悟そのものが、すでに中世的制度にとっていかに了解不可能な、危険な異端に見えたかという基本的な事実が確認されるのである。

禅家は、中世キリスト教的な異端弾圧の対象となることは幸いにしてほとんどなかった（同一の規模での弾圧は皆無で、ただ散発的な制度仏教からの反発があったのみである）。しかし禅家にせよ、念仏者にせよ、中世的開悟の〈花〉はやはり生きた状況を土壌とする〈花〉として、他の時代への移植は本質的に不可能であったようにも思える。例えば『景徳伝燈録』を通読するのみで、それは体感できる基本的事実である。本物の開悟はその前半部に記録された唐末までの世界であり、宋に入ると公案エクリチュールそのものが定型化、そしてさらに月並化の趨勢すら示し始める。つまり近世は東洋においても、禅家的な〈家常茶飯〉〈平常心〉という中世的根本感情の喪失、形骸化が進行した時期に思えるのである。だとすれば、『金閣寺』の「私」と『行人』の長野一郎の「生活－喪失」は、近代そのものというよりは、少なくとも近世以来の系譜性を有する主体の世界喪失の一範疇なのかもしれない。

ともあれ、こうした後日譚は〈事件の現象学〉においてもこれからの分析課題であり、目下の中世散策のテーマではない。われわれが肉体化した〈絶対的中世〉からの自己解放が果たせれば今は十分だろう。繋縛を説かれた遊歩者として、自由に、気儘に、本来の中世的開悟、その悟りの〈花〉の数々へと接近を試みることにしよう。

二　彼岸と此岸の隣接——超越介入の日常性

『デカメロン』／グレーヴィチ／源満仲／源信

イタリアでのペストの大流行（一三四八年）は、本来の意味での中世的都市生活の終焉を意味した。中世都市人の死生は、それまで都市的日常性の中に穏やかに包摂されていた。日常性の基調は所作儀礼の複合した構造体であり、それは市民的 decorum の習俗体系としてダンテ的な秩序感覚の基底をなしていた。『デカメロン』第一日の序に活写された、フィレンツェにおけるペストの猖獗をきわめる大流行は、何よりもこの生活儀礼的な秩序感覚を根本から破壊したことがわかる。同様の中世的世界の大崩壊は、日本においても中国においても観察されるが、それはペストの大量死ではなく、戦乱の未曾有の拡大という形式をとった。日本では南北朝の動乱を端緒とし、応仁の乱から本格化する戦国時代がそれであり、中国では安史の乱（七五五－七六三年）から黄巣の乱（八七四－八八四年）に至る大規模な内憂外患の拡大が、やはり中世社会の習俗的基底を蚕食していったことが確認される（例えば杜甫の嘆きの大半は「国破れて」後の社会習俗の解体、士大夫と民衆の両者に同時進行するデラシネ化である）。しかし〈中世の秋〉の端緒はマクロ地域による固有性を示すと言っても、その経験的内実は本質的には同一のものであった。生活所作の複合体が儀礼的に組織され、一つの習俗的基底を形成する、この中世本来の生活的定位は、長期にわたる制度的拘束の弛緩とそれに伴う地域小コミュニティーの自律化を前提としていた。その基底的な根拠が失われるとき、中世固有の死生の日常性、その隣接の基本感覚というものも失われる。したがって例えば、ホイジンガが印象的に描く〈張りつめた生活の基調〉というものを、中世本来の日常性であるかのように一般化してはならない。それはむしろ中世的秩序の解体、デカダンスの過程に入った中世であって、中世本来の経験世界の基調ではない。ホイジンガの総括は、この意味で『デカメロン』第一日の序と奇妙に共振している。

> 生活はぎらぎらとどぎつく、多彩であった。一息で血と薔薇の香りを吸い込む、そうした趣があった。民衆は地獄の恐怖と子供っぽい戯れ、残忍な非情と涙もろい心優しさの間を、**まるで子供の頭を持った巨人のように揺れ動いていた**。俗世のすべての快楽の放棄と富および快楽の飽くなき追求の間、陰鬱な憎悪と笑い戯れる上機嫌といった**両極端の間を揺れつつ**、民衆は生きていたのである。
> （ホイジンガ『中世の秋[18]』、太字強調は筆者）

両極端の隣接、例えばそれは死生の隣接といった現象だが、それがただちにこうした流動性、過剰な対照性と神経過敏な病理的非日常行動に外化するわけではない。ホイジンガの審美的パラダイム、中世人＝子供という等置の背景には、未開人＝子供という長い伝統を持つ（少なくとも啓蒙期の〈善き野蛮人《ボン・ソヴァージュ》〉以来の伝統を持つ）西欧市民文化的パラダイムがある。もしその偏見のフィルターを脱色し、是正したとしても、なお残る流動性、病理的非日常生という描像は、やはり中世解体期の病理性であり、『デカメロン』を範にとれば、本来の中世的経験を包むペストの瘴気のごときものであると考えねばならないだろう。『デカメロン』の民話的トポスは、この瘴気に包まれた本来の中世世界である。それは根本においてデカダンスとは逆側の民衆的生活感覚、より正確にはルネサンス化しつつある修辞文体（エクリチュール原理）によってくるまれた中世的日常性の基本感覚を示している。それは流動性、病理的非日常性のちょうど逆側の安定した構造的日常性から生まれる都市‐民衆的世界感覚であり、だからこそそれはペストの猖獗と社会習俗のデカダンスの対極として、しばしの decorum 秩序の枠内での雅な気晴らしとしてのエクリチュール世界たりうるのである。

こうした実在の〈中世の秋〉（つまりボッカッチョの現実）から中世本来の日常的経験世界を望見した場合、遠近法の歪みというものが生じる。それは超越が生活に介入してくる形式、その彼岸と此岸の隣接の形式をめぐる基本的な感覚のズレである。中世的超越性が生活と不可分の関係にあることは、〈中世の秋〉においてもいまだに記憶されている。それは実際、『デカメロン』の中心テーマの一つである〈偽聖人〉に収斂する民衆的トポスでもあった。しかしもはや、その定位的内実は、ボッカッチョの現実においては失われつつある。したがって〈聖人〉と〈偽聖人〉の弁別そのものが無意味となり、聖性はすべて日常性の卑近さにおいて〈奪冠〉（バフチン『フランソワ・ラブレーの作品と中世・ルネサンスの民衆文化』）されることになる。しかしまた、その隣接の形式そのものは、『デカメロン』においても中世的〈聖性〉の定型ときれいに重なり合ってもいる。したがってトポス的な系譜を辿るには、『デカメロン』の〈偽聖人〉以上に中世的〈聖者〉の範例を示すものはない、というきわめて逆説的な事態が生じるのである。この逆説は〈偽聖人〉を笑い飛ばし続けたボッカッチョ自身が、その自分の軽佻浮薄を悔いて〈聖人〉への接近を始める、という晩年の自己矛盾へと帰結していったのだった。

したがって中世的聖性、その開悟の形式を通観しようとするわれわれも、まず中世末期のアンビバレンツに生きる一知性が生んだ〈偽聖人〉の姿から出発するのが妥当かもしれない。ボッカッチョの造型した〈偽聖人〉中でも最も極端であり、また奇妙にいつまでも印象に残る「聖チャッペッレット」を選んでみることにしよう。『デカメロン』冒頭話が、(19)このあらゆる悪徳を備えた公証人の列聖から始まっていることも、おそらくはペスト的デカダンスと内的に連関しているからである。

まずプロットを大まかに整理しておこう。

(1) パリの有力者(商人貴族)がイタリアに行くことになり、その留守にボルゴーニャ(ブルゴーニュ)の焦げついた債権を取り立てるため、家に出入りしていたプラート(トスカーナの都市)出身の公証人チャッペッレットに目をつけ、委託する。

(2) チャッペッレットは、偽証、呪詛、インチキ賭博、殺人、売春等々すべての悪事に手を染めた絵に描いたような背徳漢であった。彼の暮らしは目下のところよくなく、有力者の食客としてかつがつ生き延びているというふうであった。有力者は彼の悪漢ぶりを知って、なおこうした時のために子飼いにしていたのである。チャッペッレットはパトロンの依頼を引き受け、ボルゴーニャに赴く。

(3) ボルゴーニャでは、やはりこの有力者と縁故のあるフィレンツェ商人の家に寄寓する。彼らも高利貸しであって地場の人間たちとの折り合いは非常に悪い。何か言いがかりをつけられて財産を奪われるのではと、びくびくしながら商売している。

(4) チャッペッレットは仕事に掛かる前に運悪く重い病に倒れる。彼が悪漢であることをよく知っているフィレンツェ商人たちは、彼が懺悔を拒んで死んでスキャンダルになり、それが地場の人間に暴動と略奪の口実を与えるのではと恐れる。かといって、有力者の縁故の手前、重病人の彼を家から追い出すわけにもいかない。

(5) 商人たちの心配を知った瀕死のチャッペッレットは、彼らを助けるため**偽の懺悔**をする気になり、高徳の懺悔聴聞僧を連れてくるように頼む。どうせ悪行の限りを尽くした人生だから、もう一つ偽懺悔の悪行を重ねても大して変わりはないだろう、と彼は考えたのである。

(6) 依頼に応じて高徳の老修道士がやってくる。チャッペッレットは偽の懺悔を始める。背徳の人生のまったく逆を行く童貞ー聖人の告白に修道士は感動しつつ臨終の秘蹟を与える。

(7) 修道士は彼の遺体を前にして、偽懺悔から一つの聖人の人生を紡ぎ出し、それを民衆に説教する。心を動かされた民衆は彼の遺体に殺到し、遺体に接吻しながら衣服をすべて聖遺物としてちぎり取ってしまう。埋葬の後は蠟の像を造って礼拝し、多くの奇跡が記録され、こうして〈聖チャッペッレット〉の崇拝が始まったのだった。

プロットの流れを、〈事件〉性の範疇に沿って構造分析してみると次のようになる。

①都市的流通の日常性(1)、(2)、(3)=最先端流通の金融業=悪徳の高利貸業→②日常的事件としての死病(4)→③日常的事件としての悪漢の善行(5)(仲間の窮状を助ける)=そのための最後の悪行→④日常的事件としての偽懺悔(6)→⑤日常的事件としての列聖(7)。

これでこの偽聖人トポスの特異な構造が顕在化し始めた。その特性は、①**事件の生起がまったく都市的日常性を離脱しないこと**、②**非日常的な定位理念**(**例えば運命、あるいは因縁、天命といった定位類型**)**を要請しないこと**にある。この日常性、非定位性は、〈事件〉範疇としてはかなり特異な現象である。そして理念的高揚も非日常的な偶有性の現前も知らないこの〈事件〉は、何よりも語り手のエクリチュール原理と重合していることに気づかされる。それはありふれた市井の逸話を面白おかしく語る口調によって一貫しており、つまりはこのノンシャランな語り口そのものが〈日常的事件〉というそれ自体矛盾した現象の表現には最もふさわしいことがわかる。

今度は日常－非日常の二項性の替わりに、此岸性（俗世間性）－彼岸性（超越性）の二項性のスカラ上でこの〈事件〉を観察してみよう。分析の前提としては、中世的彼岸性が制度的（教会制度的）－脱・制度的（民衆的）というもう一つの二項性上で現象していたという基本的な事実を加味しなければならない。もちろんこの二項性は、二項対立という形に先鋭化するだけでなく、場合によっては重合も協働もするので（聖遺物崇拝、聖人崇拝が典型例）単純化は避けなければならない。

以上に注意して整理すれば、①此岸の俗世間は金融業の先端流通に浸透している⑴→②それは典型的な都市界隈の裏社会をも包摂している。そこには彼岸性の影もさしていない⑵、⑶→③しかし背徳漢の死病という〈日常的事件〉を介して、彼岸と超越の問題が此岸的に（モブの憎悪をそらす、など）自覚される⑷、⑸→④老修道士は制度的超越と民衆的超越を媒介する教会的存在として登場し、此岸的彼岸性である偽懺悔を彼岸的此岸性（臨終の秘蹟）へと転換する⑹→⑤さらに彼は民衆への説教によって偽懺悔を行なった背徳漢から〈聖人〉を造型する。こうして制度的列聖は民衆的超越へと変容しつつ〈聖チャッペレット〉崇拝が誕生する⑺。

これで〈日常的事件〉と並ぶ、もう一つの特異な構造体が顕在化した。それは**此岸と彼岸の〈隣接〉および〈転換〉**として概念化できる。フィレンツェの高利貸商人は都市界隈の俗世性を代表する存在であり、そこに寄寓する悪漢の死は〈教会による埋葬〉の可否、そしてそれと連動した〈民衆の憎悪〉の有無という此岸的生活の問題としてまず自覚される（④、その伏線は③である）。此岸に反照する超越的彼岸の影はさしあたりは制度的（教会的）媒介を経ているが（懺悔と臨終秘蹟、そして埋葬の権利）、より深いところでの恐怖は、無媒介的（教会の媒介を経ない）民衆的信仰心を起因とする暴徒化であることに注意しなければならない。この民衆の信心はやはり中世都市の日常的相貌であり、それは暴徒としても信徒としても此岸的日常性から完全に離脱し、日常生活を破壊するものでないことに注意しなければならない。つまりそれは、説教者による大衆煽動や、ペストによる日常性の根本的破壊と軒を接してはいるものの、基体となる中世都市的日常性の自己塑性の範囲内にある。それはしたがって、モブ的叛乱を虚像として持つ都市的祝祭である、と定義できる。この都市祝祭性が消滅するのと反比例して、日常性破壊のモブ性が強まっていく。その終着点が近世的制度下での民衆叛乱（例えば農民戦争）であるという系譜性を確認しておこう。

〈偽聖人〉の世界に戻れば、そうした後日譚は虚像的な陰影にとどまり、基体はあくまで都市祝祭的な日常性であることが観察されるわけである。そしてその日常性の中核部に此岸と彼岸の〈隣接〉および〈転換〉がある。〈転換〉の媒介者は、やはり教会的超越と民衆的超越の二項性に対して境界人的な媒介機能を果たす老修道士だった。

こうして中世的超越の基本形が見え始める。つまり此岸を彼岸へと転換する、その主体が〈聖人〉であるとすれば、この老修道士こそが媒介の主体としての〈聖人〉に他ならない。

しかしそれだけでは足りない。此岸が彼岸へと向かう前提は、彼岸が此岸へと介入してくることだった。これは**〈隣接〉の日常性**を内実とする現象であり、その基体はフィレンツェ商人（高利貸）の界隈的意識そのものである。俗世的界隈意識は、民衆的生活の此岸性と等質の、その先端部の現象であった。つまり高利貸と、彼らを時々襲う都市民衆とは一つの中世的此岸を生きる中世的都市住人に他ならない。

こうして真の媒介者が誰か、それが明らかとなってきた。列聖の媒介者は定型化した〈聖人〉としての老修道士である。しかし〈聖化〉そのものを媒介するのは彼ではない。此岸的悪徳から彼岸的聖性へと移行を果たすのは〈偽聖人〉チャッペッレットであり、民衆は自己の虚像としての〈隣接〉（彼岸と此岸＝死と生）と〈転換〉（此岸の彼岸化および彼岸の此岸化）を懺悔した背徳漢の姿に認めることとなる。つまり〈聖チャッペッレット〉はその意味で、聖人の原型、〈悔悟する放蕩息子〉（「ルカによる福音書」、15－11以下）の定型にぴたりと収まる。

しかし彼は〈偽聖人〉であるとされる。何がこの聖性とその偽物の分水嶺なのだろうか。それはもちろん懺悔が偽物だからだった。

では、それはどこが偽物なのだろうか。放蕩息子も背徳漢も懺悔において悔悟する、そして聖人へと（民衆の想像力において）変容する。チャッペッレットはすべての条件を客観的に満たすばかりでなく、そもそもその懺悔自体が仲間のフィレンツェ商人の窮状を救うための善行だった。では、どこにその偽物性はあるのか。

もちろんそれは、彼の悪行を逆転したまったくの偽懺悔だった。つまり〈事実〉という此岸的範疇がここで彼岸的判断基準を提供している。この自己矛盾的〈事実〉概念の淵源もまた、中世的列聖の二元的一元性に内在している。此岸的事実が彼岸的に聖化される、それこそ聖人伝説における悔悟の主観性の特質に他ならないからである。この主観性がまた、放蕩者を聖人へと聖化する必要不可欠な前提でもあった。つまり聖人の悔悟は、すべて意外な悔悟として単なる事実性を超脱する。彼が悔悟を始めるまでは、誰一人そうしたことが起こるとは思ってもいない、その意外性が列聖的悔悟‐事件の本質であり、それはチャッペッレットのまったく偽物の人生告白も形式的にせよ充たしている意外性なのである。

こうして結局、真偽判断の真の基底が明らかになる。それは都市‐事件の普遍的基底である公衆の存在である。誰にとって放蕩者の悔悟は意外なのか。もちろんすでに聖人へと変容しているはずの聖者にとってではない。いまだに聖者が放蕩者にすぎないと思い込んでいた民衆＝都市的公衆にとってこそ、それは意外なのである。この意味での公衆は列聖には不可欠なのだが、『デカメロン』冒頭話ではそれが本来の姿を示していない。つまり〈偽聖人〉が列聖される全過程の目撃者は、フィレンツェ商人二人に限定されているからである。彼らと語り手、そして聴衆はすでに中世的列聖の経験場を外から〈客観視〉し、その〈事実無根〉な悪徳漢の悔悟を笑い飛ばしている。エクリチュール原理そのものはすでに中世を脱しつつある。しかしそのモチーフのほとんどすべては、いまだに中世的聖人伝説の基本形に拘束されている。だからこそ、この笑話が中世的超越の基本形を呈示する最も優れたモデルたりうる、という逆説も生じる。つまりはこの本来的中世経験に対する距離感が、〈中世の秋〉から生まれたボッカッチョと『デカメロン』の系譜的な位置でもあったわけである。

チャッペッレットの聖化で示された基本的な型（超越の日常介入の型）は、西洋中世的開悟経験の中核に位置するだけではない。それはまた、マクロ地域的な類型をも離れた、真に普遍的な中世的経験の内実をも証言している。超越の介入は中世的経験においては日常性を離脱も破壊もしない。むしろそれは、日常性そのものを聖化する。そして臨在する超越性は日常的事象となる。この双方向的な弁証法が中世的列聖の前提でもある。上の第一の構造分析において顕在化した契機は、〈偽聖人〉の〈偽懺悔〉という都市祝祭的〈事件〉が、まったく都市界隈内部の日常性を離脱しないままに民衆的聖化の対象となる、という一貫した〈日常的事件〉の基軸であった。この日常性の持続はしかし、此岸性の持続と同義ではなかった。第二の構造分析において、此岸性は彼岸性と独特の〈隣接〉、〈転換〉の関係にあることが確認されたからである。したがって問題は、此岸的日常からの彼岸性の消去、欠如ではなく、むしろ此岸的日常にその日常性をまったく破壊しないまま介入してくる独特の彼岸性、超越性の理念にあることがわかるのである。

これが、つまりは中世的超越の基本形である。

それは**日常性を聖化する超越性**である。この点はすでに『形而上の中世都市』第三部で検討しておいたが、それを今われわれは逆の側から、つまり〈生活〉の側からではなく、〈聖性〉の側から観察したわけである。

この基軸に沿って、中世的開悟の本質を考えてみよう。

まず**超越介入の双方向性**、その現実態と定位的根拠を検討しなければいけない。その意味で、例えばグレーヴィチの提唱する中世的〈クロノトポス〉（＝時空座標的定型、もともとは彼の師バフチンが『小説における時間と時空間の諸形式』で示唆した方法概念である）の特異性もまた修正されなければならない。彼は依然としてホイジンガの意味での両極性、流動性を中世的超越の本質として捉えているからである。

中世的超越が〈説話〉（exemplum）という独特の実録的‐実践的物語集成のジャンルを産む、というグレーヴィチの主張は、それが西洋中世固有の現象であるかのような強調を中性化し普遍化すれば、中国中世にも日本中世にも妥当するものであり、それがキリスト教、仏教という世界宗教の教義上の大きな差異にもかかわらず、同一の民衆的文化を産むところにこそ中世的状況の普遍性を認めねばならないだろう。バフチンのジャンル分析の基本枠である〈クロノトポス〉の活用も、この普遍的中世経験に拡張されてこそ、その本来の意味を獲得する。説話の〈クロノトポス〉の最大の特性を超越と日常の〈接触や遭遇〉と特徴づけることも、やはり仏教説話の基本的描像に一致する。しかし例えば次のようなテーゼには、ホイジンガ的な審美的中世観、中世を絶対他者であると措定する先入観の色濃い残存を感じないわけにはいかない。

一瞬のうちに現成するこの特殊な〈クロノトポス〉のなかで、人間世界の根本的な変貌が起こる。現実の地上的、人間的空間で起こっている状況が、同時に地獄、天国、煉獄と関係づけられる。教会で祈ったり寝台で眠ったりしている人間が、同時に〈最後の審判〉における最高の裁き手の面前に立ったり、地獄をあちこちひきまわされたりする。……ふたつの世界がこのように衝突し、異なった時間システムや、本来は重ならないはずの空間が交差することによって、ある状況が生み出される。**そこでは、事件があちら側でもこちら側でも進行しており、したがって、あちら側でもこちら側でもない、なにかまったく異なるレヴェルの時＝空間、つまり新しい「クロノトポス」において発生することになる。**

（グレーヴィチ『同時代人の見た中世ヨーロッパ(20)』中沢敦夫訳、太字強調は筆者。また一部文体は筆者のそれに統一させていただいた）

説話ジャンルの特異性を強調するあまり、彼は説話的経験の日常性を〈事件化〉し非日常化してしまった。ジャンルの固有性から基底的経験の一元性を捨象してしまうこの傾向は、バフチンがむしろその基底的経験（対話的経験、カーニバル的世界観）の内実をテクストの内部に発見しようとした、オーソドックスに〈イデオロギー分析〉的であった学的総合性に比べて、狭隘化の印象は否めない。重点が学問的専門性の確保に移動しているからである。これはロトマンに典型的に見られるジャンル分析の狭い枠づけ、総合的方法からの大きな後退だが、その同じ専門性の代償というものがここでも如実に顕われている。それは明らかな後退であり刈り込みである。なぜなら説話とは、まさに〈実録＝実話〉としてそうしたジャンルの形式枠を恒常的に自己超越し〈文学〉であることを拒否するがゆえに現実との対話的交流を可能にする、そうした特異な（特異に中世的な）ジャンルだったはずだからである。中世人の世界像を基底に置いてみれば、典型的な中世的説教者（例えば無住、あるいはアッシジのフランチェスコ）にとっては、まさに超越と日常が隣接するところに、つまり日常でも超越でもない、「あちら側でもこちら側でもない、なにかまったく異なるレヴェルの時＝空間」が生じないところに、説話本来のジャンル的本質があったと考えるべきだからである。説話は超越と日常を隣接させ、両者の関係を転換させる。両者の間に割り込む第三の項、「文学」あるいは「作品」としての、つまり「新しい『クロノトポス』」としての第三項が存在しないがゆえに、説話は説話たりうるのである。それはグレーヴィチ自身が蒐集する説話の数々が雄弁に物語る基本的な事実でもある。例えば次のような〈隣接〉と〈転換〉の逸話。

キリストと使徒が各地を遍歴していたとき、……一行が連れていた雌牛が近隣の畑を荒らすことがたび重なった。そこで、雌牛を売ることに決め、聖使徒ペテロを市場にやった。だが、彼は雌牛を連れたまま戻ってきた。主キリストが、「どうして牛を売らなかったのか。たちの悪い市場だったのか。二〇エキュで売るはずだったのに」と問うた。するとペテロは、「**買い手は大勢いたのですが、この牛は他人の畑を荒らす癖があると言ったら、誰も買おうとしないのです**」と答えた。「この大馬鹿者！」とキリストは叫んだ。「売っても、金を受けとってもいないのに、**いったいどこの国に、市場で自分の家畜の欠点を言い立てる者があるか。**」[21]（同前、太字強調は筆者）

この説話はグレーヴィチが観察しているように、聴衆と聖書世界との「親密さ」を表現することに眼目が置かれたタイプに属している。[22] しかし彼が見逃しているのは、その「親密さ」が表現され伝達されるためには、説話はまさに日常と超越を無媒介に隣接させる必要があったということである。つまり中世民衆にとって、この説話は一つの〈実録〉として響かねばならない必然性を持っていた。もしそれが「二〇エキュ」の現実感を喪失してしまえば、『デカメロン』のノンシャラン的＝近世宮廷人的洗練と中世的民衆からの離脱が始まることになる。したがってノヴェレの源泉が中世説話である、というジャンル史的な主張[23]も慎重に行なう必要がある。中世的民衆にとっての説話と、中世末期、そしてルネサンス期の貴顕にとっての〈実話〉の定位的内実がまったく異なっているからである。上で観察したように、『デカメロン』の物語世界に参加する貴顕にとって、〈聖人伝説〉はもはや形式的なトポスでしかなかった。それに対して、上の説話を聞く中世農民、中世商人は自分の体験する〈市場〉の現実をキリストと使徒の遍歴に投影するがゆえに、超越的なものの近さを感得できるのである。そしてもちろん、説教者の狙いもそこにある。

説話における超越の日常的介入は、説教者自身の現実に母胎を持っている。それは説教者の本拠地、教会の日常化、つまり教会典礼における超越性の介入形式そのものの日常化である。ダヴィッドゾーンはその面でさまざまに興味深い事例を蒐集してくれているが、教会典礼の日常化が中核部のミサで生じていたことを次のように総括している。

> 役畜の死亡率が高くなると、それ用に特別のミサが行なわれた。役畜の間にはっきり疫病が流行り始めると、また別の特別ミサの出番となる。雷の落ちる方向に影響するミサというのもあった。それによって雨天を導くためである。ただ雨が降りすぎると、今度は雨を止めるために別のミサを行なった。海上の旅行を護るミサ、視力の減退を防ぐミサというのもあった。不妊症を治癒するミサは、懇願する女性を「主がアブラハムによりサラの死せる胎を開かれた」ごとくに行なわれた。日々の焦熱を和らげるミサもあれば、間歇熱や四日熱といった病気に効くミサもあった。それに加えてすべての**家常茶飯の卑近事**（für alle häuslichen Dinge）**に対して祝福して貰うことが可能だった**。例えば実ったりんご、新しいワイン、秋のワイン絞り、春の播種といった出来事である。害虫に対してはあらかじめ呪文で対抗することができた。それどころか当時のフィレンツェの教会には、ワイン樽に鼠が落ちた時、そのワインを浄化して再び飲むことができるようにする典礼文すら存在していたのである。
>
> （ダヴィッドゾーン『フィレンツェ史[24]』、太字強調は筆者）

こうして見ると、地区教会というものが中世都市、特にその範例としてのトスカーナ諸都市（フィレンツェを代表とする）に果たした本質的に共同体形成的な社会機能というものの具体相が、やはり超越と日常性の隣接、転換にあったことが自然に了解される。再びここでも「ワインを浄化するミサ」に『デカメロン』冒頭話的なポワンテ、その田舎司祭と田舎人たちの野卑さ、呪術化した典礼の素朴さを認めた瞬間に、中世的経験の大半は雲散霧消してしまうことに注意しなければならない。地区教会と司祭はミサのすべてを眼前の民衆の日常生活に向けて挙行した、これが中世的経験形成の眼目である。それはたしかに教会による媒介ではあるものの、教皇的強権の君臨とはまったく違ったニュアンスを田舎の日常に与えていることを忘れてはならない。こうした日常的超越のニュアンスはまた、中国中世や日本中世の田舎の寺社でもごく家常茶飯に見られた光景でもあった。

その例として、教会典礼の中心であるミサに対応する仏教的典礼が日本中世にも観察されるので一瞥しておこう。浄土信仰の典礼的ハイライトを形成する来迎の儀礼化、すなわち**〈迎え講〉**がそれである。〈迎え講〉は平安中期、大体『源氏物語』の摂関期には定型化していたらしい浄土信仰の儀礼である。それは念仏往生の際に阿弥陀仏が諸菩薩を脇侍《きょうじ》として引き連れ来迎する有様を演出するもので、①仮面演劇風の法会（行道《ぎょうどう》供養を原型とする）と、②阿弥陀仏像を用いる〈糸引き弥陀〉の臨終儀礼の二系統があるが、両者共にもともとは念仏者の幻視する浄土世界の表現である。その意味では、一つの統一された浄土心象を母胎とする来迎儀礼であった。〈迎え講〉における浄土の幻視は直接的な浄土の描写ではなく、念仏者の想像力を介しての浄土礼賛である。したがってその「礼賛」の対自的契機は、来迎する阿弥陀仏、諸菩薩のやはり間接的な礼拝の儀礼に外化されることになる。この意味で〈迎え講〉は、

図5　平等院鳳凰堂雲中供養菩薩像（北7号）　1053年

中世的世界観の本質である個人的内面性を媒介とした儀礼であり、超越の介入が個我の日常において生起するところに、〈隣接〉と〈転換〉の基本現象を認めることができる。図5は平等院の壁を飾っていた〈雲中菩薩〉だが、浄土幻視が、「礼賛」の対自性の彼方に望見される宗教的集団幻視であることをその祈りの姿勢によって造型しており、その意味で〈迎え講〉が虚像的な内的世界表象であることをよく示しているように思える。脱自的な雅を示すこれらの菩薩の表情に感情移入する、そのことによって浄土は念仏者の心性に類比的に望見されたのだろう。

この個人性、日常性、観念性は、例えば平等院より一つ前の世代、すなわち藤原道長の時代の浄土信仰の中枢であった法成寺の儀礼的布置に如実に認めることができる。本尊の丈六阿弥陀仏像九体は九品浄土を象徴するのだが、その各々の手から中尊の阿弥陀仏へ向けて〈糸引き〉を行なった上で、その束ねられた糸の端は道長個人用の念仏礼拝の御座所に置かれていた。それは蓮の茎の繊維を用いた糸で、王朝風の斑濃《むらご》（濃淡のグラデーションのある染め方）に彩色したものだった。道長個人の浄土信仰が中世的超越の観念を先取りするものだったことが、『栄花物語』の記述から浮かび上がってくる。

常にこの糸に御心をかけさせ給て、御念仏の心ざし絶へさせ給べきにあらず。**御臨終の時この糸をひかへさせ給て、極楽に往生せさせ給べきと見えたり**。

（『栄花物語』「たまのうてな」(25)、太字強調は筆者）

〈臨終の行儀〉を日本で最初に体系化したのは、横川《よかわ》の僧都源信（九四二―一〇一七）の『往生要集』であり、それはまた道長の愛読書でもあった。モデルは律蔵註釈書に出てくるインド祇園精舎の〈無常院〉という僧坊で、それは病気の僧を収容し、また往生を看取る場でもあった。そこに置かれた〈糸引き阿弥陀〉が平安中期以降の〈迎え講〉の儀礼化の原典的範例となったのだった。儀礼的所作の中核は〈散歩〉であることに注意しておこう。弥陀が臨終の僧を引いて、西方浄土に帰還の歩みを進めるのである。したがって弥陀の面は西を向き、僧を引いていく細布（後には五色の糸に定型化する）が長く地面に垂れている。この独特の日常的非日常性に注目しておこう。

その堂の中に、一の立像《りゆうぞう》を置けり。金薄《こんぱく》にてこれに塗り、**面《おもて》を西方に向けたり**。その像の右手は挙げ、左手の中には、一の五綵《ごさい》の幡《はた》の、脚は垂れて地に曳けるを繋ぐ。当《まさ》に病者を安んぜんとして、

像の後に在《お》き、左手に幡の脚を執り、仏に従ひて、仏の浄刹《じょうせつ》〔浄土〕に往く意《おもい》を作さしむべし。
（源信『往生要集』[26]、太字強調は筆者）

往生とは、まさに浄土の超越的生活に「往く」意である。それは如来《タターガタ》（真理からかく来たる者）の日常的往来（『事件の現象学2』、八二頁参照）、すなわち超越者の〈散歩〉に付き従うという自己歩行の表象を伴った。この超越的歩行表象は、大乗仏教儀礼の都市祝祭的範疇である〈行像〉-〈行道〉を集団心象化する。そしてそれは、やがて個人的に内面化した歩行、すなわち〈往生〉の歩行へと収斂した。この儀礼の変容の本質（外的集団儀礼の内化）が、中世的超越経験の本質と正しく照応していることは明らかである。

出発点となる〈行像〉は、すでに『洛陽伽藍記』の例で見たように（『形而上の中世都市』第二部「予備的考察」参照）、北魏を代表とする中国中世の異民族王朝が西域の大乗仏教文化を移入したものであった。それより以前、法顕（三三七-四二二頃）の時代には、〈行像〉の本場ははっきりと西域であり、彼はわざわざ本場の都市祝祭を見るために于闐国（ホータン）に長逗留している。行像の本体は釈迦仏で、大きな四輪の山車に安置され七宝や幡蓋で荘厳された上、諸菩薩を脇侍として引き連れていた。法会が始まると王は冠を脱ぎ、裸足になって家臣を引き連れ頭面礼足して散華、焼香した。お練りは城内の通りで行なわれた（『法顕伝』[27]）。ここでも超越は日常世界に〈行〉＝歩行を介して歩み寄り、歩み去る。その〈隣接〉と〈転換〉の基本構造は、中世的超越の開始を告げている。

しかし〈行像〉-〈行道〉は、いまだに古代的制度仏教の面影を留める外的な祝祭でもあった（ホータンの王と臣下が自己の帰依を儀礼的に顕示するのもその謂である）。本来的な中世的超越は、この鎮護国家的制度性を撥無しつつ、儀礼を著しく個人化し内面化する。その儀礼場は、したがって個人の生活場と重合することになる。それはすでに上の道長の例でも観察された契機だった。彼は自己の臨終儀礼の予行演習を日々法成寺で行なっているのであって、そこには制度的顕示の意味合いもかすかに残存してはいるものの、基調は明らかに私的、個人的なものである。糸引き阿弥陀にそこはかとなく漂う、子供の遊戯に似た真面目なリアリズムと、本来の宗教経験の中核をなす馥郁たるシンボリズム、その独特の混淆に注意しなければならない。それは、われわれが繰り返し中世的経験の現場で出会ってきた、〈偽仏〉と〈蓮華〉の並存、混淆の一つの系でもある。

こうした中世的内面化の萌しが、浄土信仰という一つの都市宗教において最初に登場することは、中世的超越の造型が古代都市の漸次の崩壊と、それに伴う都市的アトム化の進行と不可分の関係にあることを予感させるものでもある。この面でも先駆的な役割を果たしたのは、道長の往生の導師、横川の僧都源信である。彼は上に引用した『往生要集』中の〈臨終の行儀〉をさらに個人化し、日常儀礼化した。この日常化、個人化は〈糸引き阿弥陀〉のタイプの〈迎え講〉だけでなく、より大規模な古いタイプの〈行像〉－〈行道〉にまで及んだらしいことが、『今昔』に残された一つの逸話（巻第十九「摂津守源満仲出家語」）に示されている。それはまた、中世的二元性（リアリズムとシンボリズムの）が、超越の日常的介入という場面でも儀礼構成の基軸となっていたことを窺わせる実例でもある。[28]

発端は武闘のプロとしての武士の酷薄、その浄土からはあまりに遠い罪障にまみれた殺生の生活だった。浄土信仰が京で起こると、武士にとって浄土は自己の生活の彼岸として、聖なる対極として自覚され始める。その一人に〈武家の棟梁〉源満仲（多田満仲、九一七－九九七）の息子（多田法眼）がいた。彼は出家して叡山で修行中である。しかし父は相変わらず殺生の日々を送り、毫も恥じる気色がない。孝行息子としては酷薄無惨の父の後生が気になって仕方ない。そこで導師の源信の助けを仰ぐことにした。なんとかして口実を見つけ、父に浄土の香りなりとも嗅がせたいと語る。依頼を受けた源信は、霊山巡礼を口実に鄙住まいの（摂津国多田荘）満仲を訪れ、説法することを約束する。必要な用意を済ませると（その用意には後述するように〈迎え講〉の用具一式も含まれていた）、源信は弟子を引き連れ、多田荘の老棟梁を訪問する。彼は大領主として、後の守護大名を思わせる半ば独立した権勢を誇っていた。そこには鷹狩、川での梁漁といった定番の殺生だけでなく、そもそも自主的な検断権の確立に伴い死刑を含む刑制上の殺生が日常化し、それが律令制解体期の刑制弛緩（つまり都の日常）と強いコントラストをなしていたことが『今昔』の記述から浮かび上がる。[29] したがって自検断の社会的ストレスは、こうした鄙の先進的秩序形成において、つまり後の中世的封建体制につながる先端の制度再編において特に強く顕在化し、それを緩和する大きな手段が浄土信仰であったという内的な連関が浮かび上がってくる。この連関上で、多田満仲自身出家の機縁を密かに求めていた形跡があり、息子の一人を叡山で出家修行させたのも、みずからが従属する摂関家の浄土信仰を模写するという側面の他に（息子多田法眼の僧綱上の師は藤原家出自の尋禅（九四三－九〇）という僧正であった）、鎮護国家仏教とは違う原理の超越性を武士団の社会秩序に導入するという先駆的な理念を有していた可能性があるからである。したがって都の浄土信仰を先導する源信の来訪は、彼にとっても積年の宿願を成就するよい機会だった。評判どおりの源信の説法に涙した彼は、その場でみずから出家を申し出る。主立った郎党にも翌日出家することを告げ、今夜限りで〈兵《つはもの》ノ道ヲ立《たて》ム事〉も最後だからしっかり宿直《とのい》せよ、と命ずる。主君を護るために寝ずの番をした武士の数は四、五百人、館を「三重四重ニ」囲んで夜もすがら篝火を焚き、「蠅ヲダニ翔《かけら》サズ」という厳戒態勢だった。これはもちろん惣領制的な秩序示威を兼ねた軍制の誇示だが、その暴力機構の主従秩序が日常化していること、そしてその秩序がそのまま超越的信仰へと集団化しつつ無媒介的に移行することが中世的心性の先駆者としての武士団棟梁の位置を証している。

彼の出家は単独ではなく、特に長年親しんだ郎党五十余人の集団出家を伴い、殺生滅罪のために寺（多田院と称された。後の多田神社にあたる）を建立することでその超越の秩序自体を再度自領の精神的中核として外化している。それは明らかに鄙における自検断権確立の延長上にある中世的秩序定立の試行であった。この秩序感覚に見られる独特の政経的リアリズム（鄙における新たな鎮護的秩序形成）は、その後、多田院が満仲以下、多田源氏の惣領の墓所となり、早い段階で神仏習合的な秩序中核を形成していったという後日譚が証言している（『国史大辞典』「多田神社」の項参照）。そしてそのリアリズムは、もちろん一大武士団の惣領、武家の棟梁としてのカリスマ的シンボリズムと不可分の関係にあった。したがって多田満仲の老年に至っての出家は、後代に常態化する〈延命出家〉の消極性、アトム性とは逆側の社会性、集団性を示していることに注意しなければならない。それはその意味でも、中世的超越の持つ本質的な社会性、共同性の先駆形態であったと評価されるべきである。この社会現実態に照応する超越介入の妥当な形式、それが儀礼的リアリズムと宗教幻視的シンボリズムを独特に融合させた〈迎え講〉に他ならなかった。

老棟梁の出家を無事見届けた源信師弟は、「こういうふうにうまく道心を起こしたからには、さらに、狂うように熱中させなければならない」と相談して、早速〈迎え講〉の準備にかかる。まず〈菩薩ノ装束〉（衣装と仮面）を一〇体分都から持ってきていたので、それを配分する。法会の〈行道〉で用いられる仮面劇的道具立てを（これは今日でも例えば当麻寺の〈行道〉法会で用いられている）転用したのだろう。笛や笙を吹く楽人もあらかじめ傭って連れて来ていた。庭園の築山の影に彼らを隠して用意万端整うと、出家したばかりの満仲と法談を始める。「面白キ楽」の調べがまず聞こえ始める。満仲が驚くと、源信たちはさりげなく、「これはまたどうしたことでしょう。極楽からのお迎えの時にはこうした楽の音が聞こえるとも伺っております。念仏をお唱えすることにしましょう」と言う。これもあらかじめ準備した法会の定型に従って、師弟に一〇人ほどの僧を加えて「貴キ音《こえ》ヲ以テ」高唱に念仏を唱え始めた。満仲は感動のあまり「手ヲ摺リ入テ」拝み回る。ここで、にわか儀礼のハイライトとなる。障子を開けて見ると、「金色ノ菩薩」が「金蓮華」を手に持ってゆっくりと近づいてくる。新発意《しんぼち》の満仲は声を放って泣き、板敷きからまろび下りて菩薩を礼拝する。源信たちも庭に出て拝む。菩薩たちがゆっくりと姿を消していくと、再び桟敷に上った満仲は源信たちに正対し、罪障滅罪のため多田院の建立を約束するのだった（以上『今昔物語集』「摂津守源満仲出家語」に拠る[30]）。

史上の満仲は在家時代の安和三年（九七〇）、まず多田院を建立した。出家ははるか後のことである（九八六年）（『国史大辞典』同上）。したがって『今昔』の逸話は、この二つの事実を一晩の出来事に縮重し、また順序を逆転させて、一種の〈発心〉物語としての定型化を行なっていることがわかるのだが、ではそれは伝説特有の史実からの乖離かというとそうも言えない。満仲が一族郎党と共に多田盆地に移住したのは、安和の変で藤原氏に対抗する勢力を一掃するのに暗躍した翌年であった。それは都の権力闘争で勝ち組を助けた見返りの意味と、またしばらくは都から距離を置いてほとぼりがさめるのを待つ、という現実感覚からの賢明な処置であったと思われる。しかしまた、それは都の人的、政治的関係に一種閉塞的な袋小路を感じたためかもしれない。なぜなら多田院の建立自体、この移住と一体化した新たな鄙の秩序定立への試行、その大きな要因であったように思えるからである。したがってその自律的秩序への志向性という骨格からすれば、やはり多田荘への移住開拓と多田院建立とみずからの出家は内的に連関しあった定位行為であったように感ぜられる。すなわちそれは、〈中世的世界の形成〉（石母田正）へ向けての、リアルかつシンボリックな現実造型への意志的行為であったと思えるのである。

こうした生成しつつある中世的秩序という観点からのみ、源信と新発意満仲が協働して行なう〈迎え講〉儀礼の独特の習合性というものも初めて了解可能になるように思える。この虚実皮膜の間にある儀礼時空のどこまでが遊び的な現実遊離で、どこから真面目な信心の宗教的幻想が始まるのか、明瞭に弁別することはきわめて難しい。そしてそれは、源信や満仲自身にとってもそうであったように思える。ただ一つ、彼らはみずからの信心行為が自己の実存を無媒介的に、すなわち古代的制度の介入なしに浄土と連結することをめざしている、そのことはきわめて明晰に自覚していたように感ぜられる。「自覚」というのはこの際、古代的制度が包摂する自動化した日常からの乖離、異化された新鮮な中世的日常へ向けての主体的覚醒のことである。その乖離の狭間こそが、中世的超越の本来の場、リアリズムとシンボリズムが複雑微妙に交錯する〈来迎〉の場なのであった。〈来迎〉は、こうして〈偽仏〉を見破る日常感覚が〈蓮華〉の幻視を迎え取る、そういう儀礼的境界場となる。この境界性にこそ、〈迎え講〉というある意味児戯に等しい日常儀礼があれほど中世的心性の核心部を浸潤した、その定位的根拠も存在するのである。

日常性と超越の親和性が、〈迎え講〉と〈聖チャッペッレットの列聖〉を一つに結ぶ中世的聖性の本質でもある。来迎も列聖的聖化も、〈偽仏〉と〈蓮華〉の二元的対立を一元化する中世固有の儀礼的世界であった。その儀礼の媒介者はもはや古代的都市儀礼のごとくに制度的加持祈禱－主体ではなく、最も自己に身近な儀礼的基底、すなわち自己の生活所作である。こうして超越と修羅世界とは一つの中世的経験へと総合される。なぜなら、合戦や仇討といった中世的修羅もまた、生活の所作をめぐる儀礼的世界へと分節されていたからこそ、裸形の暴力ではなく、文化としての修羅の経験を可能としたからである（本書「序」参照）。

したがって中世的〈事件〉経験の真の基底は、自己儀礼としての、自己身体を分節化して行なう〈生活の儀礼〉である（『散歩の文化学1』第五章参照）。

源信と満仲の〈迎え講〉では、所作儀礼はいまだ潜勢的である。表立った儀礼は鎮護国家仏教ですでに用意されていた〈行道供養〉の転用であり、その私的演出、鄙における老武士と都の聖《ひじり》の出会いが、往来的な日常性を基盤として行なわれることに、古代的所作の中世的日常への変容を見て取ることができる。

やがてしかし、〈迎え講〉の儀礼シンタクス自体が日常化され、個人化されていった。そしてそれは真の中世的儀礼となった。『沙石集』にそのような段階の〈迎え講〉が記録されているので一瞥しておこう。

丹後国に「極楽ノ往生」を願う上人がいた。「万事ヲ捨テ**臨終正念ノ事**ヲ思ヒ」、ただただ「**聖衆来迎**

ノ儀①」を願っていた。正月の初めには願い事を祈るのが世間一般の習いだから、自分も願い事がかなうような祈りをしようと思い立った。一人だけ身の回りの世話をする小僧がいたので、大晦日の日に一通の手紙を書いてしかじかと言い渡して外へ遣わす。元旦の朝、この小僧は上人の言いつけどおりに門を叩いて、教えられた口上を陳べた。「極楽ヨリ阿弥陀仏ノ御使ナリ。御文候」上人は裸足のまままろび出ると、自分が書いた文を頭上に差し上げ礼拝した後、読み上げた。「娑婆世界はもろもろの苦に充ちた厭うべき国である。早くそこを離れ、念仏修行を重ねて、わたしの国に来なさい。聖衆と共に来迎してあげよう」。毎年元旦になると、上人は自分の工夫したこの儀式を繰り返しながら、さめざめと泣いたのであった（『沙石集』「迎講ノ事」[31]）。

この実話にはさらに後日譚がある。国司が上人の噂を聞いて「結縁したいから、何でも願いの事を申し出て欲しい」と伝えた。上人は自分は「遁世ノ身」であり、特に何の望みもない、と断わる。それでも国司が重ねて尋ねると、〈迎え講〉をやってみたい、それで「臨終ノナラシ」（臨終の予行演習）をやりたいのだ、と打ち明けた。そこで国司は「仏菩薩ノ装束等」を贈ったのだった。上人はそれを用いて「**聖衆来迎ノ儀式②ノ臨終ノ作法**ナムド、年久《ひさしく》ナラシテ」、いよいよ臨終という時にも「**来迎ノ儀ニテ③**」終わりは目出度かったのだった（同前[32]）。

無住師の記述を追うと、中世的超越の出現が、まさに儀礼と幻想の狭間をゆれ動くさまが如実に観察される。それは「儀」という中心概念のゆらぎとして現象している。最初それは、実念化した聖衆来迎の表象、つまり広く「様子」というほどの抽象的観念である（①の契機。以下同）。それは〈迎え講〉の儀礼装束を手に入れることによって、具体的な「儀式」へと外化する（②）。その二つの来迎、つまり内的観念における来迎と外的儀式における来迎の総合態が、現実の臨終の場における「来迎の儀」へと収斂する（③）。長年準備をし日常的な訓練を臨終 - 予行演習として行なってきた上人は、現実の臨終の場でもその日常化した馴染みの儀礼を行なわせながら、その心象の現実態において「来迎の様子」を観ることができたのである。臨終における〈蓮華〉の幻視は、すなわち〈聖衆の来迎〉は、正しいものでなければならなかった。それは日常性の撥無ではなく、日常つちかった〈平常心〉の発露でなければならなかった。それはしたがって、〈偽仏〉の対極にある聖性を此岸の日常性へと招来する、中世固有の無事件的事件でなければならなかった。

最重要の契機は、ここでも唐宋の禅家と同じく、超越に対峙する主体の「平常心」（南泉、趙州——上述）である。それは「臨終正念」の「正しさ」の理念と本質連関する。「正しさ」とは、つまりは日常における意識の家常茶飯性＝無事件性に他ならなかった。それは通常は非・日常性の究極であるはずの臨終とは真っ向からぶつかるべき此岸的な理念である。なぜなら臨終とは、本来究極的な事件のはずであり、そこにおいてこそ超越は彼岸の香りと共に日常性を撥無するはずだからである。しかし中世的臨終は、すなわち中世的臨終正念は、日常性を離脱しない。「臨終」と「正念」とは、相互に否定しあうのではなく、相互に隣接しているのである。その無媒介的隣接において、自己身体は此岸から彼岸へと帰還する。この弁証法的対立と宥和の理念が、中世浄土教の中核的経験を造型した。この**超越性介入の日常性**において、浄土教も禅も、ヨーロッパ中世の聖者崇拝や神秘主義と同じ一つの普遍的中世経験の、それぞれの個別化であることが予感されるのである。

第五章　家常茶飯の尽十方界――中世的定位コスモロジーの実相

一　眼横鼻直と面授

道元／聖杯伝説／ニーチェ

道元は自己の開悟体験を二つの標語でまとめている。それは「**面授**」（『正法眼蔵』「面授」）と「**眼横**《がんおう》**鼻直**《びちょく》」（嘉禎二年十月十五日法話[1]）である。「面授」は自己の大悟が孤立したものではなく師資相承の系譜上でなされたものであること、「眼横鼻直」はただそれが「眼は横に連なり、鼻は真っ直ぐに通っている」という家常茶飯の真実のみを開悟したものであること、を意味している。師はまた「正法眼蔵」を説示する折には、自己の開悟が唐宋の祖師禅の系譜上でなされたことを明確にするため、「**入宋伝法沙門道元**」と自著するのを常としていた（『正法眼蔵』「嗣書」など）。そしてその入宋伝法体験が、古代的制度仏教の伝法とはまったく異なる原理に貫徹されていたことを、「**空手還郷**」（手を空しくして郷に還る）という力勁い一語で総括する[2]。たしかに彼の伝法は、例えば鎮護国家仏教草創期の伝法僧鑑真和上のそれとはまったく対極的なものだった。鑑真和上は僧綱の規範〈律〉を経典として伝来するのみならず、儀典の用具、薬餌の処方箋など仏教文化全般の渡来を組織する。対して道元は身体一つで渡り、身体一つで帰国する。その身体に刻まれた大悟の刻印、それが彼の入宋伝法体験の本質である。

「眼横鼻直」と「空手還郷」は、禅家の開悟の本質を的確に表示している。それは上述した禅家の超越表象の本質である〈平常心〉の系譜上にあることは明らかである。しかしこの大悟の日常性を個人的身体性へと還元するやいなや、再び禅的開悟の絶対化という近代的主観内部での表象が生じることになる。長野一郎が「何《ど》うかして香厳になりたい」と願ったとき（本書第四章第一節）、その眼横鼻直にして空手の香厳智閑は、近代的葛藤の彼岸としての絶対的－開悟－自己へと非日常化されることになる。それはもちろん夢想された彼岸であって、史上の家常茶飯に生きた智閑禅師ではない。一郎の意識からは、生活的対自の契機（すなわち〈失笑〉の契機）が消失するのと並んで、智閑とその師潙山霊佑との師資相承の関係そのものが欠落していることも特徴的である。つまり道元師の言葉で言えば、〈面授〉の双数的間主観性の介在が全面的に欠落している。この欠落が開悟を絶対化するのみでなく、開悟経験に本質的に備わる系譜性、共同主観性、つまり超越経験の社会的位相というものを裡側から蚕食することになる。中世的開悟の基本的特質である〈家常茶飯〉的日常性を、近代的主観は超越してしまう。むしろわれわれは、逆側の系譜的社会性、つまり〈面授〉の契機からその定位の〈事件〉性に接近してみなければならない。

〈面授〉とは文字どおり、「面と向かって教えを授けられる」ことである。禅家の伝承では、晩年の釈迦が自己の正法眼蔵（世界観の要諦）を授けたのは高弟の摩訶迦葉一人に対してであり、それは「優曇華を拈《ねん》じて（ひねって）瞬目す（目配せした）」という身体所作の即興的儀礼によるものだった（この〈面授〉の原点における〈生活の儀礼〉性に着目しておこう）。奥義を言葉によらず身体所作によって伝授する、すなわち〈不立文字〉の師資相承という禅家独特の開悟系譜の誕生である。この〈拈華微笑《ねんげみしょう》〉伝説の要諦は、それが身体所作として外化され衆目の環視の下にあったにもかかわらず（「百万衆の中にして」と『正法眼蔵』に引用されたある経典は表現する）(3)、その意味の了解は双数的師資相承の枠内でのみ可能だった、という点にある。これは多くの点で古代ギリシアにおける〈秘祭《ミュステーリオン》〉の世界観伝授を思わせるものがある（例えば〈秘祭〉の秘儀を受けた者たちは、みずからの浄福を表示するいくつかの秘密の身体所作を会得し、それによってお互いの共属意識を確認しあったらしいことが古典古代のさまざまな文献に記録されている）。〈秘祭〉が呈示するのは、ハレのポリス的祭祀とはまったく異なる原理のケ的な宗教的啓示だった（『事件の現象学1』第五章参照）。その脱・制度的日常性は、固有の、しかしやはり自己身体に沿った第二の日常性（より深い日常性）を構造化する。この日常性の聖化という契機に最も如実に、古代末期的‐秘祭的心性と中世的‐家常茶飯的開悟志向の心性の共振を認めることができる。その状況的前提は、ハレの制度世界がもはや集団の心性の定位基体となりえない、という長期的な制度のデカダンスであった。〈秘祭〉に集う人々が、みずからのポリスの神々をもはや真剣な信仰の対象とはしえなかったように、〈拈華微笑〉の開悟‐原点を憧憬する中世的修行者もまた、古代的僧綱制度の保障する〈菩提〉に本質的な牽引力を感じなくなった人々であった。

　しかし〈秘祭〉経験と〈拈華微笑〉的開悟経験には、その共時的＝身体言語的契機、また背景にある古代的宗教制度のマクロのデカダンスという共通点と共に、その時間経験において根本的な差異性が存在することも見逃してはならないだろう。〈秘祭〉経験は規範的であり、その意味で非・個人的、無・時間的（無・履歴的）であった。秘祭的秘教開示の前後で、個我の履歴はもちろん〈死すべき人々《タナトイ》〉から〈不死の魂《アタナタイ・プシュカイ》〉へと上昇するものの、その上昇の定位的内実はあらかじめ秘祭の提供する集団的なイニシエーション儀礼に全面的に規定されている。それはシャーマニズム・シンタクスの古典古代末期における大規模な再生、復活を意味するものの、シャーマニズム・イニシエーションの本質であった双数的求心性が大衆化される結果、原初的な師資相承の契機が希釈されてしまった感があるのは否めない。それに対して、まさにその太古の双数的師弟関係への遡行が〈拈華微笑〉型の師資相承＝イニシエーション（それはたしかに加入儀礼としての性格を持つ共同経験だった）において濃厚に認められるのは、きわめて興味深い事実である。それは単なる先祖返りではなく、中世固有の社会状況を宗教的主観性において反映したものでもあった。それがつまりは〈面授〉における**時間経験**と**内面化の原理**である。

〈面授〉は系譜経験の原点であることに、最大の注意を払わねばならない。〈面授〉の原点にはまず釈迦－摩訶迦葉師弟間の〈拈華微笑〉がある。それを開悟のイデア的原型として、自己－師匠間の正法眼蔵－面授が現成する。正法眼蔵の原点も〈拈華微笑〉において授受された世界観そのものであるから、ここには独特の時間性とイデア的＝規範的無時間性が重合した形で発現することになる。その意味で、師家もまた「自己の面目」ではなく「如来の面目」をこそ面授するのである(4)。その結果、面授経験は、一対一の師弟対峙という日付を打たれた日常時空内での無時間的超越経験となる。無時間的ではあるが、無・因縁的〈因縁撥無的〉ではない。釈迦の正等覚以来の世界観伝授の系譜が〈拈華微笑〉の師資相承的因縁履歴の総体として自覚されているからである（この自覚は〈嗣書〉という禅家独特のエクリチュール儀礼を生む）。道元の開悟経験は、師の天童如浄《てんどうにょじょう》に面授を許された日、すなわち大宋宝慶元年（一二二五）乙酉五月一日であったと記録されている。時に禅師二六歳、入宋三年目であった。天童は面授の場において面授の系譜性そのものを強調したことが、『正法眼蔵』の記述から浮かび上がる。初対面の場で天童は道元の器量を見極め、こう言ったと伝えられる。

「仏々祖々、面授の法門現成《げんじやう》せり。これすなはち霊山の拈花なり、……**これは仏祖の眼蔵面授なり。吾屋裡《ごをくり》のみあり、**余人《よじん》は夢也未見聞在《むやみけんもんざい》なり（夢の中でも見聞したことなどありはしない）」。

（『正法眼蔵』「面授」[5]、太字強調は筆者）

仏祖の世界観が師資相承の系譜に乗りつつ伝授されてきて、それが今、この「屋裡」、お前とわたしが面と向き合うこの部屋にまで面授されている。この独特の日常的非日常性こそ中世的開悟の本質をなす系譜意識による超越伝達、超越体得に他ならなかった。

この独特の師資相承の定位－状況根拠はどこに存するのか。それは密室の〈秘教《エゾテーリク》〉なのか、それともなんらかの共同性の媒介を経ているのか。一回的に固有の禅文化現象なのか、それともなんらかの普遍人間的な位相を内在させているのか。

筆者は、禅的経験を本質的な意味では持たない現代の一俗人にすぎない。したがって、禅的開悟をいかなる意味でも神秘化も絶対化もする動機そのものを持ち合わせていない。本書の記述をここまで追ってこられた大多数の現代の読書子と同じく、筆者は道元と天童の対峙を外から即物的に見ている。しかしその対峙の双数性は一つの〈事件〉経験であること、そしてそのようなものとして普遍的な了解可能性をそれ自体として持っていること、そのことをこそ、われわれ自身の系譜意識に汲み取りたいと思う。

そしてさらに、その独特の実存経験の基底となる状況とは何なのかを知りたいのである。その状況もまた普遍人間的な了解可能性を備えているはずだという予感を持ちつつ、参照可能なエクリチュールへと目配りしてみること。

どこに、この独特の求心的師弟関係の状況的根拠は存在するのだろうか。そしてそれはどこまで特異に中世的、あるいは東洋中世的であり、どこからが普遍人間的な経験領域に属しているのだろうか。迂回的な参照法として、一つ別の世界観上での〈師資相承〉的なエクリチュール伝統を観察してみよう。それは西洋中世における〈**森の隠者－遍歴の騎士**〉という組み合わせでの師資相承である。

この伝統形成は古く、おそらくは古典古代末期の秘祭系統の文学にまで遡ることは確実に思える（例えばアプレイウスの『黄金のろば』における各種秘祭集団と遍歴する主人公のろばとの遭遇は、秘教的師資相承のパロディーであり、先行する本格的な師資相承ジャンルの存在を予測させるからである）。それが原始キリスト教の聖人伝説へと受け継がれ、やがて中世に至って隠者と騎士という組み合わせに定型化されたと考えられる。この組み合わせは〈聖性にすでに達した聖者〉－〈俗人ながら聖性を求める弟子〉、というふうにさらに抽象化を進めてみると、バロック期のいわゆる〈悪漢小説〉（ピカレスク・ロマン）に登場する隠者－トリックスター的若者（典型はグリンメルスハウゼンの『阿呆物語』）が中世的系譜を継いでいることがわかる。そしてそれは、さらに近代小説の潮流と習合し、ドストエフスキーにおける隠者－俗世の紳士あるいは若者（チーホンとスタヴローギン、またゾシマとアリョーシャを代表とする）という組み合わせに継承され、そこで実存的世界観の〈対話的対峙〉（バフチンの意味での）が行なわれることになる。筆者の古典渉猟の範囲内では、『ツァラトゥストラ』冒頭に登場する〈神は死んだ《ゴット・イスト・トート》〉ことをまだ知らない森の隠者と〈神は死んだ〉ことをまさにこれから説こうとするツァラトゥストラの遭遇が、この長い長い師資相承トポスの終焉を告げているように感じる。隠者がもはやなんら告知すべき聖性の実体を持っていないこと、それが現代的状況の本質を露呈しているからである。

以上の足早なジャンル史的通観を背景に置くだけで、東洋的師弟関係というものを神秘化し絶対化するいかなる根拠もわれわれは持ち合わせていないことが明らかだろう。西洋的隠者が聖性経験の告知主体であった長い過去を持ち、そしてそれは、もはやそうであることを止めたというなら、われわれ東洋における師弟関係もまた、禅家の師資相承を典型とする双数的経験の造型原理である過去と、もはやそうしたものを失った近世、あるいは少なくとも近代以降の現実に直面しているからである。他ならぬ東洋経験の近代的変容の中核にいた西田幾多郎と夏目漱石が、両者共に参禅し、両者共に証契《しょうかい》（開悟の認知）を許されず、またこれと言った真の師家に出会うこともなかったことは、きわめて本質的な意味を持つように筆者は長年感じてきた。『夢十夜』の第二夜は漱石の参禅体験を反映したものだが、そこでは師家（この師家はなぜか『金閣寺』の住職を先取りしたような、自己満足的に月並な江戸的住職の趣がある）への憎悪が殺意にまで昂ぶり、それが撥無される瞬間が禅的経験に最も接近した瞬間である、という直截な逆説が呈示されている。

お前は**侍**である。侍なら悟れぬ筈はなからうと**和尚**が云つた。さう何日迄も悟れぬ所を以て見ると、**御前は侍ではあるまい**と言つた。人間の屑ぢやと言つた。はゝあ怒つたなと云つて笑つた。

……

隣の広間の床に据ゑてある置時計が次の刻を打つ迄には、屹度《きっと》悟つて見せる。悟つた上で、今夜又入室する。さうして和尚の首と悟りと引替にしてやる。悟らなければ、和尚の命が取れない。どうしても悟らなければならない。**自分は侍である。**（夏目漱石『夢十夜』「第二夜」(6)、太字強調は筆者）

禅的開悟を主体の葛藤の側から見れば、それは自縄自縛からの解放であり、その基本形は漱石が夢見るこの〈侍〉においても守られている。苦しい座禅を続ける最中に隣の部屋の時計が「チーンと鳴り始めた」瞬間、彼は「はつと思った。右の手をすぐ短刀に掛けた」その瞬間、「時計が二つ目をチーンと打つた」。この開悟のエクリチュール原理が謡曲の「止め鼓」であることは（証明はかなり難しいのだが）、われわれの肉体化された系譜意識を根拠とすれば、納得できると思う。それは『ドグラ・マグラ』（一九三五年）における冒頭と結尾での柱時計の「……ブウウ――ンンン――ンンンン……」とまったく同一の開悟的時空形成機能を果たしている。そして『ドグラ・マグラ』においても、真の師資相承は成立の直前に阻害され崩壊する（主人公の実父正木教授が真犯人であることによって）。

つまりわれわれ自身の近代において、〈神は死んだ〉とは言えなくとも、少なくとも〈師家は死んだ〉こと、道元‐天童において相承された超越経験はもはや近代人の彼岸となったことはたしかであると思う。したがって同じ質の距離感と喪失感を、例えばニーチェは〈森の隠者〉トポスそのものに対して感じたに違いないのである。そのトポスの原点には、やはり師資相承関係における超越体験の双数的伝授（西洋中世版の〈面授〉）というのものがあり、確固たるジャンル的伝統を形成していた。いわゆる騎士文学における隠者トポスがそれである。代表的な例として『パルツィファル』における隠者トレフリツエントと主人公の遭遇の場面を一瞥しておこう。[7]

パルツィファルは聖杯王の傷に同情してその由来を尋ねるべきところを、表面的な宮廷儀礼から沈黙し、その無関心の罰によって神の恩寵を失う。彼自身も神への怒りを抱いたまま聖杯を求める遍歴に出発する。御恩－奉公の封建的エートスが、中世騎士においては神との関係にまで拡張されるのだが、それが突然の失寵により双方向性を失い機能しなくなる。それは結局、西洋中世の〈定位コスモロジー〉の亀裂となって、彼の世界像を崩壊させ、定位を不可能とする。聖杯を求める遍歴とは、この文脈では、世界観的開悟を求める禅僧と同範疇の実存的彷徨の象徴的表現に他ならない。開悟は隠者トレフリツェントとの〈面授〉によってなされるわけだが、この隠者はパルツィファルの母方の伯父にあたり、彼自身〈ミンネ〉と〈遍歴〉に生きた騎士としての過去を持つことに注意しなければならない。つまり隠者と騎士は、同範疇の〈闘う者〉としての出自を持ち、聖性－超越との関係においては教会制度からはひとまず離れた自律的存在であるということである（この脱・教会的自律性はドイツ神秘主義において再び重要な契機となる——後述）。宗教制度からの離脱は、もちろん東洋中世における浄土信仰と禅の開悟経験の大前提でもあることが、再び普遍的な状況的基底というものの存在を予感させるわけである。

作者のヴォルフラムは、この開悟場面に教会制度を介入させないだけでなく、隠者－騎士の〈定位ペルソナ〉的親近性をもう一つのモチーフによって補強し、森林での〈面授〉の場面に自然な、やはり脱制度的な導入部を付け加えている。それは〈巡礼〉のモチーフで、まずパルツィファルは、「降り積もった雪は少ないが、それでも人々を震えさせるには充分な」ある春の日（詩連四四六）[8]、森の中で老騎士に出会う。彼は妻と娘を連れて〈懺悔の旅〉、つまり巡礼の最中であり、パルツィファルの神に対する葛藤を知って、森の隠者を訪ねるように勧める。歩行情念と定位情念の融合が、中世的心象世界においても一つの定常項であったことが如実に窺える印象的な場面である。それは〈遍歴〉→〈巡礼〉という中世的定型化を蒙りつつ、自然に森の中での双数的〈対話〉へと連続する。こうした〈世界観－対話〉のトポス定型は、普遍化すれば渡海入宋を前提とした師資相承である道元－天童の師弟にも認めうる。また西洋の隠者文学のジャンル上では、チーホン－スタヴローギンのペア、森の隠者－ツァラトゥストラの組み合わせにおいて、いずれも〈闇夜の彷徨〉という場面が導入部として置かれていることが特徴的である。開悟の光は彷徨の闇との対照性における光に他ならないことが、ジャンル・シンタクス上の基軸的対照性として構造化される。こうした本質的な側面では、隠者文学のジャンルとしての〈クロノトポス〉（時空間構成）のシンタクス的拘束は、現代の入口にまで達していること、そしてその中世的淵源は再び洋の東西のマクロ地域的差異性を飛び越えることが確認できるわけである。

中世禅家の伝承、また中世騎士文学の呈示する定位的彷徨－開悟の二律性は、定位の内実から観察すれば中世固有のものであり、われわれの現代からは遠い超越経験である。この遠さは、漱石や西田における中世的開悟の「絶対」性と、中世本来の家常茶飯的開悟の乖離とでもあった。西洋の定位系譜においても、パルツィファル伝説とスタヴローギンやツァラトゥストラの定位彷徨の内実を比較すれば、この乖離性はただちに浮かび上がってくる。最も重要な契機のみを際立たせれば、この超越経験の有無という乖離の核心は〈内面における神のまなざし〉の有無、またその人倫的意味性という、ある意味キリスト教神学の核心部の問題そのものであることが明らかとなる。スタヴローギンの告白はその自己の内面に侵入するあらゆるまなざしをあらかじめ拒否する点が、つまりその「文体」がチーホンの注意を惹いたのだった（『悪霊』「チーホンの僧坊にて」）。彼は告白をモノローグ化することによって〈面授〉をあらかじめ拒否する。同様にニーチェの心象世界における〈神の殺害者〉もまた、対話的相互浸潤を拒否する、自己分身としての〈最も醜い男〉だった。彼も自己の内面に神のまなざしが侵入することそのものに耐えることができなかったのである。

　しかし彼、つまり**神は死ななければならなかった。彼は一切を見た。**――**彼は人間の深い奥の奥、人間のすべての隠された汚穢と醜悪を見た。**彼の同情はこれっぽっちの羞恥も知らなかった。彼はわたしの最も汚らわしい隅々まで潜り込んだ。この最も好奇心の強い者、あまりに厚顔無恥な者、あまりに同情深い者は死ななければならなかったのだ。

彼のまなざしは絶えずわたしを捉えた。そのような目撃者にわたしは復讐したいと思った、――さもなければもう生きていたくはなかった。

一切を見た神、人間そのものをも見た神。このような神は死ななければならなかった！　人間は、そのような目撃者が生きて存在することに耐えることができない。

（『ツァラトゥストラはこう語った』第四部「最も醜い人間」[9]、太字強調は筆者）

　一切を見る神のまなざしとは、つまりは中世的〈定位コスモロジー〉に内在する双数的まなざしの神学的帰結でもあった。したがってその神の死とは、定位そのものの全面的な喪失と同義となる。

翻って中世的な超越は、まず定位の闇の中から登場して遍歴彷徨する主体に〈世界〉とその恩寵を教えたのだった。〈最も醜い人間〉の神殺害の系譜的出発点は、パルツィファルの失寵と怒りだが、隠者の〈一切を見る神〉の理念が、彼に内的均衡をもたらす。同じ内奥の目撃者が、ここでは恩寵の主体として登場する。それはまた、中世的内面性の神学的是認でもあった。

罪を犯して悔い改めない者は、神の誠実から遠ざかり、みずからの罪障を悔悟する者は、貴い**恩寵**に与るために神に奉仕する。この恩寵を支配しておられるのは、**人の考えの中にお入りになれるお方、つまりは神である**。人の考えはもともと日の光を寄せつけない。人の考えは錠がないのに堅く閉ざされており、どんな被造物も中を窺うことができない。また人の考えは暗闇に等しく、中を覗き見ることができない。しかし神だけは明るく輝く光として、暗黒の壁をも貫き通して差し込んで来られる。**声も立てず、音もなくこっそりと忍び込んで来られる**。……そして神は常に慎み深い考えに好意をお持ちだ。神はこのように人間の考えをお見通しになった上で、われわれのもろく儚い行為に心を痛めておられるのだ。（『パルツィファル』詩連四六六、[10] 太字強調は筆者）

人間の内面の最内奥における神と人との対峙、これが恩寵として把握されるためにはもう一つの前提があった。それを隠者トレフリツェントはここでは語っていないが、『パルツィファル』のプロット的基軸である〈聖杯〉そのものが呈示する**聖性の此岸性**がそれである。つまり〈聖杯〉とは〈闘う者〉の日常に彼岸的超越が介入する一つの形式、その象徴に他ならない。したがって〈聖杯〉を求めることは恩寵を求めることと同義になり、〈聖杯〉をうることは恩寵をうること、〈闘う者〉として世界の中で死生を超越した安心立命をうることと同義になる。したがって〈聖杯〉の神秘性とは、その定位機能において、神秘主義が恩寵の基軸とする神と人の〈合一《ウニオ》〉と同一のものである。

〈聖杯《グラール》〉伝説が騎士道文学の中心テーマとなった時期は、実はそれほど長くはない。J・L・ウェストンに拠れば、[11] まず十二世紀末、クレティアン・ド・トロワ（一一九〇頃没）がほぼ個人的に創始した原・聖杯伝説があって（この作品自体は未完に終わった）、それは大体十三世紀初頭までに本来の創造性を発揮し終えた。[12] ヴォルフラム・フォン・エッシェンバッハの『パルツィファル』は、もちろんその最盛期の作品である。そして〈聖杯〉の謎めいた象徴性が最も力勁く発揮されているのもまた、この作品においてであると言ってよいだろう。それは〈杯〉というよりは持ち運びできる大きさの〈石〉らしいのだが、その外形をイメージすることはあきらめた方がよいかもしれない。まさにそれは象徴そのものとして登場するからである。〈聖杯〉を見れば重病人も一週間は生き延びることができる。皮膚は張りとつやを取り戻す。〈聖杯の騎士〉たちは〈聖杯〉から食物をうる。聖金曜日には一羽の鳩が聖餅（ホスティア）をくわえて〈聖杯〉の上に舞い降りて来る。〈聖杯〉は生きとし生けるものすべての生命の源である（同前、詩連四六九－四七〇）[13]。

〈聖杯《グラール》〉とは、一体全体何なのか。

〈聖杯〉とは、生活そのものを包摂する〈定位コスモロジー〉そのもののことである、と一応定義できるだろう。

それは帰依する騎士にまず食物を与える。次に儀礼を与え、それによってすべての世界そのものの像を与える。この〈定位コスモロジー〉構築の独特の秩序に注意しなければならない。

つまりそれは、日常性へと介入する超越的彼岸の姿であり、食物から恩寵が始まる必然性もそこにある。〈聖杯〉はこの意味で、〈聖杯騎士団〉の〈僧禄〉(pfrüende) とも呼ばれる (同前)[14]。つまりは、最も具体的な神＝主君の〈御恩〉である。

もう一つ、さらに重要な契機がここには介在している。それは食物に含まれる〈同化〉の契機であり、これは結局、聖餅を儀礼焦点とするミサの秘蹟性の根源でもある。その点に思いを潜めたのがエックハルトを代表とするドイツ神秘主義だった。

こうして食物というあまりに日常的な物体、あるいは食物を摂るというあまりに日常的な行為が、一つの奇跡として、一つの超越への通路として感得される。それこそが〈聖杯〉開悟の真の要諦であった。したがってそれは、中世キリスト教的文脈における、〈家常茶飯〉の開悟に他ならない。そしてその開悟の儀礼場もまた、〈面授〉を本質とする、隠者と騎士の間で交わされる世界観的対話なのであった。


普遍的な中世が望見されたところで、再び道元の開悟体験に戻ることにしよう。

帰国後の道元は〈禅宗〉を立てることはしなかった。彼にとって〈禅宗〉はむしろ一つの党派的狭隘化として強い批判の対象となっている (『弁道話《べんどうわ》』、『正法眼蔵』「仏道」など)。また師天童の禅家としての系譜、曹洞宗を日本において開闢するという意識も彼にはきわめて希薄だった。しかしもちろん、彼は「入宋伝法沙門道元」である。では、伝法本来の課題はどこにあったのか。それは宗派仏教の教学を伝えることではない。只管打坐《しかんたざ》の理念は重要である。しかし究極のところ、それもまた彼の正法眼蔵そのものではない。真の伝法はむしろ、彼においては開悟の情念的系譜そのものの問題だったようである。それは彼が最重要の系譜参照に際して必ずと言っていいほど用いる用語、〈慕古／恋慕〉という独特の言い回しに窺われる系譜的情念性である。この開悟の正しき系譜への実存的自己参入、その志向こそ正法眼蔵の本源への復帰に他ならなかった。

〈**慕古／恋慕**〉は、系譜的原点への遡行、および系譜全体の想起を志向する、勁い定位意志を実体とする情念であり、〈**面授**〉の師資相承的開悟経験と不可分の関係にある。つまりここでも、世界像の啓示は、実存的個我と系譜的共同性の弁証法的総合であることが観察されるのである。〈慕古〉はまず、釈迦の正法眼蔵＝因縁的世界把握への直接的遡行を意味する。「釈迦牟尼仏を恋慕したてまつる」ことは、「面授正伝」の尊重と同義なのである（『正法眼蔵』）[15]。また一遁世者としての道元にとって、清貧は非常に重要な日常生活上の規範であったことが『正法眼蔵随聞記』などの記録から浮かび上がるが（『形而上の中世都市』第七章第三節参照）、その清貧の先達としての祖師趙州従諗もまた彼の強い〈慕古〉の対象であった。その清貧は「上古竜象の家風」であるとともに、「恋慕すべき操行」である[16]。

道元の〈慕古／恋慕〉はしかし、単純な伝統主義、復古主義ではなかったことに注意を払わねばならない。つまりそれは制度的な媒介を経ない、直接的な淵源との対峙であり、だからこそ〈面授〉の情念と重合するのである。この内的無媒介性、定位淵源との内的弁証法は、エックハルトにとっての〈神〉、また〈キリスト〉への〈慕古／恋慕〉的情念においても如実に観察される無媒介性（教会の媒介を経ない聖性との直接的対峙）、内的弁証法であって、ここにもまた、普遍的な位相での中世的内面性の介在というものを認めることができる。

しかしまたそれは、日本中古固有の内面性造型原理でもあった。それは道元が〈慕古／恋慕〉の毅然たる漢語の響きを〈やまとことのは〉の方向へと和らげ、その和らぎにおいて日常化する時に最も明確に顕在化する。つまり〈慕古／恋慕〉するやまとの主体は、〈しづかにおもひやる〉主体なのである。

不離叢林〔山林を離れず修行に専念する〕の行持、**しづかに行持すべし**。東西の風に東西することなかれ。〔趙州従諗の山林修行に関しての感慨である〕（『正法眼蔵』「行持上」[17]）

しずかに二十年中の消息おもひやるべし、わするゝ時なかれ。〔二十年潙山《いさん》で修行した一祖師に関して〕（同前[18]）

このとき、窮臈寒天《きゆうらふかんてん》〔年末の冷え込み〕なり。十二月初九夜といふ。天大雨雪ならずとも、深山高峯の冬夜は、**おもひやるに**、人物の窓前に立地すべきにあらず。竹節なほ破す、おそれつべき時候なり。〔二祖慧可の雪中佇立の故事への感慨〕（『正法眼蔵』「行持下」[19]、いずれも太字強調は筆者）

〈しづかにおもひやる〉内省的現前の、その無媒介性に注意しなければならない。上例三人の〈古仏〉＝祖師に対する主体の志向が、なんらの制度的ノイズも含まない純粋清冽なものであるからこそ、祖師もまた内的な心象の場に祖師として、すなわち〈面授〉の主体として臨在するのである[20]。

この内的儀礼は、二つの〈心〉＝魂の遭遇であり、一つの内的〈事件〉である。

それは何かを、先行する何かのやはり内的儀礼を明確に想起させないだろうか。

魂離れ、そして魂鎮め、その二つの主体の遭遇が生む内的な無媒介的静謐の世界。

結論を言えば、この内的儀礼の祖型は、和歌の花鳥的現前の魂離れ－魂鎮めを直接の原型とする〈やまとことのは〉固有の日常的非日常性の現前、つまりは〈事件〉造型の花鳥的言語儀礼型である。実際に道元は和歌の名門に連なる出自であり（父久我通親《こがのみちちか》の死後、彼の養父代わりとなった伯父源通具《みなもとのみちとも》（一一七一－一二二七）は『新古今』の撰者の一人である）、『新古今』の世界に非常に近いところで言語的素養を積んだ歌人でもあった。次のような深い内省を示す佳詠が残されている。

聞ままにまた心なき身にしあれば**おのれなりけり**軒の玉水
山のはのほのめくよひの月影に**光もうすく**とぶほたるかな

（『道元禅師和歌集』[21]、太字強調は筆者）

いずれも遊離魂的主体の拡散が花鳥的トポスを実存化する、という心性の独特の運動を示しており、それは『新古今』の最先端の詩的心象造型（式子内親王、定家、宮内卿を代表とする）の心象的彷徨をさらに〈定位コスモロジー〉としての求心的焦点（つまりそれが開悟の内実である世界観経験であるわけだが）に向けて収斂したような趣を持っている。特に最初の和歌における主客合一体験の言語造型は、この時代の和讃の一つの頂点を呈示しており、そこでの〈おのれ〉のアルカイズム的用法[22]は、花鳥的存在開示のトポスとして定家の語法と重なることにも注意すべきだろう。つまり道元禅師の〈如来全身〉（『正法眼蔵』「如来全身」）的コスモロジーの核心部にある止観的（廓然無聖的）存在経験もまた、同時代的前衛花鳥における大乗的空観の深化と共振していたという事実である。

こうして見ると、道元における〈面授〉の系譜意識、そしてその内実としての〈慕古／恋慕〉的淵源への遡行（定位中心への遡行）は、中世固有の内的縮重を背景とした、それ自体構造化された文化現象であったことがわかる。つまりそれはわれわれが何度かすでに中世的経験の中核部に観察した〈**所記の過剰**〉から結果する意味性の重合、意味性の習合という根本現象である。その内奥の溶鉱炉、すべての意味づけを一元化する高い心性の熱を与えたものが、〈しづかにおもひやる〉言語造型儀礼、すなわち**実存花鳥の自己鎮魂的儀礼**であった。道元における正法眼蔵的言語空間の最内奥に、やまとことのは－花鳥エクリチュールで蓄積されてきた存在体験があったことは、日本中世文化の内奥の共－構造性を明確に示す貴重なドキュメントの一つだと言えるだろう。それは〈幽玄〉と〈拈華微笑〉の二つの定位文化の香り高い融合の姿を示している（そしてこの融合は観阿弥、世阿弥の夢幻能的鎮魂へと確実に受け継がれていくことになる）。この融合の定位的本質を了解するためには、再度、内的儀礼の無媒介性を強調しておく必要がある。

つまり、ここで花鳥的言語造型との本質的共振が見られるといっても、それを〈和歌の名門〉が培ってきた古代貴族的かつ制度花鳥的エリート意識と混同してはならない。むしろ〈しづかにおもひやる〉心の向かう脱・制度的、無・制度的〈直指《じきし》単伝《たんでん》〉（直接的指示による師資相承）の中世的実存情念に思いを潜めねばならない。だからこそ、その志向は〈宗派〉を、すなわち制度仏教化しつつある〈禅宗〉の現実を鋭く否定するのである。〈面授〉の系譜性は個我の自同性への執着、その自縄自縛的な自己性をこそ撥無するものでなければならない。ここに中世人道元の徒手空拳的な、〈空手還郷〉的な実存の当為性が最も清冽な表現を生むことになる。〈慕古〉は制度を超越する。超越しなければならない。なぜなら、それは〈面授〉の根拠であるから。あるべきだから。

仏道におきて、各々の道《だう》を自立《じりふ》せば、仏道いかでか今日にいたらん。迦葉も自立すべし、阿難も自立すべし。もし自立する道理を正道とせば、仏法はやく西天に滅しなまし。**各々自立せん宗旨、たれかこれ慕古せん。**

（『正法眼蔵』「仏道」[23]、太字強調は筆者）

こうした真に求心的な、真に実存的な定位中心への希求は（再び本節冒頭の問いに戻るが）一体どのような状況を背景とし、どのような集団的心性を基底として持つものなのだろうか。つまりそれが中世的定位希求の清冽に強靱な現実態だとして、その真の根拠はどこに求められるべきなのだろうか。もしそれが明確になれば、彼らの経験世界とわれわれのそれとを媒介するもの、また彼らの定位経験とわれわれの定位喪失を峻別する契機が同時に顕在化するはずである。

再び道元の言語世界、その根源にある花鳥エクリチュール的実存性に戻ってみよう。そこには、例えば次のような思いがけない歌がある。

此経の〔法華経の〕心を得れば**世の中の売買《うりかふ》声も法を説くかな**

（『道元禅師和歌集』[24]、太字強調は筆者）

これは特に晩年厳格な出家主義を標榜し、「不離叢林」の理念を実践して永平寺を開山することでみずからの死期をも早めた〈山水〉の信奉者としては、意外な〈俗世における聖性の発現〉を平明に表明した和讃である。

しかし意外性はこれだけではない。それは〈山水〉の理念の表明にも顕われる。〈山水〉はもちろん彼の、そして祖師禅のコスモロジーの中核理念である〈尽十方界真実人体〉（世界の中での真の人間の姿）に本質連関する。この中核理念が和讃においては撥無される。

世の中に真の人やなかるらん限も見えぬ大空の色　（同前[25]、太字強調は筆者）

真実人体は存在しない。かわりに茫洋とした大空が広がっている。ここにも極限的な習合が生じている。

禅的世界観の祖型、〈達磨廓然無聖〉と王朝花鳥の極限に顕われた〈花も紅葉もなかりけり〉（定家、『新古今』）という花鳥主体による花鳥世界の自己否定、その結果としての脱・花鳥化された、脱・中心化された、そして強烈に個物化された〈秋の夕暮れ〉あるいは〈大空〉。そしてその極限の習合においてこそ、中世的定位の真の基底、あるいはそれにきわめて近いものが現実と象徴の狭間に呈示される。すなわち〈**家常茶飯**〉の現前世界。

本来ノ面目ヲ詠ズ

春は花夏ほととぎす秋は月冬雪さえてすずしかりけり
（同前、[26]太字強調は筆者）

これが結局、道元師の精神のたどった軌跡の全体、その花鳥エクリチュール的要約でもあった。開悟のその出発点への回帰。すなわち〈眼横鼻直〉への回帰。

いや、円環は単純な円環ではない。一つだけ螺旋状に〈履歴〉が切れ込んで来る（「かりけり」の時間開示性。定家も「なかりけり」と詠った）。〈眼横鼻直〉の家常茶飯性、日常的非日常性の開悟とは、**自己身体＝真実人体**をめぐるものだった。つまりそれは、魂鎮め的実存収斂を本質とする定位現象だった。自己に対して〈花も紅葉〉も消え去ったのちの花鳥世界、その茫洋たる非定型的定型性への自己参入は家常茶飯の自己ではなく、家常茶飯の〈山水〉へ向けての放下、その意味での魂離れである。この全体世界への魂離れにおいてこそ、主体は真の時間性に染め上げられる。円環は一つ上の次元へとねじれつつ螺旋状に上昇する。

この上昇こそが、主体の生きる〈無常〉としての時間であった。

以上で道元における〈家常茶飯〉理念の、エクリチュール上の根拠は明らかになったと思う。それは〈やまとことのは〉の実存性自体の中に長い世代をかけて蓄積されてきた〈無常〉経験そのものである。その意味で、道元の『正法眼蔵』は〈やまとことのは〉の一つの極北の姿を示す花鳥エクリチュールでもあった。

次にしかし、エクリチュールのさらに奥にある、状況そのものの〈家常茶飯性〉を問わねばならない。

二　祖師禅と作務公案

慧可／慧能／百丈懐海

道元の〈眼横鼻直〉理念に典型的に見られる、自己‐世界をめぐる弁証法的転換、その真の根拠は何なのだろうか。

それはあるいは俗世に響く俗的日常の極致、その卑近さの典型としての〈売買声〉そして金銭の響きとなんらかの関係にある転換なのだろうか。

ここまでの問いの造型そのものを道元から受け取り、さらに〈家常茶飯〉の定位系譜を通観してみよう。つまり、われわれなりの祖師禅の〈慕古〉。

市の〈売買声〉と祖師禅は、早くも第二祖、慧可の段階で独特の回帰の型を示していることに気づかされる。

慧可（四八七‐四九三）は四〇歳を越して達磨大師に出会い、断臂（いわゆる〈慧可断臂〉。後世雪舟の画題となった）ののち面授を許され、震旦（中国）における正法眼蔵の第二祖となった。その後、東魏の都鄴《ぎょう》（春秋時代に斉の桓公が作邑した由緒ある都城である）に出たが、無名の僧として殷賑の地に来たのは〈伝衣《でんえ》〉つまり師資相承の弟子を求めてのことだった。都に来て一年ほど経ったある日、ふらりと一人の居士（在俗信徒）が彼を尋ねて来る。名も告げない四〇過ぎのこの男との間で問答が交わされた。

「わたしは風恙《ふうよう》（＝風葉、因襲の意）にまとわれ、俗世を去ることができません。どうかこの罪障を滅ぼして下さい。」

「では滅ぼしてあげよう。ここにその罪障というのを持って来なさい。」

居士は久しく呻吟した挙句、こう言った。

「罪障を探してみましたが、ここに持ち出すようなものではありません。」

慧可は言った。

「あなたのために今罪障を滅ぼしてあげた。」


（『景徳伝燈録』(27)）

この素朴な味わいの内化⇕外化の二律背反を基軸とした法談は、禅的な開悟経験が中世に普遍的に発現する個我の孤立、内面化と不可分の関係にあったことを如実に物語っている。開悟の前提である定位喪失は、共同体の崩壊が招く内面的孤立と同義であり、したがってそれは常に自縄自縛のアトム性を示すのだった（〈このわたしの迷い〉への固執）。アトムがその孤立の背景を呈示しうる師に出会うとき、その一回的な結縁において、その〈大迷〉の半ばはすでに撥無されている。この〈面授〉もまた、双数的出会いの一回性を、系譜の場が支えている。慧可のこの即興的菩薩行自体が、師、達磨大師の〈面授〉への〈慕古〉であることが特徴的である。二人の間には、この問答の数年前、断臂嗣法《だんぴしほう》の直後、以下のような問答がやはり即興的法談として交わされたのだった。

「わたしの心はいまだ安心立命を得ておりません。どうか心を安んずる手助けをして下さいますよう。」

「では、**そのお前の心というものをここに持ってきなさい**。安心立命を得られるように一緒に工夫してあげよう。」

「**心を探してみましたが、ここに持って来られるようなものはついに見つかりませんでした。（覓心了、不可得）**」

「**安心立命してやったぞ（我与汝安心竟）**。」

（『景徳伝燈録』[28]、太字強調は筆者）

この二つの素朴な〈面授〉こそが、中世的開悟の原風景である。そしてこの平明な〈発話〉の調子が、例えば上に見た道元禅師における内的発話を媒体とした開悟儀礼、すなわちやはり平明な〈やまとことのは〉を媒体として〈しづかにおもひやる〉慕古の内的儀礼と、本質的な意味で一つの定位経験世界を構成している。この内的連関を概念化することはかなり難しい作業だが、しかしこうした平明な内面性、平易な心の悩み（そしてそれは本質的な定位喪失の悩みでもあるのだが）というものが、やはり禅的開悟の中核を形成していたからこそ、祖師禅は時代と状況を超えた普遍性を獲得したようにも思えるのである。とはいえ残念ながら、この平明素朴な〈心の迷い〉は、高度に観念化した後世の禅学が不思議に見落としてしまう基本的な事象にも思える。禅学は高踏化の一途を辿り（階級的にもそれは支配階級のコンサルタント的な地位へと収まり始めた。この傾向は宋代、鎌倉室町期に共通して観察される事実である）、民衆的な平明さを失ってスコラ的な概念遊戯へとともすれば陥ってしまった。このスコラ化もまた中世固有の定位の迷宮であるということに注意すべきである。西洋においてもエックハルトやアッシジのフランチエスコの世界経験は、実に素朴に平明な内面性を備えている。だからこそ、それは民衆の心の拠り所となったのだが、それと並行して神秘主義そのものの、また托鉢修道会そのもののスコラ化、難解な概念遊戯というものが増殖し、新たな疎外の起因となっていく。

この平明さと難解さの二律背反が、洋の東西を問わない中世的現象であるとすれば、その最重要の契機は、ここでも**制度的媒介の有無**という基本事象に収斂するように思える。もともとは脱・教会的、あるいは無・教会的な在俗信徒運動であった神秘主義や托鉢修道会が、自己の〈教理〉の内部にスコラ的―自己目的的概念システムの構築を始めるとき、それは常に組織が再度教会制度に呑み込まれていく明確な徴表だった。したがって難解さは、常に制度的権威づけの難解さと同義になる。これと基本的には同じ教理のスコラ化を、唐末から定向的に進展する禅運動の制度化、そして公案の難解化に認めることができる。そしてその意味でも、すでにスコラ化しつつあった〈禅宗〉の中で〈祖師禅〉の脱・制度性、無・制度性を直感した道元の位置の特異性が際立つ。この対制度的無媒介性の立場は、『正法眼蔵』をどうして〈和讃〉の延長として〈やまとことのは〉で綴るか、という文体選択の問題にも本質連関したのだった。その最も内的な基底は、平明な〈発話〉としての花鳥エクリチュールである（前節参照）。したがって再びここでも、この道元と二祖慧可の〈発話〉における共振を認めた上で、その状況的―記号的根拠を問い続けなければならない。その鍵は慧可自身の〈伝法〉の行動形態にあるように思える。

慧可は右の法談の相手であった無名の居士が法器であることを認め、剃髪得度させたのち法名を与える（第三祖僧璨《そうさん》）。しかし弟子には、都鄴《ぎょう》での布教活動はしばらくしないように、そして深山に姿を隠すようにと命じた。これは彼が北周武帝の廃仏（五七四年から五七七年に及ぶ、いわゆる〈周武の法難〉。〈三武一宗の法難〉の二番目にあたる）を予測し、達磨西来以来の正法眼蔵の法嗣が絶えることのないように配慮したためである。慧可自身はしかし今までの遁世的生活を直ちに放擲して、鄴都の衢で随意の説法を始めた。三十余年の布教活動の成果がさまざまに上がり始めたとき、慧可はきわめて注目に値する最後の遊行を始める。突如として酒場に姿を見せ、屠殺所を忌むことなく堂々と通り過ぎ、衢で噂話の人の輪に加わったかと思うと卑しい労役作業にも加わった。それは史伝も総括するごとく、〈和光同塵〉のための最後の菩薩行であったらしい（「遂に光を韜《つつ》み跡を混じて儀相を変易し」とある[29]）。同時に寺の門前での説法も並行して行なった。ある寺の学僧として名高かった男が、慧可のこの説法の評判に嫉妬して時の権力者に破戒無慙の悪僧として密告する。慧可は泰然として刑死に果てたのだった。事情を知る者はこれは過去の因縁を清算するための示寂の工夫だったと噂した[30]。

もともと初期の禅僧のみならず、初期の中国仏教の担い手は草莽の私度僧であり、その実体は乞食遍歴僧を思い浮かべれば最も近い姿をうることができる。マクロに捉えれば、中世仏教は古代的僧綱制度からの離脱、遁世、説法を経て、やがて新興宗教としての自律的教団形成、その制度的是認（貴顕の帰依、寄進）、そして再・制度化（僧身分の制度的保証としての度牒制度の復活）へと至る、脱制度↓制度帰還の一種の円環運動として通観することができるが、達磨から慧可のこの段階はまさに脱・制度的草莽の仏教の黄金期、英雄時代でもあった。その一つの徴表がこの慧可の〈和光同塵〉の姿、その俗世的日常と超越的聖性の近さ、そしてそれゆえに可能な俗世と聖性の間の往来であったと思われる。後世あまりに抽象化され、高踏化されてしまった達磨大師の〈廓然無聖〉（世界はただがらんと広いだけで、どこにも聖なるものなどありはしない）の公案もまた、慧可の、このある意味後世の了解の彼方にある、聖性と俗世の無頓着な転換に最も原初的な世界観的内実を持っていたように感じられてならない。つまりそれは既成の聖性への安住が、僧綱に束縛された寺社制度へと外化されること、そして制度的な〈聖別〉（〈聖なる領域《テメノス》〉の囲い込み）が聖者そのものの聖性への志向を自縄自縛することへの深い認識と不可分の関係にあったように思えるのである。慧可は制度仏教者の誹謗による死を予測している。これもまた狭い聖性、再び制度に馴致された偽の聖性の姿であった。

慧可の開悟－説法の履歴は、俗世の只中での遷化と連結されていた。この独特の〈和光同塵〉が、嗣法と密接に連動しているところに、彼本来の正法眼蔵の理念があると見なければならないだろう。そしてここにこそ、〈不離叢林〉の格率と市井に帰還する和光同塵の二律背反の道枢（内的総合の根拠）があるように思われる。嗣法は法難を予測して（この予測自体、達磨大師が慧可に与えた預言だったとされている）、あくまで叢林に、深山に保たれねばならない。それは後世道元の心象世界において存在論的根拠づけを与えられた、〈山水〉の壮大なコスモロジー世界と同一の脱－世俗、脱－制度の領域、本来的開悟の場である（『正法眼蔵』「山水」）。このコスモロジーの状況的原点は、①私度僧的山林修行の脱・制度性、②法難の避難所としての制度的拘束の及ばない深山である。この系譜的原点は、慧可－僧璨の嗣法においてはっきりと確認できる。①は結局、また中世の出発点としての古代的制度の弛緩、自壊、特に戸籍的拘束の弛緩、崩壊と連動した個の自律化であることは明白であり、②の背景は再び実力を取り戻しつつある集権制度の求心力を背景としたものであるから、深山における嗣法は、根源のところでは一つの制度－脱・制度の二律背反をめぐる定位現象と見てまちがいない。

禅的嗣法は、はっきりとこの二律背反の主体的活用という側面を持っていた。それは初期の祖師たちの師資相承と説法の姿に如実に反映している。系譜的連続性に嗣法の本質を見るという立場は、個人的な発案というよりは、はっきりと集団的系譜を基盤とする開悟の双数的伝達手法であったように思える。例えば慧可の弟子僧璨《そうさん》もまた、まったく同じ嗣法と和光同塵の二律性を示している。彼は師慧可の教えを守って、〈周武の法難〉の間は深山に身を隠した。直接の危険が去った後も、嗣法の器量のある弟子の出現を待つ間は、やはり師慧可と同じく無名のまま遊行遍歴を続けて表立った布教活動は避けている。この回避が自覚的なものであったことは、相承の弟子（四祖道信）に対する述懐の言葉に窺える。自分の師（すなわち慧可）も自分を見いだして後に公の布教を始め、三十余年の行化を終えられた。自分もお前を見いだしたのだから、もう遁世の必要はない、と言って、遍く説法の遊行を始めたのである。彼は大道説法しつつ、大樹の下で合掌し、立ったまま遷化したのだった(31)。

僧璨の弟子である四祖道信、道信の弟子である五祖弘忍を経て、最も市井草莽の風格を持った祖師慧《え》能《のう》が登場する。

六祖慧能（六三八―七一三）は文盲の祖師である。父は官吏だったが左遷され、一家は没落し、父の早世に伴って彼は一人で母を養う身となった。薪を山で集めそれを市で売る毎日を送るうちに、ある日偶然、その市で『金剛経』が読誦されるのを聞いて慄然とした思いに囚われ、発心出家した。出家後しばらくして一人の尼が『涅槃経』を読誦しているのを聞き、即座にその大意を尼に釈義してみせた。尼が経典を持ち出して一字一字質そうとすると、「字は読めない。大意を問われれば答えよう」と言った。尼が呆れて「字すら知らないで、どうして意味がとれるものですか」と言うと、師は「諸仏の説かれた妙理は文字とは関係ない」と答えた。尼は感嘆し、これ以降師の名声は広まっていく（以上『景徳伝燈録』

に拠る[32]。その後も経典の釈義は折に触れて行なったが、すべて読誦させて釈義するという形式をとっている。つまり、文字はほとんど学ばないままだったらしいのである。

達磨大師の〈廓然無聖〉の公案が、二祖慧可の素朴平明な〈和光同塵〉を背景に置くとき、最も中世的な脱・制度性、そして〈定位コスモロジー〉への志向を示すように、この六祖慧能の文盲釈義も、通常は難解な精神性の徴表とされることの多い〈不立文字〉の時代的背景を雄弁に語っているように思える。慧能は没落官吏の子として、優れた知性を持ちながら文盲の労働庶民の生活を送った。制度的自壊を常態とする中世社会においては慧能は例外ではなく、むしろ一つの典型とも言える。重要なことは、彼が発心出家後も、経典を文字を通じて学ぶ必要を一切感じなかったこと、そして彼のその姿勢を周りの在俗信徒が共感を持って「有道の人」として供養したことである（同前）。中国古代における文字文化が直截な制度的素養であったこと、そして制度の自壊は制度的文字文化の自壊と連動していたことを背景に置けば、慧能とその信徒たちの自覚的な〈不立文字〉の姿勢こそは、最も明確な形での脱・制度的超越志向であったことに気づかされるのである。文字定着という意味でのエクリチュールには、原初的に制度的権威－制度的拘束性が内在している。この点に関しては、レヴィ＝ストロースが、未開社会における文字の権威的機能という現象に即して鋭い観察を残している（『悲しき熱帯』第七部「ナンビクワラ族」参照）。この文字テクスト化と制度的権威化の本質連関は、ほとんどすべての経律を口承の読誦によって継承した原始仏教団においても否定的に自覚されていたはずである。対照的に、結集によるテクスト固定は、集権制度の主導によって行なわれ、鎮護国家仏教イデオロギーを経典面で用意したことも合わせて考えねばならない。したがって〈廓然無聖〉－〈不立文字〉の禅的理念の状況的根拠は、やはり古代的僧綱制度の崩壊に伴う個の超越志向の自律化であることが確認されるのである。

古代的制度の自壊と連動して僧綱制度が崩壊するとき、修行－説法の主体は端的に衣食住の問題に直面する。つまり僧綱が保障していた僧禄の消滅である。〈聖杯《グラール》〉が僧禄の役割を果たし、〈聖杯騎士〉の特に食物を保障していたことを今一度思い起こしておこう。一般に〈聖杯〉伝説以外の騎士文学においても、抽象的－観念的次元と卑近な日常の飲み食い、また金銭が奇妙な並存状態にあることはすでに指摘しておいた（『形而上の中世都市』第一章参照）。ここではさらにその視点を一般化して、中国禅や日本中世の遁世者たちまで含めて、聖性の主体たちの衣食住の問題を総合的に概観する必要がある。修行－説法の主体が中世において際立った自律性を示すのは、彼ら自身の生活、端的な衣食住の問題が、聖性実現の不可欠の要因として深い位相で対自化され実践されたからに他ならないからである。その意味で最も純粋な観念性を示すドイツ神秘主義が、最もラディカルな形で生活そのものの聖化を志向するのは、この下部構造自律化の典型例である（エックハルトの例を以下で検討する）。

聖者も、遁世者も、いや最も単純化した生活形態を選ぶ乞食遍歴僧もまた食べていかねばならない。しばしの間、啓示の炎を灯す蠟燭のごとき対自の意識をこの地上で養わねばならない。そして食の問題は、そのまま何を着るべきか、どこに住むべきか、という生活全般の問題へと連続していく。

原理的には、二つの方法、二つの生活資源の獲得法がある。

一つは**供養**である。これは原始仏教団の僧伽の現実態でもあった。釈迦も含めて彼らの日常は托鉢乞《こつ》食《じき》によって成り立っていた。さらに精舎の建立や〈糞掃衣《ふんぞうえ》〉（不用なぼろきれを拾い集めて造った法衣）[33]もまた、特に商人層信徒（居士／長者＝ガハパティと呼ばれた富裕な在俗信徒）の寄進であった。これもすでに指摘したことだが、原始仏教団の無・階級的理念は、この寄進－供養をすべての階層に解放することにつながった（最晩年の釈迦に大庭園を寄進した遊女アンバパーリーを代表として――『事件の現象学2』第二章参照）。翻って鎮護国家的仏教保護－奨励は、供養－寄進の制度的＝階級的独占をその本質としていた。したがって原始仏教も原始キリスト教も、出発点の無階級制、コムーネ的共同性は集権制度の保護化に入るやいなや教会として、あるいは叡山として、それ自体ヒエラルキー化される必然性を持っていた。中世的供養－寄進は、これまでさまざまな場面で出会ったように（特に山林遁世者に対する庶民の供養が、最も典型的に中世的相貌を示している――『形而上の中世都市』第七章第三節参照）、修行者－説法者が古代的僧綱制度を離脱する、その主体性の増大にちょうど正比例する形で、やはり古代的制度の桎梏を逃れ自律的な下部構造を構築しつつあった民衆との協働関係に入ることが基本であった。これは禅、浄土信仰、また一般の山林遁世者のすべてに共通する中世的聖性の生活的現実態である。

　こうした受け身の下部構造構築（構築する資源を与えるのはすべて民＝信徒であるという意味において）では、純粋な清貧志向、純粋な放下のエートスが必須となる。それは生存の可能性をすべて状況に委ねるという意味での、〈信仰〉の問題へと内面化される。この面でも最も規範的な〈清貧〉の理念化を行なったのは道元師であること、この点もすでに検討しておいた（『形而上の中世都市』第七章第三節参照）。今はこれまで個別に観察してきたこうした超越志向主体の背景にある中世的状況というものを、マクロに再構築しなければならない。したがって、この絶対受動的（ここでは「絶対」の限定詞がふさわしい）放下と並んで、その対極である能動的－共同的な下部構造問題解決への志向をも視野に収める必要がある。能動的な自己供養、つまりはそれが禅家の生活構築の基本形としての〈**作務**《さむ》〉である。

〈作務〉は共同作業であり、師家も弟子も総出で行なうのが基本だった。それは田畑の農作業から、食事の準備、洗衣、剃髪、大小便の規律まで、あらゆる衣食住の要素を包括していた。禅寺の初期形態は山林修行者との結縁を願う麓の村落の民衆の自発的供養だったが、その修行者を慕う弟子たちが集まり始めると、もはや村落民に頼り切るのではなく、寺の周りの土地を開墾して自活できるように工夫することが基本となった。ここで中世仏教は、きわめてユニークな形で原始仏教団僧伽の受動性から離脱し、西洋中世における初期修道会と比較可能な自律的共同性を明確に示すのである。そしてこれもまた、西洋中世の修道会運動とのマクロ比較が可能なのだが、初期修道会、初期禅林の〈叢林〉的、あるいは未開拓の山林原野での開墾共同体の形成は、やがて世俗における都市流通、都市文化の充実と並行して都市内への再定住の段階へと進展するという基本的な趨勢を示す（W・ブラウンフェルスに拠る）[34]。この趨勢に伴い、禅寺はやがて都市での半自立‐半寄進的大寺院経営へと移行する。西洋の修道院運動においてこの都市化の契機を如実に示したのは、〈托鉢修道会運動〉（ドメニコ会、フランチェスコ会を代表とする）であり、神秘主義もまた初期の隔絶した修道院内部での宗教幻視から最盛期（エックハルトの時期）の都市在俗信徒を背景とする明確な都市化の方向へと進展していく（後述）。したがって〈作務〉もまた、その生活共同体的内実において、叢林の共同作業から都市流通との協働へと定向的な進展を遂げていったのだった。しかしその理念においては、都市化した禅寺でも、叢林時代の共同体の記憶が（特に唐宋において）長く保たれたことに注意しなければならない。例えば〈寒山拾得〉はすでに制度禅の時代にさしかかった遅い時期の伝説だが、その実体は叢林共同体時代の〈作務〉から見た、禅寺内部の階級化に対する痛烈な批判であったと見ることができる（同じ〈作務〉的アナキーは、臨済に影のごとく付きまとった乞食僧普化《ふけ》においても如実に認められる契機である——『形而上の中世都市』「結び」参照)。〈作務〉は、初期の祖師禅において、師家たちがまず山林、つづいて麓の集落との共同関係に入るところにすでに習俗として確立していたことが『景徳伝燈録』などの記録によってわかるが、その即自態としての習俗に明確な規範性を与えたのが百丈懐海(七四九-八一四)であった。法嗣からすれば六祖慧能の三世の弟子(孫弟子)馬祖道一(七〇九-七八八)を師とするから、達磨大師以来で数えると九世代目にあたることになる。また彼の弟子潙山霊佑《いざんれいゆう》(七七一-八五三、右で検討した香厳智閑《きょうげんちかん》の師)は潙仰宗の、孫弟子臨済義玄(八六六没)はもちろん臨済宗の開祖とされているから、慧能と馬祖が中興した「南宗禅」がやがて宗派禅へと転換していく、その分岐点にいた祖師であり、この分岐は禅林組織の規範化、すなわちそれまでは自律的慣習的であった寺の組織に、古代仏教の〈律〉にあたる儀典規範を与えたことに明確に顕われている。『景徳伝燈録』に収録された〈禅門規式〉がそれで、〈百丈清規〉とも後世称されたこの禅林組織規範は、もともとは百丈自身の規範書の全体が採録されていたものを『景徳伝燈録』が朝廷に献上される際にレジュメ化される形で再編集されたらしい(35)。この逸話自体、制度禅化が進んだ宋の現実と(『景徳伝燈録』は一〇〇四年編纂)、百丈の生きた唐禅のいまだ混沌とした草莽禅のエネルギーの落差を示している。編纂者が朝廷の理解しやすい形に禅林規範を再編集するとき、何が希釈され失われたのかは百丈の生涯を記録した本文中から雄弁に浮かび上がってくる。それは〈**自由独立**〉の主張だった。百丈は祖師たちの中でも最も〈自由〉という言葉を多く用いたこと、そのことと彼が規範化した禅林組織が古代的制度仏教とも、また彼のこの規式を直接の淵源とする宗派禅の制度化ともはっきりと異なった精神を示すこととは、内的に連関した一つの定位事象であるように思える。その〈自由〉の契機を百丈その人の言葉に沿って保持しつつ、編纂され改竄されたであろう現在の〈禅門規式〉のテクストに虚心坦懐に対すれば、その本来の精神を汲み取ることはいまだに充分可能であるように思える。その精神とは結局、禅運動の根源にあった**〈眼横鼻直〉の世界経験**、**すなわち生活世界全体の聖化**と同義であった。この〈家常茶飯〉世界の聖化のためにこそ、聖化の主体は〈自由独立〉でなければならない。

中世的開悟のための組織書として〈禅門規式〉を読み直した場合（つまり制度禅史の観点を判断停止《エポケー》する、ということだが）、浮かび上がってくる独自性は、以下の契機に整理することができる。

(1) 旧来の僧伽規範は、小乗大乗の別を問わず「**博約折中**《はくやくせっちゅう》[36]（広く簡約し折衷）**して制範を設ける**」。つまり仏教的伝統そのものの総体が大同的に一元化されている。

(2) 禅林の中核は、長老化主（高徳の僧）の住居する「**方丈**」である。それは「浄名の室」すなわち「則心成仏」を実践する菩薩の道場であって、「私寝の室」ではない。

(3) 対してこれまで古代的鎮護国家仏教の寺院布置の中核であった「**仏殿**」（**本尊安置の大仏殿**）**を建てない**。「法堂」のみで充足するのが禅林の基本的精神であり、それは(2)の現実の祖師が住居し、説法する「方丈」を核とした布置で必要十分だからである。これは後述するように、原始仏教団の僧伽理念ともはっきりと一線を劃する禅林独自の組織規範である。規式は「唯だ法堂のみを樹《た》つるは、仏祖の親しく嘱し、当代に授けて尊と為すを表わす」とその独自の理念を宣言している。ここには**大乗的菩薩理念の徹底化**がある。法堂で生活し説法する長老祖師自身が「法身仏」を兼ねた「如来」なのであった。趙州従諗は、南泉普願に初対面のとき、寝て休息中の普願を「臥する如来」と喝破した。対して「瑞像院」の「瑞像」などは眼中にない、とも答える。[37] これが禅林組織の本質にある即心成仏の理念でもあった。つまりそれは、原始仏教団の現前僧伽と四方僧伽の二律性を（『事件の現象学2』六三頁以下参照）菩薩－現前の理念によって一元化するのである。

(4) 学衆はいくつかの生活と修行の規則を守るのみで、**そこにはなんらの席次、高下もない**。これは原始仏教団の僧伽的平等性（そこでも僧伽の構成員は戒律の遵守の他には階層的秩序は存在しなかった——『事件の現象学2』六四頁参照）に復帰する一面と合わせて、中世的流通が定向的に充実する中での民衆的共同性の伸長を背景において初めて十全な了解が可能である。禅林の場合、特に初期の祖師禅から見られる〈市〉的流通生活との親和性、習合性（それは右の慧可、慧能の発心－説法に如実に認められた契機だが）が、こうした互恵的平等性の理念を早く習俗的な〈家常茶飯〉としていたことに注意すべきである（対して浄土教は〈九品仏〉の階層的理念に窺われるように、当初は古代都市の貴顕との親和性を示すぶん、[38] こうした大同性、民衆的脱制度性はやや希薄であったと言える。本来の中世的無階級性は、親鸞をはじめとする第二期の浄土信仰運動が活動の拠点を都市から農村部へと拡大した段階で顕在化することになる）。

(5) こうした互恵平等的学僧の組織は、**生活共同体としての下部構造的基盤**を持たねばならない、と百丈をはじめとする祖師は考えた。それが〈**作務**〉の**規範**に他ならない。各方面の責任者を一〇人選んで置くが（「十務」と称された）、労働（「普請」）はすべて平等に禅林総出で行なう（「上下、力を均しくするなり」）。**重要なことは、この「上下」に禅林組織の中核としての「如来」**（上述(3)）、**すなわち長老祖師自身が含まれることだった。彼らは文字どおり率先して生活のために汗を流したのである。**

(6) 破戒僧が出た場合、彼らは教団共同体における死者として追放される。これは原始仏教団の僧伽戒律と基本的には同じだが、犯すところが重い場合には杖で打ち、学僧を集めてその面前で破戒僧の衣鉢道具を焼いた上で裏門の不浄門から追放して恥辱を示した。この**共同体的戒律の厳格さ**は、中世的共同体の背景を持つものと考えられる。

こうして祖師禅の時期の禅林は、最もユニークな作務の互恵平等性（5）を扇の要として自律的に組織されていることがわかる。この自律性は、超越的教団が此岸的下部構造を主体的に組織した、という側面のみにとどまらない。その超越の理念の内実そのものが、彼ら自身の生活の次元へと下りてきたこと、そしてそれが、もはや彼岸と此岸とに二分できない不可分のアマルガムとして、渾然一体とした「家常」の日常性を構造化したことが禅林の最大の独自性であると見るべきである。

この生活の自律化はしかし、理念上の要請というよりは、初期禅林組織自体の内的な必然性に伴う共同体的日常生活の組織であった。実際に初期の祖師たちは額に汗して日常の衣食住を弟子たちとともに賄っている。そこにおいては、不思議に梁山泊に似通った〈哥弟〉的共同体が、家父長的権威の不在のまま衣食住を共にしていた（『事件の現象学2』第六章参照）。さらに重要なことは、作務の場が「方丈」をめぐる説法問答と共に、公案呈示の場としてはっきりと自覚されていたことである。そして祖師独自の見解は、しばしば「方丈」ではなく、むしろ作務の共同作業のさなかの感興によって呈示されることが多い。またこの**作務公案**（と括ることが可能だと思うが）の伝統が次第に失われていくところに、祖師禅の終焉と制度禅の開始という分水嶺も画されているように思える。その点でも最も典型的に作務する「如来」の姿を示したのは、規式を定めた百丈懐海自身だった。伝承によれば、彼は老体となっても祖師たちの生活倫理に則り、また自身の定めた規式どおり、率先して普請作務の作業を続けた。弟子たちは師の健康を危ぶんで休息を勧めたが、百丈は頑として聞き届けなかった。ついに彼らは作務の当日、師の作業道具を隠して仕事をさせなかった。すると百丈は、「一日不作、一日不食」（作業しない日は食事もしない）と称してその日の食事も拒んだのである（道元もこの逸話に感動し、『正法眼蔵』の一節を割いて伝えている(39)）。

〈家常茶飯〉とは、彼においては生活の実践であり、それがそのまま菩薩行の修行でもあった。したがって皓々たる月もまた、「よく修行中」（好修行）なのである（師の馬祖と月見の折にこの公案を呈示して証契《しょうかい》（印可）を得ている(40)）。では、その修行において学僧は「悟り」をどう求めるべきなのか。百丈の格率は自由の理念と不可分の関係にある。

もろもろの瑣事をすべて止めて、万事を休息せよ。心の拠って立つところが空となるならば、智慧の日輪は自ずから出現する。身心を放擲し、其れをして**自在**ならしめよ。

（『景徳伝燈録』(41)、太字強調は筆者）

生活のための作務は、まさに瑣事であるはずなのにそうではない。この「自在」をうるための「好修行」なのである。この超越と此岸の弁証法的浸潤こそ、まさに祖師禅が到達した中世的定位の極北でもあった。それは古代的な生活への因循、例えばその典型の老荘的因循をも包摂しつつ、なお独自の主体的世界観によってその受動的静態性を主体的に自律化－動態化している。超越において「無求の人」が仏であり、此岸の生活全体を修行の対象とする人が「**去住自由**」（同前）の真の学僧となる。

しかし祖師としての百丈の言語は、鋭く「有求の人」の姿を示し続けた。ある日、学僧たちへの説法を終えて、聴聞の人々が法堂を去ろうとした刹那、師は弟子たちを呼び止めた。百丈は言った。

「**これなのだ。これは何だ。**」（**是什麼**《ぜいんも》。什麼は恁麼に同じ）（『景徳伝燈録』[42]、太字強調は筆者）

この一句は典型的な公案の一句であると共に、普遍的な中世的言語の本質を最も凝縮した形で呈示している。それは〈所記の過剰〉が〈掛詞〉的な発話へと奔出したものである。さらにその能記的重合が、発話の場そのものの定型性にまで及んでいることも、当然この学僧たちは瞬時に悟ったに違いない。師家が立ち去ろうとする弟子を呼び止める、そしてその刹那に一句を発する、という公案の定型がすでに確立されていたからである。しかしその定型の一句は個人に対してのものだった。また、それは疑問詞ではなく、定言的な命題が常態である。したがって百丈の問いは、その定型に拠れば、「これは何だ」ではなく、「これがそいつなのだ」（恁麼／什麼は禅家ではやがて如是の意味に収斂していった。その原点の一つがこの百丈の一句である）とも響く必然性を持っている。しかしその祖師禅的定型はまた、日常の言語発話としての平明な「何だ」という最も原初的な問いの力と真っ向からぶつかりあう。ここには、まさに所記における超越と此岸が無媒介的に正面衝突し、その衝突を学僧の求道そのものの自己矛盾へと共振させている。こうした言語構造次元での分析解説はまた、百丈の言う「瑣事」（諸縁）への頽落なのかもしれないが、しかしそれにしてもこの一句の肺腑を剔《えぐ》る鋭さはどうだろう。充実した超越性が生活の現場へと急行直下してくる、その根源的剔抉の爆発的な解放感。すなわち「**去住自由**」の現成。老師の突然の一句が呈示した弁証法的エネルギーの求心性に驚かされたのは、この学僧たちだけではなかった（したがってこの一句は〈**百丈下堂の句**〉として後世に至るまで禅林の人口に膾炙した）。

老師は日々鋤を鎌を振るって普請作務を学僧たちと共に行なう毎日である。

その老師はその作務の場で一句を示す。また法堂においてもその説法の観念的飛翔が日常生活に復帰しようとする刹那、一句が呈示される。

この**生活と超越の無媒介的隣接**、そしてそこに生じる莫大な定位のエネルギーを記憶に留めておこう。そのエネルギーこそは、作務の家常茶飯の生み出す根源的生活のエネルギーであるはずだから。そしてそれは、普遍中世的な弁証法の内在をも告知するはずである（そちらの方向へと以下分析を進める）。

典型的な作務公案をいくつか集めてみよう。

(1)　南泉普願の挙示

師がみずから法衣を洗濯していると、通りかかった僧が言った。「和尚さんでもこんなこと（遮箇）をなさるんですな」。師は洗濯中の衣をぐいっとひねって示した（拈起《ねんき》す）。「こんなこと（遮箇）でどんなもんかね[43]」（拈起という所作は拈華微笑のパロディーである。さらに遮箇《しやこ》の言い返しは即興の換骨奪胎的掛詞）。

(2)　南泉と趙州師弟の作務問答（これは独特に遊戯化している）

師はある日、方丈の門を閉じ、その周りに灰を撒いて門外を囲った上でこう言った。「この意味がわかった者に門を開こう」。多くの弟子が答えを試みたが、一つとして師の意に叶ったものはなかった。

弟子の趙州が通りかかっていった。「やれやれ、この人は何をしてるんだ（蒼天＝あきれて手の付けようがない、という意味の口語的感嘆表現）」。師はすぐ門を開いた(44)。

(3)　趙州従諗と弟子の文遠《ぶんおん》との生活問答（狭義の作務問答ではないが、生活の下部構造そのものに関わる挙示である）

趙州は東司《とうす》（便所）に入ると、そこから弟子の文遠を呼びつけた。文遠が返事をして参上すると便所の中から言った。「便所であんたと仏法の話をするわけにはいかん(45)」（この逸話は道元も公案的挙示として、みずからの東司規範呈示の際に参照している(46)）。

④　潙山霊佑と仰山《ぎょうざん》‐慧寂《えじゃく》師弟間の作務問答（これも遊戯的要素が重合している）

師弟は普請作務のため茶を摘んでいた。師はふと言った。「一日中お前さんと茶摘みをしておるが、お前さんの声が聞こえるだけで本体というものが見えませんな。一つその本当の所を見せて下され。一緒に味わうことにしましょうぞ」。仰山は茶の木をゆさゆさとゆすぶって見せた。師は言った。「お前さんは**用**《よう》というものは示したが、**体**《たい》が欠けておるようだ」。仰山は言った。「それではは っきりしません。和尚自身でお示し下さい」。師はしばらく無言で佇立した（良久《りょうきゅう》す）。仰山は言った。「それは**体**だけです。**用**が欠けております」。師は言った。「わしに二十棒を与えてもよいぞ(47)」（大乗的世界観の本質である〈体用不二〉を所作儀礼問答として遊戯化したもので、その内実はきわめて奥行きが深い）。

(5)　同じ潙山と仰山師弟の路上問答（路上での問答も定型化した作務問答の一範疇であり、歩行が生活作務の一部と化している）

師は仰山と共に道を行くときに、ふと眼前の柏の木を指して言った。「前のあれは何かな（**什麼**）」。

仰山は答えた。「ただあんなふうな（**遮箇**）柏の木ですな」。師は振り返ると、ずっと後ろにいた農作業中の百姓を指して言った。「では、あの男も弟子を五百人ばかりは持つことになるわけだな」[48]（什麼－遮箇の応答によって即興の挙示が公案的共鳴を得ている。俳句の名吟のごとき淡い世界観の味わいが捨てがたい。言語定型がおそらくは俳句の季語と似た規範連想の隠れた機能を果たしているからだろう）。

作務公案は祖師禅の面目躍如たる世界観呈示の定型場であることが、このごく簡単な一覧によっても納得されるだろう。その定型性の本質は、生活所作の身体儀礼化をめぐっていることも一目瞭然である。つまりそれは、中世的定位の本質に通底する自己身体性の儀礼的外化（本書「序」参照）における所作的シンタクス原理を自由闊達に活用したものである。

ホモ・アンブランス的見地からは、祖師禅のこの面、つまり〈**生活の儀礼**〉（『散歩の文化学1』一三一頁以下参照）という普遍生活的定位現象を固有の世界観呈示の手段として高度に組織化し、さらにそれを師資相承の集団系譜的シンタクスとして長い世代にわたって共有したことに、最大の定位的特質を確認することになる。彼らの家常茶飯的作務は、たしかに生活人の下部構造的基底から、真のボトム・アップ的草莽のエネルギーを、虚空の、形而上の集団心象の定位世界へとそのつど解放する機能を果たしているのである。行－坐の二律性も、作務公案によって真に媒介され総合されている。只管打坐の〈無求〉とはこの場合、行＝歩行と作務＝労働における世界観的横溢を可能にすべき心象の廓然無聖、内的な無地のキャンバスの謂である。充溢が描かれるためにはキャンバスは白く輝かねばならない。生活の意味性がすべての行住坐臥から輝き出るためには、主体の内面はそのつど初期化されねばならない。

もちろんこれは、散歩人から見た禅僧の了解可能性であることは断わっておくべきだろう。しかしまた、この自己身体的普遍性の見地（すなわち〈生活の儀礼〉の意味的横溢の見地が）が、最もよく普遍的に中世的な〈是什麼《ぜいんも》〉の定位世界を顕在化させることもたしかなのである。

三　〈活動的生《ウィータ・アクティーウァ》〉の聖化――ドイツ神秘主義の〈合一《ウニオ》〉経験
エックハルト／アーレント／『ツァラトゥストラ』

散歩 - 生活人と作務の祖師たちとの肝胆相照らす相互了解というものは確実に存在するように思えるが、ここでは内奥の記号的構造の解明は後日の課題として、いささか祖師風にすたすたと先を急ぐことにしよう。作務的定位に達したこの今の地点が、洋の東西の差異性を撥無するのに最も適した地点だからでもある。

つまり作務は、エックハルトにおけるマルタ（活動的生《ウィータ・アクティーウァ》）なのである。

扇の要に衣食住の日常労働を置いて、ぐるりと風景を反転させてみよう。

中国中世における最も鋭い超越性は、〈是什麼〉という一句として生活全般の此岸性に切り込んできた。同じ鋭さを西洋中世において求めるならば、神秘主義、特にドイツ神秘主義における〈合一《ウニオ》〉の理念ということになるだろう。少なくとも散歩 - 生活人は（スコラ学者は別の意見を持つだろうが）、これ以上の定位全体性を知らない。〈合一〉とは、この場合も什麼をめぐる合一、すなわちこの身体に宿る偶有的な魂と普遍の極限としての神の合一である。

祖師禅と神秘主義という極度に豊饒な二つの文化事象を、一つの共通の契機によって連結する、そのためにはある種の単純化といったものも許されるかもしれない。つまり作務と〈合一《ウニオ》〉の照応が真に存在するならば、彼岸的超越‐此岸的生活の弁証法こそ、すなわち**死生の弁証法**こそ（なぜなら超越とは特に中世において死の表象と不可分の関係にあったわけだから）中世的定位の最内奥の焦点を構成するはずである。この極度に単純化した、しかし概念的な輪郭を十分明確に示す命題を（それのみを）〈アリアドネの糸〉として、ドイツ神秘主義の最も複雑な、最も中世的な香りに充ち満ちた〈師家〉の概念の奥殿へと歩みを進めてみることにしよう。

神秘主義の最内奥の超越的奥殿、それは衆目認めるところマイスター・エックハルトの『説教集』以外ではありえない。

作務と〈合一《ウニオ》〉との照応に直行することにしよう。

マルタとマリアの対比を素材とした説教（全集番号八六番）がそれである。[49] 素材となった新約聖書の逸話は非常に有名なものだが、エックハルトの解釈は通例のそれをまったく逆転させたきわめて独自のものであるから、一応原話の全体を確認のため引用しておくことにしよう。

一行が歩いて行くうち、イエスはある村にお入りになった。すると、マルタという女が、イエスを家に迎え入れた。彼女にはマリアという姉妹がいた。**マリアは主の足もとに座って、その話に聞き入っていた。マルタは、いろいろのもてなしのためせわしく立ち働いていた**が、そばに近寄って言った。「主よ、わたしの姉妹はわたしだけにもてなしをさせていますが、何ともお思いになりませんか。手伝ってくれるようにおっしゃってください。」主はお答えになった。「マルタ、マルタ、あなたは多くのことに思い悩み、心を乱している。しかし、必要なことはただ一つだけである。**マリアは良い方を選んだ。それを取り上げてはならない。**」（「ルカによる福音書[50]」、太字強調は筆者）

エックハルトは、説教の冒頭ですぐマリアとマルタの差異を動機の差異として概念化する。マリアを主の足下に座らせた動機は、①神の慈しみが魂を捉え、②大きな憧憬に捉えられ、③キリストの言葉に「甘美な慰めと悦び」(süezer trôst und lust, ibid.)を見いだしたからだった。対してマルタを立ち働かせたのは、①円熟した年齢、②賢明さ、③愛する客の気高さ、だとする。この対照化にすでに原文テクストとは異なったニュアンスを感じ取ることができる。それはマルタに対する評価の高さであって、これは福音書中のキリストの言葉、「あなたは多くのことに思い悩み……」以下にそのまま照応しているようにはなぜか思えない。

神秘主義内での聖書釈義に関して緻密な研究をしたD・ミートによれば[51]、特にドイツ神秘主義の説教でマリアとマルタを二つの信仰の存在形態として対照化することはトポス化していたらしい。その際、マリアは哲学的‐神学的伝統上での〈観照的生〉(vita contemplativa)を、マルタは〈活動的生〉(vita activa)を寓意するものとされた。この枠づけが与えられるだけで、すでに伝統神学的な判断は、明確にマリアの側の優位性に傾くことになる。なぜなら、H・アーレントが主著『人間の条件』で呈示するように、ポリス的共同性の終焉後に登場したアウグスティヌス以来のキリスト教神学は、はっきりと〈観照的生〉に信仰の存在基盤を置いているからである。

> アウグスティヌスは、少なくとも市民という言葉がかつて持っていた意味を、もはや了解しえなかったように思える。**たしかに古代的都市国家の消滅とともに、〈活動的生〉(vita activa) という用語は、政治的に特化していた元来の意味内容を失って、此岸の世界に対するあらゆる種類の活動的な関与を意味するようになっていた。**もちろんそう言ったからとて、仕事 (work) と労働 (labor) が人間の活動性のヒエラルキーの中で上位を占め、今や政治に捧げる人生と同じくらいの尊厳を主張するようになったということではない。むしろ逆に、活動 (action) も今や此岸的生活の必要物の一つへと成り下がったのだった。したがって、〈観照《コンテンプレイション》〉(**bios theōrētikos の翻訳語としての vita contemplativa**) **のみが唯一真に自由な生活様式として残ったのである。**
>
> (H・アーレント『人間の条件』[52]、太字強調は筆者)

中世キリスト教の、特に制度的側面をマクロに総括する観点としては、アーレントのまとめ方はやや大雑把ではあっても基本的には妥当なものだろう。しかしその出発点のアウグスティヌスにおいて、すでにこの制度ドグマ的単純化は破綻しているように思える。なぜなら、アウグスティヌス神学の基軸の一つは〈神の国《キーウィタース・デイー》〉(『神の国について』De civitate dei) の構築、新しい共同性の模索であって、その際 civitas という中心観念がポリス的共同性の理念そのものであることが如実に物語るように、**共同体構築のための〈活動的生〉(vita activa) はなんらの価値下落も蒙っていない**からである。転換したのは共同体理念の此岸性の撥無、彼岸的な〈教会〉理念の構築であって、共同性への志向そのものは内面化した形態において、むしろ古代的共同性の正嫡の子であることを明確に告知している（ブルクハルトは古代から中世へのマクロの移行を『コンスタンティヌス大帝の時代』で概観したが、基本的な観点はやはり、古代的共同性の断絶ではなく、共同性の内面化を媒介とする、中世への連続的な移行である）。アーレントがなぜこうした粗雑な単純化を行なうのかは、彼女の「哲学」の解釈には本質的な意味を持つのだろうが、目下のわれわれの課題はそこにはないので、彼女の中世観が教会制度を基軸とした非常に狭いものであるがゆえに、〈観照的生〉（vita contemplativa）と〈活動的生〉（vita activa）の二律性そのものにある種のバイアス（近代市民的イデオロギー）がかかってしまう、ということのみを確認しておきたい。つまり彼女がこの二律性の普遍性から演繹的に呈示する〈労働《レイバー》〉、〈仕事《ワーク》〉、〈活動《アクション》〉という「人間の条件《ヒューマン・コンディション》」もまた、どうやら西洋中世のみに限っても、その定位の内実を表現しうるシンタクス構造を主張しえないということである（まして東洋中世の経験世界は、この抽象的かつドグマ的三律系からはほぼ完全に抜け落ちる）。〈活動的生〉と〈観照的生〉の二律性を呈示するやいなや、現代の読者の大半はすぐにアーレントの呈示した「人間の条件」モデルをほぼ自動的に連想する時代でもあるので、こうしたやや迂遠な批判的序説はやはり不可欠に思える。なぜなら、アウグスティヌスの神学の核心部が、彼女の粗雑な単純化から消え去るように、アウグスティヌスと内的な系譜性を持つドイツ神秘主義の〈合一《ウニオ》〉の中核もまた、なんら「人間の条件」を充たすようなものではないからである。彼女の近代市民的（市民性そのものからいってもそれはあまりに狭隘化した審美主義なのだが）パラダイムからは、中世市民の心の風景はまったく見えてこない。そのすれ違い（市民性のすれ違い）の最大の徴表の一つが、今検討を始めたばかりの対比、すなわち〈観照的生〉＝マリアと〈活動的生〉＝マルタの対比をめぐる、エックハルトの都市的説教である。

それは都市的説教であることに注意しよう。

エックハルトの段階での神秘主義は、初期の狭い修道院環境を去って、はっきりと都市生活的背景を得ている。これは師が〈托鉢修道会〉の代表ドメニコ会に属していたという事実によってだけでなく、さらにドイツ神秘主義そのものが、都市在俗信徒の自発的、自律的信仰共同体の形成と不可分の関係にあったからである。つまりその面で神秘主義は、禅林の自律性にきわめて似通った緊密な師家－弟子集団であり、かつ教会制度の媒介を経ないという意味での、**無媒介的－直接的な共同体**を形成していたのである。

説教の出発点に戻れば、エックハルトは聖書原典から離脱しつつ、マルタの〈活動的生《ウィータ・アクティーウァ》〉を積極的に評価する姿勢を見せたのだった。この事実だけで、アーレントの狭隘な類型からエックハルトが離脱していることは明確だろう。もしキリスト者がすべてアウグスティヌス以来、〈観照的生《ウィータ・コンテンプラティーウァ》〉の法悦に浸りつつ此岸を忘却するものならば、エックハルトがまさに此岸の瑣事（家事労働）にかまけることでキリストを歓待しようとしたマルタを讃える意味は、まったく了解不可能となる。古代世界の崩壊以降「〈観照《コンテンプレイション》〉（＝vita contemplativa）のみが唯一真に自由な生活様式として残った」（アーレント、同前）ならば、キリスト者がマルタを讃えること自体が不可能となるはずである。

したがって、中世固有の〈活動的生〉の内実をまず虚心に観察しなければならない。どうしてエックハルトは、原典から離脱してまで〈活動的生〉の象徴としてのマルタを讃美するのか。またどうして〈観照的生〉の象徴としてのマリアにはそれほど高い評価を与えないのか。この興味深い価値転倒の本来の定位的意味を問わねばならない。

エックハルトは、どうしてマルタを褒め称えるのか。**それは彼女が生活者だからである。**

マリアはそれに対して法悦に浸っている。それはいまだ生活を、すなわち人生を知らない者の法悦である。だからマルタは妹に手伝いをさせようとしたのだ、とエックハルトは釈義を進める。

わたしたちはそれを愛からの好意、愛からの叱責と呼ばずにはいられません。どうしてでしょうか。よく聞いて下さい。それはマリアが魂の悦びにすっかり自足して浸りきっているのをマルタが見たからなのです。**マリアがマルタを知るよりもはるかに深く、マルタはマリアを知っていたのです。マルタはすでに長く、そして正しく生活してきたからです。生活こそは最も高貴な認識を贈ってくれるものだからです（wan leben gibet daz edelste bekennen）。生活は法悦や光よりも、さらによりよく認識するものです。**生活はこの身体で経験できるすべてのものを——ただし神だけは除きますが——真実与えてくれるものなのです。多くの場合、生活は永遠の光が与えるよりもいっそう明らかな認識を与えてくれるのです。

（マイスター・エックハルト『説教と論文集』説教第八六番[53]、太字強調は筆者）

エックハルトがマルタ的な生活労働を是認し、賞賛し、聖化する、その根本の動機が都市的信徒の生活の教導にあったことは明らかである。神秘主義の説教者は、同時に最も卑近な都市的生活の倫理を教え諭す実践的教導者であった。それゆえに、都市の在俗信徒にとって真の心の拠りどころを呈示しえたのである。生活と聖性の両方向に都市生活者の関心は向いている。したがって、その〈魂の師〉もまた両方向への教示を与える必要がある。これに対してマリアの絶対受動的法悦は、狭い、人生を知らない者の低次の感性的信仰である。それは古いタイプの尼僧院的法悦であって、実際にエックハルトを中心とする盛期のドイツ神秘主義師家は、こうしたタイプの「憂き世離れ」的法悦の自己目的化を、真の信仰を阻害する障害と見なして、積極的にその蒙を啓こうとしていたのだった。[54] 信仰は、エックハルトにとって、そして都市住民にとって、もはや教会の媒介のみに頼る絶対受動的なもの、感性的次元のものではなく、むしろ能動的意志の問題へと変容している。直接性、脱・制度性、自律的主体性において超越が生活と無媒介的に連結されるところにこそ、神秘主義における普遍中世的な契機、すなわち禅林と居士集団を支えた家常茶飯における超越の現成という定位現象との、本質的な親近性を認めないわけにはいかない。

神秘主義は、特にエックハルトとその周辺を頂点とするドイツ神秘主義は、カトリック教会内部の正統派イデオロギーの闘争に巻き込まれ（具体的には教会制度の翼賛者をもって任ずる二つの托鉢修道会の派閥闘争に巻き込まれ）異端宣告を受けた。この異端というマクロ現象がまた、都市住民の自治的運動と不可分の関係にあった。エックハルトの属したドメニコ会は、すでに彼の時代には異端審問所の制度化を基軸として「闘う教会」の最前線にいたが、もともと聖ドメニコ（ドミニクス）、聖フランチェスコの時代の托鉢修道会は、異端ぎりぎりの都市修道会運動であり、特にその初期において都市在俗信徒の運動は非常に自律的で充実していた。[55] また当時の代表的異端であるカタリ派、パタリ派を中心とするマニ教的異端は、はっきりと都市自治と連動し、協働した宗教運動だった。やはりここでも、制度－脱・制度の二律背反は中世的経験形成の真の基軸を形成している。フィレンツェの第一民主制（一二五〇年から）はパタリ派異端と不可分の関係にあり、[56] フィレンツェは当時この異端運動の司教座のような中核的位置にあった。この異端支援のために町全体がローマ教皇の怒りをかって、長い間いわゆる〈聖務停止〉(Interdikt) の破門状態にあったのだが、商人市民はまったく意に介せず生活にいそしみ、ために都市の殷賑は右肩上がりの日々を続けた(57)。ここにも脱制度的異端と都市住民のその最も基盤的な生活の親和性、協働性を認めることができる。

非常に大胆な仮説かもしれないが（特に制度史の信奉者から見れば、ほとんど妄想の一種に等しいだろうが）、もしマニ教的異端とドイツ神秘主義が教会制度に抑圧されずにそれぞれの自治の華を咲かせ続けていたならば、あるいはヨーロッパ中世はさらに東洋的中世、すなわち仏教を基軸とする経験世界とより重合した定位的親近性を見せていたかもしれない。例えばマニ教的異端は、カリスマ性を備えた聖職者と平信徒を厳格に分離するものの、それぞれの関係は平等互恵的であり、聖職者は信徒の寄進と供養に全面的に頼って生活し説教していた。この生活形態は、小乗仏教の世俗と聖性の協働的共存を強く連想させないだろうか（この連想の一つの根拠は、古代末期におけるマニ教が、大規模な習合的世界宗教として、仏教的因縁観をもその重要な基軸としていたことである）。またドイツ神秘主義のすべての個我に開かれた〈神人合一《ウニオ》〉の可能性には、〈菩薩乗〉の平等性、すなわち大乗仏教の根幹的大同性を強く連想させるものがある。そして西洋中世を代表するこの二つの異端は、やはりマクロ定位の深層においてたしかに相互連関していたらしいのである（ネオプラトニズムとの習合一つをとって見ても、両者の間には明らかな系譜的連関がある）。したがって通常は（制度史的観点からは）盛期中世の根幹とされる〈教会の勝利〉（つまりは異教と異端に対する勝利）こそが、西洋中世を普遍中世から分離し、地域化した最大の要因であると言えるのではないか。少なくともマニ教的異端やドイツ神秘主義を支持した都市住人にとって、〈勝利する教会〉とは〈抑圧する制度〉以外のなにものでもなかったことを忘れるわけにはいかない。

こうした普遍中世的脱制度性という観点から、ドイツ神秘主義、特にその最大の存在としてのエックハルトの芳醇にして深遠なるテクストは再読され、再解釈される必然性があるのではないか。十九世紀におけるエックハルト再発見を記念するアドルフ・ラッソン（ラッソン版『ヘーゲル全集』で有名なゲオルク・ラッソンの父である）の『神秘主義者、マイスター・エックハルト』には、現在でも神秘主義解釈の基軸となるべき次の命題がすでに呈示されている。

> 神秘主義は、通常提供されるものよりもより深い認識、いやむしろ存在しうる限りでの最も深遠なる認識というものを約束する。しかしそれは、奥義を受けていない者たちを謎めいた迷宮の中でとまどわせようとするような意図は持っていない。逆に、その多くの形態は**最も広範な大衆性を積極的に志向する**。神秘主義は偽ディオニュシオスの思弁を継続するという側面を有していたものの、その二つの主要な潮流においては、偽ディオニュシオスに見られた貴族的かつ秘教的な排他性は影を潜めている。例えば**ドイツ神秘主義においては**、**キリスト教者である全民衆に向き合うことを意図し、そのために表現においても思考の歩みにおいても万人に了解可能なものとすることが求められた**のである。
> （アドルフ・ラッソン『神秘主義者、マイスター・エックハルト』[58]、太字強調は筆者）

ラッソンはここで神秘主義固有の互恵平等的志向を正しく総括しているものの、彼自身の解釈を含め、ヘーゲル右派の世代（つまりラッソン自身がヘーゲリアーナーだったわけだが）、そしてまた第二次大戦後の小規模なエックハルト・ルネサンスの世代の神秘主義解釈そのものが、あまりに「神秘的」だったように思える。つまり彼らは、エックハルトがマリア－マルタ姉妹を枕とした説教であれほど明確に示した都市住民への目配り、都市的生活のその自律性への全面的な讃美、聖化の契機をほとんどまったく忘却してしまったように思えるからである。例えば戦後の神秘主義研究の一つのスタンダードを示したヴェンツラフ＝エッゲベルトの『中世から近世に至るドイツ神秘主義』（一九四四年）(59)も、ドイツ神秘主義運動が都市的孤独と連動している、という点は正しく認識しているものの、その孤独はすぐに都市的背景を失って絶対的な〈内面性〉へと、〈観照的生〉へと、連結されてしまう。(60)これもまた、アーレントの例に見たような単純化、ある種の〈粗原化《コアス・グレイニング》〉であり（『散歩の文化学1』五一頁参照）、歴史的現実としての神秘主義者と都市住民との連動関係を見失っているように思える。

この連関（神秘主義と都市的生活との連関）を示す具体的な事例をいくつか挙げて、その定位的内実の分析を試みてみよう。

神秘主義者エックハルトにとっての都市的生活心象。その本質はどこにあったのか。

例えば**冬の薔薇**。魂は非在の事物を内的に現前させることができる。その本源的な内的自由。

> **わたしは一輪の薔薇を冬の最中に考え、思い浮かべることすらできます**。つまりこの力により**魂は非有（unwesen）においても働くことができる**のであり、その点では、やはり非有の裡で働く神に倣うのです。
>
> （マイスター・エックハルト『説教集』第九番、(61)太字強調は筆者）

〈事件〉判断は、カント的な範疇では〈反省的判断力〉（die reflektierende Urteilskraft）に基づく、主体の内面における履歴現象だった。この基底的事実を確認することから、われわれの〈事件の現象学〉は出発したのだった（『事件の現象学1』一九頁以下参照）。〈判断力〉は、再びカントの体系を参照すれば、〈構想力〉（Einbildungskraft）と本質連関していた（『判断力批判』）。〈構想力〉に含まれるEinbildungは、エドガー・アラン・ポーの〈構成〉＝composition（『構成の哲学』）に最も近い概念で、近代語としてはややアルカイズム的な用法である。日常言語においても近代美学においても、〈想像する〉‐〈イメージする〉という主体性が次第に薄れ、〈イメージ〉の方向での受動化が進むという一般的な趨勢が見られるからである。したがってカントやポーの語法における能動的アルカイズムの内実は、主体の意志性にあることが見て取れるわけだが、その淵源を遡ると、このエックハルトの〈冬の薔薇〉に出会うことになる。すなわち三者は、〈反省的判断力〉の系譜上にあって内的な表象構成の意志性に注目している。そしてまたこの能動的想像力の系譜は、典型的に都市住人の定位感性に裏打ちされている。都市住人がみずからの生活的下部構造を主体的‐自律的に構想し、構成し始めたのがまさに中世盛期の現実である。その都市住人に上部構造としての聖なる定位コスモロジーを与えた師家が、神秘主義者エックハルトに他ならなかった。そして彼もまた、みずからの構想力‐構成力を主体的‐自律的に鍛錬し続ける。ここには典型的な上部構造と下部構造の弁証法が顕在化している。

　自律的な鍛錬。しかし何に向けての鍛錬か。もちろん〈神〉との遭遇、〈神〉との合一のための鍛錬である。そしてその鍛錬は内的なキャンバスの整序と同義であった。中世的聖性においては、出会いの場の全体がすでに〈ロゴス〉化されていたからである。つまり、ここにも〈コスモス〉ではなく〈コスモロジー〉を志向する中世固有の内面性というものが顕在化している（『形而上の中世都市』第二章参照）。

内的なキャンバスに描かれる**冬の薔薇**。描画が可能であることそのものが、ヒトの聖性受容の根源的能力の証となる。

内的なキャンバスにはまた、都市的生活そのものの日常性が反映する（したがって薔薇もまた日常生活に置かれた薔薇の一輪となる）。内的な表象能力の有機的展開そのものが、都市的生活の多彩さと有機性を前提としているからである（この前提はエクリチュールそのものからは通常隠蔽されてしまうものだが、断片的なモチーフに姿を顕す――例えば薔薇に）。この意味でもう一つの都市的モチーフは、さらにドイツ中世都市の香りに充ちている。

地下室のワイン。

もともと〈精神〉（spiritus = Geist）はどうしてなのか酒気を帯びているものだが、神もまたかつては陶酔する存在であった。酒神ディオニュソスとテーバイに見られる〈夜の都市〉と陶酔の本質連関はすでに考察してあるが（『事件の現象学1』第五章参照）、酒気を帯びた精神が一神教の〈神〉とわたしを媒介する、という直感にエックハルトの中世都市的感性が如実に顕われている。われわれは父なる神と一つの精神を分かち持っている。その精神はわれわれの内奥にある。ちょうど地下室に蓄えられたワインのように。内的な世界に無知な人はしたがって〈神〉を知ることがない。地下室のワインを味わったことがないからである。

　内的な事柄について少しの鍛錬も踏んでいない者は、神が何であるか知ることがありません。それは例えば、**自分の地下室にワインをちゃんと持っているにもかかわらず**（**als ein man, hât er wîn in sînem keller**）、**それを飲んだことも、少しだけでも試飲したこともない者には、そのワインが上物であるということが分からないようなものです。**無知の只中で生きる人々もこれとまったく同じです。これらの人たちは神が何であるか知らず、自分たちはそれでも生きているのだと信じ、妄想しているのです。（同前[62]、太字強調は筆者）

このパラグラフの直前でエックハルトは、「あなたがたは、今は罪から解放されて**神の奴隷**となり……」（「ローマの信徒への手紙」6－22、太字強調は筆者、訳文は新共同訳聖書に拠る）というパウロの言葉（それは原始キリスト教の生成にとって非常に重要な意義を持つ言明だが）を引用した上で、この〈奴隷〉をヨハネ福音書の権威を参照しつつ〈**友**〉と訂正する（「ヨハネによる福音書」15－15）。そして「**わたしとわたしの父とは一つの精神を分かち持つからです**」（**wan** ich und mîn vater hân einen geist）、とその訂正を根拠づける。[63]人は神の〈奴隷〉なのか、それとも〈友〉なのか。言うまでもなく、この差は甚だ大きい。

語法に関して若干註釈しておくと、上例文中にあるごとく、エックハルトは**wan**によって理由－根拠づけの従属節を導くことを非常にしばしば行なうが、これはやや変則的語法で、wanの原義は**aber/nur**であるから、むしろ逆接の命題呈示が通例の用法である。師の場合、一般の思い込みに対置する自己の信念の披瀝がそのまま根拠づけと連動することが常態であったために、この偏差が生じたと見ることができる。「しかしそうではなく」がそのまま「だからそうなのです」に偏差するという根拠づけの型は、ある意味でドイツ神秘主義の真理概念の本質に通底する共同性理念を内在させているように思える。一般の思いこみ（ギリシア哲学でドクサの無根拠性としてテーマ化された問題）に反対する真理を呈示する、という二律背反性の次元では、それはたしかに「秘教」であり「神秘」である。しかしその新たなる真理は、やはり公衆へ向けて呈示される、しかも非常に穏やかな日常性を伴って日常語（同時代ドイツ語）により呈示される。この点がはっきりと古代秘教－秘祭型の閉鎖性を脱出した、中世的な公共性理念の都市的開放性を語っている（右のラッソンの要約はこの都市的公共性と本質連関している）。

しかしそれにしても〈奴隷〉→〈友〉→〈父子〉という神人関係の本質的変容が、これほど日常的な穏やかな口調で語られることそのものに、ある種の驚きを禁じえない。教父たちの中で教会制度的ヒエラルキーを最も感じさせるパウロに〈奴隷〉という言葉が観られ、それが福音書の中で最も古代的〈ロゴス〉理念を残存させるヨハネ福音書で〈友〉と言い換えられる。この変容の神学的本質性を把握するだけでも、相当に進んだ内的意識の成熟を証言しているが、それがさらに一つの精神を媒介とした父子関係に変容することは真の驚異である。なぜなら〈三位一体〉における父－子－精霊の三つの〈位格《ペルソナ》〉においては、〈子〉とはまず〈神の子〉キリストの謂であり、また精霊による両者の媒介という契機も通例は潜勢化しているからである。つまりこの媒介の確信こそが、そしてみずからを（キリストの媒介無しに、あるいはみずからをキリストの位置と同化させつつ）子であると措定することが、つまりは神秘主義の神学的根拠、その〈神人合一《ウニオ》〉を可能とする新しい三位一体的根拠なのである。したがってそれは上述したように、一神教的ヒエラルキーを平準化し大乗化（大衆化ではなく）する根本的な転換でもあった。

この大乗化を媒介するもの、それは何度も繰り返し見たように、自律化しつつある中世都市の生活の現実そのものだった。内的なキャンバスは今まさに集団の心性において生成中である。ちょうどパン焼き窯の中でおいしい、あるいはそれほどおいしくないパンが生まれ出ようとしているように。**パン焼き窯**を観察する都市住民エックハルト。彼はそこにも〈魂〉の裡なる神の姿を直感する。神はそれぞれの〈魂〉の備え（bereitschaft）に応じて働く。一つの熱がさまざまな穀物の生地に働くように。

パン焼き窯に火を入れて、そこにオート麦、大麦、ライ麦、小麦の粉をこねた生地を置く場合、**窯の熱は同一であるのに、生地のそれぞれに対して違った働きをします**。あるものは見事なパンに焼き上がり、別のものはもっときめの粗いパンになり、三番目のものはさらにざらついたパンになります。それは熱のせいではありません。生地が異なっていたためです。同じように神はどんな心の裡でも同じように働くわけではありません。**神はそこに見いだした備えや受容性（bereitschaft und enpfenclicheit）に応じて働くのです。**

（マイスター・エックハルト『説教と論文集』論文第一番「離脱について(64)」、太字強調は筆者）

この「備えと受容性」を達成するには、「**離脱**」（**abegescheidenheit**）が不可欠となる。内的なキャンバスは初期化され、無地の白地に輝かねばならない。そうなって初めて「神の熱」が十全に働くことができるからである。したがって、〈魂〉は、〈心〉は無の上に立たねばならない。

それゆえ心が最も高きものに対して備えようとするならば、一つの純粋な無の上に立たねばなりま

せん（Dâ von, sol daz herze bereitschaft haben ûf daz aller hœhste, sô muoz ez stân ûf einem blôzen nihte....）。その無の裡にこそ、ありうる限りの最高の可能性が潜んでいるからです。離脱した心が最高の状態であるとすれば、それは無の上にあるのでなければなりません。**無の裡にこそ最大の受容性が存在するからです**。[65]（同前、太字強調は筆者）

〈心〉にとっての〈純粋な無〉、それは百丈懐海に接した学僧たちがある日学堂を去ろうとして師から突然呼び止められ〈是什麼《ぜいんも》〉の一句を浴びせられたとき、彼らの心象に瞬間現成したに違いない〈廓然無聖〉の風光とそれほど異なったものとは思えない。その〈無〉の風光はパン焼き窯で次々と焼き上がるさまざまなパンの味わいを残像のごとく携えた、そういう生活の時空の上方に広がる虚空と融合していた。ちょうど作務を終えたばかりの学僧にとって〈一日不作、一日不食〉の老師の額に汗する姿が、家常茶飯の生活そのものの風光として保持されていたように。

つまりは、ここでも無媒介的な二元性、超越と生活の隣接というものが、真の〈神秘〉として、都市信徒そして彼らの超越性希求を教導する師僧に共通した基本的な感性として共有されていることが確認されるのである。

しかし中世都市の在俗信徒は、絶対受動的に神秘に見入り、法悦に耽溺する〈教団《ゲマインデ》〉（ヘーゲルの『宗教哲学』の意味での）ではない。百丈懐海にとっては、頭上を行く皓々たる月もまた〈好修行〉の時節の中を横行していた。同じくエックハルトと彼の都市信徒たちも能動的、主体的な鍛錬をこそ欲する。生活の能動性、自律性がそのまま超越希求の主体性へと反照する。

〈純粋な無〉はこうして、主体が内的に歩行する定位‐場として表象される。それは一つの〈**荒れ野**〉である。その「**静寂なる荒れ野へと**」(**in die stillen wüeste**)[66]人は出向かねばならない。そこで〈神〉と遭遇するために。そこで〈神〉のまなざしに見入るために。

歩行の情念は、禅家においても本質的な位相で定位情念と融合していた。その融合の場は、彼らの場合も内的な共有された心象空間であった。だからこそ、作務的伝統からは遠ざかりつつあった制度禅の始祖としての臨済もまた、心象上の「天下」に向かって「横行する」必要を弟子たちに語り続けたのだった(『臨済録』「示衆」)。同様の内的歩行の表象が、エックハルトとその信徒たちの共同心象に〈**荒れ野**〉を現成させる。人はみずからその聖性との遭遇の場へと、歩き出向かねばならない。信仰とは「意志的知性」の問題だからである。しかし真の神の出現する〈荒れ野〉は、求めようとするとかえって遠ざかるという特性を持っている。なぜなら、それは〈純粋な無〉としてすべての被造物を離脱しているからである。

これが、神秘主義とエックハルトの辿り着いた内奥の〈無〉の場、内的遭遇の極限である。

その奇妙に懐かしく東洋的な響き。〈**無求の人**〉(百丈懐海、同前)の響き。それに虚心に耳を傾けてみよう。

すでに何度も言ったことですが、創造されたいかなる事物の裡にも真理はありません。魂の裡にはしかし、魂自身の被造物性を超えたあるものがあります。……それは神的性質に属し、それ自身において一であり、いかなるものとも似ていません。……**それは一つの異郷**(**ein ellende**)**であり**、一

つの荒れ地（ein wüestenunge）であり、名を持つというよりはむしろ名無きものであり、認識されるというよりはむしろ認識されざるものです。あなたがほんの一瞬でも、いやさらに短い刹那でも、自分自身を無にすることができれば、そのあるものはそっくりそのままあなたのものとなるでしょう。

（同前、『説教集』第二八番[67]、太字強調は筆者）

神秘主義の開悟の場は、内奥の〈無〉の場である。それははっきりしているのだが、ではここでエックハルトが言う異郷とは何なのだろうか。

また、荒れ地／荒れ野とは何なのだろうか。

そしてそれは、東洋的開悟の心象に広がる〈廓然無聖〉とどのような関係にあるのだろうか。観念世界に飛翔して真の定位的現実を失う前に、まず基本語の系譜性を把握しなければならない。エックハルトの用語 wüeste / wüestenunge は、後世ルター訳聖書の基本語 Wüste（荒れ野）へと収斂する。この聖書釈義上での意味的系譜と、さらにその基底にある古高ドイツ語以来の動詞 wüesten（荒廃させる）という二つの意味層の重合を観察する必要がある。現代ドイツ語の Wüste は「荒れ野」と「砂漠」を意味するが、主要な意味領域は即物的な「砂漠」に移行しており、「荒れ野」の意味はすでにルター訳をそこはかとなく連想させるアルカイズムとなっている。聖書訳の「荒れ野」は、もちろん中近東の風土的現実からして実体的には砂漠なのだが、それが都市居住域との比較における荒地、すなわち都市近郊の荒れ地であることに注意しなければならない。したがってエックハルトは（そしてルターも）、現代人が例えばアラビア砂漠を思い浮かべるような、一般的な意味での砂漠を思い浮かべているのではない。

それはwüesteという本形の他に、より荒れ地性、つまり人為的な荒廃も含めての荒野性を共示するwüestenunge（右の引用中で「荒れ地」と訳した語）という別形を保持していることによっても明らかである。この聖書的な都市‐荒れ野の二項対立が最も典型的に表現された場面として、「荒れ野で叫ぶ声」としての洗礼者ヨハネの例を挙げることができるだろう。そこでルターが用いているのが、まさにwüesteを語源として持つWüsteなのである。

そのころ、洗礼者ヨハネが現れて、**ユダヤの荒れ野**で宣べ伝え、「悔い改めよ、天の国は近づいた」と言った。これは預言者イザヤによってこう言われている人である。

「荒れ野で叫ぶ者の声がする。
『主の道を整え、
その道筋をまっすぐにせよ。』」

（「マタイによる福音書」[68]、太字強調は筆者）

「荒れ野」は、すでに聖書の段階で定位系譜的な背景を持つ心象空間であることに注意しなければならない。つまりそれが新約の洗礼者ヨハネと旧約の預言者イザヤを一つの預言者的伝統上に置く根拠でもある。預言者とは都市的頽廃の糾弾者でもあるわけだから、彼らの〈荒れ野〉はその意味でも都市と根本的な二項対立関係にある。こうした新約のホドロジー空間（心象の定位時空）では、都市（エルサレム）と荒れ野の二項性は静態的であることに注意しなければならない（したがってルターも in **der** Wüste という与格による静止的空間表示の定型を用いる[69]）。エックハルトの〈荒れ野〉はこれに対して、主体が進んで向かう神との遭遇の場である。内的なホドロジーにおいて、主体は歩行しつつ都市を離脱し〈荒れ野〉へと向かう。この**動態性－能動性**に最大の注意を払わねばならない。だからこそ人は〈静寂なる荒れ野へと〉（in **die** stillen wüeste）（同前）向かうのである（ルターの静止的表象が、ここでは対格によって動態化されていることに注意）。この主体的能動性は、神秘主義の主体表象の要である「意志的知性」をも浸潤する。それは一つの根源的知性が火花のごとく発する光なのだが、つねに対象を超越してやまない。神の有にすら安住することなく、〈無〉を志向し、ついに〈荒れ野〉へと至る。祖師禅はこの連関で「仏来たれば仏を殺し……」（臨済義玄）という言葉を残した。それもまた「横行」の果てに現成すべき定位時空の〈無〉性を端的に表現している。その徹底した自己開悟性の論理にきわめて似通った驚くべき主体性が、ここでも顕在化している。

この火花はいかなる被造物も拒み、露わな神、神自身の裡なる神以外には何も求めることはないのです。この火花は、父にも子にも聖霊にも、それが各々の固有性の裡にとどまる限りは、これら三位の位格《ペルソナ》にもけっして満足することはありません。……**この光は**、**単純にして静寂な神的有**、**与えることも受けることもないこの有にすら満足しないのです**。この光はむしろこのような有がどこから来たのかを知ろうとして、単純なる根底へと、父であれ子であれ聖霊であれ、**もはやいかなる区別もうかがい知ることのできない静寂なる荒れ野へと赴こうとするのです**。**そしてここ**、だれも住まいするもののないこの最内奥においてはじめて、**この光は満ち足りるのです**。

（マイスター・エックハルト『説教集』第四八番[70]、太字強調は筆者）

エックハルトに典型的に見られる知性による事象の無限超越は、これまで〈否定の神学〉の概念枠で括られることが多かった。しかしそれは、もしその高踏概念的構築物へと翻案されれば、本来の共同性、都市性を失って〈概念のミイラ《ベグリッフスムーミエン》〉（ニーチェ「道徳外の意味における真理と虚偽」）のごときものへと変容することは確実である。高踏神学のどこにももはや定位情念がないのは、血の気を失った抽象的教学のどこにももはや〈眼横鼻直〉の現実が投影していないのと同様である。したがって〈否定の神学〉を喋々することは、後期禅林における公案の複雑化、高踏化と非常によく似た袋小路といえる。真理はむしろ、作務の額に流す汗、エックハルトが語る、パン焼き窯、地下室のワイン、冬の薔薇の方向に、そしてそれらの家常茶飯の都市的日常を忘れない方向に存するのではあるまいか。

つまり〈否定の神学〉がたしかに存在するならば、その否定はまず都市‐荒れ野の二律背反性の上で顕在化するのではあるまいか。

そしてエックハルトも、なによりも現実の都市住民の内奥に広がりつつある、集団心象上の虚無、その〈荒れ野〉を見据えつつ、そこにこそ真の神を招来しようとしているのではあるまいか。

都市住民の外顔。そこには生活のあらゆる喧噪、猥雑が渦巻いている。彼は日々みずからの生業によって、衣食住の現実と向き合っている。衣食住のみではない。ユクスキュル風に言うなら、昼の都市が〈捕食環〉と〈媒体環〉の世界なら、夜の都市は〈生殖環〉と〈逃走環〉の世界であり（『散歩の文化学1』「序」参照）、われわれの定式を用いるなら暴力⇅流通⇅エロスの世界である（『事件の現象学1』第二章参照）。どうして都市住民エックハルトの心眼に、都市の夜の〈ソドムとゴモラ〉的な混沌が映じてなかったと言えるのか。彼は同時代ドイツ語を用いて、この夜と昼の都市に生きる信徒の信仰を見守っているのである。パリ大学の講義室で、血の気の失せた神学生を相手に血の気の通わぬラテン語をペダンティックに語りつつ、高踏神学を模索しているわけではない。エックハルトは〈荒れ野〉という聖書的トポスを用いるときにも、まず眼前の都市住民の心に広がる、その心象世界の虚無性をこそ、真の荒れ野として認めていたはずである。

夜の都市。そこに広がる荒れ野。例えば売笑窟。中世は売春が構造化し常態化した時代でもあった（ジャック・ロシオの研究を参照のこと）(71)。

その後裔たちの心に広がる〈荒れ野〉。例えばツァラトゥストラの影としての〈漂泊者《ヴァンデラー》〉の心象にも〈荒れ野《ヴューステ》〉は広がった。荒れ野のオアシスにたむろする可愛い歌姫たち。このトポス重合（聖書的トポスと千夜一夜的エキゾチシズムの重合）がすでに「荒れ野」を「砂漠」の方向へと無機化しつつある。しかしその無定位的定位空間の基底は、依然としてエックハルト－ルターの見た聖書的な系譜上の〈荒れ野〉であって、砂漠そのものではない。『ツァラトゥストラ』という作品の言語環境そのものが、ルター訳聖書をあらゆる側面で強烈に意識したものであったばかりでなく(72)、ここでもまた本質的な都市－荒れ野の二項対立性が基軸となっているからである（したがって通常のニーチェ訳における「砂漠」という訳語は、限りなく誤訳に近い）。いずれにせよ〈荒れ野〉は、「**ヨーロッパ《オイローパ》疲れ《ミューデ》のヨーロッパ知性**」の心象世界に広がる必然性を持っていた。近代的葛藤の中で蓄積されてきた社会的記憶の重圧というものが、もはや臨界点に達していたからである。

荒れ野は広がる。わざわいなるかな、心に荒れ野を懐く者は！

(Die Wüste wächst; weh Dem, der Wüsten birgt!)

はあ、まことに荘重！
まったく重厚！
もったりとした歌い出し！
アフリカ的にどっしり！
獅子吼と言いたいところだが、
むしろ吼え猿、モラリストどもにふさわしいかったるさ——
しかしね、しょせん君たち向きじゃない、
君たち、可愛い可愛い女の子たち！
その足もとに、このわたくし、
はじめて**ヨーロッパ人として**
座ることを許されました。
この椰子の葉陰に。セラ。

（『ツァラトゥストラはこう語った』第四部、「荒れ野の娘たちのもとにて」[73]、太字強調は筆者）

〈荒れ野〉の系譜を経巡ることによって、少なくとも都市－荒れ野の二項的定位ホドロジーの系譜的根拠が顕在化してくる。〈荒れ野〉は、この系譜上では、都市的生活を離脱する非・都市領域ではない。むしろ都市的現存在の虚像としての無であり、その虚像はまさに都市の核心部において生成する。すでに「荒れ野に叫ぶ声」洗礼者ヨハネが、またその系譜的原点としての旧約の預言者たちが、都市的頽廃の糾弾と不可分の存在であった。都市を離脱して聖なる清浄の領域に赴くのではなく、都市の否定性としての〈荒れ野〉において、都市そのものを否定するのである。これが「否定の否定」を基軸とする、神学的シンタクスの原風景だが、それはそれとして確認するだけでよい（生活者の立場を離れまいとするわれわれ自身が神学を始め、高踏化しても仕方ないから）。むしろこの内的時空における、都市的経験そのもののアンビバレンツに着目すべきである。〈漂泊者〉は「雲の多い、陰湿な、憂鬱な古いヨーロッパ」から〈荒れ野〉へと向かう。〈荒れ野〉には「思想などとは縁もない東洋の娘たち」、すなわち当時大都市の売笑窟の定番だった、マネ風に嘘っぽくエキゾチックな（ジャポニズムの影もすでに射し染めている）娼婦たちが、嘘っぽくエキゾチックに媚びを売っている。そこで〈漂泊者〉は、しばし「雲一つない、思想の翳りもない青空の楽園」にくつろぐ（くつろごうと焦る）。これが〈神が死んだ〉（直後の）ヨーロッパ大都市のデカダンス的混沌における〈荒れ野〉の現実である。この近代的心象世界の荒地から、神が今や都市住人の内面に生まれ出ようとしているエックハルトの中世的現実を見やる時、はたして何が見えてくるのか。

シンタクスの同型性、これが一つ。

都市－非・都市としての〈荒れ野〉という基本的な定位心象時空の二律背反性は、ニーチェの内的クロノトポス（時空間）においても依然として保たれている。ただ、そこにおいては都市は巨大化し、外的な都市空間を離脱して、ヨーロッパそのものの心象へと拡大され一元化される。それに応じて荒れ野も個々の都市の荒れ野であることをやめて、ヨーロッパの〈荒れ野〉へと普遍化され抽象化される（したがってそれは「思想をもたぬ（はずの）東洋」と等置される）。しかしこれは、十九世紀の状況的本質である世界市場の拡大という現実に照応した量的な拡大であって、質的な変容ではない。シンタクス構造自体は、聖書翻訳以来の、エックハルト以来の、そしてある基本的な位相では、聖書世界そのものにすでに存在した都市的都市否定の契機を継承し続けている。

もう一つはしかし、セマンティクスの異型性である。

エックハルトにとって、意志的知性の光はすべての被造物、有、既成の神概念を超脱しつつ非・都市としての〈荒れ野〉に至る必然性を有していた。なぜなら都市住民としての彼の生活の諸契機そのものの裡に、つまり冬の薔薇や、地下室のワインや、パン焼き窯といった生活の下部構造的トポスそのものの裡に〈魂の光〉が宿っていたからである。それはまた、作務に老いていく祖師の額の汗に宿る〈好修行〉の開悟の光と本質的には同一の〈**生活の光**〉であった。

したがってヨーロッパ的知性における〈荒れ野〉は、中世末から近代末、つまりエックハルト後からニーチェに至る時間のいずれかの時点で〈シンタクス浮遊〉（『散歩の文化学1』第五章参照）を起こし、その本来の意味内実を転換させたことは明らかである。そしてこの定位変換は、本章第一節で少し検討しておいた〈面授〉の定位トポスの変容と本質連関しているはずである。その点を最後に確認しておこう。〈神の死んだ〉後の現実に生きるわれわれから、〈廓然無聖〉を忘却したわれわれから、中世的開悟のその実相を見やるための一つの手立てがそこにあるように思えるからである。超越との対峙において、何が失われたのか、何が保持されたのか、それを即物的、客観的に（絶対化せず）対自化すること。

都市－非・都市の二律背反性は、中世的仏教、中世的遁世者の定位時空を規定する基本的な構造原理でもあった。その際やはり非・都市領域は、心象上に設定された都市の虚像として、都市的否定性を内包していることが常態である。また〈否定の否定〉の論理と照応する、遁世者の二重遁世、その無限後退的逃走からの唯一の脱出の手段として、〈市への帰還〉という現象が観察された。そこでは、出発点において否定された都市的濁世への帰還が、一つの菩薩行的実践としての説法的帰還という形をとりながら、円環的な定位履歴を形成した（『形而上の中世都市』第七章第三節参照）。したがってこの面でも、神秘主義的〈荒れ野〉を東洋中世的〈叢林〉と比較することは十分に可能であるように思える。唯一基本的な差異性が存在するとすれば、それは非・都市領域としての〈叢林〉が一義的に清浄の領域として〈定位コスモロジー〉の一つの規範を提供したのに対して、〈荒れ野〉はもともとのドイツ語が共示する根本的な否定性＝荒廃させる、住めなくする（多くは戦乱の荒廃を意味する）という意味を完全に離脱することはなく、むしろキリスト教的世界観の根本にある二元論、超越的彼岸による此岸的現世の全面的な価値下落と重合する趨勢を持っていたという点である。それがつまりは、エックハルトの〈無〉の第一の意味、被造物性の全面否定の結果として現成する〈無〉である。それは禅的公案上の〈無〉と同じ境界理念だが、そのまなざしの方向がちょうど逆転している。エックハルト的〈無〉は荒廃した（荒廃すべき）此岸の彼方に望見される超越であり、禅的〈無〉は制度的聖性が止観され撥無された結果としての此岸全体の聖化、すなわち〈廓然無聖〉の〈無〉、自縄自縛的擬似超越性の無化の謂である。

しかし両者はやはり、一つの中世的境界域、一つの**生活の聖化**を共有していることも忘れてはならない。そしてこの共有点からのまなざしそのものが超越へと向かうとき、その基本的な志向は**双数的共同**

性として現象する必然性を有している。

その根拠は、彼らが拠って立つ自律的生活の現実自体が一切の制度的媒介を「離脱」しているからだった。

こうして中世的超越の実相を求めてのわれわれの対自‐遊歩は、真の中世的〈事件〉の場へと至る。中世的定位の究極の事件‐場、それは超越が他者として、出会いの逆側の主体として集団の心象に登場する場である。聖性を希求して〈荒れ野〉へと、〈叢林〉へと赴いた中世的主体は、この極北の地点に至り、聖性そのものと遭遇する。彼はそこで定位のすべての情念的エネルギーを発散し、世界と自己との関係の本源を止観し、定位本来の課題を終えて復帰する。

何へ復帰するのか。出発点の生活へと復帰するのである。

したがって中世的心性にとっての最大の〈事件〉とは、生活から出発し、生活へと帰還する一つの定位の円環運動に他ならなかった。

その〈事件〉の焦点には、超越を身体化した〈他者〉が出現する。それが〈神〉であり〈仏〉であることは、古代における求道的主体と根本的に変わったわけではない。ただ大きく変容した点がある。それは、

(1) その遭遇が、**一切の制度的媒介を経ない直接的なもの**であったこと、

(2) その遭遇が、**内的心象空間で行なわれる**必然性を有していたこと、

(3) したがってその遭遇の全体は、**二つの自律的ペルソナ相互の双数的時空と双数的履歴を形成した**こと、

以上の定位的遭遇の契機である。聖性を希求する中世的主体は、彼の生活から出発して超越的主体と双数的対峙へと至り、そこから生活へと再び復帰する。中世的定位の円環構造－運動は、この三つの遭遇的契機から必然する根本事象である。そしてその遭遇－事件の焦点は、

(4) **まなざしの相互浸潤に収斂する。**

これらの四つの契機が、中世的超越を一つの内的な〈事件〉とした根拠である。

エックハルトに即して簡単にこれら契機の相互連関を確認しておこう。中核となる概念（あるいはより直接的な現前の事実）は、**〈神のまなざし〉と〈われのまなざし〉の等質性**、その結果としての遭遇の相互浸潤、融合である。神に遭遇するために〈荒れ野〉に向かう者は、すべての被造物を離脱する。しかし、彼は離脱と同時にすべての被造物を見ている。まなざしに映ずる被造物の色彩は、まなざしそのものの色彩と同一である（後世のゲーテの色彩論を思わせる美しい比喩）。つまりそのまなざしは、被造物の存在と同化している。それが神との遭遇の準備である。

わたしが神を見ている目は、神がわたしを見ているその同じ目なのです。わたしの目と神の目、それは一つの目であり、**一つのまなざし**（**éin gesiht**）であり、一つの認識であり、そして**一つの愛**（**éin minnen**）なのです。

（マイスター・エックハルト『説教集』第一二番[74]、太字強調は筆者）

中高ドイツ語は〈愛〉を表現する基本語を二つ持っていた。liebe と minne である。リエベ（後世のリーベ）は、元来は自足する、満足するという意味から派生した自己愛的愛情で受動的かつ自足的であり、

他者関係の構成力は本来的には弱い。ミンネは〈ミンネゼンガー〉の叙情詩ジャンルでわかるように、世俗的な、かつ能動的な恋愛感情を意味したが、必ずしも世俗の愛だけではなく〈神へのミンネ〉が語られることも普通だった。その原義は〈思いをそちらへ遣ること〉である。この普遍的な遊離魂的脱自性の位相に注意しておこう。この聖俗共通の〈他者への愛情〉概念は、大体十三世紀前半までの盛期騎士文学での語法であって、すでに十三世紀末には世俗的性愛の方向へ逸脱し、場合によってはストレートに房事を意味することが多かった。もともとは宮廷文学出自の雅言葉であったのに、こうして卑俗な言葉の響きを伴い始めたため、十五世紀には公的なテクストにおいてはひとまず死語と化してしまった(以上ヘルマン・パウルの『ドイツ語辞典』(75)に拠る)。エックハルトのこのテクストは十四世紀初頭の成立であるから、ミンネの語義が世俗化した状況下で、一種のアルカイズムとして〈神へのミンネ〉を語っていることになる。大衆の次元では、ミンネと聞くとすでにファブリオ(民衆小噺)的にセクシャルな連想を持ったはずであるから、それにもかかわらず信仰の奥義をこの言葉で語ったエックハルトは、はっきりとこの言葉に対する嗜好を持っていたはずである。それはまずリエベの受動性、自足性と比較した上での、聖性希求の能動性、主体性を、この語彙によって保持したかったからではないかと思う。そしてこの〈愛〉の主体性が、結局は〈一つのまなざし〉を神との遭遇において実現しようとする志向、すなわち聖性希求主体の根源的な自律性へと通底していくように感じる。またもう一つ深層には、大衆が懐くミンネの観念がすでに世俗的性愛寄りに一義化しているからこそ、その言葉自体の内包する都市的虚無性＝言語の〈荒れ野〉において、無媒介的な一対一の対峙下に、超越のまなざしを受け止めようとしたのだとも読み取れるかもしれない。いずれにせよ、神とわたしとの関係は、ミンネが〈ミンネゼンガー〉の時点で有していた、相聞的直接対峙でなければならない。その恋愛的双数関係をシンタクス的に継承しようと積極的に意志していること、それだけはたしかだと思う。それはまた、尼僧院的神秘主義が元来有していた神とのエロス的合一《ウニオ》の理念を極度に知性化しつつも、やはり一つの性愛的残響として響かせているようにも感じるのである。その意味では、エックハルトの視界は、遠く〈漂泊者《ヴァンデラー》〉と近代的デカダンスの果てまでを、その超越とのエロス的対峙においてしっかりと捉えていたと言えるのかもしれない。

　しかしもちろん、ここにはいかなるデカダンスも存在しない。現成するのは、内的な心象世界に君臨する超越的聖性との双数的コスモロジー、それのみである。そしてそのコスモロジー生成の根拠は、トップ・ダウンに降下してくる超越の側にではなく、ボトム・アップに上昇していく此岸の側に、すなわち現実の都市生活にある。エックハルトの説教を聞いて、その集会場から自宅へと帰る信徒たち、ごく普通の中世都市住民たちの定位において、やはり聖性から生活への強い反照が生じていたことがたしかだとすれば、そこには衣食住のあらゆる作務普請が、そしてまた人間関係にまつわるあらゆる瑣事が、いつものくすんだ日常とはまったく違う聖化の輝きを発していたに違いない。彼らは師僧に〈面授〉し、その師僧は彼の内面において、日々神との〈面授〉の修行を積む聖者の定位像へと昇華されていった。この昇華の現実性に穏やかな安心立命を得て、信徒たちは日々の生業にまた戻っていったのだろう。定位中心の現前が生活から生活への帰還を可能にする。つまりここには、〈漂泊者〉の漂泊＝生活喪失はいまだに影を射していなかったことは確実である。定位の中心が、都市生活内部に現成する限り、都市を離脱する漂泊の必要は消滅するわけであるから。

翻って近代的心象における〈荒れ野〉は、そのシンタクス構造をエックハルトやその信徒たちと共有するものの、意味出力の機能不全に陥っている（したがってそれはパロディーの好対象となる——〈漂泊者〉のポリフォニックなイントネーションは、このパロディー化の結果である）。おそらくこの無意味化の根源には、彼らがもはや出立し、そこへと帰還する都市的生活を持たなかった、という基本的状況の変容があるのかもしれない（この実験的命題の検証は、本シリーズ近代篇の中心的テーマとなる）。つまり彼らの日常性の機能不全が、その〈事件〉定位におけるデカダンス、意味性の喪失の真の原因であって、彼ら自身の意識は上部構造に拘束され続けるものの、その上部構造の迷宮には真の答えは隠されていないようにも思われる。つまり彼らは生活をまず失い、それによって生活の聖化の可能性を失い、最後にその聖化の現場における〈面授〉を全面的に消失する、そういう順序で近代人の定位デカダンスは進行したのではなかったろうか。

このように見ると、〈面授〉の喪失、その基底としての聖化すべき生活の喪失もまた西洋近代のみの病理現象ではないことに気づかされる。われわれが中世的超越を知るための散策に出かけるとき、そのさしあたりの出発点を提供したのは三島由紀夫の『金閣寺』であり、夏目漱石の『行人』であった（前章）。そしてそこにおいても、超越の絶対化と並行して、超越主体との双数的遭遇、つまり〈面授〉という定位の中核現象が全面的に失われていたのだった。その根本の原因もまた、開悟の次元というよりは生活の次元のモザイク化、デカダンスである（つまりは漱石の言う「神経衰弱」の近代）。

したがってニーチェの夢見たツァラトゥストラの、そのさらなる「影《シャッテン》」がツァラトゥストラ以上に等身大のニーチェ自身の分身《ドッペルゲンガー》と化してしまったのは、まさに近代的〈荒れ野〉の風光と言えるのかもしれない。〈漂泊者〉が嘆く定位の総体的喪失が、もし近代的生活から必然する一つの定位病理であるならば、その同範疇の病理からして、やはり近代的東洋にとっての〈東洋的無〉の遠さというものを改めて確認せざるをえないのである。ここには積極的定位の共振と、否定的な定位喪失の共振が同時に顕在化している。〈面授〉の共振と、〈他者との遭遇なき荒れ野〉の共振。

しかしともあれ中世の側の、すなわち〈面授〉と〈正法眼蔵〉に内在する定位的普遍性は繰り返し確認され続ける必要がある。それは都市的定位のマクロ系譜において一つの内化の極限を示すこと、そのことだけによっても人類史の社会的記憶に保持され続けるべきだからである。その意味でエックハルトの〈面授〉、つまり彼の〈神〉との内面における〈一つの愛〉と、道元の〈面授〉、つまり彼の〈釈迦牟尼仏〉への〈慕古〉は、〈事件〉的定位の一つの極限的範疇としてわれわれの文庫に収められねばならないのである。

道元は、釈迦への〈ミンネ〉をこう表現したのだった。

しかあればすなはち、**まのあたり釈迦牟尼仏をまぼりたてまつりて**一期《ご》の日夜をつめり、仏面に照臨せられたてまつりて一代の日夜をつめり。これいく無量を往来せりとしらず。**しづかにおもひやりて随喜すべきなり。**

釈迦牟尼仏の仏面を礼拝したてまつり、釈迦牟尼仏の仏眼をわがまなこにうつしたてまつり、わがまなこを仏眼にうつしたてまつりし仏眼睛なり、仏面目なり。これをあひつたへていまにいたるまで、**一世も間断《けんだん》せず面授しきたれるはこの面授なり。**」

（『正法眼蔵』「面授」[76]、太字強調は筆者）

この勁い**系譜的慕古、定位の源泉への恋慕の思い**、それそのものを慕古しつつ、恋慕しつつ、われわれの中世探索の旅をひとまず終えることとしよう。

結び　死生の弁証法――その記号的根拠

中世を普遍的な過渡期と捉える視点のみが、中世的情念の一元性を発見する。

過渡期とは、制度の崩壊と生成が同時に進行する、そうした外的な分裂、制度的状況の二重性を本質とした制度のマクロ再編期である。古代的制度が長い時間をかけて自壊していく、そしてそのすぐ傍らで新たなる集権、近世的集権へ向けての定向的な収斂が進行する、これが中世的状況の普遍的な位相であった（『形而上の中世都市』「序」参照）。この外的な二重性は、当然内的な主体の定位情念へと反照される。しかしその反照の本質は、二重性ではなく、一元性、一如性である。

死生の一如が主体において探求され、経験される、これが中世的情念の普遍的な位相である。それは外的な分裂を内的に回復する自己塑性の発現でもあった。

制度的な状況が構造化した安定性を示す場合、それが古代的制度であれ、近世的制度であれ、その安定性はひとまず、イデオロギー構造の組織化、権威中核の顕在化、つまり広義の**集権**として現象することが常態である。都市もまた、この制度的集権の一つの系として、安定したハレの場としての〈見える都市〉へと分節される。その際、主体の全体性はそのハレの場でひとまず、君子－庶人の二項性へと、あるいは宮廷人（「お役人」）－ブルジョワ（「町人」）の二項性へと**分節**され、**寸断**される。主体の全体的定位志向は、制度的身分秩序への積分によって、やはり分断され抑圧される。その抑圧が、〈見えない都市〉への、ケの〈夜の都市〉への志向を発生させるのだった（『事件の現象学1』第二章参照）。制度状況が一元化されるとき、主体は分裂し、二重生活者となる。これが古代都市、近世都市の集権状況下における定位主体の普遍的な姿である。

古代は中世を知らなかった。みずからの定位世界のデカダンス的自壊が中世的情念へと帰結することを知らないままに死を迎えた。

近世もまた中世を知らない。近世は中世の忘却によって、それのみによって誕生するからである。それは中世を〈暗黒の蒙昧の時代〉と等置することによって、みずからの明るい、浅い、ハレの世界を措定し自讃する。

中世はこうして、集権的状況、ハレの世界からの本質的な距離を証言しつつ、長い忘却の期間を経て、ようやく集団の想起の対象となったのだった。中世を想起したのは、近代、続いて現代である。しかしその想起の位相は大きく異なっていた。

近代は中世を自集団の淵源として発見する。つまりは〈民族〉の淵源として。その根拠は中世的情念の集団性、社会性であった。しかし中世人そのものには〈民族〉への志向は本来的に希薄であり、むしろ普遍人間的な位相を定位の基盤としていた。この〈一人のヒト〉の定位的内実は、近代的想起にあっては抑圧される。それはむしろ、近代的神話造型の素材としての〈中世的浪漫世界〉であった。素材化は原初的な全体性を抑圧する。この抑圧が〈民族〉イデオロギーそのものを自壊させたとき、新しい状況下での中世想起が可能となった。

現代から中世を想起する、その基調はホイジンガの『中世の秋』によってすでに十全に呈示されている。ナチズムの抑圧を実体験した現代史家ホイジンガ、そしてまたナチズムに対するレジスタンスに果てたM・ブロックを並べてみるとき、それがまた日本浪曼派と天皇制全体主義の醸し出す〈民族〉の末期的精神状況の中で、その原点としての〈中世〉に沈潜した石母田正の仕事（『中世的世界の形成』）との現代的連関に気づかされるのである。その基本状況とは外的な制度状況の自壊－カオスであったことが事後的に確認される。全体主義的状況とは、〈民族〉イデオロギーの、そのハレの分節化の縮重、自壊に他ならなかった。そしてこの制度的カオスこそが、中世的制度状況、そのカオス的本質を再発見させた情念的共振の根拠であることもまた確認できるのである。

しかし、現代的想起もまた一面的であった。その点は再度批判されなければならない。ホイジンガの中世文化、ブロックの封建社会、石母田正の武士的中世の基本的描像に共通して見られる、中世的状況のアナキズムへの理解、つまりそれが死滅のアナキーではなく、むしろ死滅から生成するものの生命力が生むカオスであることへの基本的な理解は、彼らがはっきりと近代的－浪漫的中世の〈民族神話〉から解放されたことを示している。しかし彼らはまた、別個の現代的偏見から完全に自由だったわけではない。その拘束は審美的なニュアンスをとることもあれば（ホイジンガ）、実証的な距離化を伴うこともあり（ブロック）、あるいは史的唯物論の階級概念に規定されることもあるが（石母田正）、いずれにせよそれは、近代的なパラダイム、つまり〈歴史〉のパラダイムに本質的に拘束されていた。その拘束は〈中世〉を一回的な他者として措定することを根拠づける拘束であり、その意味ではいまだにヘーゲル的〈精神〉の拘束下にあると言わねばならない(1)。中世において実現されたもののすべてが、この〈精神〉

の観点からは、過去のもの、自己の未熟な青春期として〈近代〉の達成感とともに、回顧されることになる。そこにおいて見逃されるもの、それは内面的〈精神〉以外の内面性の形態、すなわち**中世固有の内面性**である。

中世的内面性とは、中世的な状況、その外的なカオスを自己回復しようとする主体的定位の内面性であった。それは、①**身体性**、②**時間性**、③**形而上性**をその範疇的な本質とする内面性であり（『形而上の中世都市』第一部「予備的考察」参照）、〈歴史〉を観照する〈世界精神〉、つまりヘーゲル的な意味での〈近代的内面性〉のちょうど対偶に位置する。後者の特性は、①**対自（の非‐身体）性**、②**階級（の無時間的ヒエラルキー）性**、③**資本の形而下的運動**、であり、それは中世的定位の基本構造である、ⓐ**定位ペルソナの社会性**、ⓑ**定位コスモロジーの実念性**を、ⓐ**近代的〈所有〉主体のアトム性**、ⓑ**近代的〈世界〉の唯名的操作性**、へと解体しつつ〈歴史〉化する。

では、中世人とは結局、近代人とは別の意味で、固有の状況に規定された固有の〈ヒト〉の姿、一回的な集団的実存の自己造型なのだろうか。近代人の了解の彼方に中世人があったことは、中世人の特殊性にも起因しているのだろうか。

もしマクロの定位系譜を、それぞれの状況の偶有性にのみ還元するならば、それぞれの時代はよそよそしく背を向け合うしかない。そうした自他の弁別は、再び中世を他者化し、〈歴史〉化する。

しかし定位系譜の基盤は、結局は**〈一人のヒト〉の実存**である。そして実存とは、偶有性を必然性へと意味化する、そうした主体である以上は、古代的実存、中世的実存、近世的実存は、それぞれが還元不可能な固有の状況に投げ込まれた実存であるとは言っても、その定位の志向性は状況に規定される以前に主体の側から本源的に発する欲求である以上、その定位への志向、自己の眼前の世界の中での自分の位置を知り、全体の中での〈われ〉という存在の意味を知ろうとする欲求において、やはりそこには普遍的な〈ヒト〉の一つの実存が、そのつどの状況に規定されつつも、露呈する必然性があることを確認すべきである。また状況そのものも、範疇的な共通性、すなわち制度状況、そしてその下位範疇としての都市状況に本質規定されたものである以上、やはり古代－中世－近世（そして近代）は、**基底的な記号状況（そのマクロ範疇としての制度状況）にまず規定された上での固有状況であり、**その状況に生きて定位する古代人、中世人、近世人（そして近現代人も）のそれぞれに、**自己の生み出す道具系に規定されつつ疎外される、そして疎外されつつ自己回復を試みる普遍的な〈ヒト〉**の姿を認めなければならないだろう。

〈ヒト〉の実存とは、偏方向的な〈死へ向かう存在〉（ハイデガー）としての実存ではない。むしろ双方向的な死生の意味を一つの眼前の世界において求める実存である。この現存在の意味性の志向が最も純粋な形で、社会のあらゆる階層を巻き込みつつ、長い世代にわたって顕在化した時代こそが中世に他ならなかった。生が死と向き合い、その死の意味を生において開悟しようとする、それが中世的実存の理念的志向性であり、そこにおいてこそ中世的実存の〈ヒト〉にとっての範疇性、範例性も存在するのである（つまりこれが、われわれ現代人にとっての中世想起の実存的意味である）。

定位の基本範疇としての散歩－遊歩の二元性は、都市化以降の歩行文化に規定されたものであり、その淵源にはさらにサバンナを歩く原－ヒトの定位行動が望見された（『散歩の文化学1』「序」参照）。われわれはそれをひとまず、狩猟バンド社会の歩行行動の非－日常性と、原初的な農耕集落の日常性をモデルとして、〈**往来**〉－〈**徘徊**〉の二項性へと概念化しておいた。新石器革命以降のヒトの現実においては、〈往来〉は農耕的サイクルの日常性、〈徘徊〉は狩猟的な目的的行動の非－日常性と本質連関していることは容易に理解できるが、狩猟社会にも日常性はもちろん存在し、農耕社会もその非－日常性を内包していることを考えれば（例えば播種から収穫への行為連関は目的的な企投と不可分である）、歩行の二項性（〈往来〉－〈徘徊〉の）へと外化される以前の主体の情念の次元において、すでに**日常性と非日常性の定位弁証法**が内在していたこと、そしてその基底的二項性こそがサバンナに進出して以来のヒトの基本状況であったことが了解されるのである。それはまた、動く生命体、環境世界を動き回ることで生き、子孫を残し、死んでいく動物という生命体に共通の実存状況でもあった。それは端的に言って、生の日常性と死の非日常性に規定された実存の二項性であり、死生とはこの意味で動く生命体の基本状況でもある。この基本状況がヒトにおいても露呈するならば、それはつまりヒトの日常と非日常、その死生を護る、そしてその保護によって意味性を隠蔽する〈文化〉が機能不全に陥ったことの証でもあった。そして中世こそはまさに制度状況の自壊によって〈文化〉が長期にわたり機能不全に陥った時代に他ならない。ここに中世的実存において死生の意味が顕在化する真の原因もあった。

　しかし中世的実存における死生の露呈は、もちろん一つの〈文化〉の表現であって、ヒト以前の死生、動物的な段階の実存への遡行ではない。ヒトにおいては、すべての定位行動は〈文化〉として発現するしかないからである。ヒトにおける裸型の〈野獣〉は、観念上の存在（晩年のニーチェの観念を拘束した〈金髪の野獣《ブロンデ・ベスティエ》〉のごとく）以外ではありえない。しかしまた、〈文化〉として発現する中世的死生は、特にその身体性において、ヒトにおける普遍生命的な位相を如実に露呈するものでもあった。中世人が死生を一つながりの全体として、〈一如〉として観念するとき、彼はたしかに〈文化〉の彼方の原初的な生命を望見してもいたからである。

動物は一般的に〈死〉を知らない、と言われている。これは〈ヒト〉に最も近いとされる類人猿の段階でも確認され、定説化している。逆に〈ホモ・サピエンス〉の〈知恵《サピエンツィア》〉の中核部分にはこの〈他者の死〉の認識が埋め込まれていること、これもすでに常識に属する知見だと言えるだろう。人類文化の原点の一つは埋葬の開始であった。

しかし〈他者の死〉は〈自己の死〉ではない。ヒトは他者の死を明確に認識できるものの、どうしてか〈自己の死〉をそれほどはっきりとは認識も表象もできない。この事情をサルトルは〈自己の死の馬鹿馬鹿しさ《アプシュルディテ》〉として鋭くテーマ化したわけだが（『存在と無』）、その意味でたしかにハイデガーがあまりに浪漫化した〈死にいたる存在《ザイン・ツム・トーデ》〉としての実存（『存在と時間』）は、やはり一つの現代的神話にとどまると言わざるをえない。このヒトにおける死の観念の偏頗性から、再び動物における死の観念の不在に注目するとき、その不在をもってヒトと動物の分水嶺と捉える視座そのものの〈文化〉性、ヒト的な視点の限界というものにも思い至らざるをえないのである。

ヒトの歩行文化が動く生命体、動物としての基底をたしかに持つことは、ユクスキュルの提唱した〈機能環《フンクツィオーンスクライス》〉のモデル[2]、特にその〈媒体環〉において確認できることはすでに一瞥しておいた（『散歩の文化学1』「序」）。ここではさらに、その全行動範疇が非日常性－日常性の二項性に本質規定されていることに注意すべきである。この二項性は究極的には死生の二項性に根拠をもつ。すなわち、

(1) **捕食行動のための〈捕食環〉**(**Beutekreis**)**は、生を志向する非日常的行動であり、**

(2) **逃走のための〈索敵環〉**(**Feindekreis**)**は、死から逃れる非日常的行動であり、**

(3) **生殖のための〈生殖環〉**(**Geschlechtskreis**)**は、死生を統合し超越する日常的‐非日常的行動であり、**

(4) **生命行動が充足した結果の無目的的な散策行動＝〈媒体環〉**(**Kreis des Mediums**)**とは、動物における原初的な定位行動、つまり原‐散歩に他ならなかった**(同前参照)。その本質は生への志向性そのものを潜勢化させる**日常性の充溢**にある。

こうしてみると、〈環境世界〉(ユクスキュル)における動物の行動は、(3)の生殖行動を扇の要として**死生の二項性**に規定され、それは現実の行動形態における日常性‐非日常性の二項性として外化する、という基本構造を持つことが了解される。つまりこの二律背反的総合において、**動物の定位行動はヒトの実存と記号同型である**ことが確認されるのである。この同型性の根拠は、**死生の弁証法的浸潤の基本状況**に他ならない。

〈他者の死〉を知らないとされる動物が、配偶者の死によって生命への意欲を失う、という現象は仏教説話のテーマとして長く語り継がれてきたが、生命の現実態であることが現代の生物学によっても観察されている(特に繁殖時に一夫一婦的家族生活を営む鳥類や哺乳類において)。これはユクスキュルの観点からは(3)の〈生殖環〉に含まれる他者性の認識の一つの系として了解することができる。個体における死生の超越が生殖行動において如実に発現する以上、そこには当然ながら他者の死、自己の死の観念も原初的に埋め込まれているはずだからである(動物における死の観念の不在として挙げられる観察例は、ほとんどがこの〈生殖環〉とは無関係の事例であることも、この観点を傍証している)。たしかに中世的死生もまた、エロス的な状況と不可分の形で顕在化することの非常に多い実存状況であった。その意味では、死生の超越に不可欠の個体的生命の超越は、ヒトにおいても動物においても〈配偶者〉の現前を不可欠の要件としていることは確認されねばならない。そしてまた〈文化〉と制度が、通常はこの現前を隠蔽し、〈人間的に〉距離化することも基本的な事実である。

したがって実存の露呈が、死生の相互浸潤へと至ること、それがすでにヒトの危機状況でもあることが了解されるのである。繰り返せば〈文化〉の機能不全こそが、ヒトに死生の意味を探索させ、発見させる大前提であり、それはある意味で**〈文化〉の隠蔽してきた生命体としてのヒトの再発見**でもあった。

しかし〈文化〉の機能不全の内実は一元的な生命体への遡行ではなく、それ自体特異な危機的文化現象として自己を構造化することを忘れてはならない。この構造化は端的に機能不全そのものが下位範疇へと分岐するところに顕われる。中世的危機と近現代的危機の範疇的差異性の根拠もここにある。つまりハイデガーやサルトル、そして九鬼周造の見た〈実存〉は、近現代的な制度自壊のさなかで直感されるヒトの死生の姿であり、それはそのままの形では中世的実存へと適用することはできない、ということである。では、どこにその死生観の本質的な差異は存在するのだろうか。

サルトルにとって実存の不条理とは、つまりは〈自己の死〉の了解不可能性に他ならなかった。そうした意味での了解不可能性は、中世人にとっては存在しない。例えば以下のように、死を自己性から峻別すること、そのことそのものが中世人の了解の彼方にある。

死は誕生と同様に、一つの単なる事実である。**死は外部からわれわれに到来し、われわれを外へと連れ去る**（……**elle vient à nous du dehors et elle nous transforme en dehors.**）。有体に言えば、死は誕生とまったく異なるところがない。われわれが**事実性**（**facticité**）と呼ぶものは、誕生と死とのこうした同一性なのである。

（『存在と無』Ⅳ－1－Ⅱ－E「私の死」[3]）

突然の不条理な死は、ブロックを襲った死であり、ブロック同様にレジスタンスに参加していたサルトルが対峙していた現代的カオスの中での自己性の終末、その〈馬鹿馬鹿しい《アプシュルド》〉可能性でもあった。彼らは死刑囚にも似た非日常的日常の中で死に対して身構える。しかしこの身構えそのものが無効である。死は絞首台に対して身構える死刑囚を連れ去るスペイン風邪のように、まったく偶然的でアンチクライマックスの至りである、とサルトルは同じ箇所で皮肉たっぷりに述べている[4]。これはおそらく日常、突然、深夜のドアのノックによって終止符を打たれる数々の人生を目撃し続けた彼の死生観そのものの記録なのだろう。死はそこにおいてはなんら人生と連結されることなく、ドアの向こうからやって来て、ドアの向こうの闇へと彼を連れ去る。その偶有性を必然化すべきいかなる論理も彼は持ち合わせない。その裸型の〈事実性〉の認識こそが、ぐにゃりと不定形にぶざまなマロニエの根が語る〈存在《レートル》〉の真実そのものだった（『嘔吐』）。

しかし中世人にとっても、死は必ずしも予定され期待された姿で訪れたわけではない。むしろその逆が常態であり、死は特に修羅に生きた武人にとって、突然の不条理性とともに訪れるものであった。例えば『太平記』の語る新田義貞の死（『太平記』「義貞自害ノ事」）。勝ちに乗る味方を一押しするために麾下の五〇騎を率いて戦場に向かう途中、たまたま同じ戦場に向かっていた敵の大軍に出会う。敵は射手を備えているのに義貞方には騎兵しかいない。しかも遭遇の場所はたまたま「深田《ふけた》」で、騎馬には圧倒的に不利な状況だった。敵軍は総大将の義貞勢とも知らぬまま「散々ニ射ル」という事態に至ってしまった。それぞれが名のある武将である麾下の「兵《つはもの》」は、大将義貞を護るべく次々と「矢面ニ立チ塞テ」倒れていく。義貞はまだ逃げることができた。側近の武将は「千鈞ノ弩《ど》ハ鼷鼠《けいそ》ノ為ニ機ヲ発セズ」（大将軍は雑兵を相手にするべきではない）、と言って逃走を勧めたが、義貞は「士ヲ失ツテ独リ免ルルハ我意ニ非ズ」と言いつつ、駿馬に一鞭当てて敵陣に駆け入ろうとしたのだった。(5)

伏線として、義貞はこれまで南朝方の武将中では〈討死〉の情念からはむしろ遠い現実派として、さまざまな窮地を乗り越えて生き延びてきたこと、それを『太平記』の聴衆はあらかじめ知ってこの場面に対していることを忘れてはならない（例えば楠木正成が戦死した湊川の合戦においても、敗走しつつしぶとく残存勢力をまとめて北陸で再起を期している）。したがって義貞のこのぎりぎりの決断は、中核集団との運命共同体的紐帯を抜きにしては理解できないように思う。つまりは主従情念の実念性が現実主義に打ち克つ、その瞬間がここには記録されているのである。

義貞の勇猛はしかし、まったくの徒労であった。駿馬は矢衾の中で射すくめられ、力なく深田に転倒する。流れ矢の痛手を負った義貞が自害すると、麾下の生き残りはすべてその遺骸に覆い被さって腹を切ったのだった。(6)これは義貞ほどの名将とその麾下の武将にふさわしい死ではもちろんない。『太平記』の作者は〈犬死〉である、とただ一言に切り捨てている。つまりそれは中世的武将に期待される死の壮麗さをまったく剝奪された、アンチ・クライマックスとしての〈馬鹿馬鹿しい《アブシュルド》〉死にざまである。そしてこの死は、死刑囚を突然襲うスペイン風邪のごとき裸形の偶有性を起因としている。それはありふれた田園風景の中での、たまたまの遭遇がもたらす、ぶざまな死であった。

ではそれは、やはりドアの向こうからやってきて、ドアの向こうへと〈私〉を連れ去るだけの、〈私の死〉なのだろうか。

そうではないことは、右の〈犬死〉の状況そのものから一目瞭然に読み取れるだろう。深田にぶざまに倒れる駿馬と名将の姿、そしてそれに覆い被さる麾下の武将の死はまさに無意味な〈犬死〉そのものであっても、その死はやはり中世的修羅の本質、その社会的エートス、すなわちぎりぎりの瀬戸際での有意味的主体性を証している。それはドアの向こうからやって来る不条理ではない。ドアのこちら側の死生の視界の範囲にある。それはみずからが選ぶ死生であり、そのエートスは前もって主体によって選ばれ、双数的主従情念へと血肉化されている。だからこそ『太平記』の語り手もまた、新田義貞という一個の実存の姿として、即物的な（ほとんどドキュメンタリー的な）記述によってその死を記録するのである。ここには、真の意味での想定外の不条理は存在しない。〈剛の者〉として生きることを選んだ修羅的実存そのものが、こうしたぶざまな〈犬死〉をも、死生の視界の中にあらかじめ捕捉しているからである。

あらかじめの死の捕捉。これが中世的実存の基底的契機であることは、それらの実存を記録するあらゆるエクリチュールが語りかけてくる。例えば、次のような辞世の言葉を残して死んだ禅師がいた。

渾身覓《もと》ムル無シ、活《い》キナガラ黄泉ニ陥《お》ツ。(7)　（太字強調は筆者）

これは道元禅師の遺偈である。禅師は永平寺で病に倒れ、檀家の勧めによって京都での療養に向かうその途次で遷化を迎えた。それは禅師のような高僧にふさわしい死とは言えなかった。特に禅家においては、死における平常心を顕わすことが一つの菩薩行の実践として長い伝統を生んでいたからである。療養に行く途次の突然の死、それはそうした背景を置けば、上の義貞の死に通じるぶざまさを伴った、〈馬鹿馬鹿しい《アプシュルド》〉死である。しかしそれはまた、道元の〈平常心〉を深いところで証す機縁ともなった。遺偈の言葉はそのまま、中世的死生の凝縮された格率でもある。主体の情念的なエートスが、あらかじめ状況の不条理性を超克し、死とつねに向き合った実存があらかじめすべての死の姿を捕捉し、止観している。それがつまりは、中世的な修羅の自己鎮魂の実相でもあった。

こうして〈われわれの〉死と、中世に生きた彼らの死を比較してみると、死生の根源的な弁証法が彼我のどちらに存するのかは自明となる。しかし自明とは言えないのは、その差異性の根拠である。彼らにおいて顕在化し、実現された死生の総合性、弁証法的揚棄は、どうして現代のアナキーにおいては潜勢化し、隠蔽されているのか。どうして義貞や道元の死は、そしてダンテの記録する中世的実存の死生は、一回的、偶有的でありながら、根源的に社会的エートスの具現化であるのか。それはその意味で〈彼〉の死ではなく、〈彼ら〉（彼らにとっての〈われわれ〉）の死であり、死生は共有された共同体験の範例性を示している。他方、われわれの実存的状況において際立つのは、その〈私〉性、非－〈われわれ〉性、突然の邂逅の生む無意味な混乱と〈ドアの外〉の意味での超越性である。

それは、中世的個我のある種の未熟さ、その青春期のヒトにおける集団性の証なのだろうか。
むしろ逆ではないだろうか。

中世はヒトにとって、未曾有の長期にわたる制度と〈文化〉の機能不全の時代であり、中世的修羅は、真の修羅であった。それに比べれば、現代的修羅は散発的であり、短期間であり、したがって世代を超えた習俗の形成基盤となることもない。つまりその大規模性、また道具的な徹底性にもかかわらず、〈私の死〉は〈私の死〉であり続ける。それはその〈私〉を支える下部構造が、真の意味での無化へと至ることがないからだった（〈存在《レートル》〉に怯えるロカンタンは、つまりは年金生活者だった）。

したがって中世的修羅の社会性には、〈私〉を支える下部構造を不可能とする長期の混沌が前提とされていたと考えねばならない。それは未熟さの発現ではなく、逆に一つの長い世代をかけての成熟の証であり、ぎりぎりの無化の状況下でのヒトの根源的定位志向、その社会性への収斂を証言するものである。

したがって中世的死生を支える真の基盤は、われわれがその〈生活〉の領域において確認した二つの実念性、すなわち、①〈定位ペルソナ〉の実念性＝定位のための規範的焦点が社会的ペルソナとしてあらかじめ習俗化され、エートス化されたこと、また、②〈定位コスモロジー〉の実念性＝その定位ペルソナが生きて動く場として、定位コスモロジーが実念的に組織され、エクリチュール化されたこと、その二つの契機であることが確認できるのである（『形而上の中世都市』第一章、第二章参照）。〈生活〉の実念的定位が、ペルソナ－コスモスという観念的－形而上的な個－全体の二項上で実現されるとき、死もまた双方向的死生として、その全体世界へと積分される。その結果、中世的死生は、制度的媒介を喪失していたにもかかわらず、その本源的な社会的行為にふさわしい分節化によって、多彩な集団的規範を呈示し続けたのだった。その分節化の主体とは、そのまま中世的社会性の具現者たち、つまりは**武士**（**闘うものたち**）、**僧侶**（**遁世し説法するものたち**）、**歌人**（**歌い記憶する人々**）であり、これら定位ペルソナによって現成する死生観はそのまま、内的な儀礼、修羅－止観－鎮魂の三律的開悟へと構造化されていった。したがって、中世的死生とは**一つの内化された社会的分業の現実態である**、という意味において〈自然〉の側にではなく、やはり明確に〈文化〉の側にある。つまりユクスキュルの〈機能環《フンクツィオーンスクライス》〉は、中世文化にとっても比喩的な意味でのモデルであって、生物主義への還元を誘うモデルではない。

死生とは、もともと〈文化〉の理念であった。われわれの足下における〈文〉の理念もまた、古代的定位経験の中核において、死生の全体像と融合している。〈文〉としての全体的死生は、〈易〉の記号写像系の一つの必然的な系でもあった。その特性は空間的な大同性にある。

> 仰いでもって天文を観、俯してもって地理を察す。このゆえに幽明の故《ことわり》を知る。**始めを原《たず》ね終わりに反《かえ》る。故に死生の説を知る。**
>
> （「周易繋辞上伝」[8]、太字強調は筆者）

この死生は、天地の〈象〉に反照する形而上的死生ではあるものの、その個別性、実存性はいまだに希薄である。それがつまりは原初的な〈天命〉の姿でもあった。『論語』では、この死生は端的に世俗の「富貴」と連結され、その全体が「天命」と等置されている。

死生、命あり。富貴、天に在り。

（『論語』「顔淵篇」、太字強調は筆者）[9]

こうした古代的死生観が制度的現実を反照したものであることは明らかであり、それはいまだに中世的な意味での普遍性、定位の内面性を証言するものではない。〈事件〉の定位範疇に照らして見れば、古代的死生観はいまだに共同体の定立状況＝都市創設の類型性に規定されている。したがって天命的＝作邑的共同体の死生は、制度的なペルソナ＝君子／士大夫の社会的情念によって規定された明確な外形を呈示する、そうした死生であった。そこにおいては、君子と庶人の死生の範疇的な差異性は当初から予定済みであり、古代的共同体とは結局、この君子的能動主体の構成する古代制度的共同体に他ならなかった。この外的死生の古代的位相は、定位類型の差異にかかわらず、あらゆる古代において定位の現実態である。つまり運命的共同体＝集住的都市においても、因縁的共同体＝ガナ・サンガ的都市においても、そこに包摂される死生そのものが通約不可能な外的固有性を呈示するのが常であった（『事件の現象学1』第一部「予備的考察」参照）。

対して中世的実存の基本状況は、こうした類型性を成立させていた外的制度そのものの弛緩、自壊による**外的能記の縮重**であった。中世において〈一人のヒト〉の本質を説く世界宗教があらゆる地帯で（古代の崩壊を体験したあらゆる地帯で）定位のイニシアチブをとる必然性もそこにある。中世的状況の本質をなす〈**所記の過剰**〉（『形而上の中世都市』「結び」参照）とは、つまりは**能記的類型性の自壊を前提とした所記的習合**の謂でもある。

したがって、**中世的情念は系譜的類型性を一度カオスへと還元し、その定位の意味性において一元化**

する。運命的定位の基本的自同性は、古代的状況下では通約不能なもの、集住的共同体に固有のものであった。その特性は、例えば**占星的予言**に如実に顕われる。星が個別の実存と連結される、その定位的内実は、一回的な運命が天において告知され、地において実現されるという意味であった。それは本来的には〈天命〉の〈象〉の告げる君子的実存の社会的責任とも、〈因縁〉の〈理〉が告げる苦海からの解脱とも通約不可能な、固有地域的な制度-社会経験の範疇である。しかし中世においてはこの個別の予言的告知があらゆる地帯へ拡大していくという趨勢が確認される（日本中世の密教的〈星祭り〉、また中国中世において道教と習合した占星術の一般化など）。同様の相互浸潤は、天命的大同性の拡大（例えば中世神道と儒学的公共理念＝〈名分論〉の習合）においても、因縁的定位の思わぬ展開（例えばマニ教的異端における輪廻説の復活）においても観察される。中世とは、この面では大規模な、また本質的な習合の時代でもある。それは所記上の習合、つまり意味性探求の実存性における習合現象であって、近代における異文化習合の基本が能記上の多元性を前提としている（したがってそれはエキゾチシズムと当初から不可分の関係にある）こととと対照的である。**近代的習合は、定位情念の個別性、系譜性を自他の弁別のスカラ上に強く顕在化させるのに対して、中世的習合は、定位情念の一元性を異文化間に発見させ、自他の弁別を揚棄し〈一人のヒト〉の方向へと融合させる原動力となる。**

そしてこの意味性の習合もまた、外的状況の普遍性、その制度的自壊の普遍性の一つの系である。この普遍性への視界を拓くことにより、中世的〈事件〉の本質へと至る対自化の道も同時に発見される。それは中世的死生をその〈文化〉の一元性において追体験し総-想起する道以外ではありえない。こうして、われわれの中世-遊歩が一つの巨大な内的儀礼の場を構成する必然性もまた、中世的内面性、中世人の行なう定位行動のその実存的求心性そのものから導出される方法上の必然であることが確認できるのである。

まず修羅が想起されねばならない。

闘う人々の修羅。崩壊する制度の中で新たな制度定立を模索する人々の修羅。そこにおいては闘いの場そのものが、実存顕示の場となる。ヒトはそのようにして初めて個別の実存の標識、すなわち実名を獲得した。実名とは、戦場における名乗の標識に他ならない（第二章）。合戦的修羅において確立する中世的〈個〉は、ただちに古代的共同性との弁証法的葛藤に巻き込まれる。それは〈血讐〉という姿をとることもあれば（第三章）、〈党争〉という形に外化することもある。フィレンツェを代表とするイタリア中世都市で常態化した修羅がこの〈党争〉であった。これら中世固有の修羅の〈事件〉性とは、つまりは定位ペルソナとしての武人の死生が修羅－場において繰り返し鍛錬される、その定位的鍛錬の日常性に他ならない。ここには中世固有の日常性－非日常性の相互浸潤が、都市的定位の内的置換、すなわち散歩的定位と遊歩的定位の置換として現象している。生活がテーマ化され聖化されることが中世的日常のその非日常的本質を証しているように、中世的非日常＝中世的修羅の本質はその日常性＝家常茶飯性にある。この内実を定位ペルソナの実相に即して解明することが本書の課題であった。

しかし中世的経験の総体が本書の視座によって十全に解明されたとはとてもいえないこと、そのことは事件蒐集家としての対自－遊歩者もはっきりと自覚している。本書で示されたいくつかの基本的な視点は、たしかに〈一つの普遍的中世〉への視界を拓くはずのものではあっても、総体としての中世世界の解明はまた別個に行なわれなければならない。そのためのごく簡単な青写真を描いて、遠い将来の帰還と新たなる中世探索への備忘録としておこう。

中世的定位の基本的な問題は、修羅に生きて死ぬ人々はいまだ定位の全体性を捕捉することはできなかったということである。修羅世界とは、この意味では、いまだ定位コスモロジーそのものではない。それは定位時空の質量的基体《ヒュポケイメノン》であって、本来の定位コスモロジーの彫琢は、止観＝世界観的開悟を前提としている。したがって中世的修羅は、中世的止観に生きる人々、発心し、遁世し、開悟し、説法し、遷化する人々によって、初めてみずからの修羅性の認識に至る。それは止観そのものが一つの修羅からの脱出－帰還を前提としていたからでもあった。したがって本書の〈情念型〉による概観には、実際は修羅的なそれと止観－開悟の原動力としての発心のそれとの間に、範疇的な亀裂が走っている（この亀裂を自覚しつつも、本書においてはテーマ化しないままに終わった）。

開悟希求者の脱出－帰還の円環構造は、〈生活の聖化〉においても観察された基本現象だが（『形而上の中世都市』第七章参照）、それは〈事件〉的定位においても独特の一元性、習合性を発現する。例えばそれは〈聖杯伝説〉のトポスへと反照された場合、騎士的実存の発心と開悟、そして〈聖杯騎士〉としての生活共同体への復帰となる。また神秘主義における〈ウニオ〉体験の円環構造も、本質的には同一の共同体的帰還を内実とする。それらの中世的止観のコスモロジー性を最も典型的に呈示するエクリチュール世界として、道元の『正法眼蔵』が、特にその〈山水〉、〈経巻〉および〈自己〉の理念の内的構造が解明されねばならない。

『正法眼蔵』は、すでに止観経験の先在を前提としたエクリチュール世界だが、その前提は中世的エクリチュールそのものの系譜性にあった。すなわち花鳥エクリチュールと公案エクリチュールが道元的止観の共同経験的前提であった（第五章第一節）。

それら中世固有の開悟的エクリチュールの本質は、古代的鎮魂の内面化にあった。こうして鎮魂儀礼もまた制度的自壊から遊離しつつ、その内的－双数的な意味性を新たに獲得する（大規模な〈シンタクス浮遊〉）。それは花鳥エクリチュールにおける鎮魂（花鳥的遊離魂の自己言語儀礼による魂鎮め）という、中世固有の実存花鳥の世界を組織する原理となる。また古典古代のエクリチュールを前提とした場合、それはキリスト教神学を媒介としたコスモロジー、すなわちダンテ的な〈地獄《インフェルノ》〉の構造原理ともなったのだった。この本来的に運命定位的〈地獄〉は、しかし中世固有の習合性によって天命的〈地獄〉、因縁的〈地獄〉における実存の一回性と再度比較参照が可能となる（醍醐帝の地獄落ち伝説や、唐太宗の地獄巡り伝説など）。

そしてすべての中世的鎮魂を包摂する理念型《イデアールテュプス》として〈**夢幻能**〉が想起されねばならない。〈夢幻能〉の鎮魂主体である〈諸国一見僧〉こそは、古代的制度の崩壊を生きたシテ＝修羅的主体の同伴者として、すべての中世的死生を総合し、総－想起する社会的記憶の化身であった。中世的修羅は彼らの記憶の裡に収録され、鎮魂される必然性を有していた。その必然性とは、つまりは中世的経験の本質をなす、身体性、時間性、形而上性を、さらに根源的なペルソナ表象へと融合する、原初的なシャーマニズム性に他ならなかった。中世的鎮魂は〈夢幻能〉において完成され、太古のシャーマニズムへと復帰しつつも、中世的〈夢幻〉の二元性を貫徹する。その総－過程が想起されねばならない。

以上が本格的な中世的定位の解明への青写真である。しかしそのためには、探求者は〈事件の現象学〉の概念枠をひとまず離れて、総体としての中世世界に向き合う必要があることもたしかである。対自－遊歩者の視界にはそのつど、こうした巨大な経験世界への視界が広がるのだが（すでに〈散歩〉〈事件〉それぞれの古代篇においてそうであったように）、われわれの当面の課題は、縦方向への経験の深化への見通しを立てるところでひとまず完了する。その意味では〈事件の現象学〉も、〈散歩の文化学〉同様、そのつどの時代経験への予備学《プロペドイティーク》、あるいはプロレゴメナとしての役割を果たせれば、それで〈歩行するヒト〉としての課題はひとまず果たせたと考えるのである。

こうした見通しを持って、さらにわれわれ自身が目下辿りつつある、都市的経験のマクロ系譜の旅、水平方向への道行に戻ることにしよう。

次の遊歩領域は近世的都市経験、その事件的定位の領域に設定されてある。そこでわれわれは、**中世が達成した生活と聖性の融合が再び乖離し、再生した集権制度の下で新たなる定位類型——ルネサンス、マニエリスム、そしてバロックという基本的記号事象を基盤とする——が生成する**その総過程を、やはり洋の東西を超えた一つの普遍的近世として内的に追体験し、分析記述を試みることになるだろう。

注

序

（1）Cf. Walter Burkert, *Homo Necans: Interpretationen altgriechischer Opferriten und Mythen*, 1972, V. <Die Mysterien von Eleusis>（ヴァルター・ブルケルト『ホモ・ネカーンス』前野佳彦訳、法政大学出版局、二〇〇八、第五章「エレウシス」）, Erwin Rohde, *Psyche: Seelencult und Unsterblichkeitsglaube der Griechen*, 1894[1], <Die Mysterien von Eleusis>.

（2）川勝義雄『六朝貴族制社会の研究』岩波書店、一九八二、第一部第三章「魏・西晋の貴族層と郷論」参照。

（3）『趙州録』（本文テクストは筑摩書房版『趙州録』一九七二、二四七頁に拠り、訳文は筆者が工夫した）。

（4）同前、二二四頁（訳文は筆者）。

（5）同前、二三一頁（訳文は筆者）。

（6）Cf. Marc Bloch, *La société féodale*, 1939[1]（Edition Albin Michel, 1968 を使用）p.210ff.

（7）Cf. Erich Auerbach, *Mimesis: Dargestellte Wirklichkeit in der abendländischen Literatur*, 1946[1]（1982[7] を使用）p.60.

（8）Ibid., p.79.

（9）Ibid., p.84.

（10）『平家物語』巻第九（本文テクストは岩波旧版・日本古典文学大系33『平家物語下』二一六頁に拠る）。

（11）同前、二一七頁。

（12）『千載和歌集』六六（本文テクストは岩波新日本古典文学大系10『千載和歌集』に拠る）。

（13）秘密結社自体の淵源は非常に古く、シャーマニズム的共同体の過去へと遡る。その儀礼的本質はイニシエーション（加入礼）であった。以下のエリアーデの研究が依然として最も示唆に富んだ概観を与える。Cf. Mircea Eliade,

Initiation, rites, société secrètes, 1976.

（14） Cf. Edgar Wind, *Pagan Mysteries in the Renaissance*, 1958[1]. III ‹The Medal of Pico della Mirandola›.

（15） Cf. Frances A. Yates, *Giordano Bruno and the Hermetic Tradition*, 1964[1]. II ‹Ficino's Pimander and the Asclepius›（フランセス・イエイツ『ジョルダーノ・ブルーノとヘルメス教の伝統』前野佳彦訳、工作舎、二〇一〇）。

（16） 家士制に関しては以下を参照。Marc Bloch, *La société féodale*, ibid., pp.209ff.

第一章

（1） 川勝義雄『六朝貴族制社会の研究』岩波書店、一九八二、五八頁以下参照。

（2）『葉隠』（本文テクストは岩波日本思想大系『葉隠』二八四頁に拠る）。

（3） Cf. Norbert Elias, *Die höfische Gesellschaft*, 1969.（ノルベルト・エリアス『宮廷社会』波田節夫他訳、法政大学出版局、一九八一）。

（4） この手法はすでに『形而上の中世都市』第一部で採用した。方法的模範としているのはランケ－ブルクハルトの「時代相」をめぐるマクロ記述である。それは特に制度史の通観に他の方法には見られない記述の力を発揮するからである。この方法を自覚的に継続することには、近代史学の記号学的再編をめぐる方法論上のかなり本質的な問題が眠っているのだが、ここではその点に立ち入らない。拙著『言語記号系と主体』言叢社、二〇〇六、第二章第一節「ヘーゲル的「歴史」からソシュール的「記号」への移行の必然性」で端緒的な分析を行なっているので参照されたい。

（5） 古代ギリシアの王権概念については、バンヴェニストの以下の研究が規範的である。Émile Benveniste, *Le vocabulaire des institutions indo-européennes*, 1969. II-1 ‹La royauté et ses privilèges›.

（6） Cf. Émile Benveniste, *Le vocabulaire des institutions indo-européennes*, ibid., I, pp.357f.

（7） Ibid., I, p.137.

（8） Ibid., I, p.358.

（9） Ibid., I, p.360.

(10)『史記』「刺客列伝」（本文テクストは中華書局版『史記八』二五一九頁に拠り、訳文は平凡社版『史記・中』野口定男訳、を参照しつつ筆者が工夫した）。

(11) 増淵龍夫『中国古代の社会と国家』岩波書店、一九九六、二四一頁。

(12)『日本書紀』巻第二十一（本文テクストは岩波日本思想大系68『日本書紀下』一六四—一六六頁に拠る）。

(13) 同前、一六六頁。

(14) 直木孝次郎『日本古代の氏族と天皇』塙書房、一九六五、I－五「「氏」の構造について」参照。

(15) 前掲、『日本書紀』、一六四頁。

(16) 前掲、直木孝次郎『日本古代の氏族と天皇』、一〇六頁。

(17) かく言う筆者の母方の祖母も、旧家の子沢山であったため、出入りの大工の一家に乳母を頼んで二、三歳までは主にそこで育てられ、また少女時代に至るまで定期的な〈里帰り〉を楽しみに育った。こうした場合、乳母と主家の関係はある種の前近代的紐帯を保持していくことが常態で、またその関係も擬似家族的なものとなる。しかしその家族的情念は通常核家族的なもので、それは大体乳母を中心とした二親等の範囲に収まり、それ以上に〈親族〉の次元まで関係が広がることはきわめて稀であった。また乳母一家から見た主家の関係も、預かった子女から二親等までを限度とする照応関係が見られる。この乳母制度の核家族的情念性は、主従関係への連続性としてきわめて重要な制度的特性である。関係がまず乳母と子女の双数性を基体とし、さらにその中核からそれぞれの二親等以内のサークルが非常に緊密な家族的心情の紐帯で結ばれる。これが普遍的に見られる乳母制度と主従情念の近親性の現実態である。そしてその関係は生涯にわたり、時として制度的な希釈を伴う親族－家族関係の情念的な形骸化に比して、ある意味エートス的、かつ情念的な紐帯の持続を示すことが多い。再び筆者の祖母を例にとれば、最晩年に老人性の痴呆症の兆候が顕われたとき、それは思いがけない形で貧村の乳母の一家で育った幼時の記憶を一気に甦らせることになったのだった。あまり幸せとは言えなかった豊かな実家との関係の底にあった、貧しい乳母一家との幸せな少女時代が、実存の最基底部の情念的な絆として、崩壊していく記憶の全体の中で甦ったような趣があった。気丈な明治の女性であった老人の顔の中に、時折ふっと脈絡もなく幸福な少女の顔が浮かぶのは、看護するわれわれ親族からしても思いがけない祖母の心の風景であり、深く感動させられるものがあった。こうした乳母制度にまつわる、それ自体系譜性を有する非常に普遍的、かつある意味太古以来の情念性は、筆者の世代ではまだ実際に体験された方々も多いのではないかと思う。したがってわれわれの時代まで伝わった太古以来の社会習俗、その情念性の系譜的根源へと視界を広げてみたいと思うのである。

(18) hypergamy. 上昇嫁、昇嫁婚とも訳されるが、ここでは上昇婚で統一した。

(19) 乳母の夫たちも「めのと」と性差を捨象して総称された。これは乳母制度が育児のみならず社会教育も重要な要因として見ていたためであろう。

(20) 清盛の落胤伝説に関しては、後に祇園女御の妹の子が清盛であり、それを女御が養子にしていた、そして白河法皇は二人共々忠盛に任せたのだ、という伝承も生じたらしい(『国史大辞典』はこちらの説をとる)。しかしこれはあまりに作為が勝ちすぎて、一度聞いただけでは人物関係すら曖昧模糊たる印象は否めない。いかにも清盛の皇統性を否定するための後世の潤色の味わいがあり、清盛が後に発揮した特異な専制君主的カリスマ性との整合性はやはり落胤説を支持するように思える。石母田正も落胤伝説の信憑性を確実視しており(『古代末期政治史序説』未來社、一九六四、三六四頁参照)、われわれもこの見解に従っておきたい。

(21) 『保元物語』上(岩波旧版・日本古典文学大系31『保元物語/平治物語』八〇頁)参照。

(22) 同前、中、一三四頁。

(23) 『平家物語』巻第九(本文テクストは岩波旧版・日本古典文学大系33『平家物語下』二一八頁に拠る)。

(24) 同前、『平家物語』巻第十一、三四二頁。

(25) 同前、『平家物語』巻第九、二一九頁。

(26) 『平家物語』巻第四(岩波旧版・日本古典文学大系32『平家物語上』三一八頁)。

(27) 前掲、『保元物語』中、一〇六頁。

(28) 同前、一四三頁。

(29) 『平治物語』中(岩波旧版・日本古典文学大系31『保元物語/平治物語』二三八―二三九頁)参照。

(30) 同前、『平治物語』下、二六二―二六三頁参照。

(31) 『愚管抄』巻第五（岩波日本思想大系86『愚管抄』二三六―二三七頁参照）。

(32) 慈円の歴史観は古代末期的制度人としての感覚を基軸としたもので、その〈道理〉観は石母田正も指摘するごとく（『中世的世界の形成』東京大学出版会、一九五七、二三〇頁）中世的〈道理〉（北条泰時的コモンセンス）と重合しつつ乖離する部分も多い。しかし半面、また中世人らしい現実感覚を備えた記録者でもあり、一次資料（「マサシクタヅネキク」）の信憑性と、伝聞、噂（「人ノウチキク」）の浮動性を弁別した上で、なおかつ総合的に判断を行なおうとしている。『愚管抄』同前、二二三頁参照。

(33) 前掲、『平治物語』下、二六三頁参照。

(34) 前掲、『平家物語』巻第五「福原院宣」（『平家物語上』）、巻第十二「紺掻之沙汰《こんがきのさた》」（『平家物語下』）参照。

(35) 同前、『平家物語』巻第九「生《いけ》ずきの沙汰」（『平家物語下』）一六七頁参照。

(36) 同前、『平家物語』巻第七「火打合戦」（『平家物語下』）、六八頁参照。

(37) 『源平盛衰記』巻第三十五「巴関東下向」の段は、巴御前を「乳母子ナガラ妾《おもひものに》シテ、内ニハ童ヲ仕フ様ニモテナシ……」とかなり具体的に紹介している。つまり義仲は乳母子集団と二重の姻族関係によって（おそらくは正室―嫡子のハレの関係と内縁の妻巴とのケの関係）結ばれていたことがわかる。三弥井書店版『源平盛衰記（六）』一九五頁参照。

(38) 前掲、『平家物語』巻第九（本文テクストは岩波旧版・日本古典文学大系33『平家物語下』一七五頁に拠る）。

(39) 同前、一七六頁。

(40) 同前、一七七頁。

(41) 同前、一七九頁。

(42) 同前、一八〇頁。

(43) 同前、一八一頁。

(44) 同前。

（45）同前、一七六頁。

第二章

（1）『平家物語』巻第九「三草合戦」（岩波旧版・日本古典文学大系33『平家物語下』一九四頁）参照。

（2）『太平記』巻第八「摩耶合戦ノ事付酒部瀬河合戦ノ事」（岩波旧版・日本古典文学大系34『太平記一』二四四頁）参照。

（3）『太平記』巻第十九「奥勢《おくぜい》ノ跡ヲ追テ道々合戦ノ事」（岩波旧版・日本古典文学大系35『太平記二』二八九頁）参照。

（4）前掲、『平家物語』巻第八「鼓判官」、一五二―一五三頁。

（5）同前、『平家物語』巻第八、一六三頁。

（6）前掲、『太平記』巻第八（『太平記一』）、二五四頁。

（7）明治大正期の「南北朝論争」に関しては、佐藤進一の以下の概説が優れた洞察を多々含んでおり、近代イデオロギー研究にも資するところが多いように思う。佐藤進一『日本の歴史8　南北朝の動乱』中公文庫、一九七四、二一―九頁。

（8）こうした前置きがまったく不要になったならば、それはそれで現代的人文学の澄みきった学的環境として嘉すべきなのだろうが、イデオロギーというものは化石状態で長い冬眠に入った後、突如として先祖返り的な粗暴なエネルギーを発することを歴史のさまざまな場面で観察してきたわれわれとしては、やはり病理学的なエートスを保ち、やや冗長ではあっても、こうしたそれ自体イデオロギー素とでもいうべき複雑なエネルギーを内包するテクストに対しては、冷静客観的な方法的自覚を常に覚醒した後に、初めて分析の作業にかかるべきではないかと思う。

（9）ダヴィッドゾーンによれば、中世トスカーナ諸都市間の合戦には、パン、葡萄酒、芸人、娼婦が必携の輜重隊を形成していた。Cf. Robert Davidsohn, *Geschichte von Florenz*, 1896–1927 (Neudruck, Osnabrück, 1969), Bd.2, p.169. トスカーナでの合戦においてロバを投石機で敵陣に投げ込んだ逸話もこの連関上にある。すでに『形而上の中世都市』第六章第一節で紹介しておいたので参照されたい。

（10）前掲、『太平記』巻第七（『太平記一』）、二二六頁に拠る。

（11）同前、『太平記』巻第三、一一四頁。

（12）同前、『太平記』巻第六、二〇五頁参照。

（13）同前、『太平記』巻第七、二一八頁参照。

（14）『墨子・中』で特に防衛的攻城戦を詳述したのは第十四巻中の諸篇であり、そこには雲梯対策もすでに含まれている（「備梯第五十六」）。集英社版全釈漢文大系19『墨子・下』四八六頁以下参照。

（15）ダヴィッドゾーンによれば、西欧世界が火薬に初めて接したのは第三回十字軍で、イスラームの先進的軍事技術の洗礼を受けて苦戦した時だった（一一八九年頃。日本の武士たちが元寇の際に火器に驚くのと一〇〇年ほどの差しかないことが中世的軍事技術拡散の早さを示している）。当時この一種の爆弾は〈ギリシアの火〉と呼ばれて恐れられたが、一世代後には早くもトスカーナ諸都市間の合戦に導入され、ルーティンと化していった。この面での先導者はフィレンツェではなく、ライバル都市シエナである（一二二九年の合戦に〈ギリシアの火〉を用いた記録が残っている）。シエナは当時、皇帝派（ギベリン）に属していたことから、イスラームの先進技術を進んで導入していたフリードリヒ二世経由で火器の技術を学んだらしいとダヴィッドゾーンは推測している。Cf. Robert Davidsohn, *Geschichte von Florenz*, ibid., Bd.1, 588, Bd.2, 170.

（16）前掲、『太平記』巻第十七「山攻ノ事付日吉神託ノ事」（『太平記二』）、一八一頁参照。

（17）『太平記』巻第三十三「菊池合戦ノ事」（岩波旧版・日本古典文学大系36『太平記三』二六三頁）参照。

（18）前掲、『太平記』巻第七「千剣破《ちはや》城軍《いくさ》ノ事」（『太平記一』）、二二二頁参照。

（19）同前、二二〇頁。

（20）同前。

（21）『吾妻鏡』に賭博、博徒がらみの記述が目立ち始めるのは承久の乱（一二二一年）平定以降のことである。これは明確に幕府執権制度の安定に伴い、一部御家人が急速に富裕化したことと連動したバブル現象に違いない。まず嘉禄二年正月廿六日条には、「田地・領所をもって双六の賭となす事、博戯の事、ならびに私出挙の利一倍を過ぐる事……一向に禁断すべし」とある。賭博が所領を対象とした大掛かりなものであること、そしてそれが私出挙＝高利貸と同範疇の悪習と見なされていることが時代相を明確に示している。時の執権は清貧美談をもって記憶される北条泰時であるが、この清貧伝説自体、バブル的弛緩に対するアンチテーゼであったことを見て取るべきだろう。賭博熱がいかに武家社会全体を巻き込んでいたかは、他ならぬ執権泰時の傀儡将軍、藤原頼経が、近習御家人に自分の扇を下賜するに際して、「目増の勝負」＝双六勝負をさせたという記事に読み取ることができる（『吾妻鏡』寛喜元年五月廿三日条）。博徒同士の裏社会ネットワークも発達していたらしく、博徒間の殺人事件（同前、天福元年八月十八日条）の記事といったものの他に、きわめて注目に値する事件として、博徒たちが「若宮禅師公暁」なる得体の知れない人物を担ぎ出して（実朝暗殺の下手人公暁がまだ生きていたという演出なのだろう）鎌倉で叛乱を起こしかけた椿事まであった（同前、嘉禄二年五月四日条）。

（22）Cf. Robert Davidsohn, *Geschichte von Florenz*, ibid., Bd.1, pp.766f.

（23）前掲、『太平記』巻第三十三（『太平記三』）、二五三頁参照。

（24）どうして合戦の儀礼的定型化が他ならぬ日本中世において最も進んだのかという問題は、おそらく前近代的日本文化の根幹に通ずる視界を開く可能性があるように思うが、ここでは問題の指摘のみにとどめざるをえない。後日の総体的な考察を期すこととしたい。

（25）『平家物語』巻第一（岩波旧版・日本古典文学大系34『平家物語上』）、一三〇頁。

（26）前掲、『太平記』巻第十一（『太平記一』）、三七二―三七三頁参照。

（27）平凡社版『貞丈雑記』第三巻、一二五頁参照。

（28）前掲、『平家物語』巻第七（『平家物語下』）、七二―七三頁参照。

（29）例えば曾我兄弟の父河津三郎祐重は、目立った合戦武勲がないにもかかわらず、「侍相撲」＝武者相撲の英雄として長く記憶された。彼が坂東に名を馳せた伊豆奥野巻狩における相撲会は『曾我物語』第一巻に活写されている。

（30）前掲、『平家物語』巻第十一（『平家物語下』）、三一九頁。

（31）同前、三一九―三二〇頁参照。

（32）同前、巻第十一、三三一―三三三頁参照。

（33）前掲、『太平記』巻第十六「本間孫四郎遠矢ノ事」（『太平記二』）、一五六頁参照。

（34）同前、一五四頁の頭註十三参照。

（35）同前、一五四―一五五頁。

（36）同前、一五五頁。

（37）同前、一五六頁。

（38）前掲、『太平記』巻第十七「還幸供奉ノ人々禁殺セラルル事」（『太平記二』）、二一三頁参照。

（39）〈日記〉は、飛脚と併用して合戦報告の第一便となったことが『平家』の記述から浮かび上がる。前掲、『平家物語』巻第九「河原合戦」（『平家物語下』）、一七二頁参照。

（40）前掲、『平家物語』巻第十一（『平家物語下』）、三二八―三二九頁参照。

（41）『吾妻鏡』文治三年九月廿七日条、同十月四日条参照。

（42）『吾妻鏡』文治五年八月九日条参照。

（43）前掲、『平家物語』巻第九（『平家物語下』）、二〇五―二〇六頁。

（44）前掲、『太平記』巻第三十二（『太平記三』）、二三四頁。

（45）例えば天皇制絶対主義下における〈家〉観念のイデオロギー構造を分析した研究としては、いまだに川島武宜の『イデオロギーとしての家制度』（岩波書店、一九五七）が規範的な意味を持つが、川島は家族制度を〈家的家父長制〉と定義する際にその支配‐命令関係を強調し、主体的な制度への同化意志は副次的と見ている（同前、三二一―三二四頁）。これは近世以降の家イデオロギーの実態を冷静かつ客観的に洞察した知見としてきわめて貴重である。中世的〈家〉‐〈祖霊〉観念は、まさにその受動的強圧性との対照性において、その主体的共同性が際立つのである。

（46）前掲、『太平記』巻第六「赤坂合戦ノ事付人見本間抜懸《ぬけがけ》ノ事」（『太平記一』）、一九九―二〇四頁参照。

（47）同前、一九九頁。

（48）『吾妻鏡』建暦三年四月二日条〜同五月廿二日条。

（49）『吾妻鏡』建暦三年五月三日条（本文テクストは新人物往来社版『全釈吾妻鏡三』二一三頁に拠る）。

（50）同前。

(51) 忠綱の嫡子波多野義重が、道元禅師を越前国の所領に招聘して永平寺の開山を助けた最重要の檀家信徒であったことも付言しておきたい。
(52) 『古今著聞集』巻第十五（岩波旧版・日本古典文学大系84『古今著聞集』四〇三頁）参照。
(53) 前掲、『吾妻鏡』建暦三年五月四日条（『全釈吾妻鏡三』）、二一五頁参照。
(54) 同前。
(55) 同前。
(56) 同前、二三一頁。
(57) 前掲、『太平記』巻第二十九（『太平記三』）、一三〇―一三一頁参照。
(58) 同前、一三一頁頭註四参照。
(59) 梅花の武者装束自体は、こうした個人的使用を離れて集団化する側面を持っていた。〈一揆〉と呼ばれた地侍の協約的戦闘集団の中には梅花一枝を箙にではなく、「甲ノ真向ニ差シテ」全軍が旗印の替わりに用いる〈花一揆〉なる集団がいたことが『太平記』に記録されている（同前、一八〇―一八一頁参照）。しかしこの興味深い実例もまた、無名武人の寄せ集め集団においても個人的自己讃美、自己顕示の欲求がいかに強かったかという個の契機に注目すべきだろう。
(60) 同前、一三一頁。
(61) 前掲、『平家物語』巻第九（『平家物語下』）、二〇七頁参照。
(62) 同前、二〇八頁。
(63) 同前。
(64) 同前。
(65) 前掲、『太平記』巻第十「大仏貞直并金澤貞将討死ノ事」（『太平記一』）、三四二―三四三頁参照。
(66) 前掲、『保元物語』中、九八頁参照。
(67) 前掲、『太平記』巻第十（『太平記一』）、三四三頁。

第三章

（1）〈フェーデ〉の中世法的定義は「親族の復讐」であった。Cf. Marc Bloch, *La société féodale*, ibid., p.186.

（2）この擬似宗教性は、日本中世の権威イデオロギーにも濃厚に認めることができる。しかし中国中世においては、こうした権威イデオロギーの発現は仏教制度において一部見られるものの、本来の世俗的制度における擬似宗教性は少なくとも中世以降は著しく希薄である。それがどうしてなのかは、あるいは中国中世の固有の本質に関わる契機を内在させているのかもしれない。

（3）Jesse L.Byock, *Feud in the Icelandic Saga*, 1982, p.3.

（4）Ibid., pp.66–67.

（5）バイヨックの「血讐素」分析は構造主義の脱・意味論的な形式主義の手詰まり状況を打開しようとするもので、記号学を再度社会学と結合しようとする方法的主張は筆者の問題意識と強く共鳴するものがあることを感じるが、ここでは血讐習俗そのものに集中しなければならないので、方法論への深入りは避けた。記号学と意味論の本質連関に関しては、拙著『言語記号系と主体』（言叢社、二〇〇六）第三章、第四章を参照されたい。

（6）Ibid., p.99.

（7）Andreas Heusler, *Nibelungensage und Nibelungenlied*, 1955.

（8）Ibid., p.14.

（9）Ibid., p.29.

（10）*Das Nibelungenlied* (Der Nibelunge Nôt), 14. Aventiure, 838–844.（本文テクストは Helmut Brackert が註解を付したフィッシャー版を用い、合わせて相良守峯訳『ニーベルンゲンの歌』前編・後編、岩波文庫を参照した）

（11）Cf. Heusler, *Nibelungensage und Nibelungenlied*, ibid., p.8.

（12）Ibid., p.25.

（13）〈アトリの歌〉は、筑摩世界文学大系10『中世文学集』の〈エッダ〉の部に邦訳されている（三九―四一頁）。

（14）Cf. Heusler, *Nibelungensage und Nibelungenlied*, ibid., p.23.

(15) ブロックは中世的所有観念が著しく多元的であり、かつ同一の対象物への占有が重合するという普遍的な現象を、レヴィ＝ブリュールが未開社会の世界把握の特質として提唱した〈融即の法則〉(loi de participation) の概念によって説明している。きわめて興味深い学際的概念拡張だと言えるだろう（もちろんその妥当性はいまだ検証を要するようにも思えるが）。Cf. Marc Bloch, *La société féodale*, ibid., p.175. 同じ連関で日本中世の所有観念の淵源となる律令期の〈公地公民〉制が私有の発達を排除するものではなく、むしろ別範疇の「高次の所有権」であることを指摘したのは石母田正であった。この「二つの法」の見地は、日本古代から中世への下部構造的連続性を把握しようとする際の頂門の一針である。前掲、石母田正『中世的世界の形成』、九一―九二頁参照。

(16) Cf. Robert Davidsohn, *Geschichte von Florenz*, ibid., Bd.1, pp.756f.

(17) Marc Bloch, *La société féodale*, ibid., p.316.

(18) 前掲、石母田正『中世的世界の形成』、一三七頁参照。

(19) 前掲、『保元物語』中、一四六頁。

(20) Cf. Marc Bloch, *La société féodale*, ibid., p.317.

(21) *Das Nibelungenlied* (Der Nibelunge Nôt), 20. Aventiure, 1258–59.

(22) Ibid., 1270–1277.

(23) Ibid., 27. Aventiure, 1683–1686.

(24) Ibid., 1681–1682.

(25) Ibid., 37. Aventiure, 2150.

(26) Sir Arthur Conan Doyle (Notes by William S. Baring-Gould), *The Annotated Sherlock Holmes*, 1967^1（1992 Wings Books 版を使用）, p.229.

(27) Arthur Conan Doyle, *A Study in Scarlet*, 1887^1（Penguin Classics 版を使用）, pp.116f.

(28) 『曾我物語』巻第九（本文テクストは岩波旧版・日本古典文学大系88『曾我物語』三四七―三四八頁に拠る）。

(29) 『太平記』巻第二「長崎新左衛門尉意見ノ事付阿新殿ノ事」（岩波旧版・日本古典文学大系34『太平記一』七二―七

五頁）参照。

(30) 同前、七五－七六頁。

(31) 『国訳忠義水滸全書』（岩波版『露伴全集』第三十四巻、一四二頁）。

(32) *The Annotated Sherlock Holmes*, ibid., p.208.

(33) Arthur Conan Doyle, *A Study in Scarlet*, ibid., p.119.

(34) 『沙石集』には工藤家の相続争いにきわめて似通った事例が記録されている。そこでも惣領は嫡子ではなく弟に所領を譲り訴訟沙汰となるが、決定権は〈譲文《ゆづりぶみ》〉すなわち遺言状にあり、弟が結局勝訴する。しかしこのケースも、兄に同情した執権北条泰時がいわば超法規的に介入して（つまり頼朝の超法規性をある意味継承しつつ）形式主義を緩和している。つまり泰時は工藤家の事例に学んだと言えるのかもしれない。『沙石集』巻第三「問注ニ我ト劣《まけ》タル人ノ事」（岩波旧版・日本古典文学大系85『沙石集』一四三－一四四頁）参照。

(35) 前掲、『曾我物語』巻第二、一二五頁参照。

(36) 同前、巻第五、二一六頁。

(37) 同前、巻第九、三五四－三五五頁。

(38) 『吾妻鏡』治承四年十月四日条参照。

(39) 『吾妻鏡』建久四年五月三十日、六月七日条他参照。

(40) 前掲、『吾妻鏡』建久四年五月二十九日条（『全釈吾妻鏡二』二八〇頁に拠る）。

第四章

(1) 三島由紀夫『金閣寺』（本文テクストは新潮文庫『金閣寺』五一頁に拠る）。

(2) 『無門関』（本文テクストは大展出版社版『無門関』上巻、一〇五頁に拠り、訳文は筆者が工夫した）。

(3) 三島由紀夫『金閣寺』同前、七一頁。

(4) 後期西田哲学における〈絶対〉概念については、以下の研究を参照。板橋勇仁『歴史的現実と西田哲学――絶対的論理主義とは何か』法政大学出版局、二〇〇八年。板橋氏の徹底した内在的解釈は非常に深度の深いもので、今後の西田解釈の一つの規範を示しているが、〈歴史的現実〉が〈絶対論理〉と連結されるという思惟の型そのものは、西田固有のものというよりむしろ日本近代特有の思弁的情念を示しているように筆者は感じる。そこが氏の解釈との分岐点と言えるかもしれない。

（5）『景徳伝燈録』巻第八（国訳一切経史伝部十四『景徳伝燈録』一九四頁に拠りつつ、訳文は筆者が工夫した）。

（6）同前、巻第十、二三九—二四〇頁に拠りつつ、訳文は筆者が工夫した。

（7）あるいは二次資料による再話を元にしている可能性も否めないが、いずれにせよ原話は『景徳伝燈録』に遡る。岩波版全集の註も『景徳伝燈録』との照応を挙げている。

（8）前掲、『景徳伝燈録』巻第十一、二六五—二六六頁に拠りつつ、訳文は筆者が工夫した。

（9）本文テクストは岩波版『漱石全集』第五巻、七四六—七四七頁に拠る。

（10）同前、七五四頁。

（11）前掲、『景徳伝燈録』、七〇頁。

（12）岩波版『漱石全集』第五巻、七一二頁。

（13）Hegel, *Vorlesungen über die Philosophie der Religion* (Theorie Werkausgabe, Bd.17), p.457.

（14）Ibid., p.464.

（15）Ibid., Bd.16, p.159.

（16）Ibid., Bd.17, p.327.

（17）Meister Eckhart, *Predigten*, hrsg. v. Niklaus Largier, 1936[1]（Deutscher Klassiker Verlag Ausg. 2008 を使用）, p.260.

（18）J. Huizinga, *Herbst des Mittelalers*, 1919[1] (hrsg. v. K.Köster, Kröner Ausg. 1969), p.29.

（19）『デカメロン』の本文テクストは、簡潔ながら充実した註解を備えた Giovannni Boccaccio, *Decameron*, Editori Riuniti, 1980, 3 vols. に拠り、またボッカッチョ『デカメロン』（上中下）柏熊達生訳、ちくま文庫、一九八七—八八をも適宜参照した。

(20) アローン・Ya・グレーヴィチ『同時代人の見たヨーロッパ』中沢敦夫訳、平凡社、一九九五、三二頁。
(21) 同前、五二－五三頁。
(22) 同前、五一頁。
(23) 同前、三二頁。
(24) Robert Davidsohn, *Geschichte von Florenz*, ibid., Bd.1, p.154.
(25) 『栄花物語』巻第十八（本文テクストは岩波旧版・日本古典文学大系76『栄花物語下』八七頁に拠る）。
(26) 源信『往生要集』巻中（本文テクストは岩波日本思想大系6『源信』二〇六頁に拠る）。
(27) 『法顕伝』（平凡社東洋文庫版『法顕伝／宋雲行記』長沢和俊訳註、一七－一八頁）参照。
(28) 平安末期の浄土信仰が、明白に都市的色彩を帯びた宗教運動だったことは、中世以降の村落共同体的浄土教運動を中心に据えた研究（つまり親鸞以降の浄土宗の研究）からは不思議に脱落してしまう視点なので、注意を要する。この点でいまだに参照の基軸とすべきは、浄土信仰と古代都市的デカダンスの本質連関を深く洞察した石母田正の次の見解である。

……貴族はかくして**都市人に零落**して行ったのである。氏族的結合とともに貴族的精神をまず喪失したのはこの層であるが、**その孤独と無力感は浄土教的宗教意識の急速な普及のために広い地盤を創り出したと思われる**。浄土信仰の本質は、個々人の煩悩と罪悪の自覚を基礎とする体験的反省的な点にあるが、かかる体験と反省の契機となったものは平安京の現実に外ならなかったと思う。

（前掲、石母田正『中世的世界の形成』、二三七頁、太字強調は筆者）

(29) 『今昔物語集』は、源満仲が多田荘で検断権を掌握していたことを、次のように総括する。「……我ガ心ニ違フ者有レバ、**虫ナドヲ殺ス様ニ殺シツ、少シ宜シト思フ罪ニハ足手ヲ切ル**」（『今昔物語集』巻第十九「摂津守源満仲出家語」、本文テクストは岩波旧版・日本古典文学大系25『今昔物語集四』六五頁に拠る。太字強調は筆者）。在地領主的法治の苛酷さは、律令的形式主義からすると残虐に見える半面、それがやはり一つの法治であるとの認識もすでに存在していたことが「罪」という一語から窺える。

（30） 同前、『今昔物語集』、六五―六九頁。
（31） 『沙石集』巻第十本（岩波旧版・日本古典文学大系85『沙石集』四二五―四二六頁。
（32） 同前、四二六頁。

第五章

（1） 大久保道舟『道元禅師伝の研究』（増補修訂版）筑摩書房、一九六六、八頁参照。
（2） 同前。
（3） 『正法眼蔵』「面授」（岩波日本思想大系13『道元・下』一〇九頁）参照。
（4） 同前、一一〇頁参照。
（5） 同前、一〇九―一一〇頁。
（6） 岩波版『漱石全集』第八巻、三六頁。
（7） 『パルツィファル』の本文テクストは、Wolfram von Eschenbach, *Parzival*, 6te Ausg. von Karl Lachmann (Walter de Gruyter 2003) を用い、合わせて同書の Peter Knecht による現代ドイツ語訳をも参照した。
（8） Ibid., p.238.
（9） Nietzsche, *Also sprach Zarathustra*, IV ‹Der häßlichste Mensch›, Schlechta Ausg., Bd.2, p.504.
（10） *Parzival*, ibid., pp.470.
（11） Cf. Jessie L.Weston, *The Quest of the Holy Grail,* 1913[1] (reprint 2001).
（12） Ibid., p.8.
（13） *Parzival*, ibid., pp.473–474.
（14） Ibid., p.474.
（15） 前掲、『正法眼蔵』「面授」（『道元・下』）、一一二頁。
（16） 『正法眼蔵』「行持上」（岩波日本思想大系12『道元・上』）、一七四頁。

(17) 同前。
(18) 同前、一七三頁。
(19) 同前、「行持下」、二〇一頁。
(20) 〈しづかにおもひやる〉主体的内省が道元師に限らず、同時代的な内面化の背景を持った現象であったことを証すきわめて興味深い共振の事例が一つ（筆者の古典渉猟の範囲内で）存在する。それは当時の政治的知性を代表する頼朝の例である。頼朝は源平争乱の最終段階で、弟範頼に九州の豪族を懐柔させ、後方作戦を外交的に展開しようとする。彼が範頼に求めたのは、何よりも政治的洞察と慎重さであり、それを彼は「閑《しづ》かに沙汰したまふべし」「閑《しづ》かに軍《いくさ》しおほすべし」と表現したのだった（『吾妻鏡』元暦元年正月六日条）。
(21) 筑摩書房版『道元禅師全集』下巻、四一五―四一六頁。
(22) 〈おのれ〉のアルカイズム的語法が内包する存在開示的相貌については、拙著『言語記号系と主体』同前、二八七―二九一頁、および『事件の現象学1』一二〇―一二三頁参照。
(23) 前掲、『正法眼蔵』「仏道」（『道元・下』）、四七頁。
(24) 前掲、『道元禅師全集』下巻、四一一頁。
(25) 同前、四一二頁。
(26) 同前。
(27) 前掲、『景徳伝燈録』巻第三、七五頁。
(28) 同前、七一頁。
(29) 同前、七五頁。
(30) 同前、七六頁。
(31) 同前、七九頁。
(32) 前掲、『景徳伝燈録』巻第五、一一九―一二〇頁。
(33) 〈糞掃衣《ふんぞうえ》〉と古代的流通の本質連関については、道元師の直面した日本的流通余剰の貧困と合わせてすでに通観してある。『形而上の中世都市』第七章第三節参照。

(34) 西洋の修道院運動をマクロに通観するには、それを建築史の方面から通観した以下のW・ブラウンフェルスの古典的研究がいまだに規範的な価値を持っている。本書で西洋中世のキリスト教を論じる際に、常に筆者の念頭にあったのがブラウンフェルスの通史的概観であった。Cf. Wolfgang Braunfels, *Abendländische Klosterbaukunst*, 1969[1] (1985[5] を使用)(W・ブラウンフェルス『西ヨーロッパの修道院建築』渡辺鴻訳、鹿島出版会、一九七四)。

(35) 前掲、『景徳伝燈録』巻第五、一六九頁脚註八参照。

(36) 以下、〈禅門規式〉の要約は、同前、一六九―一七一頁に拠る。

(37) 前掲、『景徳伝燈録』巻第十、二四九頁参照。

(38) 本書第四章注28参照。

(39) 前掲、『正法眼蔵』巻第十六「行持上」(『道元・上』)、一七二頁参照。

(40) 前掲、『景徳伝燈録』巻第六、一六五―一六六頁参照。

(41) 同前、一六七頁。

(42) 同前、一六九頁。

(43) 前掲、『景徳伝燈録』巻第八、一九八頁。

(44) 同前、一九六頁。

(45) 前掲、『趙州録』、三八九頁。

(46) 前掲、『正法眼蔵』第五十五「洗浄」(『道元・下』)、一三九―一四〇頁参照。

(47) 前掲、『景徳伝燈録』巻第九、二二一頁。

(48) 同前、二三二頁。

(49) Meister Eckhart, *Predigten/Traktate*, hrsg. v. Niklaus Largier, 1936[1] (Deutscher Klassiker Verlag Ausg. 2008 を使用), pp.208–229.

(50) 「ルカによる福音書」10－38～42、訳文は新共同訳聖書に拠る。

(51) Cf. Dietmar Mieth, *Die Einheit von vita activa und vita contemplativa in den deutschen Predigten und Traktaten Meister Eckharts und bei*

Johannes Tauler. Untersuchngen zur Struktur des christlichen Lebens, 1969.

（52） Hannah Arendt, *The Human Condition*, 1958, p.14.

（53） Meister Eckhart, *Predigten/Traktate,* ibid., p.210.

（54） Cf. F. W. Wentzlaff-Eggebert, *Deutsche Mystik zwischen Mittelalter und Neuzeit*, 1944, p.84.

（55） フランチェスコ会の在俗信徒は、当時の市民権と不可分の概念であった兵役義務をその平和主義から拒否することすらあえてした。Cf. Robert Davidsohn, *Geschchite von Florenz*, ibid., Bd.2, pp.127–129.

（56） Ibid., pp.365–366.

（57） Ibid., p.475.

（58） Adolf Lasson, *Meister Eckhart, der Mystiker*, 1868^{1}, p.4.

（59） 上掲注54参照。

（60） F. W. Wentzlaff-Eggebert, *Deutsche Mystik zwischen Mittelalter und Neuzeit*, ibid., p.24.

（61） Meister Eckhart, *Predigten,* ibid., p.110.

（62） Ibid., p.122.

（63） Ibid., p.120.

（64） Meister Eckhart, *Predigten/Traktate*, ibid., p.450.

（65） Ibid., p.452.

（66） Meister Eckhart, *Predigten*, ibid., p.508.

（67） Ibid., p.322.

（68） 「マタイによる福音書」３－１〜３、訳文は新共同訳聖書に拠る。

（69） 本文テクストは、*Die Bibel nach der Überesetzung Martin Luthers*, Würtembergische Bibelanstalt, 1972^{4}, ‹Das Neue Testamen›, p.5. に拠る。

（70） Meister Eckhart, *Predigten*, ibid., p.508.

(71) Cf. Jacques Rossiaud, *La prostitution médiévale*, 1988.（ジャック・ロシオ『中世娼婦の社会史』阿部謹也他訳、筑摩書房、一九九二）。

(72) 一八八四年二月二二日付エルヴィン・ローデ宛書簡参照。Cf. Briefe an Erwin Rohde am 22.2.1884. Schlechta Ausg., Bd.3, 1215.

(73) Nietzsche, *Also sprach Zarathustra* IV, ‹Unter Töchtern der Wüste›, Schlechta Ausg., Bd.2, p.540.

(74) Meister Eckhart, *Predigten*, ibid., p.148.

(75) Cf. Hermann Paul, *Deutsches Wörterbuch*, 1897^{1}（1976^{7}を使用）, ‹Minne›.

(76) 前掲、『正法眼蔵』第五十一「面授」（『道元・下』）、一一一頁。

結び

(1) 前野佳彦『言語記号系と主体』同前、第二章第一節「ヘーゲル的〈歴史〉からソシュール的〈記号〉への移行の必然性」参照。

(2) Cf. J. v. Uexküll, *Umwelt und Innenwelt der Tiere*, 1901^{1}, 1921^{2}, pp.44–49.

(3) Sartre, *L'être et le néant*, 1943^{1} (reprint 1987), p.604.

(4) Ibid., p.591.

(5) 前掲、『太平記』巻第二十（『太平記二』）、三一九–三二〇頁。

(6) 同前、三二〇頁。

(7) 筑摩書房版『道元禅師全集』下巻、四一〇頁。

(8) 『易経』（本文テクストは岩波文庫版『易経下』二一七頁に拠る）。

(9) 『論語』（本文テクストは中華書局版『論語集釈』［程樹徳］に拠る）。

参考文献

＊　中世篇全体に関する文献表は、すでに『形而上の中世都市』巻末に呈示してあるのでそちらを参照されたい。また〈散歩の文化学〉および〈事件の現象学〉の全体の構想に関わる文献は『散歩の文化学1』二六〇頁以下を参考にしていただければ幸いである。本書執筆の資料基体となった文献は、当然この二つの範疇の基礎文献を含んでいるのだが、今回は実際に引用あるいは言及した文献の呈示にとどめることにした。また特に重要な文献にはこれまでどおり＊を付した。

序

＊ Walter Burkert, *Homo Necans: Interpretationen altgriechischer Opferriten und Mythen*, 1972.（ヴァルター・ブルケルト『ホモ・ネカーンス』前野佳彦訳、法政大学出版局、二〇〇八）

＊ Erwin Rohde, *Psyche: Seelencult und Unsterblichkeitsglaube der Griechen*, 1894[1].

川勝義雄『六朝貴族制社会の研究』岩波書店、一九八二

＊『趙州録』筑摩書房、一九七二

＊ Marc Bloch, *La société féodale*, 1939[1] (Edition Albin Michel, 1968).

Erich Auerbach, *Mimesis: Dargestellte Wirklichkeit in der abendländischen Literatur*, 1946[1] (1982[7]).

＊『平家物語』（岩波旧版・日本古典文学大系32／33『平家物語』上下）

Mircea Eliade, *Initiation, rites, sociétés secrètes*, 1976.

Edgar Wind, *Pagan Mysteries in the Renaissance*, 1958[1].

Frances A. Yates, *Giordano Bruno and the Hermetic Tradition*, 1964[1].（フランセス・イエイツ『ジョルダーノ・ブルーノとヘルメス教の伝統』前野佳彦訳、工作舎、二〇一〇）

第一章

＊ Émile Benveniste, *Le vocabulaire des institutions indo-européennes*, 1969.
＊『史記』「刺客列伝」（中華書局版『史記』八および平凡社版『史記』中、野口定男訳）
＊ 増淵龍夫『中国古代の社会と国家』岩波書店、一九九六
＊『日本書紀』（岩波日本思想大系67／68『日本書紀』上下）
直木孝次郎『日本古代の氏族と天皇』塙書房、一九六五
＊ 石母田正『中世的世界の形成』東京大学出版会、一九五七
＊『三国志』（中華書局版『三国志』一～五およびちくま文庫版『三国志』1～8）
＊『世説新語』（明治書院版新釈漢文大系76～78『世説新語』上中下）
＊『沙石集』（岩波旧版・日本古典文学大系85『沙石集』）
＊『保元物語』（岩波旧版・日本古典文学大系31『保元物語／平治物語』）
＊『平治物語』（同前）
『愚管抄』（岩波日本思想大系86『愚管抄』）
『源平盛衰記』（三弥井書店版『源平盛衰記』㈠～㈥）

第二章

＊『太平記』（岩波旧版・日本古典文学大系34～36『太平記』一～三）
※ Robert Davidsohn, *Geschichte von Florenz*, 1896–1927 (Neudruck, Osnabrück,1969) 7 Bde.
『墨子』（集英社版全釈漢文大系18／19『墨子』上下）

＊『吾妻鏡』（新人物往来社版『全釈吾妻鏡』一～五および別巻）
川島武宜『イデオロギーとしての家制度』岩波書店、一九五七
『古今著聞集』（岩波旧版・日本古典文学大系84『古今著聞集』）
網野善彦『蒙古襲来』小学館（日本の歴史10）、一九七四

第三章

＊Jesse L.Byock, *Feud in the Icelandic Saga*, 1982.
＊Andreas Heusler, *Nibelungensage und Nibelungenlied*, 1955.
＊*Das Nibelungenlied* (Der Nibelunge Nôt)（本文テクストは Helmut Brackert が註解を付したフィッシャー版を用い、合わせて相良守峯訳『ニーベルンゲンの歌』前編・後編、岩波文庫を参照した）
『中世文学集』（筑摩世界文学大系10）
Sir Arthur Conan Doyle (Notes by William S. Baring-Gould), *The Annotated Sherlock Holmes*, 1967[1]（1992 Wings Books 版を使用）
＊Arthur Conan Doyle, *A Study in Scarlet*, 1887[1]（Penguin Classics 版を使用）
＊『曾我物語』（岩波旧版・日本古典文学大系88『曾我物語』）

第四章

＊三島由紀夫『金閣寺』（新潮文庫『金閣寺』）
『無門関』（大展出版社版『無門関』上下）
板橋勇仁『歴史的現実と西田哲学——絶対的論理主義とは何か』法政大学出版局、二〇〇八年
＊『景徳伝燈録』（国訳一切経史伝部十四／十五『景徳伝燈録』）
＊夏目漱石『行人』（岩波版『漱石全集』第八巻）
＊Hegel, *Vorlesungen über die Philosophie der Religion*, (Theorie Werkausgabe Bd.16/17).

＊ J. Huizinga, *Herbst des Mittelalers*, 1919[1] (hrsg.v. K.Köster, Kröner Ausg. 1969).

＊ Giovanni Boccaccio, *Decameron*, Editori Riuniti, 1980, 3 vols.（ボッカッチョ『デカメロン』上中下、柏熊達生訳、ちくま文庫、一九八七－八八）

＊ アローン・Ya・グレーヴィチ『同時代人の見たヨーロッパ』中沢敦夫訳、平凡社、一九九五

＊『栄花物語』（岩波旧版・日本古典文学大系75／76『栄花物語』上下）

＊ 源信『往生要集』（岩波日本思想大系6『源信』）

＊『法顕伝』（平凡社東洋文庫版『法顕伝／宋雲行記』長沢和俊訳註）

＊『今昔物語集』巻第十九「摂津守源満仲出家語」（岩波旧版・日本古典文学大系25『今昔物語集』四）

第五章

＊ 大久保道舟『道元禅師伝の研究』（増補修訂版）筑摩書房、一九六六

＊『正法眼蔵』（岩波日本思想大系12／13『道元』上下）

＊ 夏目漱石『夢十夜』（岩波版『漱石全集』第八巻）

＊ Wolfram von Eschenbach, *Parzival*, 6te Ausg. von Karl Lachmann (Walter de Gruyter 2003).

＊ Niezsche, *Also sprach Zarathustra*, Schlechta Ausg. Bd.2.

Jessie L.Weston, *The Quest of the Holy Grail*, 1913[1] (reprint 2001).

＊『道元禅師全集』上巻／下巻、筑摩書房、一九六九－一九七〇

＊ Wolfgang Braunfels, *Abendländische Klosterbaukunst*, 1969[1] (1985[5]).（W・ブラウンフェルス、『西ヨーロッパの修道院建築』渡辺鴻訳、鹿島出版会、一九七四）

＊ Meister Eckhart, *Predigten*, hrsg. v. Niklaus Largier, 1936[1] (Deutscher Klassiker Verlag Ausg. 2008).

＊ Meister Eckhart, *Predigten/Traktate*, hrsg. v. Niklaus Largier, 1936[1] (Deutscher Klassiker Verlag Ausg. 2008).

＊ Dietmar Mieth, *Die Einheit von vita activa und vita contemplativa in den deutschen Predigten und Traktaten Meister Eckharts und bei*

Johannes Tauler: Untersuchngen zur Struktur des christlichen Lebens, 1969.
Hannah Arendt, *The Human Condition*, 1958.
F. W. Wentzlaff-Eggebert, *Deutsche Mystik zwischen Mittelalter und Neuzeit*, 1944.
Adolf Lasson, *Meister Eckhart, der Mystiker*, 1868[1].
Die Bibel: nach der Übersetzung Martin Luthers, Württembergische Bibelanstalt, 1972[4].
Jacques Rossiaud, *La prostitution médiévale*, 1988.(ジャック・ロシオ『中世娼婦の社会史』阿部謹也他訳、筑摩書房、一九九二)
Hermann Paul, *Deutsches Wörterbuch*, 1897[1]（1976[7]を使用).

結び

* J. v. Uexküll, *Umwelt und Innenwelt der Tiere*, 1901[1], 1921[2].
* Sartre, *L'être et le néant*, 1943[1] (reprint 1987).
『易経』（岩波文庫版『易経』上下）
『論語』（中華書局版『論語集釈』［程樹徳］）

あとがき——大震災、原発事故と古代的システムの自壊

原爆、焼跡、闇市——これがわたしたちの父の世代の原風景であり、生活の出発点だった。わたしたちの世代は、媒介者の位置にあるように思う。津波、原発事故、ネット情報社会、これが次の世代の原風景となり、生活の出発点ともなるように感じるからである。

媒介者は何を媒介すべきなのか。それを自問している。

世代毎の社会分業というものが今回の大災害においても要請されるとすれば、われわれ旧技術社会の世代は、なによりもその落差の感覚というものを概観し、概念化しつつ下の世代、もうネットと原発を現実として受け入れることで生活している世代へと伝達すべきではないかと思う。あわせてもちろん父たちの世代の出発点にあった歴史のタブラ・ラサ化というものが、心象内の伝聞風景から一気に現実のカタストロフとして呈示されたのを実見した、その独特の二重視というものも、われわれの狭間の世代のみに共有される媒介性ではないかと思う。

しかしその大前提に対する、強い不安が目下のわたしを裡側から侵食していることも自覚せざるをえ

ない。何か、もう手遅れの事態が宿痾の如く深く静かに全状況を巻き込んで進行しているのではないか。今回の大災害はその宿痾を一瞬、集団の意識に浮き立たせ、また急速に地下へと潜行しつつある、それが現状ではないか。あたかも原発の高濃度汚染水の如くに。

つまりは、システムの全体が自壊しつつあるのではないか。そのシステムの古代性というものが、もはや物質統御の、物質と生命組織の恣意的改変の規模、深度というものに見合わないことが、真のわれわれの都市環境の全体にかかる暗雲、地下を侵食しつつある非・環境化の実相ではないか。

二〇一一年三月一一日は、共有された一瞬として、われわれすべての心象の原点となることは間違いない。それは客観的に一九四五年八月一五日と連動し、また深いところではむしろ八月六日・九日と共振していることは明らかである。つまりそれは、故芝田進午氏の提唱された〈核時代〉の日付に従うならば、〈ヒロシマ紀元〉六六年ということになる。二世代分の時間がすでに流れている。ということは、大部分が〈伝聞〉の理念化へと移行しつつある、ということである。その時点でわれわれすべては、偶然この新たな日付を心に打たれた、その意味を考えねばならないと思う。

三月一一日午後、わたしは昼食後の午睡をとっていた。長い横揺れ（群馬山中での横揺れ）が始まるのと午睡から醒めるのとが同時くらいだった。山荘全体がきしるほどの揺れだったが、周期が長い横揺れだったので、すぐ震源地は遠いことを確信してそのまま横になっていた。大地震があったことを知ったのも心配した家人からの留守電に気がついてからである。その夜からはしかし、ネットによって事態をリアルタイムで追うことになった。官庁の対応の遅さ、国際的な援助の広がりの大きさ、原発事故の深刻化、すべてを平均的な情報の流れに乗りつつ共有し共体験することになった。その中でわたし個人の感慨と、集団的な情念とが共振することを何度か感じた。わたしはもちろん本書の仕上げの段階であったから、そこには中世的経験、あるいは「中世的修羅」というものの連動があるのは当然のことだったが、基調は共振のなさへの願い、であった。つまり今回の大災害が「中世的修羅」と共振していないこと、それをわたしは心のどこかで願い、そしてそれを事実において確認するたびにある種の安堵感を感じつつ、また次のデータを検索する、ということを続けていたことが、今はわかるのである。

そしてこの安堵感の最後に、得体の知れない大きな不安、ある種の既視感に囚われ始めた。つまりは、やはり中世は回帰しつつあるのかもしれない、というほとんど末法的な感覚である。

それは〈事件〉を定位の基軸として追ってきたわたしなりの深読み、ある意味での神経過敏なのかもしれない。しかし文化学者は究極のところ〈地震計《ザイスモグラーフ》〉でしかありえない、いやそうあるべきだ、と言ったのはワールブルクだった。とすれば、文化学者の末席に連なるくらいの自覚は持たざるをえないわたしも、今回の深く大きな揺れに際して、ある種の予知的ヴィジョンを呈示するべきではないかと思う。

問題は人災とシステム、システムと天災をめぐっていることがわかる。つまり、媒介はシステムである、ということ、そしてそれがどうやら自壊しつつある、という真実薄気味の悪い確信。

大震災の当日、わたしは本書の校正作業の初期段階が無事終了した流れで、まさにこの「あとがき」を見据えて、本書では展開しきれなかった重要な中世的修羅経験をやはり示唆的にでも呈示して中世篇全体の結尾としたいと思い、その資料を読み込んでいるところだった。それは宮内勝典氏の『焼身』（集英社、二〇〇五年）である。中世初期の、特に大陸での草莽仏教に頻出する開示的自死の形態に、大乗経典の〈燃灯仏〉を模倣する〈燃灯供養〉というものがあり、つまりそれは焼身なのである。ベトナム戦争時の僧侶の焼身抗議はわれわれの世代に大きな衝撃を与えたが、それがこの中世的結縁の文化型と奥底で繋がっていることは、少なくともわたしの目には明らかであるように思えた。ベトナムを後年スケッチ旅行した折に実見した、仏教寺院と信者家庭に残された焼身僧の記憶にもそれを感じたから、「あとがき」でそうした印象を基に日本古代末期から中世初期の〈往生〉の公開性、開示性と合わせて、われわれからしてのそうしたドラスティックな死生の一如というものの遠さを概観し、逆側の遠さとして三島の自死の日の（わたしは高校生だった）記憶を横に並べて何が見えてくるか、を文章にするつもりだった。こうした構想は今回のショックで雲散霧消せざるをえなかったが、津波災害が原発事故へと連続する中で、妙な連想を持ち始めたことに気づき、それが最初は非常に不謹慎に荒唐無稽に思えたので気づいては押さえ込んでいたように思う。それは「〈グスコーブドリ〉は駄目だ」、という感慨である。引き金となったのは、福島原発に居残ってぎりぎりの初期災害回避に尽力した東電の社員が〈フクシマ50〉という呼称で海外メディアの称賛の的となったあたりである。

これは今、やはり〈燃灯供養〉に連想が遡行していたことがよくわかる。そうした中世を思わせる自己犠牲が先祖返りのような形でなければよい、とどこかで願っていた、だから海外メディアの礼賛の底にある日本的な他者性への敬意はともかくとして、やはりそういうものはあってはいけない、と感じていたのである。フクシマは〈イーハトーブ〉にたしかにどこかで繋がっているのだが、グスコーブドリの〈燃灯供養〉的な自己犠牲はもはやあってはならない時代だ、という感覚で見ていたことが今はわかる。つまり「中世的修羅」を論じたばかりのわたしは、十分に現代人だった、ということになるのだろう。この共通感覚は、最近になって一番損傷の激しい建屋にようやく技術者が何人か重装備で入ったときに、東電の広報担当者が「これは決して決死隊というような次元のものではありません」と念を押したことで、やはりわたし一人の危惧ではなかったことがわかったようにも感じた。システムが自浄能力を持つ限りは、こうした非・科学的、非・現代的な集団情念を煽ることは決してあってはならないし、そうした「決死」を必要としないからこそ現代のシステムはあらゆる物性、あらゆる生命過程をも巻き込む全体性を獲得しているはずだからである。しかし一つ、もちろん大前提がある。システムが自浄能力を持つ限りは……。

もし持たないならば？

もしシステムが全体として何か長期的な機能不全を露呈しつつあるとすれば？

その時はやはり、ヒトの状況は再び螺旋状の新たな中世になだれ落ちるのかもしれない。あってはならない「末法」の前味がわれわれの生きる状況の全体に漂い始めるのかもしれない。なぜなら、システムはすでにわれわれの状況の全体を越えて地球という環境システムと同義になった、これが〈ヒロシマ〉以降のわれわれの偽らざる現実であるから。もしこの現状認識とは別のマクロ描像が呈示されるならば、それは端的に偽りである。そしてそうした偽りがあるとすれば、それこそがシステムの古代性、自壊過程に入ったマクロの現状との大きな齟齬の証だということになる。そしてどうやら、その偽りの証をわたしはこの二カ月、日々深まりゆく形で感じ続けているようなのである。

一つだけ文化学者らしく、マクロの状況呼応というものを呈示しておこう。

それは冶金と原子力の螺旋状の呼応関係である。

冶金は古代国家制度、古代的システムの全体を支えた技術的な基盤であり、ある意味古代文明全体の黒子のような位置にあったことはもはや歴史の常識に属するだろう。しかし見逃されていることが一つあるように思う。それはやはり、冶金が中世的制度移行の鍵となる技術だったということである。具体的には、それは刀剣を代表とする軍事技術と農具を代表とする平和利用に当初から分化していた（したがってここでも原子力との範疇的な親近性が露呈している）。古代的なシステムはこの両者の占有によって成立していた。そしてシステム自壊は、中世的拡散、つまりは中世的闘諍と修羅の引き金となった。この連動が、これまでの史学では無視されるか、軽視されているように感じるのである。そしてわたしの〈地震計〉としての危惧もこの一点をめぐっている。冶金技術の古代システムからの流出、あるいは放出は下部構造進化の必然でもあった。つまり充実する手工業的現実を、もはや古代システムは統御するすべを失っていたということである。下部構造との連結を失ったシステムはすべて、やがては崩壊する。これが歴史の教訓であり、古代システムもその例外ではなかった。

では、現代システムはどうなのか。今回の天災が人災へと変容する、第一の徴候は原発危機の最初期に〈ベント〉と言われる排気を行なうか否かの判断を下す技術畑の責任者が、なぜか現場にいなかったことによることがすでに明白になっている。これを含め、情報の開示性、基準値の信憑性を含め、あらゆる場面で対応は後手を踏み、津波以降の災害拡大の大半は、少なくともわたしの目には人災に見える。しかしメディアの質的な粘着力というものがこれほど無くなったことに、次にほとんど疎外感すら感じる（阪神大震災の時との比較でこの差異は大きく浮かび上がる）。人災的要因のシステム的な、つまり前後一貫した論理的な追及が少なくともネット情報をどれだけ丹念に検索しても、もはや浮かび上がってこないのである。したがって冒頭の末法的幻想に戻ることになる。

中世への移行は、常に天災、人災、下部構造の拡散、そして上部構造（情報制御）の長期の自壊をめぐっている。今回の大震災、そして原発事故がわれわれの心の奥底に『方丈記』の無常エクリチュールを彷彿とさせたとすれば、その社会的記憶の呼応はやはりマクロ状況そのものに規定されたものであると言わざるをえないと思う。火事、洪水、疫病の都を生き抜いた隠遁僧の目に映じたものは、「いにしへ見し人は、二三十人が中に、わづかにひとりふたりなり。朝に死に、夕に生るゝならひ、たゞ水の泡にぞ似たりける」という状況自壊の現実だった。しかしまた「方丈」は、中世的実存の辿り着いた「わが身を奴婢とする」自由独立の定位的原点でもある。そしてそれは、老遁世者と山守の子童の心温まる交友の出発、近世的都市性へ向けての第一歩でもあった。したがって「方丈」は、その積極的間主観性においてこそ、現状の定位喪失に対峙するわれわれの一つの希望ともなりうるようにも感じるのである。

わたしの、この山守的方丈から一つだけ、天災ではなく、人災の、そのシステム自壊に対するマクロの提言を試みておこう。それがやはり文化学的鳥瞰という〈情報制御〉あるいは〈情報自浄システム〉の果たしうる、いささか迂遠にせよ、やはり本質的な社会的機能であるように直感するからである。

われわれのシステムは、どこかすでにおかしい。それはこの数カ月で如実に露呈した状況の本質であると思う。システムの文法そのものが、こうした物性と生命のあらゆる領域を巻き込み、その下部構造の進展にもはや自重として耐えられなくなっているのではないか。

つまりシステムは、古代と同様の道筋を辿って自壊しつつあるのではないか。

しかし、今回流出し放出される技術は冶金の比ではない。原子力と生命操作とギガ、テラ単位の情報操作技術である。

弁証法というものの真の力、意味というものはまだ歴史の中で確証も反駁もされていない、という時代のコンセンサスがあるとすれば、それをこそここで明確に方法化すべきではないか、これがわたしの一つの希望の拠り所である。つまり、情報疎外という自壊が現状のシステムの核心に観察されたとすれば、その問題はもはや戦後民主主義的な公開的メディアの自浄力を越えている。そしてそのことが、日々のこの情報拡散において確認されているように思うのである。

では、ここでも「方丈」の自生ネットワークに期待するしかないのだろうか。

生活者の次元ではそうであるように思う。しかし現代、近未来の父祖の一人としては、この自浄力がもはや機械情報革命のギガ、テラ、そしてそれを越える累乗の量的拡大、質的自壊に適応していないことは確実に思える。ではどうすればいいのか。

システムに、システムで対抗する、これが近未来の弁証法ではないか。

今回の、目下進行中の原発をめぐる恐ろしいスピードでの情報風化、そして被災された方々への支援の無機性、健忘症的な配慮、関心そのものの日々の鈍麻、これが問題の核心であるとすれば、その情報疎外的本質は量ではなく質の問題であること、これは一目瞭然であると思う。では、その質の自壊の本質とは何か。最も基本的な記憶、社会的記憶の基軸の自壊であり、一カ月単位の風化であるということ、これも明白であると思う。問題の根幹は、超短期的な情報の雲散霧消に対して、核汚染が三〇年、五〇年、それ以上の持続的な自浄と細密なケアを必要とする点である。こうした制度時軸の構築をめぐる根本的に新しい事象は、現行の制度組織に組み込まれていない。世代の連続性はむしろ自明の基底として前提されてきたからである。核汚染とは、この自明の基底に走る深い亀裂に他ならない。情報と経験の不連続の亀裂である。だからこそ、根本的な制度組織の超世代的な基軸の構築が不可避なのではないか。それは、現代の本質と連動した根本的な制度総体の括弧入れ、病理的分析、そして新たな総合の模索へと連続すべきものではないか。それは、あるいはわれわれの定位疎外、そこからの宥和的自己回復の根幹にある、焼跡的戦後の総体的想起への道程と有機的に本質連関しているのではないだろうか。戦後とはつまり、原爆を焦点とする、タブラ・ラサの世代間継承の問題に他ならなかったわけだから。

これがわたしの「方丈」における、「未来記」の草稿、その走り書きである。大震災への文化学的寄与は、状況を傍観することなく、状況と共に流れ、しかし距離化への視点を模索し続ける、一個の隠者的所感に尽きるのかもしれない。

思えば、もともとの当シリーズの出発点が、筆者の心象に眠る戦後焼跡であった。原爆体験、焼跡体験を一つの定位事象として、概念化にまでは至らずとも、その素材の形で次世代に残したい、という願いが都市的定位をマクロに通観したい、という学的欲求の原動力でもあった。そうした当シリーズの中途に今回の大きな〈事件〉があったこと、そのことの偶発性に戸惑いつつも、やはり粘り強く今回露呈したように思う現代的宿痾も避けて通ることなく、対自化の一つの基軸として立ち向かわねばと思っていること、それだけを今現在は確認しておきたい。問題は露呈したといっても、対自化はほんのまだ始まったばかりだという、その混乱と混乱の中でのささやかな決意を記録して、本書の〈あとがき〉とさせていただくことにする。

本シリーズの〈産婆〉役を長くお勤め頂いている平川俊彦氏、また佐藤憲司氏には、大震災にもかかわらず、平常心をもって（禅家の意味での——本書終章参照）著者の校正における注意散漫を忍耐強くサポートして頂いた。あらためて感謝の言葉を記させて頂きたい。

索引の作成では、筆者の主宰する文化記号塾の塾生、磯村尚弘君、根本峻瑠君、賴鈺菁さん、方光鋭さんに、作図は王暁剛君に手伝っていただいた。合わせて感謝したい。

本シリーズもようやく中世篇を無事終えて、大きな尾根道を辿る山歩きの醍醐味のようなものを感じ始めている。これから視界に拓ける眺望を読書子各位と存分に楽しめればと願ってやまない。〈楽しい学問〉とはニーチェの標語だった。それが大きな危惧を対象とするものであれ、やはり眺望そのものの楽しさ、見えるということの楽しさ、それは失いたくないものだと思うのである。

大震災後の群馬山中にて　著者しるす

二〇一一年五月

総　索　引

（イタリック体の頁は注）

ア　行

カ　行

タ　行

マ　行

ヤ 行

ラ 行

ワ　行

《思想＊多島海》シリーズ　19

著者紹介：前野佳彦（まえの よしひこ）

1953年福岡県生まれ。74年東京大学法学部中退，79年同大学院人文科学研究科修士課程修了，80〜84年シュトゥットガルト大学・ロンドン大学付属ワールブルク研究所に留学。84年シュトゥットガルト大学哲学部博士学位（Dr.phil.）取得。現在，〈文化記号塾〉主宰（http://bunkakigoujyuku.org/index.asp）。著書：*Der Begriff der Kultur bei Warburg, Nietzsche und Burckhardt*（博士論文，Königstein/Ts., Hain Verlag bei Athenäum, 85），『東洋的専制と疎外——民衆文化史のための制度批判』（私家版，87），『言語記号系と主体——一般文化学のための註釈的止観』（言叢社，06），『散歩の文化学 1・2』（法政大学出版局，09），『事件の現象学　1・2』（同），『形而上の中世都市』（同，11）。訳書：W. ブルケルト『ホモ・ネカーンス』（法政大学出版局，08），F. イエイツ『ジョルダーノ・ブルーノとヘルメス教の伝統』（工作舎，10）。

中世的修羅と死生の弁証法
〈事件の現象学〉中世篇

二〇一一年一〇月一七日　初版第一刷発行

著　者　前野佳彦
発行所　財団法人法政大学出版局
〒102-0073　東京都千代田区九段北3-2-7
電話　東京03（五二一四）五五四〇
振替　〇〇一六〇－六－九五八一四
整版・緑営舎　印刷・三和印刷
製本・ベル製本

ISBN978-4-588-10019-2

前野佳彦著

事件の現象学 1 ——非日常性の定位構造

《思想＊多島海16》

昼の散歩人〈ホモ・アンブランス〉は、宵闇にまぎれ、〈流通〉の豊饒なる夜と溶融するとき、事件蒐集家たる〈遊歩者〉へと変容する。夜の都市は事件-空間として、その豊饒に陶酔し、「来て-寄って-去る」遊歩者の都市的実存の偶有性と共振する。彼が遭遇し目撃し判断する〈事件〉の現象学は、遊歩の非日常性に内在する都市住民の〈本源的自由〉を照らし出す。

三八〇〇円

事件の現象学 2 ——因縁と天命の情念型

《思想＊多島海17》

都市の創設自体が〈事件〉だった。あらゆる事件の淵源たるこの根源的事件が、地域集団に固有の定位の型を生む。アジア的都市経験、その心性に眠る〈因縁〉〈天命〉の情念を覚醒させつつ、古代都市の〈流通〉世界に遍在した自由への視界を切り啓き、普遍に向けて記号人〈ホモ・シグナンス〉の精神的登高を目指すとき、数千年に及ぶ〈見えない都市〉の記憶が甦る。

三八〇〇円

法政大学出版局
（消費税抜き価格で表示）